Deborah Tannen · Job-Talk

Deborah Tannen ist Professorin für Linguistik an der Georgetown University. In Forschung und Lehre widmet sie sich seit Jahren speziell der Soziolinguistik, also dem Alltagsgebrauch von Sprache und dem unterschiedlichen Sprachgebrauch in verschiedenen Kulturen. Bekannt wurde ihre Arbeit durch ihre beiden Welt-Bestseller Du kannst mich einfach nicht verstehen *und* Das hab' ich nicht gesagt, *die ebenfalls im Kabel Verlag erschienen sind.*

Deborah Tannen

Job-Talk

Wie Frauen und Männer
am Arbeitsplatz miteinander reden

Aus dem Amerikanischen von
Maren Klostermann
und Michael Benthack

Kabel

Titel der amerikanischen Originalausgabe:
TALKING FROM 9 TO 5
How women's and men's conversational
styles affect who gets heard, who gets
credit, and what gets done at work
William Morrow and Company, Inc., New York

Für Addie und Al Macovski

© 1994 by Deborah Tannen, Ph. D.
Copyright der deutschsprachigen Ausgabe:
© 1995 by Ernst Kabel Verlag GmbH, Hamburg
Aus dem Amerikanischen übersetzt von
Maren Klostermann und Michael Benthack

Umschlag: Theodor Bayer-Eynck
Titelillustration: Silvia Christoph
Satz aus der Garamond (Linotronic 500)
Papier: Fortuna Werkdruckpapier »Pegasus« chlorfrei, säurefrei
Steinbeis Temming Papier GmbH & Co., Glückstadt
Gesamtherstellung: Clausen & Bosse, Leck
ISBN 3-8225-0301-0

1 3 5 7 9 10 8 6 4 2

Inhalt

Vorwort

Nach meiner Vorstellung bildet dieses Buch das dritte in einer Serie. In *Das hab ich nicht gesagt!* habe ich die Grundstruktur der Gesprächsstile erläutert, die ich seit zwei Jahrzehnten wissenschaftlich erforsche. Diese Grundstruktur ist ein linguistischer Ansatz zum Verständnis von Beziehungen: Menschen haben unterschiedliche Gesprächsstile, die abhängig sind von dem Land, in dem sie aufgewachsen sind, von ihrer ethnischen Herkunft und der ihrer Eltern, von ihrem Alter, ihrer gesellschaftlichen Schichtzugehörigkeit und ihrem Geschlecht. Aber der Gesprächsstil ist unsichtbar. Weil wir uns nicht bewußt sind, daß diese und andere Aspekte unserer Herkunft unsere Sprechweise beeinflussen, denken wir, daß wir einfach sagen, was wir meinen.

Weil wir nicht erkennen, daß sich unser Stil von dem anderer unterscheidet, sind wir oft enttäuscht von Gesprächen. Statt die Schuld bei unterschiedlichen Sprechweisen zu suchen, schieben wir sie auf die Absichten der anderen (sie mag mich nicht), ihre Fähigkeiten (er ist blöd) oder ihren Charakter (sie ist unhöflich, er ist rücksichtslos), auf unser eigenes Versagen (was mache ich falsch?) oder die schlechte Beziehung (wir verstehen uns einfach nicht).

In *Du kannst mich einfach nicht verstehen* lag der Schwerpunkt auf den unterschiedlichen Sprechweisen von Männern und Frauen. Ausgehend von der Annahme, daß wir bestimmte Interaktionsformen in der Kindheit lernen und daß Kinder meistens in nach Geschlechtern getrennten Gruppen spielen, in denen ein unterschiedlicher Gesprächsstil gelernt, geübt und verstärkt wird, entwickelte ich die Metapher von der interkulturellen Kommunikation zwischen Männern und Frauen.

Die beiden früheren Bücher handeln von der »privaten Rede« und befassen sich in erster Linie (wenn auch nicht ausschließlich) mit persönlichen Zweiergesprächen zwischen Vertrauten und Freunden. Dieses Buch beschäftigt sich mit der privaten Rede in einem öffentlichen Zusammenhang – mit den Gesprächen bei der

Arbeit, insbesondere in Büros. Dieses Sprechen ist »privat«, weil es sich in vielen Fällen, die ich untersuche, immer noch um Zweiergespräche handelt, außer bei Konferenzen und Präsentationen. Auch verglichen mit dem öffentlichen Kontext eines Radio- oder Fernsehauftritts oder eines Vortrags sind diese Gespräche »privat«. Aber die Arbeitsumwelt ist andererseits auch »öffentlich« in dem Sinne, daß die meisten Menschen, mit denen wir bei der Arbeit sprechen, weder vertraute Familienangehörige noch Freunde oder Partner sind, die wir selbst ausgewählt haben, sondern Fremde, mit denen wir aus beruflichen Gründen verkehren. Oft ist die Mischung von Privatem und Öffentlichem bei der Arbeit auch einfach eine Frage der Zeit: Die privaten Beziehungen zu Familienangehörigen und Freunden bilden zwar den Mittelpunkt unseres emotionalen Lebens, aber viele von uns verbringen einen Großteil ihres Lebens bei der Arbeit, mit Kollegen und Mitarbeitern, von denen einige schließlich zu Freunden oder sogar Familienangehörigen werden.

Gespräche am Arbeitsplatz sind noch in anderer Hinsicht öffentlich. Gleichgültig wie privat ein Gespräch ist, wird doch in den meisten Arbeitsumgebungen irgendwann unsere Leistung bewertet, von einem Chef, einem Vorstand, einem Kunden, einem Kollegen oder Untergebenen. Gespräche bei der Arbeit können in gewisser Weise zum Test werden. Was wir am Arbeitsplatz sagen, kann zum Maßstab werden, nach dem man uns beurteilt, und die Beurteilungen können sich in Form von Gehaltserhöhungen (oder abgelehnten Gehaltserhöhungen), Beförderungen (oder ihrem Ausbleiben) und angenehmen (oder unangenehmen) Arbeitsaufgaben niederschlagen.

Diese drei Bücher bilden zusammen das, was Sozialwissenschaftler als implizite Hierarchie bezeichnen. Alles, was ich in *Das hab' ich nicht gesagt!* und in *Du kannst mich einfach nicht verstehen* beschrieben habe, gilt auch für dieses Buch. Obwohl ich von »Frauen« und »Männern« spreche, bin ich mir immer bewußt und bitte den Leser, sich ebenso bewußt zu sein, daß das Geschlecht immer nur einer von vielen Einflüssen beim Gesprächsstil ist, wie ich im ersten Buch dieser Serie ausführlich erläutert habe. So wie sich jeder Mensch durch eine einzigartige Persönlichkeit und seine ganz eigenen Vorstellungen auszeichnet, hat er auch einen einzigartigen Gesprächsstil, der von seiner persönlichen Erfahrungsgeschichte und vielen Einflußfaktoren wie geographischer und ethnischer Herkunft, Schicht, sexueller Orientierung, Beruf, Religion und Alter geprägt wird. Bei den Verhaltensmustern, die ich beschreibe, geht es immer um graduelle Unterschiede, um die Bandbreite auf einem Kontinuum, nicht um absolute Unterschiede; das gilt für das Geschlecht ebenso wie für die anderen oben erwähnten Einflüsse und Neigungen. Mit anderen Worten: Unsere Sprechweisen werden von jedem Aspekt unserer sozialen Umwelt beeinflußt, deshalb gibt es keine zwei Frauen oder zwei Männer, die völlig gleich sind, ebensowenig wie zwei New Yorker oder Spanier oder Vierzigjährige zwangsläufig gleich sind. Und doch ist es von entscheidender Bedeutung, daß wir die Muster verstehen, die unsere Sprechweisen beeinflussen, wenn wir begreifen wollen, was in unseren Gesprächen – und in unserem Leben – geschieht.

Obwohl ich mir der vielen Einflüsse auf den Gesprächsstil bewußt bin und viele Jahre damit verbracht habe, sie zu erforschen und darüber zu schreiben, befaßt sich dieses Buch – ebenso wie *Du kannst mich einfach nicht verstehen* – in erster Linie mit Stilunterschieden, die mit dem Geschlecht zusammenhängen. Nicht nur, weil es diejenigen Unterschiede sind, die die Menschen am meisten interessieren, sondern auch weil die Eingruppierung nach dem Geschlecht etwas Grundlegendes hat. Wenn Sie auf der Straße jemanden auf sich zukommen sehen, identifizieren Sie die Person sofort und automatisch als männlich oder weiblich. Sie werden nicht zwangsläufig zu bestimmen versuchen, aus welchem Bundesstaat die Person kommt, welcher gesellschaftlichen Schicht sie angehört oder aus welchem Land ihre Großeltern stammen. Ein sekundäres Erkennungsmerkmal kann unter bestimmten örtlichen und zeitlichen Bedingungen die ethnische Zugehörigkeit sein. Aber auch wenn wir uns vorstellen können, daß es einmal eine Zeit geben wird, in der ein Regisseur die Schauspieler für sein neues Stück ohne Rücksicht auf die Hautfarbe auswählt, ist es schwer vorstellbar, daß es jemals eine Zeit geben wird, in der die Rollen ohne Rücksicht auf das Geschlecht besetzt werden.

Wenige Elemente unserer Identität sind so entscheidend für unser Selbstgefühl wie das Geschlecht. Wenn Sie sich in der kulturellen Herkunft eines Menschen täuschen – Sie dachten, der Mann wäre Grieche, aber er ist Italiener; Sie haben angenommen, die Frau stamme aus Texas, aber sie kommt aus Kentucky; Sie wünschen jemandem »Fröhliche Weihnachten«, aber er sagt: »Ich feiere nicht Weihnachten; ich bin Moslem.«, – sind Sie überrascht und ändern den inneren Bezugsrahmen, in dem Sie die Person gesehen hatten. Aber wenn ein Mensch, den wir für einen Mann hielten, sich als Frau entpuppt – wie der Jazz-Musiker Billy Tipton, dessen eigene Adoptivsöhne nie auf die Idee gekommen wären, daß ihr Vater eine Frau sein könnte, bis der Gerichtsmediziner sie nach seinem (ihrem) Tod mit der Nachricht überraschte –, fällt uns die erforderliche Anpassung ungeheuer schwer. Sogar Kinder unterscheiden zwischen Männern und Frauen und reagieren unterschiedlich, je nachdem, wen sie vor sich haben.

Vielleicht liegt es daran, daß unser Geschlechtsgefühl so tief verwurzelt ist, daß wir dazu neigen, Aussagen über Geschlechts*muster* als Aussagen über die Geschlechts*identität* zu deuten – mit anderen Worten, als absolute Unterschiede und nicht als eine Frage gradueller Unterschiede oder Prozentzahlen und als universell gültig statt als kulturell vermittelt. Die Muster, die ich beschreibe, basieren auf Beobachtungen von ganz bestimmten Sprechern in einer ganz bestimmten Zeit, an einem ganz bestimmten Ort: größtenteils handelt es sich um mittelständische Amerikaner europäischer Abstammung, die in unserer heutigen Zeit in Büros arbeiten. Andere Kulturen entwickeln ganz andere Gesprächsmuster, die mit Männern und Frauen assoziiert werden – und entsprechend andere Annahmen über die »Natur« von Männern und Frauen. Ich halte nicht viel von dem Gerede über »Natur« oder über das, was »natürlich« ist. Die Angehörigen einer jeden Kultur werden Ihnen erzählen, daß die in ihrer Gesellschaft üblichen Verhaltensweisen das Natürliche und Normale sind. Ich halte auch wenig von der Erklärung, daß die eigene Sprechweise eine natürliche Reaktion auf die Umwelt sei, weil es immer eine gleichermaßen natürliche und entgegengesetzte Reaktion auf dieselbe Umwelt gibt. Wir alle neigen dazu, die Art, wie etwas ist, für die Art zu halten, wie es sein sollte – für ganz natürlich.

Sprechweisen ebenso wie andere Formen der alltäglichen Lebensführung erscheinen uns natürlich, weil die Verhaltensweisen, aus denen unser Leben sich zusammensetzt, ritualisiert sind. In der Tat ist der »rituelle« Charakter der Interaktion das zentrale Thema dieses Buches. Wir wachsen in einer bestimmten Kultur auf und lernen, Dinge so zu tun, wie die Menschen in unserer Umgebung sie tun, deshalb erfolgen die allermeisten Entscheidungen über die richtige Sprechweise automatisch. Sie treffen jemanden, den Sie kennen, fragen »Wie geht's«, plaudern ein bißchen und gehen wieder Ihres Weges, ohne je über die unzähligen Möglichkeiten nachzudenken, wie Sie diese Interaktion anders hätten gestalten können – und gestaltet hätten, wenn Sie in einer anderen Kultur leben würden. So wie ein Amerikaner automatisch die Hand zu einem Händedruck ausstreckt, während ein Japaner automatisch eine Verbeugung macht, hängt auch das, was ein Amerikaner und ein Japaner für eine natürliche Gesprächsführung halten, davon ab, welche Konventionen sie im Laufe ihres Lebens gelernt haben.

Niemand versteht die rituelle Natur des Alltagslebens besser als der Soziologe Erving Goffman, der auch die fundamentale Rolle erkannte, die das Geschlecht bei der Strukturierung unserer täglichen Rituale spielt. In einem Aufsatz mit dem Titel »Das Arrangement der Geschlechter« wies Goffman darauf hin, daß wir »geschlechtsspezifisch« sagen, wenn wir »geschlechtsklassenspezifisch« meinen. Wenn man hört, daß ein Verhalten geschlechtsgebunden ist, zieht man häufig den Schluß, daß das Verhalten für jedes Mitglied dieser Gruppe gelte und daß es irgendwie Teil seines Geschlechts sei, so als ob es an einem Chromosom festgehakt wäre. Goffman schlägt den Begriff »Genderismus« vor (in Anlehnung, wie ich vermute, an »Mannerism«, nicht »Sexism«), um »von einer geschlechtsklassengebundenen individuellen Verhaltensweise« zu sprechen. In diesem Sinn ist es gemeint, wenn ich mich auf bestimmte Verhaltensmuster von Männern und Frauen beziehe: Es bedeutet nicht, daß bestimmte Sprechweisen grundsätzlich männlich oder weiblich sind und auch nicht, daß jeder einzelne Mann oder jede einzelne Frau sich an dieses Muster hält, sondern es besagt lediglich, daß ein großer Prozentsatz von Frauen oder Männern *als Gruppe* auf eine bestimmte Weise redet oder daß die *Wahrscheinlichkeit*, daß ein einzelner Mann und eine einzelne Frau auf eine bestimmte Weise sprechen, größer ist.

Daß einzelne Personen dem mit ihrem Geschlecht assoziierten Muster nicht immer entsprechen, bedeutet nicht, daß das Muster nicht typisch ist. Weil mehr Frauen oder Männer auf eine bestimmte Weise sprechen, wird diese Sprechweise mit Männern und Frauen assoziiert bzw. es ist eher andersherum: Mehr Frauen oder Männer lernen, auf bestimmte Weise zu sprechen, *weil* diese Methoden mit ihrem Geschlecht assoziiert werden. Und wenn einzelne Männer oder Frauen einen Gesprächsstil entwickeln, der mit dem anderen Geschlecht assoziiert wird, müssen sie einen Preis dafür zahlen, weil sie von den gesellschaftlichen Erwartungen abweichen.

Wenn mein Konzept, wie sich das Geschlecht im Alltag darstellt, von Goffman beeinflußt wurde, so ergeben sich doch der Schwerpunkt meiner Forschung – Konversation – und meine Untersuchungsmethode direkt aus meiner eigenen Disziplin, der Linguistik. Mein Verständnis von dem, was geschieht, wenn Menschen miteinander reden, stützt sich auf direkte Beobachtungen ebenso wie auf Tonbandaufzeichnungen, Transkriptionen und Analysen von Gesprächen. Nach der Veröffentlichung von *Du kannst mich einfach nicht verstehen* wurde ich von vielen Unternehmensmitarbeitern gefragt, ob ich ihnen helfen könnte, die Erkenntnisse dieses Buches auf das Problem der »Glaswand« anzuwenden: Warum machen Frauen nicht genauso schnell Karriere wie die Männer, die gleichzeitig mit ihnen eingestellt werden? Und, allgemeiner gefaßt, wie kann man Frauen und andere Angestellte, die nicht dem herkömmlichen oder »typischen« Mitarbeitertyp entsprechen, besser in die immer komplexer werdende Arbeitswelt integrieren? Mir war klar, daß ich untersuchen mußte, was tatsächlich am Arbeitsplatz geschah, wenn ich diese Fragen beantworten wollte.

Dazu benutzte ich mehrere Methoden. In einigen Betrieben begleitete ich einzelne Mitarbeiter und nahm an formellen Interaktionen wie Konferenzen und an zwanglosen Unterhaltungen am Kaffeeautomaten oder in der Kantine teil. In anderen Betrieben wählte ich einen methodischeren Untersuchungsansatz, bei dem einzelne Mitarbeiter, die sich dazu bereit erklärt hatten, ihre Gespräche auf Tonband aufnahmen. Während der Aufzeichnungen war ich nicht anwesend, damit meine Gegenwart sich nicht störend auf den normalen Ablauf auswirkte (obwohl mir klar ist, daß auch die Anwesenheit eines Tonbandgeräts störend wirken und zu Verfälschungen führen kann). Hin und wieder »beschattete« ich die Mitarbeiter, um die Arbeitsumwelt und die Gesprächsteilnehmer kennenzulernen und mir ein eigenes Bild von der Situation und dem Kollegenkreis zu machen. Später ließ ich die aufgezeichneten Gespräche transkribieren und analysierte dann die Transkripte und Tonbandaufzeichnungen.

Und schließlich habe ich in all diesen und in einigen anderen Betrieben und Kontexten zahlreiche Gespräche mit Einzelpersonen geführt und die Unterhaltungen in vielen Fällen auf Tonband aufgenommen. In gewisser Weise waren es Interviews, ohne daß ich jedoch eine fertige Liste mit Fragen bei mir gehabt hätte. Es gab allerdings bestimmte Fragen, die ich meistens stellte, wie zum Beispiel: »Welchen Eindruck haben Sie von Ihren Kollegen?« »Was stellen Sie sich unter einem guten Vorgesetzten vor?« Und: »Wenn Sie auf Ihr Leben zurückblicken, was waren die besten oder die schlimmsten Erfahrungen mit Vorgesetzten oder mit Untergebenen?« Ich stützte mich auch auf meine eigenen Erfahrungen und die von Freunden, Familienangehörigen und Bekannten, die mir von ihren Erlebnissen berichteten.

Auch meine Studenten haben mir wertvolle Beispiele und Anregungen gegeben. Ich habe (immer mit Einverständnis der Beteiligten) Material verwendet, das sie in Klausuren und Referaten geliefert haben; außerdem bitte ich meine Studenten immer, ihre Erfahrungen und Analysen in Notizbüchern festzuhalten, aus denen ich ebenfalls viele Einsichten gewonnen habe. Schließlich stütze ich mich auf die Untersuchungen anderer Wissenschaftler. Ich habe nicht versucht, einen vollständigen Überblick über die Literatur zu geben (ein solches Unternehmen würde ein Extrabuch erfordern), sondern einfach einige Studien ausgewählt, die bestimmte Aspekte hervorheben, die ich für wichtig halte. Ich entschuldige mich bei den zahlreichen Wissenschaftlern, deren relevante Studien ich nicht zitiert habe.

Seit der Veröffentlichung von *Du kannst mich einfach nicht verstehen* wurde mir oft gesagt: »Ihr Buch hat meine Ehe gerettet.« Ein gegensätzlicher Gesprächsstil kann sich am Konferenztisch ebenso verheerend auswirken wie am Frühstückstisch, mit genauso frustrierenden und sogar noch gefährlicheren Konsequenzen, weil das Wohl und sogar das Leben von Menschen auf dem Spiel stehen können. Ein besseres Verständnis und mehr Toleranz für Unterschiede im Gesprächsstil verringern die allgemeine Unzufriedenheit und nützen dem einzelnen Mitarbeiter ebenso wie dem Unternehmen. In diesem Sinn hoffe ich, daß dieses Buch sich ähnlich hilfreich für alle erweisen wird, die Probleme mit Kollegen, mit der Arbeit und ihrem Betrieb haben. Deshalb nun zum Thema Gespräche am Arbeitsplatz.

Eine Anmerkung zu Anmerkungen und Transkripten

Als Wissenschaftlerin halte ich es für wichtig, auf die Quellen zu verweisen, wenn ich etwas schreibe, das durch die Arbeiten anderer Autoren beeinflußt oder angeregt wurde, und die Leser darüber zu informieren, wie sie meine Bezugnahmen zurückverfolgen und mehr über ein Thema erfahren können, das sie interessiert. Das erfordert Anmerkungen. Ich habe mich an das übliche Verfahren gehalten und die Anmerkungen am Ende des Buches zusammengestellt, habe aber diese Anmerkungen nicht durch Zahlen im Text ausgewiesen. Ich weiß, daß dies jene Leser enttäuschen wird, die wissen möchten, wann genau eine Aussage von einer Anmerkung begleitet wird; bei Ihnen möchte ich mich entschuldigen und folgende Erklärung geben: Die meisten Leser empfinden kleine Zahlen im Text als störend; viele fühlen sich gezwungen, ihre Lektüre zu unterbrechen, um nach der Anmerkung zu forschen, und fühlen sich dann betrogen, wenn diese Anmerkung nur einen bibliographischen Hinweis enthält, für den sie wenig Interesse haben. Für alle, die doch Interesse haben, wenn ich jemanden zitiere, biete ich Informationen über die Herkunft der Quelle in den Anmerkungen und/oder im Literaturverzeichnis. Wenn es sich bei der Quelle um das Buch oder den Artikel eines Autors handelt, der nur mit diesem einen Werk zitiert wird, habe ich die Quelle einfach in die Bibliographie am Ende des Buches aufgenommen. Da das Literaturverzeichnis alphabetisch nach Autoren geordnet ist, läßt sich die Quelle hier wahrscheinlich leichter finden, als wenn man nach der richtigen Seite mit den Anmerkungen suchen muß.

Und noch ein Wort zur Transkription: Gesprächstranskripte sind das Arbeitsmaterial der Soziolinguistik, und wir haben bestimmte Konventionen entwickelt, um Dialoge so präzise wie möglich wiederzugeben. Drei durch Leerschritte getrennte Punkte (. . .) zeigen an, daß etwas ausgelassen wurde, aber drei Punkte ohne Leerschritte (...) weisen eine kurze Pause aus. Wenn eine Äußerung unverständlich war, wird dies durch ein in Schrägstriche gefügtes Fragezeichen ausgedrückt: /?/. Wenn Unsicherheiten über das Gesagte bestehen, wird die Stelle ebenfalls in /Schrägstriche/ eingeschlossen. Die Wörter und Sätze werden immer so geschrieben, wie sie ausgesprochen wurden, ohne Verbesserungen der schriftlichen »Grammatik«.

1. Frauen und Männer beim Job-Talk

Amy war eine Managerin mit einem Problem: Sie hatte gerade den Abschlußbericht von Donald gelesen und fand ihn jämmerlich schlecht. Sie stand vor der undankbaren Aufgabe, Donald zu sagen, daß er den Bericht überarbeiten müßte. Als sie mit ihm sprach, achtete sie darauf, den Schlag durch ein einleitendes Lob abzumildern und hob zunächst alle positiven Aspekte des Berichts hervor. Dann erklärte sie, was noch fehlte und welche Änderungen Donald vornehmen mußte, um den Bericht akzeptabel zu machen. Sie war stolz auf sich, weil sie die schlechte Nachricht so diplomatisch übermittelt hatte. Da sie so rücksichtsvoll gewesen war, mit einem Lob zu beginnen, hatte Donald die Kritik offenbar annehmen können und schien verstanden zu haben, was noch fehlte. Aber als die überarbeitete Fassung auf ihrem Schreibtisch lag, war Amy entsetzt. Donald hatte nur kleine, oberflächliche Änderungen vorgenommen und keine der erforderlichen. Das nächste Gespräch lief nicht so gut. Donald war wütend, weil sie jetzt plötzlich behauptete, sein Bericht wäre unakzeptabel, und warf ihr vor, ihn getäuscht zu haben. »Neulich fanden Sie ihn doch großartig«, protestierte er.

Amy hielt sich für diplomatisch; Donald hielt sie für unehrlich. Das Lob, mit dem sie die Botschaft »Dies ist unakzeptabel« abschwächen wollte, klang für ihn wie die Botschaft selbst: »Dies ist großartig.« Was sie für den Hauptpunkt hielt – die erforderlichen Änderungen –, hielt er für unverbindliche Vorschläge, weil er das Lob bereits als wichtigste Information registriert hatte. Sie glaubte, er hätte ihr nicht zugehört. Er glaubte, sie hätte ihre Meinung geändert und ließe es ihn jetzt ausbaden.

Arbeitstage sind erfüllt von Gesprächen, die sich darum drehen, wie die Arbeit getan werden soll. Die meisten dieser Gespräche verlaufen erfolgreich, aber zu viele enden in Sackgassen wie dieser. Möglicherweise ist Amy eine kapriziöse Chefin, die ihre Wünsche je nach Laune ändert, und möglicherweise ist Donald ein reizbarer Angestellter, der keine Kritik verträgt, egal wie sie formuliert wird. Aber ich glaube, daß beides in diesem Fall nicht zutrifft. Ich denke, daß es sich um eines der unzähligen Mißverständnisse handelte, die durch einen unterschiedlichen Gesprächsstil verursacht werden. Amy übermittelte ihre Kritik in einer ihr selbstverständlich erscheinenden, rücksichtsvollen Form, so, wie es ihr selbst am angenehmsten gewesen wäre, wenn man sie kritisiert hätte: Sie nahm Rücksicht auf die Gefühle der anderen Person und achtete darauf, daß ihr abschließendes, negatives Urteil über den Bericht nicht den Eindruck weckte, daß sie Donalds Fähigkeiten nicht zu schätzen wüßte. Sie wollte die Kritik durch ein Lob versüßen, damit sie leichter zu schlucken war. Aber Donald erwartete nicht, daß Kritik auf diese Weise geäußert wird, also deutete er ihr Lob als abschließendes Urteil und nicht als Auftakt dazu.

Dieses Gespräch hätte auch zwischen zwei Frauen oder zwei Männern ablaufen können. Aber ich denke, es ist kein Zufall, daß es zwischen einem Mann und einer Frau stattfand. Dieses Buch erklärt warum. Erstens zeigt es, welche Rolle Gespräche im Arbeitsleben spielen. Um diese Rolle deutlich zu machen, erläutere ich die Funktionsweise des Gesprächsstils, ich erkläre den rituellen Charakter von Gesprächen und die Verwirrung, die entsteht, wenn Rituale nicht geteilt und nicht als solche erkannt werden. Ich berücksichtige die vielen Einflüsse auf den Gesprächsstil, aber ich konzentriere mich in erster Linie auf die unterschiedlichen Rituale, die typisch für Männer und Frauen sind (obwohl natürlich nicht jeder einzelne Mann und jede einzelne Frau sich typisch verhält). Männer neigen zu Gesprächsritualen, die Opposition in Form von Herausforderungen, Scherzen, Hänseleien und spielerischen Herabsetzungen umfassen, und sie geben sich häufig Mühe, eine unterlegene Position in der Interaktion zu vermeiden. Frauen neigen zu Gesprächsritualen, bei denen der Anschein von Gleichheit bewahrt bleibt und die Auswirkung des Gesagten auf die andere Person berücksichtigt wird; sie geben sich häufig Mühe, ihre Autorität herunterzuspielen, weil die Sprecherin ihr Ziel erreichen möchte, ohne mit ihrer Macht zu protzen.

Wenn alle Beteiligten mit diesen Konventionen vertraut sind, funktionieren sie prächtig. Aber wenn Sprechweisen nicht als Konventionen erkannt werden, werden sie wörtlich genommen, mit negativen Folgen für beide Seiten. Männer, deren oppositionelle Strategien wörtlich ausgelegt werden, können wider Willen feindselig wirken, und ihr Versuch, einen unterlegenen Eindruck zu vermeiden, wird leicht als Arroganz mißdeutet. Wenn Frauen Gesprächsstrategien anwenden, die darauf angelegt sind, den Anschein der Prahlerei zu vermeiden und Rücksicht auf die Gefühle anderer zu nehmen, hält man sie unter Umständen für weniger selbstsicher und kompetent, als sie tatsächlich sind. Deshalb haben sowohl Männer als auch Frauen oft den Eindruck, daß ihre Leistung nicht genügend gewürdigt wird, daß man ihnen nicht zuhört und daß sie nicht so schnell befördert werden, wie es ihnen zustünde.

Wenn ich auf die charakteristischen Sprechweisen von Männern und Frauen eingehe, betone ich immer, daß beide Formen in sich logisch und gleich wertvoll sind, auch wenn die Unterschiede zu Problemen bei der Interaktion führen können. Wenn zwei Menschen eine private Liebesbeziehung oder Freundschaft eingehen, ist die Sprechblase ihrer Interaktion in gewisser Weise eine Welt für sich, auch wenn beide ihre früheren Erfahrungen, die sie in der Familie, in der Gemeinschaft und mit lebenslangen Gesprächen gemacht haben, in die Beziehung einbringen.

Aber wer eine Arbeit aufnimmt, betritt eine fertige Welt, die bereits nach bestimmten Regeln funktioniert und in der eine bestimmte Sprechweise schon fest etabliert ist. Es spielen zwar viele Einflüsse eine Rolle, zum Beispiel die geographische Lage, die Branche, ob es sich um einen Familienbetrieb oder einen großen Konzern handelt, aber in der Arbeitswelt, in der die Machtpositionen traditionell von Männern besetzt waren, ist im allgemeinen ein männlich-geprägter Interaktionsstil die Norm. In diesem Sinn gehen Frauen und andere Mitarbeiter, deren Sprechweisen von der Norm abweichen, nicht unter denselben Bedingungen, sondern von vornherein mit einem Nachteil an den Start. Gespräche bei der Arbeit weisen zwar viele Ähnlichkeiten mit privaten Gesprächen auf, aber es gibt auch viele gravierende Unterschiede.

Wenn es die Gesundheit gefährdet, nicht nach dem Weg zu fragen

Unterschiede im Gesprächsstil können in privaten wie in beruflichen Situationen unangenehme Folgen haben, aber es gibt einige Arbeitssituationen, in denen der Stil über Leben oder Tod entscheiden kann. Menschen, die in der Gesundheitsfürsorge arbeiten, sind häufig in dieser Situation. Ebenso wie Piloten.

Von allen Beispielen, die ich in *Du kannst mich einfach nicht verstehen* beschrieben habe, erregte (zu meiner Überraschung) die Frage: »Warum halten Männer nicht gern an, um nach dem richtigen Weg zu fragen?« die größte Aufmerksamkeit. Die Reaktionen von Zuhörern, Talk-Show-Moderatoren, Briefschreibern, Journalisten und charmanten Plauderern zeigten immer wieder, daß diese Frage offenbar die Frustration auf den Punkt brachte, die viele Menschen aus eigener Erfahrung kannten. Und meine Erklärung schien vielen einzuleuchten: Männer sind sich eher bewußt, daß die Frage nach dem richtigen Weg ebenso wie jede andere Bitte um Hilfe sie in eine unterlegene Position bringt.

Wenn es um das Einholen von Auskünften geht, sind Männer und Frauen sich der Vorteile ihres eigenen Stils sehr bewußt. Frauen weisen immer wieder darauf hin, wieviel Zeit sie einsparen könnten, wenn ihre Männer einfach anhalten und jemanden nach der Richtung fragen würden, statt im Kreis zu fahren und vergeblich selbst nach dem Ziel zu suchen. Männer erklären mir allerdings häufig, daß es durchaus Sinn ergebe, nicht nach der Richtung zu fragen, weil man viel von der Gegend kennenlerne und außerdem seinen Orientierungssinn trainiere, wenn man selbst nach dem richtigen Weg sucht.

Aber einige Situationen sind gefährlicher als andere. Eine Talk-Show-Produzentin aus Hollywood erzählte mir, daß sie einmal mit ihrem Vater in dessen Privatmaschine geflogen war. Der Treibstoff neigte sich dem Ende zu, und ihr Vater wußte nicht genau, wo die Landebahn des örtlichen Flughafens lag, den er ansteuerte. Die Frau, die allmählich in Panik geriet, bestürmte ihren Vater: »Daddy! Wieso rufst du nicht einfach den Tower und fragst, wo du landen mußt?« Er entgegnete: »Ich will nicht, daß sie denken, ich hätte mich verirrt.« Diese Geschichte nahm ein glückliches Ende, andernfalls hätte die Frau sie nicht erzählen können.

Einige Zeit später gab ich die Anekdote auf einer Cocktailparty zum besten – gegenüber einem Mann, der mir gerade erzählt hatte, daß der Teil über die Auskünfte seine Lieblingsstelle in meinem Buch sei, und der, wie sich herausstellte, ebenfalls ein Amateurpilot war. Zu meiner Überraschung erzählte er mir, daß er ein ähnliches Erlebnis gehabt hätte. Auf seinem ersten Alleinflug während der Flugausbildung hatte er sich verirrt. Er wollte sich nicht erniedrigen und über die Notfrequenz der FAA um Hilfe bitten. Also flog er herum und suchte nach einem geeigneten Landeplatz. Er entdeckte eine freie Fläche, die wie ein Landefeld aussah, steuerte es an und fand sich auf einer offenbar absichtlich versteckten Landebahn wieder, die glücklicherweise gerade verlassen war. Da er befürchtete, auf etwas gestoßen zu sein, das nicht für seine Augen bestimmt war, geschweige denn für weitere neugierige Nachforschungen, kletterte er zurück in sein Flugzeug, erleichtert, daß er nicht in Schwierigkeiten geraten war. Er schaffte es auch, seinen Heimatflughafen rechtzeitig wiederzufinden, bevor ihm der Treibstoff ausging. Trotzdem war dieser Mann fest überzeugt, daß schon eine Menge kleinerer Maschinen abgestürzt wären, weil Amateurpiloten nicht zugeben wollten, daß sie sich verirrt hatten, und weniger Glück gehabt hatten als er. Vor diesem Hintergrund erscheint die amüsante Frage, warum Männer ungern anhalten, um nach der Richtung zu fragen, nicht mehr ganz so lustig.

Die Lehre, die wir aus der Geschichte ziehen sollten, ist nicht, daß Männer sich auf der Stelle ändern und trainieren sollten, im Zweifelsfall nach der Richtung zu fragen; ebensowenig wie Frauen auf der Stelle ihre Fragen einstellen sollten, um fortan ihren Orientierungssinn zu üben und selbst nach dem richtigen Weg zu suchen. Was wir vielmehr lernen sollten, ist Flexibilität: Sich in allen Situationen an feste Gewohnheiten zu halten, ist nicht besonders klug, wenn es damit endet, daß man tot ist. Wenn wir alle mehr über unseren eigenen Stil und seine Grenzen und Alternativen wüßten, wären wir besser dran – insbesondere bei der Arbeit, wo die Ergebnisse unseres Handelns sich auf unsere Kollegen und auf die Firma auswirken wie auch auf unsere eigene Zukunft.

Fragen oder nicht fragen

Ein diensthabender Assistenzarzt mußte eine Entscheidung treffen. Er hatte den Zustand eines eingelieferten Patienten richtig diagnostiziert und erinnerte sich auch an die erforderliche Medikation. Aber diese Medikation wurde für verschiedene Krankheiten in unterschiedlichen Dosierungen verwendet. Er war sich nicht sicher, welche Dosis für diesen Fall die richtige war. Er mußte sich schnell entscheiden: Sollte er seinen vorgesetzten Arzt bei einer Konferenz stören, um nach der richtigen Dosis zu fragen, oder einfach nach Gefühl und Wellenschlag gehen?

Was stand auf dem Spiel? In erster Linie das Wohl und vielleicht sogar das Leben des Patienten. Aber noch etwas stand auf dem Spiel – der Ruf und schließlich die Karriere des Assistenzarztes. Wenn er den vorgesetzten Arzt störte, um nach der richtigen Dosis zu fragen, gestand er seine Unwissenheit öffentlich ein und fiel ihm außerdem lästig. Der Assistenzarzt verließ sich auf sein Gefühl, und in diesem Fall hatte es keine schlimmen Folgen. Doch ähnlich wie bei den Flugzeugabstürzen fragt man sich unwillkürlich, wie viele ärztliche Kunstfehler darauf zurückzuführen sind, daß jemand lieber raten als fragen wollte.

Bei medizinischen Problemen kann die Entscheidung, keine Fragen zu stellen, zweifellos unheilvolle Konsequenzen haben, aber auch das Fragen hat manchmal negative Folgen. Eine Ärztin schrieb mir von einer derartigen Erfahrung, die sie während ihrer Ausbildungzeit gemacht hatte. Sie bekam eine schlechte Note von ihrem vorgesetzten Arzt. Das überraschte sie, weil sie wußte, daß sie eine der besten in ihrer Gruppe war. Sie bat ihren Vorgesetzten um eine Erklärung, und er antwortete, daß sie nicht so viele Kenntnisse hätte wie die anderen. Sie wußte aus ihrem täglichen Umgang mit den Kollegen, daß sie eher mehr als weniger Kenntnisse besaß als die anderen. Also fragte sie, was ihn zu diesem Schluß geführt hätte. Und er sagte: »Sie stellen mehr Fragen.«

Man hat nachgewiesen, daß Männer in öffentlichen Situationen seltener Fragen stellen, um ihre Unkenntnis nicht preiszugeben. Das belegt zum Beispiel eine Untersuchung, die die Soziolinguistin Kate Remlinger in einem Hochschulseminar durchführte. Sie stellte fest, daß die Studentinnen den Professor häufiger etwas fragten als die Studenten. Sechs Seminarteilnehmer, drei Männer und drei Frauen, wurden im Rahmen der Studie ausführlich interviewt. Alle drei Männer sagten, daß sie im Plenum keine Fragen stellen würden, wenn sie etwas nicht verstanden hätten. Sie erklärten, sie würden die Antwort lieber später im Lehrbuch nachlesen, einen Freund um Aufschluß bitten oder, als letzte Möglichkeit, den Professor unter vier Augen in seiner Sprechstunde fragen. Wie ein junger Mann es formulierte: »Wenn mir etwas unklar ist, frage ich normalerweise nicht. Ich gehe lieber nach Hause und schlage es nach.«

Natürlich bedeutet das nicht, daß kein Mann Fragen stellt, wenn er unsicher ist, und auch nicht, daß alle Frauen es tun. Die Unterschiede sind, wie immer, graduell und eine Frage der Wahrscheinlichkeit. Und wie immer spielen auch kulturelle Unterschiede eine Rolle.

Für einen amerikanischen Professor ist es nichts Ungewöhnliches, seine eigene Unwissenheit einzugestehen, wenn er die Frage eines Studenten nicht beantworten kann, aber es gibt viele Kulturen, in denen Professoren sich anders verhalten, und Studenten aus solchen Kulturen beurteilen amerikanische Professoren mitunter nach diesem Maßstab. Eine Studentin aus dem Mittleren Osten erzählte einem Professor an einer kalifornischen Universität, daß sie jeden Respekt vor einem seiner Kollegen verloren hätte. Der Grund: Sie hatte eine Frage im Unterricht gestellt, und der in Ungnade gefallene Professor hatte entgegnet: »Das kann ich so aus dem Stegreif nicht beantworten, aber ich finde es für Sie raus.«

Der Fall der Ärztin, die ihren Vorgesetzten fragte, warum er ihr eine schlechte Note gegeben hatte, mag insofern ungewöhnlich sein, weil man ihr offen sagte, welches Verhalten zu der Fehleinschätzung ihrer Leistung führte. Aber ich weiß aus vielen Gesprächen mit Ärzten und Medizinstudenten im ganzen Land, daß die Erfahrung dieser Frau nichts Ungewöhnliches ist, daß Ärzte in der Ausbildung ihre Unwissenheit normalerweise verbergen und keine Fragen stellen, weil diejenigen, die es tun, als weniger kompetent eingestuft werden.

Aber viele Frauen, die öfter Fragen stellen als Männer (so wie Frauen auch öfter anhalten und nach der Richtung fragen, wenn sie sich verirrt haben) sind sich offenbar nicht darüber im klaren, daß sie zwar die Information bekommen, aber gleichzeitig einen negativen Eindruck machen. Ihre Antennen sind nicht darauf eingestellt, den Anschein von Unterlegenheit zu vermeiden.

Dieses Muster steht im Widerspruch zu zwei Stereotypen über den männlichen und weiblichen Verhaltensstil, nämlich daß Männer mehr an Informationen interessiert, Frauen dagegen feinfühliger seien. Im Hinblick auf das Verhalten im Seminarraum sind offenbar die Frauen stärker auf Informationen ausgerichtet, weil sie Fragen stellen, während die Männer, die ihre Fragen zurückhalten, offenbar stärker an der Interaktion interessiert sind – an der Wirkung, die ihre Fragen auf andere haben. In dieser Situation sind es die Männer, die feinfühliger darauf reagieren, welchen Eindruck sie auf andere machen, auch wenn es ihnen im Grunde eher um den Eindruck geht, den sie auf sich selbst machen. Und eine solche Feinfühligkeit läßt sie in der Arbeitswelt häufig besser dastehen. Diese Erkenntnis rückt die Entscheidung des Assistenzarztes in ein bedenkliches Licht: Er mußte wählen, ob er seine Karriere oder die Gesundheit des Patienten aufs Spiel setzen wollte.

Die Vorteile beider Vorgehensweisen sind offensichtlich: Eine Frau, die bereitwillig Fragen stellt, hat leichteren Zugang zu vielen Informationen – zu allem, was die Leute wissen, die sie fragt. Aber so wie viele Männer mir erklärt haben, daß es sinnlos sei, sich nach dem richtigen Weg zu erkundigen, weil die Person, die man fragt, die Antwort möglicherweise nicht kennt oder falsche Auskünfte gibt, glauben manche Leute, daß es sicherer sei, wenn sie die Information in einem Buch nachschlagen, oder daß sie mehr lernen, wenn sie die Antwort selbst herausfinden. Andererseits verschwendet man möglicherweise eine Menge Energie, wenn man nach Informationen sucht, die jemand anders bei der Hand hat. Ich habe bittere Klagen von Leuten gehört, die viel Mühe in ein fruchtloses Unterfangen steckten, weil ein Kollege seine eigene Unkenntnis nicht eingestehen wollte und sie auf die falsche Fährte schickte.

Die Abneigung gegen den Satz »Ich weiß es nicht« kann schwerwiegende Folgen für ein ganzes Unternehmen haben: Am Freitag, dem 17. Juni 1984, verhinderte ein Computerproblem bei Fidelity Investments, daß der Wert von 166 offenen Investmentfonds berechnet wurde. Statt einzugestehen, daß die Zahlen nicht verfügbar waren, beschloß eine Führungskraft, der National Association of Security Dealers mitzuteilen, daß die Werte der Fonds seit dem vorherigen Tag gleich geblieben wären. Leider erwies sich der 17. Juni als schwarzer Tag an den Finanzmärkten, so daß der Kurswert von Fidelitys Investmentfonds, der landesweit in den Zeitungen veröffentlicht wurde, wesentlich höher lag als der von anderen Fonds. Abgesehen von den Kosten und Unannehmlichkeiten, die den Maklerfirmen entstanden, weil sie ihre Kundenkonten neu berechnen mußten, und der Ungerechtigkeit gegenüber Investoren, die ihre Kauf- oder Verkaufsentscheidungen auf falsche Informationen stützten, war es auch ungeheuer peinlich für das Unternehmen, das gezwungen war, sich öffentlich zu entschuldigen. In diesem Fall wäre es eindeutig besser gewesen, einfach offen zu sagen: »Wir wissen es nicht.«

Flexibilität ist auch hier die Lösung. Es gibt viele Situationen, in denen man gut damit fährt, wenn man selbstbewußt auftritt und seine Zweifel und seine Unkenntnis diskret für sich behält, und andere, in denen es ratsamer ist, sein Unwissen einzugestehen.

Verhandeln: Von innen nach außen

Zwei Kollegen, die ein freundschaftliches Verhältnis hatten, sollten zusammen eine Marktumfrage durchführen. Als man ihnen den Auftrag erteilte, sagte der Mann als erstes: »Ich mach die Flugzeug- und Autoindustrie, und du kannst die Haushaltswaren und den Direktversand übernehmen.« Die Frau fühlte sich überrumpelt. »Hey, Moment mal«, protestierte sie. »Das hört sich an, als ob du schon alles fertig durchgeplant hättest. Tatsächlich würde *ich* gern die Flugzeuge und die Autos machen. Ich hab in den Bereichen schon eine Menge Kontakte geknüpft.« »Ach«, sagte er, ein bißchen pikiert und sehr überrascht. Sie fuhr fort: »Ich wünschte, du würdest nicht immer gleich so bestimmend sein.« »Wie hättest du denn angefangen?« fragte er. »Ich hätte nicht einfach gesagt, was ich machen will«, entgegnete sie. »Ich hätte dich gefragt, welche Bereiche du gern machen würdest.« Das ergab keinen Sinn für ihren Kollegen. »Worüber beklagst du dich dann? Wenn du mich gefragt hättest, was ich machen will, hätte ich ›Autos und Flugzeuge‹ gesagt. Also wär genau dasselbe dabei rausgekommen.«

Die Frau verstand, was er meinte. Aber wenn das Gespräch diesen Verlauf genommen hätte, wäre sie auch frustriert gewesen. Für sie ist die Frage: »Welche Bereiche der Umfrage möchtest du gern übernehmen?« keine Aufforderung, nach dem besten Teil zu grapschen und sich damit aus dem Staub zu machen. Es ist eine Einladung, über die verschiedenen Bereiche zu sprechen: Erst sagt der eine, was ihn interessiert, in welchen Bereichen er Erfahrung hat und in welchen er gern mehr lernen möchte. Dann fragt er seinerseits: »Was möchtest du gern machen?« und der andere erzählt, was ihn am meisten interessiert, wo seine Erfahrungen liegen und wo er gern neue Kenntnisse sammeln würde. Schließlich werden die Aufgabengebiete so aufgeteilt, daß jeder etwas bekommt, was ihm gefällt, und beide ihre Erfahrungen am besten nutzen können.

Entscheidungen sind ein zentraler Bestandteil des Arbeitslebens. Jeden Tag, jede Woche, jeden Monat müssen Entscheidungen getroffen werden, für die nie genug Informationen und nie genug Zeit zur Verfügung stehen. Menschen haben sehr unterschiedliche Methoden, um zu Entscheidungen zu gelangen, und keine ist eindeutig besser als die andere. Aber wenn zwei Menschen mit unterschiedlichem Stil gemeinsame Entscheidungen treffen müssen, kann jeder für sich ungünstigere Konsequenzen haben, als wenn die Stile beider übereinstimmen – es sei denn, die Unterschiede werden erkannt und ausgeglichen.

Wer zunächst seine eigenen Präferenzen klar zum Ausdruck bringt, befolgt einen Verhandlungsstil, bei dem man sich von innen nach außen arbeitet. Man erwartet, daß der andere seine eigenen, abweichenden Vorstellungen äußert, und dann wird darüber verhandelt. Wer zunächst eine Frage stellt wie »Was würdest du gern machen?« oder »Was hältst du davon?« wählt einen Verhandlungsstil, der unbestimmt beginnt und sich von außen nach innen arbeitet. Bei dieser Methode wird der andere speziell dazu aufgefordert, seine Ansichten zu äußern. Jeder Stil kann reibungslos funktionieren. Was die Maschine zum Stillstand bringt, sind Unterschiede im Stil. Wer erwartet, daß Verhandlungen von innen nach außen gehen, fühlt sich durch eine vage Frage zu einer

Entscheidung aufgefordert; wer erwartet, daß Verhandlungen von außen nach innen gehen, hält eine Aussage über die eigenen Präferenzen für eine nicht verhandelbare Forderung. So gesehen handelt es sich in beiden Fällen um einen indirekten Stil – beide hängen von einem stillschweigenden Einverständnis über den weiteren Verlauf der Verhandlungen ab. Und in diesem Sinn sind Gespräche ritualisiert: Sie folgen einem festen Ablaufschema, das den Beteiligten ganz selbstverständlich und angemessen erscheint.

Wann ist das Lohngefälle ein Kommunikationsgefälle?

Es gibt die Auffassung, daß das wirklich Wichtige die finanziellen Fragen, wie zum Beispiel Einkommensunterschiede, seien – gleicher Lohn für gleiche Arbeit. Warum verdienen Frauen im Durchschnitt immer noch weniger als Männer, und woran liegt es, daß, sogar wenn Lohnangleichungen in bestimmten Bereichen vorgenommen werden, die Bezahlung der Frauen schon nach einigen Jahren erneut hinterherhinkt? Auch dies kann eine Frage von Sprechweisen sein, weil alles, was man bekommt, von Gesprächen abhängt.

Marjorie und Lawrence Nadler vermuteten, daß Gehaltserhöhungen, Beförderungen und andere Vergünstigungen vom Verhandlungsgeschick der Beteiligten abhingen und daß Frauen in dieser Hinsicht im Nachteil sein könnten. Um ihre These zu überprüfen, baten sie 174 Studenten, Gehaltsverhandlungen im Rollenspiel durchzuführen, und stellten tatsächlich fest, daß die Frauen am Ende durchweg geringere Gehaltserhöhungen ausgehandelt hatten. Die Untersuchung brachte noch weitere interessante Ergebnisse zutage: Im Durchschnitt gewährten Studenten, die den Vorgesetzten spielten, niedrigere Gehaltserhöhungen als Studentinnen in dieser Rolle, obwohl die Männer höhere Anfangsgebote machten als die Frauen. Mit anderen Worten, die Frauen in der Rolle der Vorgesetzten erhöhten ihre Angebote infolge der Verhandlungen weit mehr als die Männer. Noch interes-

santer und beunruhigender scheint, daß Studenten in der Vorge-
setztenrolle ihren männlichen Studentenuntergebenen im Schnitt
höhere Gehaltszulagen bewilligten, obwohl dies auch damit zusammenhängen kann, daß die männlichen Studentenmitarbeiter
höhere Anfangsforderungen stellten als die Frauen. Die niedrigsten Gehaltserhöhungen wurden schließlich ausgehandelt, wenn
eine Frau die Untergebene und ein Mann den Vorgesetzten
spielte.

Das heißt nicht, daß unterschiedliche Sprechweisen die einzigen Gründe für Einkommensunterschiede sind. Nadler und Nadler stellten nicht nur fest, daß die Männer in den Rollenspielen am
Ende höhere Gehaltszulagen heraushandelten als die Frauen, sondern daß den Männern *von vornherein, schon vor* der Verhandlung höhere Gehaltszulagen angeboten wurden. Am deprimie-
rendsten ist, daß die niedrigsten Eingangsgebote gemacht wurden,
wenn sowohl die Vorgesetzten- als auch die Untergebenenrolle
von einer Frau gespielt wurde. Es könnte allerdings sein, daß die
Frauen niedrige Angebote an Frauen machten, weil sie wußten,
daß sie ihr Angebot infolge der Verhandlungen deutlich erhöhen
würden. Schließlich zeigte die Studie, daß höhere Schlußgebote
gemacht wurden, wenn beide Verhandlungspartner vom selben
Geschlecht waren.

Ein Beispiel aus dem wirklichen Leben wirft Licht auf ein weiteres Phänomen, das mit unterschiedlichen Bezahlungen zusammenhängen könnte. Doreen war in ihrer Firma langsam, aber
sicher die Karriereleiter hinaufgestiegen, bis sie eine der höchsten
Positionen in ihrer Firma innehatte. Sie war immer gleichzeitig
mit Dennis aufgerückt, der mit ihr zusammen angefangen hatte.
Anscheinend zögerten die Verantwortlichen an der Spitze mit
einer Beförderung oder Gehaltszulage für Doreen, bis sie den Eindruck hatten, daß Dennis die gleiche Anerkennung verdiente. Dabei waren ihre Aufgabenbereiche mittlerweile sehr verschieden,
und Doreens Ressort umfaßte wesentlich mehr Verantwortung
und ein höheres Budget. Als sie eines Tages um eine Gehaltserhöhung bat, weil andere Manager in vergleichbaren Positionen mehr
verdienten als sie, sagte man ihr, daß die Firma sich zur Zeit keine
Gehaltserhöhungen für sie und Dennis leisten könne. Doreen war
verblüfft. Sie hatte nur von ihrem eigenen Einkommen gesprochen. Aber ihr ging ein Licht auf. Ihr wurde klar, daß ihre Vorge-

setzten sie nicht unabhängig von Dennis beurteilten und der Ansicht waren, daß Doreen keinesfalls mehr verdienen dürfte als er.

Es ist gut möglich, daß manche Leute das unbestimmte, nicht näher hinterfragte Gefühl haben, daß eine Frau weniger bekommen sollte, weil man ihr entweder geringere Fähigkeiten unterstellt, weil sie ihre Fähigkeiten nicht zur Schau stellt oder weil man ihre Position und ihr Einkommen mit denen anderer Frauen statt mit denen männlicher Kollegen vergleicht. Vielleicht herrscht auch die vage Vorstellung, daß Frauen weniger brauchen: Ob die einzelne Frau wirtschaftlich unabhängig ist oder ob ihr Beruf die einzige oder Haupteinnahmequelle der Familie bildet, man assoziiert sie selten mit der Rolle der »Ernährerin«.

Einkommensunterschiede hängen also von vielfältigen Faktoren ab, einschließlich Sprechweisen und Vorurteilen über Männer und Frauen.

Noch etwas zum Verhandlungsstil

Die Führungskräfte eines mittleren Unternehmens erhielten grünes Licht dafür, einen Leiter für die Personalabteilung einzustellen. Zwei Manager, die gut zusammenarbeiteten, sollten die Auswahl treffen. Wie sich herausstellte, favorisierten Maureen und Harold unterschiedliche Bewerber, und beide wollten ihren Kandidaten unbedingt durchsetzen. Maureen argumentierte kraftvoll und selbstbewußt, daß die Person, die sie einstellen wollte, am kreativsten und innovativsten sei und die meisten Erfahrungen in dem Bereich mitbringe. Harold argumentierte genauso überzeugend, daß die Führungsphilosophie seines Favoriten hundertprozentig mit der des Unternehmens übereinstimme, während Maureens Kandidat ihnen wahrscheinlich ein Pfahl im Fleische sein würde. Eine Zeitlang tauschten sie Argumente aus, ohne daß einer den anderen überzeugen konnte. Dann erklärte Harold, die Einstellung von Maureens Kandidaten würde ihm so sehr gegen den Strich gehen, daß er seine eigene Kündigung in Erwägung ziehen müßte. Maureen respektierte Harold. Mehr noch, sie mochte ihn und betrachtete ihn als Freund. Deshalb fand sie, daß das Eingeständnis derart starker Gefühle berücksichtigt werden mußte. Sie sagte, was ihr unter den gegebenen Umständen das einzig mögliche erschien: »Also, ich will bestimmt nicht, daß du dich hier nicht mehr wohl fühlst. Du bist eine der Stützen des Betriebes. Wenn die Sache dich so sehr belastet, muß ich mich geschlagen geben.« Harolds Favorit wurde eingestellt.

In diesem Fall ging die Entscheidungsmacht nicht an die Führungskraft, die den höchsten Posten in der Firma bekleidete (die Positionen waren gleichwertig) und nicht notwendig an die mit dem besseren Urteilsvermögen, sondern an die Person, deren Argumentationsstrategien sich in der Verhandlung als am wirkungsvollsten erwiesen. Maureen plädierte leidenschaftlich und überzeugend für ihren Kandidaten, aber sie ging davon aus, daß sie und Harold sich einigen müßten, um eine Entscheidung zu treffen, und daß sie Rücksicht auf seine Gefühle nehmen müßte. Weil Harold nicht nachgab, tat sie es. Insbesondere als er behauptete, er würde kündigen, wenn sie ihren Willen durchsetzte, hatte Maureen den Eindruck, daß ihr keine andere Wahl blieb, als klein beizugeben.

Das Ausschlaggebende war nicht der jeweilige Stil von Harold oder Maureen, sondern wie ihre Sprechweisen interagierten – wie sie im Zusammenspiel mit der jeweils anderen wirkten. Harolds Kündigungsdrohung sicherte seinen Triumph – bei einer Kollegin, die diese Drohung nicht weiter hinterfragte. Wenn er mit jemandem verhandelt hätte, der diese Drohung nur als weitere Verhandlungsstrategie gedeutet hätte anstatt als nicht verhandelbaren Ausdruck tiefempfundener, ernstzunehmender Gefühle, wäre die Sache vielleicht anders ausgegangen. Hätte Maureen zum Beispiel gesagt: »Das ist doch lächerlich; natürlich wirst du nicht kündigen!« oder »Wenn dein Engagement für diese Firma so oberflächlich ist, sind wir ohne dich besser dran«, wäre sie möglicherweise mit ihrem Kandidaten durchgekommen.

Wenn Sie mit jemandem reden, dessen Stil Ihrem eigenen ähnelt, können Sie dessen Reaktion recht gut voraussagen. Aber wenn Sie mit jemandem sprechen, dessen Stil anders ist, können Sie die Reaktion nicht voraussagen und sich oft keinen Reim darauf machen. Wenn Sie eine Reaktion erhalten, mit der Sie nicht gerechnet haben, tut Ihnen häufig leid, was Sie gesagt haben. Harold entschuldigte sich später bei Maureen, weil er dieses Argument benutzt hatte. Rückblickend war es ihm peinlich, und er schämte sich ein bißchen. Es war die gleiche nachträgliche Zerknirschung, die man empfindet, wenn man etwas wutentbrannt zu Boden schmettert und überrascht und bedauernd feststellt, daß es zerbricht. Man wollte eine Geste machen, aber man hat nicht erwartet, daß sie so dramatisch ausfällt. Daß Maureen so bedingungslos vor seinem Argument kapituliert hatte, war genau der Grund, aus dem es Harold leid tat. Er hatte gewußt, daß er den Einsatz erhöhte – er wollte irgend etwas tun, das den Kreislauf der wiederkehrenden Argumente durchbrach – aber er hatte nicht damit gerechnet, daß es das Verhandlungsspiel so abrupt beenden würde. Er dachte, daß Maureen seinen Schachzug mit einem entsprechenden Gegenzug parieren würde. Daß die Personalisierung seiner Argumente von so durchschlagender Wirkung sein würde, hatte er nicht erwartet. Maureen für ihren Teil hielt Harolds Drohung nicht für ein rein taktisches Manöver in einem verhandelbaren Streit. Sie verstand sie als persönliche Bitte, die sie nicht abschlagen konnte. Die Unterschiede im Verhandlungsstil wirkten sich in der Verhandlung mit Harold nachteilig für Maureen aus.

»Wie sicher bist du dir?«

Das Verhandeln ist nur eine der Aktivitäten, die mit dem Reden am Arbeitsplatz verbunden sind. Es gibt weitere Formen der Entscheidungsfindung, die mindestens genauso stark von der Sprechweise wie vom Inhalt der Argumente abhängen. Der Vorstandsvorsitzende eines Unternehmens erklärte mir, daß er regelmäßig Entscheidungen ohne ausreichende Informationen treffen müsse – und seine Arbeit besteht überwiegend aus Entscheidungen. Einen Großteil des Tages verbringt er damit, kurze Präsentationen anzuhören, in deren Folge er eine bestimmte Handlungsweise entweder billigt oder ablehnt. Er muß in fünf Minuten über eine Sache urteilen, an der die Vortragenden monatelang gearbeitet haben. »Ich mache meine Entscheidung davon abhängig«, erklärte er, »wie überzeugt die Referenten wirken. Wenn sie sehr selbstsicher wirken, gebe ich grünes Licht. Wenn sie unsicher wirken, ist es mir zu riskant, und ich lehne die Sache ab.«

Das ist der Punkt, an dem die Regel der Kompetenz und die Rolle der Kommunikation Hand in Hand gehen. Selbstsicherheit ist immerhin ein inneres Gefühl. Wie kann man beurteilen, ob eine andere Person überzeugt und selbstsicher ist? Man muß sich an die Indizienbeweise halten – wie präsentiert der Sprecher sein Wissen. Dabei orientiert man sich an zahlreichen Hinweisen, einschließlich der Mimik und Körperhaltung, aber vor allem an der Sprechweise. Gerät die Person ins Stocken? Redet sie laut oder verschluckt sie die Hälfte der Wörter? Ist ihr Tonfall deklamatorisch oder zögernd? Stellt sie kühne Behauptungen auf (»Das wird ein Renner! Wir müssen darauf setzen!«) oder drückt sie sich vorsichtig aus (»Hm... soweit ich das beurteilen kann, wird es funktionieren, aber ganz genau weiß man es natürlich erst, wenn man es ausprobiert.«)? Das scheint ganz simpel. Gewiß kann man feststellen, wie selbstsicher ein Mensch ist, wenn man darauf achtet, wie er spricht, so wie man auch erkennen kann, ob jemand lügt.

Na ja, vielleicht auch nicht. Der Psychologe Paul Ekman, der seit vielen Jahren das Lügen erforscht, hat herausgefunden, daß die meisten Menschen fest überzeugt sind, sie könnten sofort erkennen, wenn jemand schwindelt. Das einzige Problem ist, daß die meisten es nicht können. Abgesehen von einigen wenigen bislang unerklärlichen Ausnahmen tippen die meisten Leute, die Ekman versichern, daß sie jeden Lügner sofort entlarven würden, genauso oft falsch wie richtig – und Ekman hat festgestellt, daß dies für Richter genauso gilt wie für den Rest von uns.

Und auch unsere Fähigkeit zu beurteilen, wie sicher andere sind, ist wahrscheinlich ziemlich begrenzt. Für den Vorstandsvorsitzenden, der die individuellen Sprechweisen der Referenten nicht berücksichtigt, wird es schwierig, wenn nicht unmöglich sein, das beste Urteil zu fällen. Unterschiedliche Menschen reden sehr unterschiedlich, nicht wegen des absoluten Grades ihrer Selbstsicherheit oder mangelnden Selbstsicherheit, sondern weil sie unterschiedliche Sprechgewohnheiten haben. Es gibt Leute, die sehr selbstsicher klingen, auch wenn sie innerlich überhaupt nicht sicher sind, und andere, die zaghaft klingen, auch wenn sie sich absolut sicher sind. Die Unterschiede in Sprechweisen zu kennen ist also eine wichtige Voraussetzung für gute Entscheidungen und gute Präsentationen.

In Bescheidenheit schwelgen

Auch wenn diese Faktoren, die den Entscheidungsprozeß beeinflussen, für Männer und Frauen gleichermaßen gelten und jeder Mensch seinen eigenen Stil hat, scheint es, daß Frauen eher ihre Sicherheit, Männer eher ihre Zweifel herunterspielen. Von Kindheit an lernen Mädchen ihre Aussagen abzumildern, damit sie nicht aggressiv – das heißt, zu sicher – wirken. Die meisten Mädchen machen die Erfahrung, daß sie sich bei ihren Freundinnen unbeliebt machen, wenn sie zu selbstbewußt klingen. Untersuchungen über das Spiel von Mädchen belegen, daß ein Mädchen, das seine Meinung zu selbstsicher vertritt, von der Gruppe bestraft, wenn nicht gar ausgestoßen wird. Die Anthropologin Marjorie Harris Goodwin stellte fest, daß ein Mädchen, das sich auf diese Weise von der Gruppe abhebt, mit abfälligen Urteilen rechnen muß, wie zum Beispiel: »Sie hält sich für schlau« oder »Sie hält sich für was Besseres«. Mädchen, deren Sprechweisen Selbstbewußtsein demonstrieren, stoßen auf Ablehnung.

Aber nicht nur gleichaltrige Freundinnen mißbilligen eine Sprechweise, die auf die eigenen Leistungen aufmerksam macht. Auch viele Erwachsene kritisieren ein solches Verhalten bei Mädchen, wie der folgende Leserbrief zeigt, den eine Frau an eine Zeitschrift schickte. Die Briefschreiberin reagierte auf einen Artikel über ein zehnjähriges Mädchen namens Heather DeLoach, die eine kleine Berühmtheit wurde, weil sie als steppende Biene in einem Rockvideo aufgetreten war. In dem Artikel war Heather als ein Mädchen porträtiert worden, das immer noch mit ehrfürchtiger Scheu zu großen Stars aufsah (»Ich habe Pauly Shore und Janet Jackson getroffen und ein Autogramm von Madonna bekommen, aber ich durfte keine Fotos machen«) und von ihrem eigenen Ruhm wenig beeindruckt schien (»Ich habe mich so oft im Fernsehen gesehen, daß ich immer gleich umschalte, wenn das Bienenmädchen kommt«). Sie klang ganz wie andere Mädchen ihres Alters, als sie verlegen ihre guten Schulnoten erwähnte (»na ja, da hab ich glaub ich 'ne Eins«). Aber die Zeitschrift zitierte sie auch mit der Aussage: »Ich bin ungeheuer begabt. Ich glaube, der Regisseur hat mich gleich gemocht, als er mich das erste Mal sah. Ich gebe mir große Mühe, eine gute Schauspielerin zu sein, und ich bin einfach großartig. Ich bin das einzige und beste Bienenmädchen.«

Obwohl der Artikel nicht erklärte, welche Frage Heather zu dieser aufrichtigen Selbsteinschätzung veranlaßt hatte, stürzte die Briefschreiberin sich mißbilligend auf diese Sätze und tadelte: »Heather DeLoach, das Bienenmädchen, beschreibt sich selbst als ›ungeheuer begabt‹ und ›einfach großartig‹. Vielleicht sollte die zehnjährige Heather aufhören, als hottende Hummel aufzutreten, und lieber bienenfleißig etwas Bescheidenheit lernen.« Diese Leserin erklärte dem Mädchen nicht nur, daß sie mehr Bescheidenheit lernen müßte, sondern auch, daß sie aufhören sollte, als »Hummel« aufzutreten – also das zu tun, was sie so gut konnte, daß es ihr Aufmerksamkeit, Anerkennung und zu viel – oder zu offensichtliches – Selbstvertrauen einbrachte.

Aus solchen Reaktionen lernen Mädchen, wie sie reden müssen, um gemocht zu werden. Es ist nicht überraschend, daß Heather gerade zehn Jahre alt war, als sie so arglos redete. Wenn sie die Junior High School und die Pubertät durchlaufen hat, wird sie sehr wahrscheinlich gelernt haben, anders zu sprechen. Viele Studien belegen, daß mittelständische amerikanische Mädchen in dieser Phase eine solche Verwandlung – und einen Verlust der Selbstsicherheit – erleben. Aber man sollte nicht vergessen, daß Sprechweisen keine wörtlichen Repräsentationen innerer Einstellungen sind, und wer nicht mit seinen Leistungen prahlt, leidet nicht zwangsläufig an mangelndem Selbstbewußtsein. Zwei Studien von einem Psychologenteam veranschaulichen diesen Punkt.

Laurie Heatherington und ihr Team beauftragten studentische Experimentatoren mit einer Umfrage, bei der Hunderte von Collegeanfängern nach ihren Erwartungen für das erste Collegejahr befragt und gebeten wurden, eine Prognose über ihre Zensuren zu stellen. In einigen Fällen wurden die Prognosen anonym abgegeben: Die Befragten hielten ihre Zensurenerwartungen schriftlich fest und gaben sie in einem geschlossenen Umschlag ab. In anderen Fällen waren die Befragungen öffentlich: die Collegeanfänger stellten ihre Prognosen entweder mündlich gegenüber den Experimentatoren oder füllten einen Fragebogen aus, den der Interviewleiter sofort durchlas. Die Wissenschaftler stellten fest, daß Frauen mit schlechteren Zensuren rechneten – aber nur wenn sie ihre Voraussagen öffentlich getroffen hatten. Die Prognosen, die die Studentinnen anonym abgaben, unterschieden sich nicht von denen der Männer, ebensowenig wie die tatsächlichen Noten am Ende des Semesters. Mit anderen Worten, die niedrigeren Prognosen bewiesen nicht, daß die Frauen weniger Selbstvertrauen hatten, sondern daß sie zögerten, das Ausmaß ihres Selbstvertrauens preiszugeben.

Dieselben Wissenschaftler führten eine weitere Studie durch, die Aufschluß über den typischen Balanceakt gibt, den Frauen zwischen ihren eigenen Interessen und denen ihrer Gesprächspartner durchführen. In der Hälfte der Fälle erzählten die Experimentatoren den befragten Studenten von ihrem eigenen Zensurendurchschnitt, und die Noten, die sie angeblich bekommen hatten, waren relativ schlecht. Und siehe da – wenn Studentinnen glaubten, daß ihr Gesprächspartner schlechte Zensuren erhalten hatte, gaben sie niedrigere Prognosen für ihre eigenen Noten ab. Bei den Prognosen der männlichen Studenten machte es keinen Unterschied, ob der Interviewer angeblich schlechte Zensuren erhalten hatte oder nicht.

Das erste dieser genialen Experimente macht deutlich, daß das gesellschaftliche Verbot der Prahlerei Frauen weniger selbstsicher erscheinen lassen kann, als sie tatsächlich sind. Und die zweite Studie zeigt, daß viele Frauen sich selbst zensieren und ihr Selbstvertrauen nicht offen zeigen, weil sie ihre eigenen Interessen gegen die ihrer Gesprächspartner abwägen. Anders ausgedrückt: Sie wandeln ihre Sprache ab und berücksichtigen die Wirkung ihrer Worte auf den anderen, um seine Gefühle nicht zu verletzen.

Es mag sein, daß dieser gesellschaftliche Zwang zur Bescheidenheit vor allem charakteristisch für die weiße, amerikanische Mittelschicht ist. Wissenschaftler, die untersucht haben, wie völlig anders Mädchen über ihre Begabungen und Aussichten zu sprechen beginnen, sobald sie in die kritische Phase der Junior High School kommen, haben festgestellt, daß dieses Muster für schwarze Teenagermädchen nicht unbedingt oder nicht im selben Ausmaß zutrifft. Und der Anthropologe Thomas Kochman führt aus, daß das Prahlen mit den eigenen Leistungen bei der Gruppe, die er als »Community Blacks« bezeichnet, eine hochgeschätzte Heiterkeitsquelle sein kann. Ein Beispiel sind die allseits bekannten verbalen Selbstpreisungen des afro-amerikanischen Preisboxers Muhammed Ali. Aber jede Kultur trifft feine Unterscheidungen, die einem Außenstehenden leicht entgehen können. Kochman weist darauf hin, daß es neben diesem akzeptierten afro-amerikanischen »Prahlen« eine Form der Selbstverherrlichung gibt, die von derselben Gruppe negativ als »Aufschneiden« bewertet wird.

Um zu unterstreichen, wie kulturabhängig die Einstellung zum Prahlen ist, sollte ich auch die Reaktion eines Briten erwähnen, der überzeugt war, daß in seinem Land ein Junge, der wie Heather DeLoach spräche, genauso scharf getadelt würde wie ein Mädchen. In der Tat, so dieser Brite, empfände man in England viele Amerikaner als unangenehme Wichtigtuer.

Aber für weiße, mittelständische Amerikanerinnen ist das Verbot eindeutig: Über die eigenen Leistungen zu sprechen und sich selbst in den Mittelpunkt der Aufmerksamkeit zu rücken, ist nicht akzeptabel. Im Fall der amerikanischen Eiskunstläuferin Nancy Kerrigan, die während der olympischen Winterspiele 1994 im Mittelpunkt des Medieninteresses stand, bot dieser gesellschaftliche Zwang sowohl Anlaß zur Kritik als auch eine willkommene Ausrede. *Newsweek* bezeichnete sie als »plump«, weil sie von ihrer eigenen Darbietung gesagt hatte: »Ich war perfekt« und von der ihrer Konkurrentin: »Oksana war nicht sauber«. Aber als ein Mikrophon aufschnappte, daß Kerrigan heimlich vor sich hingrummelte, wie »doof« und »kitschig« sie es fand, mit lebensgroßen Cartoonfiguren durch Disney-World zu marschieren, gaben ihre »Dresseure« eilig eine Presseerklärung heraus, derzufolge »Nancy nur verärgert war, weil ihre Mom darauf bestanden hatte, daß sie ihre Silbermedaille trug. Nancy fürchtete, es würde ›angeberisch aussehen‹.«

Die Erwartung, daß Frauen ihre eigenen Leistungen nicht zur Schau stellen sollten, bringt uns zur Frage der Verhandlungsführung zurück, die am Arbeitsplatz so wichtig ist. Der Leiter eines mittelständischen Unternehmens berichtete, daß Frauen, die wegen einer Gehaltserhöhung zu ihm kämen, ihre Forderung oft damit begründeten, daß Kollegen in vergleichbaren Positionen mehr verdienten. Er hielt das für eine schlechte Verhandlungsstrategie, weil er immer einen anderen Kollegen auf dieser Stufe benennen konnte, der weniger verdiente. Er fand, es wäre klüger, wenn die Frauen ihre Forderung damit untermauern würden, wie wertvoll ihre eigene Leistung für die Firma sei. Aber sehr wahrscheinlich wäre es vielen Frauen unangenehmer, »ihr eigenes Loblied zu singen«, statt an das Prinzip der Fairness zu appellieren.

Folge dem Anführer

Ähnliche Erwartungen wirken sich auch auf das Führungsverhalten von Mädchen aus. Anführer zu sein bedeutet häufig, daß man anderen Anweisungen erteilt, aber Mädchen, die anderen Mädchen sagen, was sie tun sollen, handeln sich den Vorwurf ein, »den Boß zu markieren«. Das heißt nicht, daß Mädchen nicht versuchen würden, Einfluß auf ihre Gruppe auszuüben – natürlich tun sie das –, aber wie die Anthropologin Marjorie Harness Goodwin festgestellt hat, entdecken viele Mädchen, daß sie bessere Ergebnisse erzielen, wenn sie ihre Ideen als Vorschläge statt als Befehle formulieren und wenn sie ihre Vorschläge damit begründen, daß sie dem Wohl der Gruppe dienen. Diese Sprechweisen machen Mädchen – und später Frauen – zwar sympathischer, aber sie lassen Frauen in der Arbeitswelt auch weniger kompetent und selbstbewußt erscheinen. Und erwachsene Frauen, die kompetent und selbstsicher wirken, riskieren mindestens so viel negative Kritik wie Mädchen. Nach ihrer Amtszeit wurde Margaret Thatcher in der Presse als »bossy«, also herrschsüchtig bezeichnet. Während Mädchen das Etikett der Herrschsucht gern verteilen, weil sie der Ansicht sind, daß kein Mädchen die anderen herumkommandieren sollte, mutet der Vorwurf bei Thatcher irgendwie merkwürdig an – schließlich war sie der Boß. Aber genau das ist das Problem: Weibliche Verhaltensnormen basieren auf Rollenbildern, die nicht vorsehen, daß Frauen den Boß spielen.

Für Jungen gelten andere Spielregeln, weil die Sozialstruktur bei Jungen anders ist. Die meisten Jungengruppen sind offener hierarchisch aufgebaut: Der eine ist oben, der andere unten. Jungen werfen einander normalerweise nicht vor, »den Boß zu markieren«, denn von einem Jungen mit höherem Status wird erwartet, daß er Anweisungen gibt und andere Jungen mit niedrigerem Status herumkommandiert. Daniel Maltz und Ruth Borker geben einen Überblick über zahlreiche Studien, die zeigen, daß Jungen um die Anführerrolle rangeln, diejenigen herausfordern, die sie erhalten, und Herausforderungen abwehren. Befehle zu erteilen und den anderen zu sagen, was sie zu tun haben, sind Methoden, um die höhere Statusrolle zu bewahren. Eine weitere Methode, um höheren Status zu erlangen, besteht darin, sich in den Vordergrund zu spielen, indem man Geschichten, Witze und Kenntnisse zum besten gibt. Dabei lernen viele Jungen auch, ihre Meinungen so selbstbewußt wie möglich zu vertreten und ihre Argumente daran zu messen, ob die anderen sie herausfordern.

Die typischen Sprechweisen von Frauen und Männern ergeben in dem Kontext, in dem sie gelernt wurden, durchaus einen Sinn, aber in der Arbeitswelt wirken sie sich völlig anders aus. Um zu verhindern, daß sie in die unterlegene Position gedrängt werden, haben viele Männer Strategien entwickelt, die ihnen die überlegene Position sichern. Das führt zu Sprechweisen, die ihnen bei Bewerbungen und Beförderungen gute Dienste erweisen. Wie die oben beschriebenen Beispiele zeigen, neigen Frauen eher zu Sprechweisen, die weniger Anerkennung und Beförderungen einbringen. Aber wenn eine Frau zu den Strategien greift, die bei Männern effektiv sind – wenn sie ihre Meinung behauptet, selbstbewußt klingt oder stolz ihre Leistungen aufzählt, um die gebührende Anerkennung zu erhalten –, geht sie das Risiko ein, daß jeder ihr aus dem Weg geht, weil sie den gesellschaftlichen Verhaltensnormen nicht entspricht: Man findet sie unsympathisch und unterstellt ihr mitunter sogar psychische Probleme.

Männer ebenso wie Frauen bezahlen einen Preis, wenn sie sich nicht so verhalten, wie es von ihrem Geschlecht erwartet wird: Männer, die nicht besonders aggressiv sind, werden als »Schwächlinge« bezeichnet, während Frauen, die nicht sehr aggressiv sind, als »feminin« gelten. Aggressive Männer werden »Draufgänger« genannt, aber wenn sie nach Ansicht des Betrachters zu weit gehen, können sie auch als »arrogant« gelten. Das kann verletzend sein, aber nicht annähernd so verletzend wie die unzähligen Bezeichnungen, mit denen Frauen bedacht werden, wenn sie für zu

aggressiv gehalten werden, angefangen mit der verletzendsten –
»Nutte«.

Sogar die Komplimente, die wir erhalten, sind verräterisch.
Eine Frau, die mehrere innovative Programme entwickelt und
durchgeführt hatte, wurde von jemandem gelobt, der sagte: »Sie
bewirken radikale Veränderungen auf so sanfte Art, daß die Leute
gar nicht merken, was passiert – oder sich nicht davon bedroht
fühlen.« Das war ein Kompliment, aber es enthielt auch einen
Hinweis auf die Kehrseite des sanften Verhaltens: Der unauf-
dringliche Stil ermöglichte der Frau zwar, die von ihr angestrebten
Veränderungen durchzusetzen, aber er bedeutete auch mangelnde
Anerkennung: Wenn die Leute gar nicht merken, was passiert,
werden sie die Leistung auch nicht würdigen.

Nicht nur Lob und Beförderung, auch die Stellenvergabe wird
von Sprechweisen beeinflußt. Eine Vorgesetzte von drei Compu-
terprogrammierern erzählte, daß ihr bester »Mitarbeiter« eine andere Frau sei, die sie gegen die Einwände ihres eigenen Vorgesetzten eingestellt hatte. Ihr Chef hatte einen männlichen Kandidaten
favorisiert, der seiner Ansicht nach besser geeignet war, sie nötigenfalls in ihrer Vorgesetztenposition zu vertreten. Aber die Frau
hatte eine Abneigung gegen diesen männlichen Bewerber gefaßt.
Zum einen hatte sie den Eindruck gehabt, daß er in übertriebener
Weise mit ihr geflirtet hatte. Aber vor allem fand sie ihn arrogant,
weil er so geredet hatte, als ob er den Job bereits in der Tasche
hätte. Er hatte dauernd »wir« gesagt, wenn er sich auf den Betrieb
bezog, der ihn noch gar nicht eingestellt hatte.

Ich kann nicht beurteilen, ob die Frau, die den Posten bekam,
tatsächlich die bessere Kandidatin war, oder wer von den beiden
besser für eine Führungstätigkeit geeignet war, aber ich finde es
interessant, daß der männliche Chef das »Hallo, hier komm ich«-
Auftreten des männlichen Bewerbers so beeindruckend fand,
während die weibliche Vorgesetzte sich davon abgestoßen fühlte.
Und es ist durchaus wahrscheinlich, daß was immer es war, was
ihr an seiner Redeweise arrogant erschien, genau das war, was ihren Chef folgern ließ, dieser Mann könnte sie nötigenfalls besser
in ihrer Position vertreten.

Dieses Beispiel erinnert mich an einen kleineren Punkt in den
ungewöhnlichen Memoiren einer australischen Autistin. In ihrer
bemerkenswerten Biographie *Wenn du mich liebst, bleibst du mir*

fern berichtet Donna Williams, daß sie zwar aufgrund ihres Autismus Schwierigkeiten hatte, Sprache zu verarbeiten, daß es ihr aber gelang, in der Welt zu funktionieren, indem sie nachahmte, wie andere Leute redeten. Allerdings betrachtete sie ihre erfolgreichen Darbietungen nicht als eigenen Verdienst, sondern als das Werk zweier imaginärer Personen, Carol und Willie. Obwohl es keine Anhaltspunkte dafür gibt, daß Williams selbst diese beiden »Charaktere« (wie sie sie nennt) als männlich und weiblich sah, ist mir bei der Schilderung der Dinge, die die beiden für gewöhnlich sagen und tun, wiederholt aufgefallen, daß Carol meist weiblichen Verhaltensklischees entspricht (sie legt den Kopf kokett zur Seite, füllt die Luft mit belanglosem Geplauder und das wichtigste – sie lächelt), während Willie den stereotypen männlichen Part übernimmt (er ist stark, unabhängig und sammelt Fakten, um andere zu beeindrucken). Deshalb fand ich es amüsant, aber auch beunruhigend, als ich in Williams Memoiren las, daß es Willie war, der zu den Bewerbungsgesprächen ging, aber Carol, die die Arbeit machte. Das soll nicht heißen, daß Männer die Jobs, die sie bekommen, nicht verdienen, sondern daß Sprechweisen, die typischerweise mit Männern assoziiert werden, sehr wahrscheinlich größeren Eindruck auf Personalchefs und auf Leute machen, die über Beförderungen in Führungspositionen entscheiden.

Ich denke, diese Muster erklären, warum man so häufig hört, daß eine bestimmte Frau an mangelndem Selbstbewußtsein leide oder daß ein bestimmter Mann arrogant sei. Wir halten mangelndes Selbstvertrauen und Arroganz zwar für persönliche Schwächen, aber wir beobachten das eine unverhältnismäßig oft bei Frauen und das andere unverhältnismäßig oft bei Männern, weil unser Eindruck aus einer unendlichen Fülle von Sprechweisen resultiert, die von Männern und Frauen erwartet werden. Von Jungen wird erwartet, daß sie sich in den Vordergrund spielen, ihre guten Eigenschaften herausstreichen und Eigenschaften herunterspielen, die sie in einem weniger günstigen Licht erscheinen lassen. Sehr oft wird dieses Verhalten zu Unrecht als Arroganz mißverstanden. Von Mädchen wird erwartet, daß sie »bescheiden« sind – sich nicht ins Rampenlicht drängen, Eigenschaften betonen, die sie mit anderen gemeinsam haben, und besondere Begabungen herunterspielen. Wenn eine Frau diese Erwartungen in jeder Hinsicht erfüllt, wirft man ihr mangelndes Selbstbewußtsein vor. Ironischerweise sind diejenigen, die ihre Lektionen am besten lernen, am meisten in Gefahr, über die Fallstricke der Gesprächskonventionen zu stolpern.

2. »Tut mir leid, ich entschuldige mich nicht«: Gesprächsrituale

Ein Gespräch ist ein Ritual. Wir sagen, was uns gerade richtig erscheint; über die wörtliche Bedeutung unserer Worte denken wir genausowenig nach, wie wir erwarten, daß die Frage »Wie geht's?« eine detailreiche Schilderung aller Schmerzen und Weh-wehchen nach sich zieht. Im Berufsleben sind Gesprächsrituale der Ketchup, die Beilagen und das Brötchen zum »Fleisch«; sie halten die eigentliche Arbeit zusammen, machen sie möglich und angenehm. Aber es gibt unterschiedliche Gewohnheiten beim Ge-brauch dieser Rituale, und wenn ein Ritual nicht als solches er-kannt wird, werden Aussagen wörtlich genommen. Ausländische Besucher halten Amerikaner manchmal für Heuchler, weil sie fra-gen, wie es einem geht, aber nicht an der Antwort interessiert sind. Und Amerikaner in Burma reagieren verwirrt, wenn ein Burmese fragt: »Haben Sie schon gegessen?« – und keinerlei Anstalten macht, sie zum Mittag einzuladen. Auf den Philippinen fragt man: »Wohin gehst du?« – was Amerikanern aufdringlich erscheinen könnte, weil sie nicht wissen, daß die einzig erwartete Antwort »Nach da drüben« lautet.

Es ist leicht und unterhaltsam, die unterschiedlichen Rituale in verschiedenen Ländern zu beobachten. Ein Engländer, der ein Jahr lang in Frankreich arbeitete, stellte amüsiert fest, daß seine Kollegen sich alle feierlich die Hand gaben und »Bonjour« sagten, wenn sie morgens zur Arbeit kamen – und dieselbe Prozedur wie-derholten, wenn sie zur Mittagspause gingen, vom Essen zurück-kehrten und sich abends verabschiedeten. Er beobachtete, daß sogar Grundschüler sich die Hand schüttelten, wenn sie sich morgens auf dem Schulweg begegneten. Wir erwarten Rituale an Übergangspunkten, wie zum Beispiel bei Begrüßungen, und wir rechnen mit Unterschieden – und daß diese Unterschiede Verwir-rung auslösen –, wenn wir fremde Länder bereisen. Aber wir er-warten keine Unterschiede und erkennen den rituellen Charakter unserer Gespräche wesentlich seltener, wenn wir in unserem eigenen Land zur Arbeit gehen. Und wenn wir denken, daß wir alle dieselbe Sprache sprechen, werden unsere unterschiedlichen Rituale sogar noch problematischer.

Es ist nicht so gemeint: »Tut mir leid«

Ein Gesprächsritual, das sich von Mensch zu Mensch unterscheiden kann und oft Schwierigkeiten bei der Arbeit verursacht, ist das Entschuldigen.

Ich wurde einmal von einer bekannten Kolumnistin interviewt. Es war ein nettes Gespräch, und zum Schluß gab sie mir ihre direkte Durchwahl, für den Fall, daß ich sie anrufen wollte. Einige Zeit später *wollte* ich sie anrufen, hatte aber ihre Nummer verloren und mußte mich von der Telefonzentrale mit ihr verbinden lassen. Als das Gespräch sich seinem Ende zuneigte und wir beide schon abschließende Bemerkungen gemacht hatten, fiel mir ein, daß ich sie noch um ihre Durchwahl bitten wollte, und ich sagte: »Ach, bevor ich es vergesse – Sie haben mir letztes Mal Ihre Durchwahl gegeben, aber ich hab den Zettel verloren; könnten Sie mir die Nummer noch mal geben?« »Oh, tut mir leid«, entgegnete sie spontan. »Die Nummer ist . . .« Ich mußte lachen, denn sie hatte gerade etwas getan, was ich in dem Interview erwähnt hatte – sie hatte »Tut mir leid« gesagt, obwohl kein Anlaß für eine Entschuldigung bestand. Sie hatte nichts falsch gemacht; ich war diejenige, die die Telefonnummer versust hatte. Aber in Wirklichkeit hat sie sich auch nicht entschuldigt; sie hat nur automatisch eine beschwichtigende Floskel gebraucht, um mir zu versichern, daß sie nicht die Absicht hatte, mich aus der Leitung zu werfen oder mir ihre Nummer zu verweigern.

Bei einem Gespräch, das in einer Werbeagentur für mich aufgezeichnet wurde, hatte ein Mann eine Nachricht auf seinem Anrufbeantworter erhalten, der er entnahm, daß die Anruferin, Vicki, zwei Dinge mit ihm besprechen wollte. Er rief zurück, und sie erzählte ihm von einer Sache, hatte aber keinen weiteren Diskussionspunkt, den sie erörtern wollte. Als der Mann nachfragte, sagte sie: »Oh, tut mir leid. Hm... da hab ich mich wohl unklar ausgedrückt.« Zusätzlich zu dieser (scheinbaren) Entschuldigung und dem Eingeständnis einer unklaren Ausdrucksweise sprach Vicki in einem selbstabfälligen Ton.

Manchmal wird ein Tonfall, der Selbstmißbilligung verrät, als Entschuldigung aufgefaßt, auch wenn die Formulierung »Tut mir leid« gar nicht fällt. Bei einem anderen aufgezeichneten Gespräch erklärte eine Managerin namens Kristin einem EDV-Manager namens Herb, warum sie ihn zu einer Konferenz einlud, obwohl sie nicht sicher war, ob er der richtige Mann war:

KRISTIN: Wissen Sie, es ist nur, weil ich mit ihm zusammengearbeitet habe, und dann kamen Sie und ich – ich wußte nicht... was seine Aufgabe war. Und ich war nicht sicher, wer [lacht] der Chef ist! [Herb lacht auch] Um ganz ehrlich zu sein! Also...

HERB: Nein, Sie müssen sich nicht entschuldigen.

Viele Frauen hören oft: »Entschuldige dich nicht!« oder »Du entschuldigst dich dauernd!« Der Grund, warum sie aufhören sollen, sich zu »entschuldigen«, ist, daß es als Selbstherabsetzung verstanden wird. Aber viele Frauen und eine ganze Reihe von Männern gebrauchen die Formulierung »Tut mir leid« nicht im wörtlichen Sinn als Entschuldigung. Es ist ein rituelles Mittel, um das Gleichgewicht in einem Gespräch wiederherzustellen. Sofern ein »Tut mit leid«, das in diesem Sinn verwendet wird, überhaupt eine wörtliche Bedeutung hat, so lautet sie nicht »Ich entschuldige mich«, was gleichbedeutend mit der Übernahme der Verantwortung wäre, sondern eher »Tut mir leid, daß das passiert ist«. Um den rituellen Charakter von Entschuldigungen zu verstehen, müssen Sie nur an eine Beerdigung denken, wo Sie vielleicht sagen: »Tut mir leid, daß Reginald tot ist.« Sie sagen das nicht, weil Sie sich selbst des Mordes bezichtigen wollen. Sie drücken Ihr Bedauern über ein Geschehen aus, ohne sich selbst oder anderen die Schuld dafür zu geben. Mit anderen Worten: »Tut mir leid« ist nicht zwangsläufig eine Entschuldigung, sondern kann ein Mittel sein, um Verständnis – und Anteilnahme – für die Gefühle einer anderen Person zu zeigen.

Daß eine Entschuldigung ein automatischer Ausdruck der

Rücksichtnahme sein kann, zeigt das folgende Beispiel. Als die professionelle Poolspielerin Ewa Mataya, die als eine der besten Poolspielerinnen der Welt gilt, in einem Turnier von der Amateurspielerin Julie Nogiac geschlagen wurde, sagte Mataya über Nogiac: »Sie ist sehr lieb. Sie hat sich immer wieder entschuldigt.« Ich bezweifle, daß Nogiac tatsächlich bedauerte, den Champion geschlagen zu haben. Sie brachte nur zum Ausdruck, daß ihr bewußt war, wie unglücklich Mataya darüber sein mußte.

Das heißt nicht, daß »Tut mir leid« nie als Entschuldigung gemeint ist. Aber wer es tatsächlich sagt, weil er die Verantwortung für etwas übernehmen will, das falsch gelaufen ist, erwartet häufig, daß es die erste Stufe in einem zweistufigen Ritual bildet: Ich sage »Tut mir leid« und übernehme die Hälfte der Schuld; dann übernimmst du die andere Hälfte. Eine Sekretärin erzählte mir, daß sie gerne für ihren Chef arbeitete, denn wenn er sagte, »Sie haben beim Abtippen des Briefes diesen Satz vergessen, den ich eingefügt hatte.«, und sie antwortete, »Oh, tut mir leid. Ich bring das gleich in Ordnung.«, dann ergänzte er meistens »Na ja, ich hab so klein geschrieben, daß man es leicht übersehen konnte.«

Das Eingeständnis von Fehlern kann als Übernahme der unterlegenen Position erlebt werden. Wenn beide Seiten einen Teil der Schuld übernehmen, ist das Verhältnis wieder ausgewogen. Das ist die Logik hinter dem rituellen Schuldanerkenntnis, mit dem man auf eine Entschuldigung reagiert. Es ist ein Mittel, das beiden Seiten hilft, das Gesicht zu wahren. Wer meint, daß eine Entschuldigung eine ritualisierte Schuldaufteilung erfordert, erfindet vielleicht sogar einen eigenen Fehler, um das Gespräch angemessen abzuschließen. Und wer dieses Verständnis des Rituals teilt, nimmt das Schuldeingeständnis nicht wörtlich, sondern würdigt den Versuch des anderen, das Gesicht für ihn zu wahren. Anders ausgedrückt: Es ist eine höfliche Art, denjenigen, der sich entschuldigt, aus der unterlegenen Position herauszuholen.

Wer dagegen Entschuldigungen nicht in einem rituellen Sinn verwendet, nimmt sie häufig wörtlich und kränkt damit denjenigen, der sich rituell entschuldigt. Wenn ich sage »Tut mir leid«, und Sie sagen »Ich nehme Ihre Entschuldigung an«, ist mein Versuch, ein ausgewogenes Verhältnis herzustellen, nach hinten losgegangen. Ich habe das Gefühl, daß Sie mich in die Rolle der Unterlegenen gedrängt haben, während Sie sehr wahrscheinlich denken, daß ich mich selbst dorthin manövriert habe. (Manche Leute, die das intuitiv spüren, spielen scherzhaft auf das Ungleichgewicht an, das durch eine Entschuldigung entsteht: »In Ordnung, sorg dafür, daß es nicht wieder vorkommt.« Das ist lustig, weil offensichtlich ist, daß das Gespräch nicht in diese Richtung gehen soll.)

Rituelle Entschuldigungen – wie andere Gesprächsrituale – funktionieren gut, wenn beide Seiten von denselben Voraussetzungen ausgehen. Aber Personen, die häufig rituelle Entschuldigungen verwenden, wenn andere es nicht tun, können schließlich den Eindruck machen, daß sie Verantwortung für Mißgeschicke übernehmen, die nicht ihr Fehler sind. Und wenn sie teilweise verantwortlich sind, erscheinen sie als die Alleinschuldigen. Wie häufig jemand Entschuldigungen auf diese Weise benutzt, wird von der Kultur und dem Geschlecht beeinflußt, aber Untersuchungen über Amerikaner von Nessa Wolfson und über Neuseeländer von Janet Holmes zeigen, daß Frauen stärker zu diesem Ritual neigen als Männer. Holmes stellte fest, daß Frauen die meisten Entschuldigungen gegenüber anderen Frauen und weit weniger gegenüber Männern äußerten, während Männer sehr wenig Entschuldigungen gegenüber anderen Männern und etwas mehr gegenüber Frauen verwendeten.

Meine eigenen Beobachtungen bestätigen das. Als ich an einer Konferenz in einer Versicherungsgesellschaft teilnahm, sagte die einzige weibliche Teilnehmerin, die ich Helen nennen will, wiederholt »Tut mir leid« oder »Entschuldigung«. Einmal meinte sie: »Tut mir leid, ich habe laut gedacht.« Bei einer anderen Gelegenheit hatte sie das Wort schon abgegeben, als ihr noch ein nachträglicher Gedanke kam, und sie erklärte: »Tut mir leid, ich glaub, ich bin noch nicht ganz wach«, was sich auf die frühe Stunde bezog. Sie sagte tatsächlich jedesmal, wenn sie das Thema wechselte, stockte oder dem, was sie gesagt hatte, etwas hinzufügen wollte, »Tut mir leid« oder »Entschuldigung«. Dabei war die Sitzung nur als zwangloses Brainstorming gedacht, und alle Teilnehmer berichtigten sich hin und wieder oder fügten noch einen nachträglichen Gedanken hinzu. Die Männer im Raum entschuldigten sich kein einziges Mal – sie hatten auch keinen Grund – keinen anderen als Helen.

Der Grund, aus dem ihre häufigen Entschuldigungen so auffielen, war, daß sie die einzige Person im Raum war, die so viele abgab. Und der Grund, aus dem ich mir Gedanken darüber machte, war, daß Helen mir erzählt hatte, der Bonus, den sie gerade erhalten hätte, würde ihre Leistung nicht gerecht widerspiegeln. Das bestätigten auch ihre Kollegen, die alle von sich aus erklärten, daß Helen eine der besten Mitarbeiterinnen sei sowohl im Hinblick auf ihr Können als auch im Hinblick auf ihre Kollegialität. Und doch, wenn Prämien verteilt wurden, erhielt sie immer eine der niedrigsten. Ich konnte es zwar nicht sicher sagen, aber ich fragte mich, ob Helens ritueller Gebrauch von Entschuldigungen Teil eines Sprechstils war, der ihre wahre Kompetenz verdeckte oder zumindest nicht zur Schau stellte.

Der negative Eindruck, der entsteht, wenn jemand sich bei der Arbeit häufig entschuldigt, ist das Ergebnis von zwei Verhaltensmustern: daß diese Person sich oft entschuldigt und daß die anderen es nicht tun. Wer aufmerksam auf alles achtet, das ihn in eine unterlegene Stellung bringen könnte, wird wahrscheinlich Entschuldigungen vermeiden. Der Leiter eines kleineren Unternehmens hatte eine solche Abneigung gegen Entschuldigungen, daß einer seiner Stellvertreter eine Menge Zeit damit verbrachte, durch die Abteilungen zu wandern und sich im Namen des Chefs zu entschuldigen, wenn dieser die Mitarbeiter vor den Kopf gestoßen hatte. Ein anderer Mann schickte seine Frau ans Telefon, damit sie sich für ihn entschuldigte, wenn er die Beherrschung verloren hatte.

Ob Menschen sich entschuldigen oder nicht, scheint genauso stark (wenn nicht mehr) von ihrem individuellen Stil abzuhängen wie von der Frage der Schuldverteilung in einer bestimmten Situation. Um mehr über den praktischen Ablauf dieses Prozesses zu erfahren, verglich ich, wie häufig sich vier verschiedene Führungskräfte entschuldigten, deren Arbeitsgespräche ich auf Band hatte. Ich stellte fest, daß zwei Führungskräfte zu rituellen Entschuldigungen neigten und zwei nicht. Zu denen, die dazu tendierten, gehörte Kristin, die ich oben zitiert habe. Eine weitere will ich Charlene nennen. Charlene sagte zum Beispiel jedesmal »Entschuldigung«, wenn sie während eines Gesprächs das Tonband anstellte. Sie sagte es auch zu einem neuen Mitarbeiter, nachdem sie einen Termin für ein Beurteilungsgespräch festgesetzt hatte: »Es tut mir wirklich leid, Bruce, daß ich Ihnen das so – äh – schnell auferlegen muß, aber ich hatte keine Ahnung, daß es vorgeschrieben ist.« Bei einem anderen Mitarbeiter entschuldigte sie sich, weil er sie zu einem ungünstigen Zeitpunkt aufgesucht hatte. Nachdem sie ihm erklärt hatte, daß sie sich gerade eilig auf eine wichtige Sitzung vorbereitete, die gleich stattfinden würde, sagte sie: »Ach, Mensch, dieses Gehetze tut mir wirklich leid.« Als ein Anrufer um eine Information bat, die sie nicht geben konnte, verwies sie ihn an einen anderen Mitarbeiter und meinte: »Tut mir leid, daß ich nicht, ähm, ich kann Ihnen die Informationen, die Sie brauchen, wirklich nicht geben, aber er hat sich gerade intensiv mit der Sache beschäftigt. Er wird Ihnen bestimmt weiterhelfen können. In Ordnung?« Schließlich entschuldigte sie sich, weil sie zu einem Thema zurückkehrte, nachdem ihr Gesprächspartner schon ein anderes Thema aufgegriffen hatte: »Oh, Entschuldigung, Bruce, aber könnten wir das noch einen Moment vertiefen?« Interessanterweise wurden Charlenes Äußerungen manchmal als Entschuldigungen aufgefaßt, obwohl sie die Worte nicht aussprach. Als sie einen Untergebenen bat, eine Anweisung auszuführen, sagte sie: »Ich hasse es, dich so unter Druck zu setzen.« Er stellte das Gleichgewicht wieder her, indem er entgegnete: »Kein Problem, meine Zeit gehört dir.« Ich sollte noch erwähnen, daß Charlene eine sehr hohe Position in ihrer Firma bekleidete; ihr häufiger Gebrauch von »Tut mir leid« hatte ihren Aufstieg also offenbar nicht behindert. Das könnte damit zusammenhängen, daß sie die Entschuldigungen für den reibungslosen Ablauf der sozialen Interaktion verwendete, aber nicht im Zusammenhang mit ihrem Fachwissen oder mit der konkreten Arbeit.

Im Gegensatz zu Charlenes allgegenwärtigem »Tut mir leid« entschuldigte sich ein Mann, den ich Sid nennen will, kein einziges Mal im Laufe einer neunstündigen Tonbandaufzeichnung. Eine weitere Frau, Evelyn, entschuldigte sich nur viermal in achtzehn Stunden. Einmal sagte sie: »Tut mir leid, läßt sich nicht ändern«, aus dem Mitschnitt geht aber nicht klar hervor, was geschehen war. Ein anderes Mal schien sie eine Mitarbeiterin überrascht zu haben, als sie in deren Büro kam: »Klopf, klopf«, sagte sie lachend und fügte dann hinzu: »Tut mir leid, ich wollte dich nicht erschrecken«. Ein drittes Mal sagte sie »Entschuldigung«, als sie aufgrund eines Versprechers ein falsches Wort benutzte. Und als ein Mitarbeiter sie darauf hinwies, daß eine Frage, die sie zu einer Tabelle gestellt hatte, auf eine falsche Interpretation schließen ließ, sagte sie schließlich: »Okay, okay, das hab ich falsch verstanden, tut mir leid.«

Es gab jedoch viele Gelegenheiten, bei denen Evelyn sich zu entschuldigen schien, auch wenn sie nicht wörtlich »Tut mir leid« sagte. Einmal fand sie zum Beispiel in ihrer Aktentasche einige Dokumente, die ihre Mitarbeiter gesucht hatten:

EVELYN: Sind das deine?

MANNY: Ohhh, die haben wir gesucht!

EVELYN: Ich hab – ist mir das peinlich – ich hab am Wochenende –

MANNY: Das ist in Ordnung. Das ist großartig.

EVELYN: Ich hab am Wochenende meine Aktentasche ausgemistet, und ich dachte »Ooh, die Sachen kennst du doch!«

MANNY: Falls du Vivian heute morgen noch siehst, kannst du ihr Bescheid sagen?

EVELYN: Ja, ich sag's ihr. Klar. Du hast mir die Unterlagen letztes Mal gegeben. Ich hab sie in meine Aktentasche gepackt und total vergessen. Ich hab mich schon gewundert, warum die Tasche auf einmal so schwer war.

Auch wenn Evelyn nicht wörtlich »Tut mir leid« oder »Entschuldigung« sagt, zeigt sie Zerknirschung, was eine Art Entschuldigung ist. Aber sie benutzte keine rituellen Entschuldigungen, um die Gesprächsräder zu ölen.

Obwohl alle Personen, die in meiner Untersuchung rituelle Entschuldigungen verwendeten, Frauen waren, zeigt das Beispiel von Evelyn, daß nicht alle Frauen es tun. Weil jedoch relativ viele Frauen rituelle Entschuldigungen benutzen, wird es möglicherweise von ihnen erwartet, so daß Frauen, die es unterlassen, für irgendwie härter gehalten werden.

So wie ein zerknirschter Tonfall als Entschuldigung verstanden werden kann, ohne daß die Person tatsächlich »Tut mir leid« oder »Entschuldigung« sagt, ist es umgekehrt auch möglich, daß man diese Worte ausspricht, ohne zerknirscht zu klingen, und damit die gesprochene Entschuldigung wirksam unwirksam macht. Das Wort »Entschuldigung« kann auf eine Weise ausgesprochen werden (EntSCHULDigung!), die impliziert, daß ein Vorwurf unberechtigt oder zumindest übertrieben ist, und »Entschuldige, wenn ich deine Gefühle verletzt habe« drückt Bedauern über die Auswirkungen einer Handlung aus, ohne daß man die Handlung als solche bedauert oder Schuld übernimmt. Eine Frau, die ich Mary nennen will, fühlte ein vages Unbehagen nach einem Telefonat mit einer Ausschußvorsitzenden namens Elisabeth. Mary hatte Elisabeth angerufen, weil sie eine Erklärung (und eine Entschuldigung) dafür erwartete, daß ein Ausschußmitglied sie gekränkt hatte. Elisabeth sagte: »Na gut, ich entschuldige mich« in einem Ton, der nicht im geringsten bedauernd klang. Folglich erläuterte Mary noch ausführlicher, was sie in Harnisch gebracht hatte. Elisabeth sagte mit frostiger Stimme: »Ich entschuldige mich ein zweites Mal«, erklärte aber gleich anschließend erneut, warum das Vorstandsmitglied sich ihrer Ansicht nach völlig korrekt verhalten hatte und warum Marys Anruf ihr Probleme bereitete. Im weiteren Verlauf des Gesprächs sagte Elisabeth: »Ich entschuldige mich ein drittes Mal« und später »Ich entschuldige mich ein viertes Mal«. Jedesmal wenn Elisabeth diesen eisigen Satz mit einer höheren Zahl wiederholte, schien sie ironischerweise zu implizieren, daß Mary zu Unrecht auf ihrem Vorwurf bestand, was Mary genau deshalb tat, weil die Entschuldigungen nicht bedauernd klangen – und deshalb auch nicht als Entschuldigungen wirkten. Jede neuerliche nicht-bedauernde Entschuldigung bürstete Marys gesträubtes Gefieder erneut auf Krawall, statt es zu glätten.

Schuld übernehmen und Menschen beeinflussen

Das Übernehmen und Zuweisen von Schuld ist ein empfindlicher Balanceakt, der mit oder ohne wörtliche Entschuldigungen ausgeführt werden kann.

Die Soziolinguistin Keller Magenau hat Gespräche von Frauen aufgezeichnet, die in der Zentrale einer großen Versicherungsgesellschaft arbeiten. Eine Frau namens Karie war für die Genehmigung der Policen zuständig, die ihr von den Versicherungsvertretern vorgelegt wurden. Bei einem der aufgezeichneten Gespräche hatte Karie eine Versicherungspolice erhalten, die sie nicht abzeichnen konnte, weil die Agentin Lisa eine entscheidende Information vergessen hatte. Statt zu sagen: »Lisa, du hast mir nicht die erforderlichen Informationen gegeben«, begann Karie mit den Worten: »Ich bin nur ein bißchen verwirrt«. Als sie das Problem näher erklärte, übernahm Lisa die Verantwortung: »Nein, ich hätte das anders formulieren müssen«, und sorgte für Klärung. Karie hat durch das Eingeständnis ihrer Verwirrung nicht das Gesicht verloren, weil Lisa die Schuld auf sich nahm. Falls Karie die unterlegene Stellung bezogen hat, so nur vorübergehend, weil Lisa sie schnell wieder zu sich heraufholte. Nur wenn die anderen sich weigern, ihren Teil beim Wiederherstellen des Gleichgewichts zu übernehmen, bleibt der Sprecher durch die rituelle Selbstherabsetzung in der unterlegenen Position.

Magenau erklärt in ihrer Analyse, daß Karie und viele der Frauen, deren Policen sie genehmigte, seit Jahren befreundet waren. Sie hatten alle ungefähr zur gleichen Zeit in der Firma angefangen, sich mehr oder weniger gleichzeitig nach oben gearbeitet und pflegten den freundschaftlichen Kontakt in den Pausen und beim gemeinsamen Essen. Aber Karies neuer Job gab ihr die Autorität, die Arbeit der anderen zu kritisieren und sie auf Irrtümer hinzuweisen. Magenau meint, daß Karie ihre Autorität gegenüber Lisa herunterspielte, weil sie befreundet waren und einen nahezu gleichen Status hatten. In gewisser Weise brachte sie sich in die unterlegene Position (»Ich bin verwirrt«), um nicht den Eindruck zu erwecken, sie würde ihre Überlegenheit ausspielen. Vielleicht fühlte sie sich durch die Freundschaft mit Lisa auch frei, die rituelle Unterlegenheitsstellung zu beziehen, weil sie wußte, daß Lisa es nicht ausnutzen würde.

Bei Gesprächen mit einem anderen wesentlich jüngeren und weniger erfahrenen Versicherungsagenten, mit dem Karie weder auf vertrautem noch freundschaftlichem Fuß stand, war ihre Sprechweise weit weniger selbstherabsetzend. Daß der Gesprächspartner in diesem Fall ein Mann war, könnte Karies Stil beeinflußt haben, aber Magenau weist darauf hin, daß Karie auch weniger entgegenkommend war, wenn sie mit weiblichen Untergebenen sprach, die sie nicht so gut kannte.

Ich habe einmal mit Erstaunen die umgekehrte Strategie erlebt: daß jemand etwas von sich weist, das eindeutig seine Schuld ist. Ich war in eine ziemlich komplexe Verhandlung verwickelt, für die ich einen Anwalt brauchte. Der Anwalt arrangierte eine Konferenzschaltung mit dem Rechtsvertreter und dem Hauptbeteiligten der anderen Seite. Ich saß im Büro meines Anwalts, während die Stimmen der anderen Partei über Lautsprecher ins Zimmer kamen. Irgendwann stieß mein Anwalt versehentlich mit dem Ellbogen gegen das Telefon, und die Leitung wurde unterbrochen. Als seine Sekretärin die Verbindung wiederhergestellt hatte, rechnete ich fest damit, daß er sagen würde, was ich in diesem Fall gesagt hätte: »Tut mir leid. Ich bin gegen das Telefon gestoßen. Wo waren wir?« Statt dessen meinte er: »Hey, was war los? Eben waren Sie noch da, und plötzlich nicht mehr.« Er redete, als ob er keine Ahnung hätte, warum die Verbindung abgerissen war. Der andere Anwalt machte einen Scherz: »Ja, ja, Ihnen hat wohl nicht gefallen, was wir gesagt haben, und da haben Sie uns einfach abgewürgt.« »Genau so war's«, bestätigte mein Anwalt und ging auf den Scherz ein. Alle haben gelacht, und niemand hatte einen Schaden. Aber für mich war es eines dieser Schlüsselerlebnisse, bei denen einem plötzlich klar wird, daß die Welt, in der man lebt, nicht die Welt ist, in der alle leben, und daß die Sprechweise, die man für *die* Sprechweise hält, tatsächlich nur eine von vielen ist, die sich völlig davon unterscheiden kann, wie andere Menschen in derselben Situation reagieren. Mein Anwalt hatte offenbar den automatischen Impuls, niemals einen Fehler zuzugeben, wenn es nicht unbedingt erforderlich war. Als ich darüber nachdachte, wurde mir klar, daß diese Methode in vielen Situationen äußerst nützlich sein kann.

Kritik verteilen

Eine Frau arbeitete zusammen mit einem männlichen Kollegen an einem Bericht. Sie war gekränkt, als sie ihm eine Rohfassung der Einleitung vorlas und er prompt zur Kritik ansetzte – »Oh, das ist viel zu trocken! Das mußt du schärfer formulieren« –, mit viel mehr Eifer, als sie es getan hätte, und ohne jede freundliche Umschreibung oder Abmilderung. Sie hätte eher etwas gesagt wie: »Das ist wirklich ein guter Anfang; vielleicht könntest du es bei der Überarbeitung noch etwas schärfer formulieren.«
   Ob man Kritik besser »offen« äußert oder etwas abschwächt,

um nicht zu grob zu erscheinen, ist ebenfalls eine Frage der Konvention. Ich bemerkte den Unterschied, als ich mit einer Redakteurin über einen kurzen Essay sprach, den ich geschrieben hatte und der demnächst in ihrer Zeitung erscheinen sollte. Als wir die Änderungen durchgingen, die sie gern vornehmen wollte, meinte sie: »Da wäre noch eine Sache. Möglicherweise sind Sie da anderer Meinung. Mir ist es nur aufgefallen, weil Ihre Formulierungen sonst immer so flüssig und elegant sind.« Sie umschrieb noch einige Sätze lang, was sie eigentlich sagen wollte, bis ich schließlich einhakte, um sie von ihrem Leiden zu erlösen. »Möchten Sie den Teil gern streichen?« fragte ich. »Das ist okay. Ich hänge nicht dran.« Aber ich war ihr dankbar für ihre vorsichtige Ausdrucksweise. Ihre Methode stand in scharfem Kontrast zum Stil anderer Zeitungsredakteure, die ich kennengelernt hatte und die mit knappen Worten ohne jeden Weichmacher eine Streichung forderten und zum Beispiel sagten: »Das ist überflüssig. Den Punkt haben Sie schon ausgeführt.« Ich erinnere mich sogar an einen (männlichen) Kollegen dieser Redakteurin, der meinen Vorschlag für einen Essay kategorisch ablehnte und hinzufügte: »Rufen Sie mich an, wenn Sie etwas Neues zu sagen haben.«

Wer Kritik lieber offen äußert, hält sich an eine konventionelle Übereinkunft, die besagt: »Geschäft ist Geschäft; Gefühle haben da nichts zu suchen. Hier ist eine knallharte Information; ich weiß, daß du gut bist; du kannst das ab.« Wer an eine Sprechweise gewöhnt ist, bei der man die Gefühle der anderen Person berücksichtigt und die Wirkung seiner Worte abmildert, hat häufig Schwierigkeiten, mit schonungsloser Kritik umzugehen. Beide Gesprächsstile haben ihre eigene Logik. Ich bedankte mich bei der Redakteurin, die so rücksichtsvoll herumgedruckst hatte, bevor sie mir sagte, daß ich einen Teil des Essays streichen sollte. Als Antwort darauf (und als rituelle Selbstverleugnung, um mein Kompliment abzuschwächen) erklärte sie, daß sie es schwierig fände, mit Autoren zu verhandeln, die wütend auf jede Einmischung in ihre Prosa reagierten. Ich schätze, daß der Redakteur, der ins Telefon bellte »Rufen Sie mich an, wenn Sie etwas Neues zu sagen haben«, weniger Probleme mit solchen Autoren hätte. Andererseits frage ich mich, wie viele potentielle Autoren sich wohl trauen würden, ein zweites Mal bei diesem Redakteur anzurufen.

Danke für nichts

Charlene, die Managerin, die häufig »Tut mir leid« sagte, sagte auch häufig »Danke«. Sie begann und beendete Konferenzen, indem sie den Teilnehmern für ihr Kommen dankte. Nur zwei Beispiele vermitteln einen Eindruck davon, wie Charlene viele ihrer telefonischen und persönlichen Gespräche abschloß. Das erste Beispiel stammt vom Ende eines Telefongesprächs, in dem Charlene ein Treffen mit einem Mitarbeiter namens Russel vereinbarte:

CHARLENE: Sagen wir acht Uhr? Laß uns acht Uhr vereinbaren. Einverstanden?
RUSSELL: Einverstanden.
CHARLENE: Alles klar.
RUSSELL: Okay.
CHARLENE: Danke.
RUSSELL: Bis dann.
CHARLENE: Bis dann.

Das nächste Beispiel stammt vom Ende eines weiteren Telefongesprächs, in dem Charlene ebenfalls ein Treffen mit einem Mitarbeiter, diesmal mit Stuart, vereinbarte:

CHARLENE: Warum treffen wir uns nicht morgens – um neun.
STUART: In Ordnung.
CHARLENE: Was hältst du davon?
STUART: Das ist perfekt.
CHARLENE: Prima, gut, ich schreib's mir auf. Vielen Dank.
STUART: Alles klar.
CHARLENE: Bye-bye.

Da Charlene die Vorgesetzte war, die notwendige Besprechungen mit Mitarbeitern festsetzte, bedankte sie sich offensichtlich nicht, weil die anderen ihr einen Gefallen erwiesen hatten. Es scheint eher eine ritualisierte Methode zu sein, mit der sie ein Gespräch beendet. Russell und Stuart haben es anscheinend in diesem Sinn verstanden, weil sie einfach mit »okay« und »bis dann« antworteten.

Evelyn, die Managerin, die keine rituellen Entschuldigungen verwendete, bedankte sich ebenfalls sehr häufig bei anderen Leuten. Auch für sie schien »danke« ein ritueller Gesprächsabschluß zu sein, ähnlich wie »okay«, wie in diesem Gespräch mit ihrer Assistentin über die Gestaltung einiger Formulare:

RENEE: Dies muß dann also – dies wolltest du noch mal neu haben.
EVELYN: Ja. Ja, genau. Aber wir müssen es nicht in halbfett machen. Und dies hier ist okay, das kann so bleiben. Gut!
RENEE: In Ordnung.
EVELYN: Danke.

Daß Evelyn »danke« als rituellen Gesprächsabschluß benutzte, zeigt sich noch deutlicher im folgenden Ausschnitt aus einer Unterhaltung, die Evelyn für mich aufzeichnete. Ihr Vorgesetzter, John, hatte sie gebeten, ihn zu einer Besprechung mit seinem Vorgesetzten zu begleiten. Es stellte sich jedoch heraus, daß dieser ihre Anwesenheit nicht für erforderlich hielt. Als sie ging, sagte sie – wie könnte es anders sein? – »danke«.

EVELYN: Sie brauchen mich hier nicht?
JOHN: Ääh / ? /
EVELYN: Alles klar.
JOHN: Es ist nur –
EVELYN: [lacht] Soll ich bleiben oder soll ich gehen?
JOHN: Ich glaube nicht. Ich glaube – ich krieg's heute fertig, weil es / ? /
EVELYN: Okay. Danke. [Sie geht]

Da niemand irgend etwas für Evelyn getan hatte, konnte ihr »Danke« nicht wörtlich gemeint sein; es konnte nur eine rituelle Methode sein, um sich zu verabschieden.

Die vierte Person, Sid, die selten »Tut mir leid« sagte, sagte auch selten »Danke«. Er beendete ein Gespräch einfach mit »In Ordnung«. (Aber er hörte sich deswegen keineswegs unhöflich an, wie ich im nächsten Kapitel zeigen werde.)

So wie man bei einer rituellen Entschuldigung eine entsprechende Gegenentschuldigung erwartet, erwartet man auch bei einer rituellen Danksagung eine entsprechende Reaktion des anderen. Wenn diese Reaktion ausbleibt, ärgert sich derjenige, der sich bedankt hat, weil der andere ihn in der unterlegenen Position hängenläßt.«

Eine Romanautorin, die stolz auf ihre Effizienz und ihre Aufmerksamkeit fürs Detail war, erhielt ein Fax von einem Assistenten der Werbeabteilung ihres Verlages; es enthielt den vorgeschlagenen Werbetext für ihren neuesten Roman. Sie faxte ihm sofort ihre Änderungsvorschläge zurück, und als er später seine überarbeitete Fassung schickte, rief sie ihn gleich an. Als sie die Änderungen durchgesprochen hatten, meinte sie: »Danke, daß Sie mir die Sachen so schnell rübergeschickt haben« und rechnete fest damit, daß er entgegnen würde: »Danke, daß Sie so schnell geantwortet haben.« Aber er sagte: »Gern geschehen.« Statt als gleichgestellte Partnerin beim Austausch gegenseitiger Höflichkeiten, fand sie sich plötzlich als unterlegene Empfängerin eines Gunstbeweises positioniert. Am liebsten hätte sie geantwortet: »Was soll's!«

Jedesmal, wenn etwas automatisch als Teil eines Rituals gesagt wird und nicht die erwartete Reaktion erzeugt, können Gefühle verletzt werden. Als die Autorin ihre Dankbarkeit zum Ausdruck brachte – »Danke, daß Sie mir die Sachen so schnell rübergeschickt haben« – befolgte sie ein solches Ritual. In ihrem Vertrag mit dem Verlag war festgelegt, daß sie den Werbetext genehmigen mußte, also hatte der Werbeassistent ihr keinen Gefallen erwiesen; er hat seine Arbeit getan. Aber sie hielt den Austausch von Dankesworten für eine nette und übliche Art, um ein Gespräch zu beenden. Als sie darüber nachdachte, wurde ihr klar, daß sie im Grunde schon erwartete, einige Dankesworte von Verlagsmitarbeitern zu hören, wenn sie so prompt reagierte, weil diese schnelle Reaktion anscheinend nicht die Regel war. Ihr Dank an ihn war wahrscheinlich ein Versuch, diesen erwarteten Dank aus ihm herauszulocken.

Die Rituale des Entschuldigens, Abmilderns von Kritik und Dankens können von Frauen und Männern angewendet werden. Aber sie finden sich häufiger in der Sprache von Frauen. Und alle diese Rituale basieren auf Gegenseitigkeit. Wenn eine Person sich entschuldigt und die andere die Entschuldigung einfach annimmt, oder wenn eine Person die ganze Bedankerei allein erledigt, dann ist die Folge ein Ungleichgewicht – und ein Gesichtsverlust. Viele der Rituale, die für Gespräche zwischen Frauen typisch sind, hängen davon ab, daß der andere die Selbstherabsetzung nicht wörtlich nimmt und das Gleichgewicht wiederherstellt. Wenn der Gesprächspartner das nicht tut, fühlt sich die Frau wie jemand, der auf einer Wippe schaukelt und dessen Partner plötzlich abspringt. Statt in der Luft zu balancieren, ist sie auf die Erde geplumpst und fragt sich, wie sie dorthin gekommen ist.

Rituelles Streiten

Das waren einige der unter Frauen verbreiteten Rituale, die von männlichen Kollegen bei der Arbeit häufig wörtlich genommen werden. Was sind nun die unter Männern verbreiteten Rituale, die von Frauen häufig wörtlich genommen werden, wenn sie bei der Arbeit benutzt werden? Eines ist die rituelle Opposition.

In seinem Buch *Fighting for Life: Contest, Consciousness and Sexuality* zeigt der Kulturlinguist (und Jesuitenpriester) Walter Ong, daß Männer häufiger als Frauen zur »Agonistik« neigen – zu einer kriegerischen, oppositionellen Haltung –, um bestimmte Interaktionsziele zu erreichen, die mit Streit im wörtlichen Sinn nichts zu tun haben. Öffentliche Debatten sind das beste Beispiel: Jeder Redner vertritt eine bestimmte Position und versucht alle erdenklichen Argumente für diesen Standpunkt zu sammeln, während er gleichzeitig mit allen Tricks die Argumente der anderen Seite zu entkräften und anzugreifen versucht. Er tut dies unabhängig von seinen persönlichen Überzeugungen und unabhängig von seiner Fähigkeit, die Position der anderen Seite zu verstehen, so wie man von Rechtsanwälten erwartet, daß sie nach besten Kräften für ihre Mandanten streiten und die Argumente der gegnerischen Seite mit allen Mitteln unterhöhlen. Man erwartet, daß diese Form ritueller Opposition zur Wahrheit oder, im Fall der Justiz, zur Gerechtigkeit führt. Bei derartigen Wettstreiten spielt die Sprache eine entscheidende Rolle. Wie Gregory Matoesian es in einem Buch über Vergewaltigungsprozesse formuliert: »Beim Rechtssystem geht es nicht notwendig um Wahrheit oder Lüge, sondern um Gewinnen und Verlieren, und das hängt wiederum größtenteils davon ab, welche Seite es am besten versteht, Sprache zu manipulieren.«

Eine Frau erzählte mir, daß sie voll Kummer und Abscheu mitangehört hatte, wie ihr männlicher Kollege hitzig mit einem anderen Kollegen darüber stritt, wessen Abteilung von den notwendigen Budgetkürzungen betroffen sein würde; wirklich schockiert war die Frau, als die beiden Männer kurz nach diesem heftigen Schlagabtausch genauso freundlich miteinander umgingen wie immer. »Wie kannst du so tun, als ob der Streit nie stattgefunden hätte?« fragte sie ihren Kollegen. »Wer tut so, als ob er nie stattgefunden hätte?« entgegnete er, ebenso verwirrt von ihrer Frage wie sie von seinem Verhalten. »Er fand statt«, sagte er. »Und jetzt ist er vorbei.« Sie hatte die rituelle Auseinandersetzung als echten Streit mißverstanden.

Die Stärke des Gefühlsausdrucks, der die Opposition begleitet, ist ebenfalls von der Kultur abhängig. Die Engländer halten die Amerikaner für äußerst erregbar, dasselbe denken die Amerikaner von den Mitteleuropäern. Die andere Seite der Medaille ist, daß die Amerikaner in Mitteleuropa häufig für kalt gehalten werden, so wie die Engländer in Amerika.

Viele Amerikaner erwarten, daß die Diskussion von Ideen als ritueller Kampf ausgetragen wird – also, daß Ideen durch verbale Opposition erforscht werden. Wenn sie ihre eigenen Ideen äußern, formulieren sie ihre Meinung so bestimmt und absolut wie möglich und warten, ob man sie herausfordert. Sie gehen davon aus, daß andere sie darauf hinweisen werden, wenn die Argumentation Schwächen hat. Indem man versucht, diese Einwände zu entkräften, kann man feststellen, ob die eigenen Ideen standhalten. In diesem Sinne erklärte der Literaturtheoretiker Stanley Fish, der als Leiter einer wissenschaftlichen Abteilung viele umstrittene Neuerungen einführte, in einem Interview: »Ich kündige Veränderungen an und warte, ob jemand protestiert. Das war nie der Fall.« Er nahm das Schweigen als Zustimmung. Die Frage ist, wieviele Mitglieder seiner Abteilung das Gefühl hatten, vor vollendeten Tatsachen zu stehen und eine bereits verkündete Politik für nicht weiter verhandelbar hielten.

Wer erwartet, daß Leute, die anderer Meinung sind, ihn offen herausfordern, reagiert vielleicht auch auf die Vorschläge eines

Kollegen mit Herausforderungen – kritisiert, bohrt nach, sucht nach Schwachstellen –, um dem Kollegen auf diese Weise klarer zu machen, ob sein Vorschlag tragfähig ist oder nicht. Obwohl die kulturelle Herkunft ebenfalls eine große Rolle spielt, gehen Frauen seltener in rituelle Opposition, und viele Frauen haben eine Abneigung dagegen. Weil sie den rituellen Charakter der verbalen Opposition nicht erkennen, empfinden sie solche Herausforderungen oft als persönliche Angriffe. Schlimmer noch, sie finden es unmöglich, in einer streitlustigen Umwelt ihr Bestes zu geben.

Hinter der rituellen Opposition steht die Logik, daß Sie sich angespornt fühlen, Ihre eigenen Argumente noch stichhaltiger zu machen, wenn Sie wissen, daß andere Ihre Ideen kritisch unter die Lupe nehmen. Wenn Sie öffentlich herausgefordert werden, wachsen Sie mit den Anforderungen: Dank der Adrenalinausschüttung arbeitet Ihr Verstand messerscharf, und Sie haben lauter glänzende Ideen, die Ihnen ohne den Anreiz des Kampfes nie eingefallen wären. Aber wenn Sie nicht an rituelle Opposition gewöhnt sind, reagieren Sie ganz anders. Wenn Sie wissen, daß man Ihre Vorschläge angreifen wird, hören Sie die Kritik schon, bevor Sie eine Idee zu Ende gedacht haben. Statt daß Sie klarer denken, zweifeln Sie an dem, was Sie wissen. Wenn Sie Ihre Ansichten äußern, greifen Sie zu vorsichtigen Formulierungen, um potentiellen Angreifern von vornherein den Wind aus den Segeln zu nehmen, was Ihre Argumente klein und schwach klingen läßt. Ironischerweise provozieren Sie mit diesem Verhalten mehr Angriffe von oppositionellen Kollegen als durch eine kämpferische Haltung. Wenn Sie sich angegriffen fühlen, erhöht die emotionale Anspannung keineswegs Ihre Schlagfertigkeit, sondern vernebelt das Denken und lähmt die Zunge, so daß Sie die Gedanken, die eben noch kristallklar vor Ihnen lagen, nicht mehr formulieren können. Sprecher mit diesem Stil haben den Eindruck, daß sie ihre kreativen Kräfte am besten in einer Atmosphäre gegenseitiger Unterstützung entfalten können, während sie sich angesichts ritueller Opposition völlig blockiert fühlen. Solche Personen (darunter viele Frauen) können in einer streitbaren Umwelt nicht ihr Bestes geben, während dieselbe Umwelt viele ihrer Kollegen zu Höchstleistungen motiviert – solche Kollegen, die in einem antagonistischen Klima nicht nur aufblühen, sondern es sehr wahrscheinlich aktiv herbeiführen.

Nicht alle Betriebe fördern den Stil verbaler Opposition. Jedes

Unternehmen hat seine eigene spezielle Kultur, die sich im Laufe der Zeit entwickelt hat. Unterschiedliche Firmen legen mehr oder weniger Gewicht auf verbale Opposition und Streitgespräche. Aber in jedem Unternehmen gibt es Leute, die mehr oder weniger zum oppositionellen Stil neigen. Und in jedem Gespräch haben diejenigen, die sich bei offener Opposition wohl fühlen, einen Vorteil gegenüber jenen, die sich dabei unbehaglich fühlen. Unabhängig davon, welcher Stil in einer bestimmten Firma belohnt wird, ist es immer schwierig für Mitarbeiter, die einen anderen Stil haben, ihre besten Leistungen zu zeigen.

Viele Frauen nehmen es persönlich, wenn jemand bei der Arbeit anderer Meinung ist oder offen streitet. Eine Ingenieurin arbeitete in einem kleinen Betrieb als einzige Frau mit vier Männern zusammen. Sie stellte fest, daß sie bereit sein mußte, sich auf hitzige Wortgefechte mit ihren Kollegen einzulassen, um respektiert zu werden. Nachdem sie das einmal geschafft hatte, wurde sie von den anderen akzeptiert und ernst genommen. Eine ähnliche Erfahrung machte eine Ärztin, die an einer Personalbesprechung in ihrem Krankenhaus teilnahm. Sie geriet immer mehr in Rage über einen männlichen Kollegen, der eine Meinung, die sie geäußert hatte, auseinanderpflückte. Ihre bessere Einsicht riet ihr, den Mund zu halten und sich diesen älteren Kollegen nicht zum Feind zu machen. Aber schließlich wurde sie von ihrer Wut überwältigt, sprang von ihrem Stuhl auf und ließ eine leidenschaftliche Kritik an seinem Standpunkt vom Stapel. In Panik setzte sie sich wieder hin, überzeugt, daß sie es sich für alle Zeiten mit diesem einflußreichen Kollegen verdorben und wahrscheinlich auch seine ganzen Verbündeten gegen sich aufgebracht hätte. Zu ihrer Überraschung kam der Mann nach der Besprechung auf sie zu und sagte: »Das war eine großartige Gegenrede. Ich war wirklich beeindruckt. Wollen wir nach der Arbeit ein Bier trinken und unsere unterschiedlichen Meinungen ausdiskutieren?«

Diese unterschiedlichen Ansätze für dieselbe Interaktionsarbeit wurden mir persönlich sehr anschaulich von zwei verschiedenen Journalisten verdeutlicht, die mich interviewten.

Ein Mann interviewte mich für ein Feature in einer Zeitung. Seine Fragen waren so herausfordernd, daß sie an offene Aggressivität grenzten. Er stürzte sich mit solchem Feuereifer auf alle potentiellen Kritikpunkte an meiner Arbeit, daß ich überzeugt war, ich würde in seinem Artikel ganz fürchterlich dastehen. Zu meiner Überraschung schrieb er ein sehr schmeichelhaftes Portrait, ohne jeden Hinweis auf die Aggressivität, die er in dem Interview gezeigt hatte. Statt die potentielle Kritik zu wiederholen, hatte er ausschließlich meine Antworten verwendet. Indem er mich herausforderte, hatte er mir Gelegenheit gegeben, mich selbst in einem positiven Licht darzustellen.

Bei anderer Gelegenheit wurde ich von einer Frau interviewt, die mit mir sprach wie mit einer Freundin. Sie verbrachte mehrere Stunden in meinem Haus und gab eine Menge persönlicher Informationen preis, was mich ermutigte, genauso freimütig zu erzählen. Nichts an ihrem Verhalten ließ mich argwöhnen, daß sie irgend etwas anderes als einen positiven Artikel schreiben würde, und ich plapperte munter drauflos, überzeugt, mich auf sicherem Boden zu bewegen. Der Artikel, der aus diesem Interview hervorging, überraschte mich genauso wie der andere, allerdings in entgegengesetzter Hinsicht. Die Journalistin benutzte die Informationen, die ich offenbart hatte, um mich in einem wenig schmeichelhaften Licht darzustellen. Während ich beim ersten Artikel erfreut und erleichtert war, weil er viel freundlicher ausfiel, als ich erwartet hatte, fühlte ich mich beim zweiten betrogen und ausgetrickst. Ich fand, daß die Journalistin mich getäuscht hatte. Sie hatte die Freundin gespielt, damit ich mich von meiner verwundbaren Seite zeigte. Im nachhinein wurde mir klar, daß beide Journalisten übliche Gesprächsformate benutzt hatten, um Selbstenthüllungen zu provozieren. Der Mann hatte versucht, eine unzensierte Reaktion zu bekommen, indem er mich herausforderte, die Frau, indem sie ein Vertrauensverhältnis herstellte. Beide Methoden sollten mich aus meiner Deckung herauslocken – was letzten Endes die Aufgabe eines Journalisten ist. Beide Journalisten wählten eine Sprechweise, die das Gespräch in ritualisierte Bahnen lenkte.

Es war vermutlich kein Zufall, daß es ein Mann war, der sich als mein Gegner positionierte, damit ich aus mir herausging, und eine Frau, die sich als meine Freundin positionierte. Eine andere Journalistin empfand es als unangenehmsten Teil ihrer Arbeit, daß sie manchmal gezwungen war, ihre Interviewpartner zu provozieren und die schlimmsten Dinge zu wiederholen, die andere über sie gesagt hatten. Aber von einem männlichen Kollegen wußte sie, daß er diesen Teil der Arbeit am meisten schätzte.

»Was meinst du dazu?«

Ein weiteres Gesprächsritual besteht darin, andere um ihre Meinung zu bitten, bevor man eine Entscheidung trifft. Das ist die Antithese zu dem Stil, der einfach unterstellt, daß jeder, der anderer Meinung ist, von sich aus opponieren wird, so daß man Schweigen als Zustimmung auffassen kann.

In einem Betrieb, in dem die Angestellten regelmäßig ihre Vorgesetzten beurteilen, reagierte eine Managerin bestürzt, als einer ihrer Untergebenen klagte, sie würde ihm nie zuhören. Sie war um so überraschter, weil sie besonders viel Wert darauf legte, bei größeren Entscheidungen die Meinung aller Mitarbeiter einzuholen und sich genau anzuhören, was sie zu sagen hatten. Sie setzte sich mit dem Mann zusammen, um herauszufinden, was der Grund für diese unterschiedliche Einschätzung sein könnte. Wie sich herausstellte, war es genau diese Angewohnheit, die Mitarbeiter um ihre Meinung zu bitten, die den Mann zu seinem Vorwurf veranlaßt hatte. Er hatte die Bitte um eine Stellungnahme als Bitte um Rat aufgefaßt. Weil er die Aussage wörtlich nahm, fühlte er sich aufgefordert, eine Entscheidung für seine Vorgesetzte zu treffen. Wenn sie dann tat, was sie für das Beste hielt, was oft nicht das war, was er ihr geraten hatte, fühlte er sich betrogen. Sie hatte ihn um eine Entscheidung gebeten und dann nicht »zugehört«.

Viele Leute fordern ihre Mitarbeiter zu einer Stellungnahme auf (»Was sollten wir Ihrer Meinung nach in dieser Sache unternehmen?«), weil sie möglichst viele Meinungen hören wollen, weil sie ihre Mitarbeiter miteinbeziehen möchten und weil sie den Anschein wecken oder tatsächlich dafür sorgen wollen, daß Entscheidungen einvernehmlich getroffen werden. Aber Konsens bedeutet nicht (und kann offensichtlich nicht bedeuten), daß alle, die ihre Meinung äußern, ihren Kopf durchsetzen. Es bedeutet nur, daß jeder gehört wird. Letzten Endes wird im Idealfall eine Entscheidung getroffen, die so viele Personen wie möglich zufriedenstellt und den Wünschen der anderen so weit wie möglich entgegenkommt. Jene, deren Empfehlungen nicht aufgegriffen werden, halten sich bei dieser Übereinkunft an den Konsens, weil sie wissen, daß man ihren Beitrag berücksichtigt hat, und weil sie darauf vertrauen, daß die beste Entscheidung getroffen wurde. Aber wer nicht an diese Übereinkunft gewöhnt ist, versteht die Bitte um eine Stellungnahme leicht im wörtlichen Sinn als Aufforderung zu einer Entscheidung und fühlt sich dann getäuscht, wenn sein Rat nicht angenommen wird. Eine solche Person fühlt sich unter Umständen sogar manipuliert oder ausgetrickst: »Sie wollen mir das Gefühl geben, daß es meine Entscheidung ist, aber Sie machen sowieso, was Sie wollen, warum fragen Sie mich dann überhaupt?«

Die Angewohnheit, andere um ihre Meinung zu bitten, ist besonders riskant bei der Arbeit, wo Gespräche nicht nur dazu dienen, die Arbeit zu erledigen, sondern auch und immer ein Mittel der Beurteilung sind: Wenn jemand sich Ihre Meinung anhört, beurteilt er Sie gleichzeitig als Mensch und als Mitarbeiter. (Ein leitender Angestellter berichtete mir, daß sein eigener Mentor ihm bei der Einstellung geraten habe: »Achten Sie jetzt schon darauf, wer gut ist. Wenn Sie dann eines Tages über Beförderungen und Stellenbesetzungen zu entscheiden haben, sind Sie bereit.«) Alles, was Sie sagen, wird zum Beweis Ihrer Kompetenz oder mangelnden Kompetenz. Die meisten Tätigkeiten, vor allem auf Führungsebene, erfordern, daß man Entscheidungen trifft. Wer den Eindruck erweckt, daß er Hilfe bei Entscheidungen braucht, kann leicht negativ beurteilt werden: »Sie ist für den Bereich zuständig, aber sie versucht, die anderen für sich entscheiden zu lassen. Vielleicht verfügt sie nicht über das erforderliche Selbstvertrauen, um eigene Entscheidungen zu treffen.«

Auch hier gilt, daß Sprechweisen, mit denen man seine Rücksicht zeigen möchte, den Eindruck von Unsicherheit wecken können. Um diesen Eindruck zu vermeiden, könnte man den Stil mit seinen Mitarbeitern besprechen, also zum Mittel der »Meta«-Kommunikation greifen – über Kommunikation kommunizieren. In einigen Fällen ist es hilfreich, explizit zu sagen: »Ich treffe die Entscheidung, aber ich würde gern Ihre Meinung hören.« Im Fall der Managerin, deren Untergebener ihr vorwarf, nicht zuzuhören, löste das Gespräch über Stilunterschiede das Problem. Da sie einander respektierten, kamen sie überein, daß sie sich in Zukunft offen sagen wollten, wenn sie sich über das Verhalten des anderen ärgerten.

Die Vermischung von beruflichen und privaten Gesprächen

Ich saß im Kundenraum einer Autowerkstatt, während mein Wagen repariert wurde. Nach und nach ließ ich das Buch, das ich gerade las, in den Schoß sinken, weil ich immer gespannter ein angeregtes Gespräch verfolgte, das sich zwischen drei Autoverkäufern entwickelte. Sie standen am Kaffeeautomaten, der im selben Raum aufgestellt war, in dem auch die Kunden warteten, und tauschten Anekdoten über nachtschlafene Arbeitszeiten und die Rückkehr zu nörgelnden Ehefrauen aus. Sie klatschten über einen anderen Autoverkäufer, der noch mehr Überstunden machte, und meinten scherzhaft, es wäre ein Wunder, daß seine Frau ihn noch nicht verlassen hätte. Plötzlich sah ich die einzige Frau, die im Verkauf dieser Autohandlung arbeitete, auf die Männer zugehen. Wie nett, dachte ich, sie schließt sich ihnen an. Ich war gespannt, wie ihr Eintritt in das Gespräch sich auswirken würde. Aber schnell wurde deutlich, daß sie sich der Unterhaltung nicht anschließen würde. Sobald die Männer sie bemerkten, brach das Gespräch abrupt ab, und alle wurden stocksteif. Es war, als ob plötzlich ein eisiger Wind durch den Raum gezogen wäre. Die Frau stellte einem der Männer eine Frage, erhielt eine Antwort und ging wieder weg. Ich weiß nicht, worauf die sonderbare Beziehung zwischen dieser Frau und ihren männlichen Kollegen zurückzuführen war. Aber unabhängig von den Gründen konnte ich mir vorstellen, wie schwierig es für sie gewesen sein mußte, diese Eiswand zu durchbrechen, um ihre Frage zu stellen. Und ich dachte, wieviel angenehmer es für die Männer sein mußte, jeden Tag zur Arbeit zu gehen, als für sie.

Gespräche bei der Arbeit sind nicht auf Gespräche über die Arbeit beschränkt. Viele Momente werden mit zwanglosem Geplauder verbracht, das die freundliche Atmosphäre schafft, ohne die ein reibungsloser Ablauf der Arbeit nicht möglich wäre. Man kann besser über auftauchende Arbeitsprobleme sprechen, wenn man sich in Gegenwart der anderen wohl fühlt und die Kommunikationswege offen sind. Solche Arbeitsbeziehungen werden zu einem großen Teil durch zwanglose, nicht arbeitsbezogene Unterhaltungen hergestellt. Männer ebenso wie Frauen führen solche arbeitsunabhängigen Gespräche, aber sie unterscheiden sich häufig darin, welche Themen sie behandeln und wie sie es tun.

Viele Frauen mischen Berufliches mit Privatem, wenn sie sich unterhalten, und erwarten von anderen Frauen, daß sie es auch tun. Eine Frau, die sich nicht auf persönliche Gespräche einläßt, gerät leicht in den Ruf, kalt oder distanziert zu sein oder »nicht mit jedem zu reden«. Männer neigen eher dazu, Berufliches mit Streitgesprächen über Sport oder Politik zu vermischen. (Obwohl die Autoverkäufer darüber sprachen, wie sich ihre Überstunden auf ihr Privatleben auswirkten, redeten sie in gewisser Weise immer noch über die Arbeit – über Probleme, die durch den Arbeitsdruck entstanden, nicht über arbeitsunabhängige, persönliche Probleme.) Alle erkennen mühelos den Interessewert ihrer eigenen Small talk-Variante, rümpfen aber verächtlich die Nase über die »triviale« Art von Small talk, die ihnen selbst kein Vergnügen bereitet. Viele Männer klagen oder witzeln über das weibliche Interesse an Kleidern und privaten Details, und viele Frauen klagen oder witzeln über das männliche Interesse am Sport.

Männer und Frauen wissen beide, daß ihr Small talk genau das ist – »klein« im Vergleich zum »Big talk« der Arbeit – aber unterschiedliche Small talk-Gewohnheiten können sich zu sehr großen Problemen auswachsen, wenn sie die tagtäglichen Arbeitsbeziehungen stören, die eine angenehme Atmosphäre schaffen und die Kommunikationswege für die »großen« Themen offen halten. Ein Mann, der regelmäßig von lebhaften Gesprächen über Kleider oder Frisuren oder familiäre Probleme ausgeschlossen wird, oder eine Frau, die regelmäßig von lebhaften Gesprächen über Sportereignisse oder Jagderlebnisse ausgeschlossen wird, bleibt vielleicht auch von dem freundlichen Kreislauf ausgeschlossen, über den wichtige und unwichtige Informationen im Büro kursieren.

Small talk ist nicht nur eine Hilfe, sondern eine Notwendigkeit – das Schmieröl, das den Motor eines Büros am Laufen hält. Diese Erfahrung machte eine Frau, die als Chefredakteurin bei einer Zeitung eingestellt wurde. Als sie die Führungsposition übernahm, versuchte sie, das Büro so zu leiten, wie ihr Vorgänger es getan hatte: keine Zeit für Small talk; gleich zur Sache kommen. Nach einer Weile hörte sie munkeln, daß die Frauen in ihrem Büro unglücklich mit ihr wären. Sie fanden sie kalt und distanziert und meinten, die Macht wäre ihr zu Kopf gestiegen und hätte sie arrogant gemacht. Die Frau mußte ihren Stil ändern, sich mehr Zeit für Gespräche nehmen, sich nach dem Privatleben ihrer Mitarbeiterinnen erkundigen und Höflichkeiten austauschen. Wahrscheinlich brauchen die meisten Menschen das Gefühl, daß ihre Kollegen persönliches Interesse an ihnen nehmen, aber Frauen erwarten häufiger – und vor allem von einer anderen Frau –, daß dieses Interesse durch Fragen nach ihrem privaten Leben zum Ausdruck gebracht wird.

Für eine Frau, die mit Männern zusammenarbeitet, könnte es hilfreich sein, etwas über Sport zu lernen, um an solchen Unterhaltungen teilzunehmen. Eine Frau erzählte mir, sie könne ihre männlichen Kollegen immer in ein nettes Gespräch verwickeln, wenn sie sagte: »Hey, war das gestern abend nicht ein unglaubliches Spiel?« Sie erhielt immer eine lebhafte Reaktion, auch wenn sie keine Ahnung hatte, um welches Spiel es ging. Dagegen berichtete eine andere Frau, daß die Männer sie nie an ihren Gesprächen beteiligten, obwohl sie ein begeisterter Sportfan war und immer ganz genau wußte, welches Spiel am letzten Abend gelaufen war. Ich will die Möglichkeit nicht ausschließen, daß die Männer, mit denen sie zusammenarbeitete, sie einfach nicht miteinbeziehen wollten – entweder, weil sie eine Frau war, oder weil sie sie nicht mochten. Aber es ist auch möglich, daß ihre Art, über Sport zu sprechen, nicht die Art war, an die die Männer gewöhnt waren. Ein Gespräch über Sport, wie jedes andere Gesprächsritual, muß in einer allgemein akzeptierten Form verlaufen. Für viele Männer ist eine Unterhaltung über Sport selbst ein kleines Spiel, das sich aus Angriff, Gegenangriff und Provokationen zusammensetzt. »War Jones nicht einfach unglaublich?!« »Jones?! Diese Flasche findest du gut?! Es ist mir unbegreiflich, wieso sie den in der Mannschaft lassen! Es war Smith, der das Spiel gewonnen hat.« »Smith!? Das meinst du nicht im Ernst!? Dieser Versager ist doch unfähig, den Ball zu fangen, wenn er ihn in die Hand gedrückt kriegt.«

Wieviel Small talk erwartet wird, und wann, ist ebenfalls eine Frage des individuellen Stils. Es gibt Leute, die es ganz normal finden, jemanden anzurufen und gleich zum Kern der Sache zu kommen, anstatt »Zeit zu verschwenden« und sich mit Förmlichkeiten oder langatmigen Begrüßungsformeln aufzuhalten. Der bloße Umstand, daß man die Begrüßung wegläßt, kann implizieren: »Wir verstehen uns so gut, daß wir auf die Feinheiten verzichten können, die andere Leute, die sich weniger gut kennen, beachten müssen.« Aber nicht jeder findet dieses Verhalten angemessen. Manche Leute finden es grob. Ein neuer Mitarbeiter rief seine Vorgesetzte an und fiel gleich mit der Tür ins Haus, weil er ihre Zeit nicht unnötig strapazieren wollte. »Frank«, sagte sie. »Erst mal – guten Morgen.« Das stellte klar, daß sie nicht zu den Leuten gehörte, die Small talk für überflüssig halten.

Lob verteilen

Auch das Loben ist ein Gesprächsritual, und auch hier gibt es kulturelle und geschlechtsspezifische Muster, wie die beiden folgenden Beispiele zeigen.

Lester war erst seit sechs Monaten in seinem neuen Job, als er hörte, daß einige seiner weiblichen Untergebenen schrecklich unglücklich mit ihm wären. Als er sie darauf ansprach, brach es aus ihnen heraus. Zwei erklärten, sie ständen kurz vor der Kündigung, weil sie es nicht ertragen könnten, für jemanden zu arbeiten, der sie für unfähig hielte. Sie waren überzeugt, daß Lester mit ihrer Arbeit unzufrieden war, und wollten lieber von sich aus kündigen, bevor man sie hinauswarf. Lester war wie vor den Kopf geschlagen. Er fand, daß sie sehr gute Arbeit leisteten, und hatte nie etwas anderes gedacht. Er hatte bestimmt nie etwas gesagt, aus dem man hätte schließen können, daß er mit ihren Leistungen nicht zufrieden war. Das hatte er tatsächlich nicht. Und da lag das Problem. Er hatte gar nichts gesagt. Die Frauen erwarteten, daß er sie lobte, wenn sie gute Leistungen brachten, und Interesse an ihrer Arbeit zeigte, indem er ab und zu danach fragte. Als er kein Wort über ihre Arbeit verlor, gingen sie davon aus, daß er sich an die Redewendung hielt: »Wenn du nichts Nettes zu sagen hast, sag lieber gar nichts.« Lester hatte gedacht, er würde ihnen sein Vertrauen beweisen, wenn er sie in Ruhe ließ. Für ihn stand fest, daß alles in Ordnung war, solange er keine Kritik äußerte. Für die Frauen stand fest, daß etwas falsch sein mußte, wenn er sie nicht lobte.

Vince machte eine ähnliche Erfahrung, aus der er lernte, daß es kein richtiges Maß an Lob und Aufmerksamkeit gab. Er beaufsichtigte eine Gruppe von acht Mitarbeitern, die ihm direkt unterstellt waren. Er fand es wichtig, ein gutes Verhältnis zu seinen Mitarbeitern zu pflegen, also erkundigte er sich regelmäßig nach ihrer Arbeit und bemühte sich, mit jedem wenigstens einmal pro Tag ein kurzes persönliches Gespräch zu führen. Er war fest überzeugt, ein verantwortungsbewußter und fürsorglicher Vorgesetzter zu sein. Um so schockierter war er, als ein neues System zur Beurteilung von Vorgesetzten eingeführt wurde. Obwohl einige Mitarbeiter seinen Führungsstil positiv bewerteten, reichten die Beschwerden der anderen von »Er sieht mir dauernd über die Schulter«, »Er scheint mir nicht zuzutrauen, daß ich es allein schaffe« bis hin zu »Er zeigt kaum Interesse für meine Arbeit; es scheint ihm egal zu sein, also ist es mir auch egal«. Wie sich herausstellte, war das tägliche Nachfragen für einige Gruppenmitglieder zuviel der Aufmerksamkeit und für andere zu wenig. Für diejenigen, die seine Besuche für zu häufig hielten, stand der Machtaspekt im Vordergrund: Er ist mein Vorgesetzter, er kontrolliert mich. Für diejenigen, die sie für zu selten hielten, stand der Bindungsaspekt im Vordergrund: Er bringt nicht genügend Interesse auf, um mehr Zeit zu opfern. Im Fall von Vince stellte sich heraus, daß diejenigen, die zur ersten Ansicht neigten, Männer waren, und diejenigen, die zur zweiten Ansicht neigten, Frauen.

Lob ist eine ganz besondere Form von Feedback. Obwohl ich von vielen Männern und Frauen gehört habe, daß sie von Frauen mehr Lob und Anerkennung erhalten hätten als von Männern, habe ich nie gehört, daß jemand ein Lob übelnahm. Viele Männer haben gesagt, es würde ihnen nichts ausmachen, kein Feedback zu bekommen. Wenn sie keine Rückmeldung erhielten, gingen sie davon aus, daß es nichts zu beanstanden gab. Aber wenn sie einen Chef hatten, der sie häufig lobte, empfanden sie es immer als angenehm. »Es ist ein Problem«, scherzte ein Mann, »weil es süchtig macht. Je mehr Lob du bekommst, desto mehr willst du haben!«

»Ich weiß nie, woran ich mit Ihnen bin«, beschwerte sich eine Frau bei ihrem Vorgesetzten. »Sie geben mir überhaupt keine Signale.« Diesen Vorwurf habe ich häufig von Frauen gehört, die für männliche Vorgesetzte arbeiteten. Aber ich habe ihn auch von Männern gehört, die für Frauen arbeiteten. Ich denke, es liegt nicht daran, daß Männer oder Frauen keine Signale aussenden, sondern daß sie unterschiedliche Signale aussenden, die von den Angehörigen des jeweils anderen Geschlechts leicht übersehen werden. Und es könnte auch damit zusammenhängen, daß viele Männer den Eindruck haben, Frauen würden ihnen nicht direkt genug sagen, wenn sie etwas falsch machen, und daß viele Frauen den Eindruck haben, Männer würden ihnen nicht direkt genug sagen, wenn sie etwas gut machen.

Danke für das Kompliment

Komplimente sind eine konventionalisierte Form des Lobs, und der Austausch von Komplimenten ist ein verbreitetes Ritual, vor allem unter Frauen. Nessa Wolfson und Janet Holmes haben Komplimente untersucht und sind beide zu dem Ergebnis gekommen, daß Frauen wesentlich mehr Komplimente machen als Männer, und sie machen sie häufiger gegenüber Frauen als gegenüber Männern. Ungleiche Erwartungen im Hinblick auf dieses Ritual erwiesen sich als Problem für eine Frau, die ich Deirdre nennen will.

Deirdre und ihr Kollege William hatten beide einen Vortrag bei einer nationalen Konferenz gehalten. Auf dem Rückweg in ihre Heimatstadt sagte Deirdre zu William: »Das war ein toller Vortrag!« »Danke«, entgegnete er. Dann fragte sie: »Und wie fandst du meinen?«, und er erzählte es ihr – in Form einer langen und ausführlichen Kritik. Deirdre war es zwar unbehaglich, seine Kritik anzuhören, aber sie sagte sich, daß er es nur gut meinte und daß sie sich ein Beispiel an seiner Ehrlichkeit nehmen sollte, wenn er sie um eine entsprechend kritische Einschätzung seiner Darbietung bitten würde. Tatsächlich waren ihr durchaus einige Punkte an seiner Präsentation aufgefallen, die man noch verbessern konnte. Leider erhielt sie keine Gelegenheit, ihre Ideen anzubringen, weil William sie nicht fragte. Irgendwie beschlich sie das unangenehme Gefühl, in eine unterlegene Position gedrängt worden zu sein. Sie hatte William nicht erzählt, was er hätte besser machen können, sondern ihm nur ein Kompliment gemacht und dadurch den Eindruck hinterlassen, daß seine Darbietung makellos gewe-

69

sen wäre. Irgendwie war sie in die Rolle des Neulings geraten, der den Ratschlag eines Experten brauchte. Das Schlimmste war, daß sie anscheinend nur sich selbst die Schuld dafür geben konnte, schließlich hatte sie ihn gefragt, was er von ihrem Vortrag hielt.

Aber hatte Deirdre William tatsächlich um eine Kritik gebeten? Als sie ihn fragte, was er von ihrem Vortrag hielt, erwartete sie keine Kritik, sondern ein Kompliment. Tatsächlich hatte sie mit ihrer Frage versucht, ein schiefgelaufenes Ritual zu retten. Deirdre hielt es für mehr oder weniger selbstverständlich, daß man irgend etwas Nettes sagt, wenn jemand einen Vortrag gehalten hat. Deshalb hatte sie William das Kompliment gemacht und erwartet, daß er mit einem entsprechenden Gegenkompliment reagieren würde. Als William keine Anstalten machte, das erwartete Kompliment zu äußern, wollte Deirdre es ihm durch eine direkte Frage entlocken. Aber William reagierte statt dessen mit einer Kritik, so daß sie dachte: »Oh, er spielt ›Wir wollen uns gegenseitig kritisieren‹ und nicht ›Wir wollen uns gegenseitig auf die Schulter klopfen‹.« Das Spiel »Wir wollen uns gegenseitig kritisieren« wäre ein weiteres symmetrisches Ritual, nicht das, was Deirdre vorgeschlagen hätte, aber eines, das sie bereit war mitzuspielen. Wenn sie gewußt hätte, daß William ihre Aufforderung wörtlich nehmen würde, ohne um eine entsprechende Gegenreaktion zu bitten, hätte sie ihm die Frage nie gestellt.

Man könnte leicht den Schluß ziehen, daß Deirdre unsicher war, gleichgültig ob man ihre Frage nun als Fischen nach Komplimenten oder als Einladung zur Kritik deutet. Aber sie hat einfach eine automatische Bemerkung gemacht und eines der vielen Gesprächsrituale befolgt, die uns über den Tag helfen. Vielleicht hat William Deirdres Absicht ehrlich mißverstanden und die Frage wörtlich genommen, weil der Austausch von Komplimenten nicht zu den Ritualen gehört, die er regelmäßig ausführt. Vielleicht hat er auch auf der Lauer gelegen und bewußt nach einer Möglichkeit gesucht, Deirdre in die Rolle der Unterlegenen zu bringen. Aber sogar wenn letzteres zuträfe – es war Deirdres Versuch, einen Austausch von Komplimenten auszulösen, der ihm die Gelegenheit gab, seine Kritik loszulassen.

Dieser Austausch hätte zwischen zwei Männern oder zwei Frauen stattfinden können, und doch scheint es kein Zufall, daß er sich zwischen einem Mann und einer Frau ereignete. Zum einen gleicht das Muster des Komplimentemachens dem des Entschuldigens, wie die Linguistin Janet Holmes feststellte: Frauen neigen stärker dazu als Männer, vor allem gegenüber anderen Frauen. Außerdem ist es viel unwahrscheinlicher, daß ein Mann – aus welchem Grund auch immer – die Frage stellt: »Wie fandst du meinen Vortrag?«, weil er die Möglichkeit einer unerwünschten Kritik eher einkalkuliert. Männer sind viel mehr auf der Hut vor möglichen Herabsetzungen, weil sie in ganz anderen Sozialstrukturen aufwachsen als Frauen. Weil Jungengruppen offener hierarchisch strukturiert sind als Mädchengruppen, und weil das Leben eines Jungen mit niedrigem Status ziemlich unerfreulich sein kann, lernen viele Männer die unterlegene Position zu vermeiden und entwickeln Strategien, die ihnen die überlegene Position sichern. Im Gegensatz dazu haben viele Frauen als Mädchen die Erfahrung gemacht, daß zwischenmenschliche Beziehungen den Anschein von Gleichheit bewahren sollten und niemand zu offenkundig nach der überlegenen Position streben sollte. Das heißt, Frauen haben viel seltener gelernt, Sprechweisen zu vermeiden, die einer anderen Person Gelegenheit geben, sich als überlegen aufzuspielen. Sie haben im Gegenteil viele Rituale gelernt, bei denen sie sich freiwillig eine Stufe tiefer stellen, aber darauf vertrauen, daß die andere Person das Ritual abrunden und sie wieder zu sich heraufholen wird.

Vor diesem Hintergrund wird verständlich, warum es für William sehr reizvoll gewesen sein könnte, Deirdre ihre Fehler unter die Nase zu reiben. Ihm hat es vermutlich großen Spaß gemacht, die Rolle des Kritikers zu spielen, weil es ihn als sachverständigen Experten positionierte, der wie ein Lehrer oder Ausbilder Tips an seinen Schüler oder Lehrling weitergibt. Tatsächlich fühlte William sich so wohl in dieser Rolle, daß er Deirdre nach der nächsten Vortragskonferenz sogar ein Kompliment machte – weil sie seine Ratschläge so gut befolgt hatte. »Das war schon viel besser«, versicherte er beruhigend.

Dieses Beispiel zeigt auch, wie die charakteristischen Sprechweisen von Männern und Frauen, auch wenn sie in sich gleich logisch und wertvoll sind, Frauen bei Gesprächen mit Männern häufig benachteiligen. Wenn eine Person eifrig bemüht ist, den Anschein von Gleichheit und das Gesicht für den anderen zu wahren, während die andere Person eifrig bemüht ist, in der überlegenen Position zu bleiben, wird die Person, die die überlegene Stellung anstrebt, sie sehr wahrscheinlich bekommen und der anderen Person, die gar nicht versucht hat, die untergeordnete Position zu vermeiden, diese Stellung erfolgreich zuweisen. Die Tatsache, daß Frauen oft die Rolle der Ratsuchenden übernehmen (oder akzeptieren) verstärkt die Erwartung, daß Frauen diese Rolle übernehmen.

Klagen als Solidarität

Ein weiteres Gesprächsritual ist das »Problemgespräch«, das eine Form der »Beziehungssprache« (rapport talk) sein kann. Mit anderen Worten, man kann Gemeinsamkeit herstellen, indem man sich gegenseitig bedauert: Sie erzählen von einem Problem (das ist besonders gut, weil es zeigt, daß Sie ein »ganz normaler Mensch« sind, und nicht glauben, alles im Griff zu haben), und die andere Person erzählt von einem vergleichbaren eigenen Problem. (Diese Reaktion ist gut, weil dadurch der Anschein einer gleichrangigen Beziehung zwischen Ihnen beiden bewahrt bleibt.) Weil Problemgespräche unter Frauen verbreiteter sind als unter Männern, glauben viele Männer, daß sie eine Lösung anbieten sollen, wenn man ihnen von einem Problem erzählt. Eine Leserin schrieb mir von einem solchen Problemgespräch, das zwischen einem Mädchen und einem Jungen in einem Kindergarten stattfand:

MÄDCHEN: Hey Max, meine Puppe ist krank.
JUNGE: Tut mir leid. Ich mach keine kranken Puppen heil.
MÄDCHEN: Ich hab nicht gesagt, daß du sie heil machen sollst, ich hab's dir nur erzählt.

Eine andere Frau berichtete, daß die Sackgasse des Problemgesprächs eines der Ärgernisse im Umgang mit ihrem männlichen Kollegen sei. Ihr Beispiel zeigt auch, wie schwierig es ist, diese gewohnheitsmäßigen Muster zu ändern. Die Frau fing häufig an, von einer Situation zu erzählen, über die sie sich geärgert hatte, einfach um darüber zu reden, vielleicht um sie besser zu verstehen, auf jeden Fall, um eine belebende gegenseitige Klage-Session zu eröffnen. Aber ihr Kollege erklärte ihr immer nur, was sie tun könnte, um die Situation zu verbessern. Sie fühlte sich herablassend behandelt und ärgerte sich. Nachdem sie meine Ausführungen in *Du kannst mich einfach nicht verstehen* gelesen hatte, dachte sie: »Aha! So ist das also!« Sie zeigte ihrem Kollegen den Abschnitt über Problemgespräche und sagte: »Ich denke, das ist genau das, was bei uns passiert.« Er las den Abschnitt und war genauso beeindruckt. »Wirklich erstaunlich«, kommentierte er. »Sie hat recht. Das ist das Problem. Wie können wir es lösen?« Dann lachten sie beide, weil es schon wieder passiert war: Er kürzte die ausführliche Erörterung ihrer unterschiedlichen Sprechweisen ab und machte sich schnurstracks auf die Suche nach einer Lösung.

Wieder einmal kann das chancengleiche Fallout dieser Stilunterschiede ungleiche Konsequenzen für Männer und Frauen bei der Arbeit haben: Eine besondere Gefahr für Frauen, die sich auf Problemgespräche einlassen, besteht darin, daß ihre männlichen Kollegen ihre Klagen wörtlich nehmen. Eine solche Frau gerät leicht in den Ruf einer chronischen Nörglerin mit negativer Einstellung. Wenn darüber hinaus die Problemerörterung die Schwierigkeiten größer erscheinen läßt als sie tatsächlich sind, hält man die Frau unter Umständen für unfähig, die bei der Arbeit auftretenden Probleme zu lösen.

»Was ist so witzig?«

Ein Mann rief bei einer Talk-Show an und sagte: »Ich habe in meinem Leben zweimal unter einer Frau gearbeitet, und keine hatte Sinn für Humor. Wissen Sie, wenn man mit Männern zusammenarbeitet, macht jeder mal 'nen Scherz und flachst herum.« Die Moderatorin und ihr Gast (ebenfalls eine Frau) nahmen die Aussage für bare Münze und unterstellten, daß die Frauen, für die dieser Mann gearbeitet hatte, tatsächlich keinen Sinn für Humor hatten. Die eingeladene Frau meinte: »Ist es nicht traurig, daß Frauen nicht so ungezwungen mit Autorität umgehen können, um das Komische daran zu sehen?« Die Moderatorin entgegnete: »Wenn mehr Frauen in Führungspositionen aufsteigen, lernen sie vielleicht, besser mit dieser Macht umzugehen.« Es kann natürlich sein, daß die beiden Frauen, für die dieser Mann gearbeitet hat, sich selbst zu wichtig nahmen und wirklich humorlos waren, aber es könnte genausogut sein, daß sie durchaus einen Sinn für Humor hatten, vielleicht sogar einen ganz wundervollen, aber daß sich ihr Humor anders äußerte, als der Mann es gewöhnt war. Vielleicht glichen sie der Frau, die mir geschrieben hatte: »Wenn ich mit Männern zusammen bin, scheint mein Witz oder meine Schlagfertigkeit unpassend (oder vergeudet!), also laß ich's. Aber wenn ich mit meinen Freundinnen zusammen bin, reißen wir einen Witz nach dem anderen, und alle finden mich hinreißend komisch.«

Männer und Frauen bevorzugen häufig eine unterschiedliche Art von Humor. Untersuchungen belegen, daß Männer ihren Humor am häufigsten zum Ausdruck bringen, indem sie sich gegenseitig aufziehen, hänseln oder scherzhaft angreifen. Im Gegensatz dazu ist die häufigste Form von Humor bei Frauen, daß sie sich über sich selbst lustig machen. Frauen halten die scherzhaften Grobheiten von Männern häufig für einen Ausdruck echter Feindseligkeit, und Männer glauben häufig, daß Frauen sich tatsächlich kleinmachen, wenn sie sich scherzhaft selbst herabsetzen. Sowohl Männer als auch Frauen neigen dazu, über den typischen Humor der anderen Seite zu spotten.

Eine Frau berichtete mir, sie werde ernster genommen, wenn sie Witze mit den Männern mache – insbesondere zweideutige Witze. Von anderen Frauen habe ich zwar gehört, daß sie bessere Ergebnisse erzielen, wenn sie sich solchen Unterhaltungen nicht anschließen (vor allem wenn es ihnen im Grunde widerstrebt), aber die Soziolinguistin Keller Magenau berichtet in ihrer Studie über eine Versicherungsgesellschaft von einem Gespräch, das dieser Beschreibung offenbar entspricht. Karie, die Frau, die ihre Gespräche für Magenau aufzeichnete, war mit drei Männern zwischen Ende Zwanzig und Anfang Dreißig zum Essen gegangen: mit Lane, der in ihrer Abteilung arbeitete, und zwei Freunden von ihm. Karie war Mitte Fünfzig und alt genug, um ihre Mutter zu sein. Da sie ihre Gespräche für Magenau aufzeichnete, hatte sie ein Mikrophon ans Revers ihrer Jacke gesteckt. Als sie mit den jungen Männern vom Restaurant zum Auto ging, meinte einer, daß die

Reichweite des Mikrophons wahrscheinlich nicht ausreichen würde, um ihre Stimmen einzufangen. Lane witzelte: »Da entgeht ihm was. Ab jetzt sprechen alle direkt in Karies Brust.« Alles lachte. Die allgemeine Heiterkeit erhöhte sich noch, als Karie konterte und vorschlug, in »die linke« zu sprechen.

Karie hatte diesen sexuell-gefärbten Humor nicht angeregt, aber sie arrangierte sich damit. Sie erhöhte sogar den Einsatz der versteckten Andeutungen: Wenn Lane das Wort »Brust« benutzte, um auf »Brüste« anzuspielen, machte Karie den Zusammenhang durch ihre Anspielung auf »die linke« noch deutlicher. Magenau erklärt, daß solche anzüglichen Witze eigentlich nicht Karies Naturell entsprachen, aber sie hatte sich gefreut, daß sie mithalten konnte, wahrscheinlich weil es ihr das Gefühl gab, sich gut in die Männergruppe einzufügen.

In vielen Fällen, in denen eine Frau berichtete, sie habe sich gut bei ihren männlichen Kollegen »eingefügt«, beteiligte sie sich an dieser Art Humor. Die Soziolinguistin Keli Yerian zeichnete die Gespräche einer Frau auf, die sie Maven nannte und die in einer Regierungsbehörde arbeitete. Maven erzählte Yerian, daß sie mit den Männern in ihrem Büro besser zurechtkomme als mit den Frauen. Nachdem Yerian die Gesprächsmitschnitte ausgewertet hatte, kam sie zu dem Schluß, daß Mavens Art von Humor offenbar besser zu dem der Männer paßte und ihr eine gute Möglichkeit gab, beim Geflachse der Männer mitzumachen.

Während einer Besprechung, an der außer Maven zwei Männer und eine andere Frau teilnahmen, fingen die Männer an, von ihren Football-Erlebnissen aus der Collegezeit zu erzählen. Die andere Frau sagte während dieses Gesprächsabschnitts nichts, aber Maven versuchte, sich zu beteiligen. Ihre ersten Versuche, etwas über ihre eigenen Collegeerlebnisse zu berichten, wurden ignoriert, aber als sie mit einer scherzhaften Beleidigung herauskam, reagierten die Männer mit wohlwollender Herzlichkeit:

KEVIN: Ich habe als Rechtsaußen, als Halfback angefangen. Hab zuerst – Texas gespielt. Ich hab in all diesen /?/ in all diesen Mannschaften gespielt. Das ist eben eine lange – eine andere / ?/

JOE: Tja, du – du hast viel gespielt. Aber eins kann ich euch sagen /?/

75

MAVEN: An *meinem* College haben die Footballspieler im Hauptfach »Urlaute« studiert.
KEVIN: Ohh, ich *wußte*, daß du das sagst.
JOE: Oh, Maven!

Durch ihre scherzhafte Anspielung auf die geringe Intelligenz von Footballspielern konnte Maven sich in das Gespräch der Männer einklinken, die ihre Zuneigung durch eine gespielte Entnervtheit zum Ausdruck brachten.

In einer Fabrik, die ich im Rahmen meiner Untersuchung kennenlernte, gab es eine Frau, von der alle schwärmten. Alle Mitarbeiter, ob Untergebene, Kollegen oder Vorgesetzte, sprachen nur in begeisterten Superlativen von Gayle. In den Tonbandaufzeichnungen und Transkripten von den Konferenzen und Gesprächen, an denen Gayle teilnahm, kam die Zuneigung, die ihre männlichen Kollegen für sie empfanden, unter anderem darin zum Ausdruck, daß sie sie neckten, wie im folgenden Beispiel.

Den Rahmen bildete eine Routinebesprechung der Fabrikleitung. Gayle, die als Leiterin der Computerabteilung für die Lagerbestandskontrolle zuständig war, hatte darauf hingewiesen, daß es immer wieder zu Terminengpässen in der Produktion kam. Sie schlug vor, die Bestände früher im Monat aufzufüllen, aber der Produktionsleiter Harry bestand darauf, daß er die Lagerbestände auf einem Minimum halten müßte, damit die Fabrik nicht mehr produzierte, als sie verkaufen konnte. Der Betriebsleiter, Paul, wies darauf hin, daß ein weiteres Problem bei der knappen Terminplanung sei, daß man keine Zeit hätte, Fehler zu korrigieren. Dann drohte er Gayle scherzhaft, sie zu feuern. Tatsächlich war Gayle vor kurzem befördert worden und sollte demnächst einen neuen Posten in einem Ort namens Valen übernehmen, und beide spielten auf diesen Umstand an:

PAUL: Worauf es hinausläuft ist – es läuft tatsächlich darauf hinaus, daß man alles beim ersten Mal richtig machen muß – weil man – man muß praktisch alles auf die letzte Minute machen, und das erfordert wirklich nahezu fehlerfreie Arbeit.
HARRY: So ist es.
SAM: Mann, das hab ich irgendwie schon mal gehört. [lacht]
PAUL: Entweder das, oder man muß die lästige Leiterin der Com-

76

puterabteilung loswerden, damit sie den Kram nicht mehr
nachzählt. [Gayle und einige Männer lachen]. Schickt sie in die
Wüste – schickt sie nach Valen oder so.
HARRY: Weiß du, da gibt's, da gibt's ein – –
GAYLE: Denkt daran, daß ich meinen Nachfolger einarbeite, be-
vor ich gehe.

Aus den Transkripten ebenso wie aus den Interviews mit allen
Beteiligten geht klar hervor, daß dieser herausfordernde Stil charakteristisch für Gayles Interaktion mit den männlichen Kollegen
in der Fabrik war, und daß sie genauso viel Spaß daran hatte wie
die Männer.
Dieselbe Art Humor, die einer Frau die Möglichkeit geben
kann, sich in eine Männergruppe einzufügen, kann unter Umständen ihr Verhältnis zu Frauen beeinträchtigen. Das war bei Gayle
nicht der Fall, aber es könnte auf Maven zutreffen, die Frau in
Yerians Studie, die das Gefühl hatte, mit Männern besser klarzu-
kommen als mit Frauen. Es spielte zweifellos eine Rolle bei dem
folgenden abschließenden Beispiel, das ebenfalls aus Yerians Studie über den Humor bei der Arbeit stammt. Das Gespräch wurde
nicht auf Band aufgenommen, sondern stützt sich auf die Aussage
einer Lehrerin, die Yerian davon berichtete. Die Lehrerin war gemeinsam mit sieben anderen Lehrern (überwiegend Frauen), einer
Gruppe von Schulleitern, dem örtlichen Schulinspektor (Dwight)
und seinem Stellvertreter (Eric) zu einer nationalen Tagung gefahren. Die Lehrerin hatte ein gutes Verhältnis zu den Verwaltungsbeamten, kannte aber die anderen Teilnehmer nicht. Auf der Tagung ärgerte sie sich, daß die Verwaltungsbeamten immer einen
Vorwand fanden, um langweilige Seminare vorzeitig zu verlassen,
während die Lehrer sich verpflichtet fühlten, bis zum Schluß aus-
zuharren und Notizen zu machen, egal wie nutzlos das Seminar
war. An einem Abend, als die Gruppe sich an der Bar des Ta-
gungshotels traf, fragte Eric sie, wie eines dieser langweiligen Seminare zu Ende gegangen sei. Sie entgegnete: »Sobald Sie weg
waren, wurde es richtig gut.« Die Reaktion, die sie darauf bekam,
schilderte sie folgendermaßen:

Ich erinnere mich, daß Dwight und Eric schallend lachten; die
anderen Männer lachten auch, aber nicht so laut, und die

Frauen fast gar nicht. ...Ich wußte, daß Eric und Dwight diesen »aggressiven« Humor einer Lehrerin gegenüber einem stellvertretenden Schulinspektor nicht übelnehmen würden. ...Trotzdem trieb die Äußerung sofort einen Keil in die Gruppe... Die Frauen redeten hinterher kaum noch ein Wort mit mir, ich fühlte mich wie eine Fremde unter ihnen.

Dieselbe Art von Humor – eine scherzhafte Beleidigung – die den Männern gefiel, befremdete die Frauen. Zweifellos trug auch die Tatsache, daß die Frau sich durch diesen Humor der Gruppe der Verwaltungsbeamten anschloß, dazu bei, sie von den anderen Lehrerinnen zu trennen.

»Wie ist es richtig?«

Eine Frau, der vorgehalten wird »Hör auf, dich zu entschuldigen«, wird nur selten erwidern: »Es ist bloß ein Ritual; du solltest öfter ›Tut mir leid‹ sagen. Es würde dich sympathischer machen.« Sie wird eher sagen (oder denken): »Was ist falsch mit mir? Warum entschuldige ich mich dauernd?« Unser Verständnis von Sprache läßt uns eher nach der wörtlichen als nach der rituellen Bedeutung von Worten suchen. Und viele Menschen neigen auch dazu, nach individuellen psychologischen Problemen zu forschen, um Sprechweisen zu erklären. Es ist leicht, jemandem Schuldgefühle zu machen, der etwas Indirektes gesagt hat: »Warum tue ich das? Was ist falsch mit mir?« Aber wenige Menschen hinterfragen ihre Sprechweise, wenn sie mit jemandem reden, der ihre Gesprächsrituale teilt. Wir ziehen unsere Rituale nur in Zweifel, wenn sie mißlingen.

Ich habe in diesem Kapitel einige (keineswegs alle) Gesprächsrituale beschrieben, die sich von Mensch zu Mensch unterscheiden können. Viele Leser werden sich fragen: »Welche Methode ist die beste?« Es gibt keine beste Methode. Jeder Sprechstil wird in einigen Situationen gut funktionieren, wenn man mit Menschen redet, die diesen Stil teilen. Meistens sind Stilunterschiede schuld an Mißverständnissen. (Das soll nicht heißen, daß es bei einem übereinstimmenden Gesprächsstil nie zu Mißverständnissen oder anderen Spannungen kommen kann. Unstimmigkeiten können eine Folge von bösen Absichten oder Interessenkonflikten sein, und alle Sprechweisen haben eingebaute Nachteile, die in einigen Situationen zu Problemen führen können.) Aber jeder Stil wird gelegentlich scheitern, wenn man mit Menschen spricht, die ihn nicht verstehen oder teilen, genauso wie Ihre Sprache Ihnen wenig nützt, wenn Sie mit jemandem sprechen, der diese Sprache nicht beherrscht. Das heißt nicht, daß Sie plötzlich eine schlechte Sprache sprechen; Sie werden Ihre Ideen immer noch gut damit zum Ausdruck bringen können. Aber wenn Sie nicht nur am Ausdruck Ihrer eigenen Persönlichkeit interessiert sind, sondern auch an der Kommunikation – wenn Sie möchten, daß andere verstehen, was Sie sagen – dann ist es nicht genug, wenn die Sprache richtig ist, sie muß auch geteilt – oder zumindest verstanden werden.

3. »Warum sagst du nicht, was du meinst?«: Indirektheit bei der Arbeit

Eine Universitätsrektorin erwartete den Besuch eines Kuratoriumsmitglieds. Als ihre Sekretärin anrief, um ihr mitzuteilen, daß der Mann eingetroffen sei, ging sie in den Empfangsbereich, um ihn zu begrüßen. Bevor sie den Gast in ihr Büro führte, übergab sie ihrer Sekretärin ein Blatt Papier und sagte: »Ich hab diesen Briefentwurf gerade fertig gemacht. Wäre es möglich, daß Sie ihn jetzt gleich tippen? Es wäre mir lieb, wenn der Brief noch vor Mittag rausgehen könnte. Und würden Sie mir bitte einen Gefallen tun und alle Anrufe zurückhalten, während ich mit Mr. Smith spreche?« Als sie die Tür ihres Büros hinter sich geschlossen hatte, erklärte ihr Mr. Smith als erstes, daß sie seiner Ansicht nach auf unangemessene Weise mit der Sekretärin gesprochen hätte. »Vergessen Sie nicht«, tadelte er. »*Sie* sind die Präsidentin!«

Abgesehen von der Frage, ob es ihm zustand, die Sprechweise der Rektorin zu rügen, ist aufschlußreich – und wie ich denke repräsentativ für die Haltung vieler Amerikaner – daß die indirekte Art, in der die Rektorin ihrer Sekretärin eine Anweisung erteilte, dem Besucher selbstabwertend erschien. Er schloß daraus, daß sie sich nicht traute, Forderungen an ihre Sekretärin zu stellen. Seine Worte waren wahrscheinlich als Aufmunterung gedacht, die ihr schwaches Selbstvertrauen stärken sollten.

Ich bestreite die These, daß eine indirekte Sprechweise ein Zeichen von Machtlosigkeit, mangelndem Selbstvertrauen oder irgendeiner anderen Charaktereigenschaft des Sprechers ist. Indirektheit ist ein Grundelement menschlicher Kommunikation. Sie ist auch eines der Elemente, das sich von Kultur zu Kultur am stärksten unterscheidet, und eines, das Verwirrung und Mißverständnisse auslösen kann, wenn die Sprecher unterschiedliche Gewohnheiten im Hinblick auf die Anwendung haben. Ich möchte die Annahme entkräften, daß Frauen im allgemeinen stärker zur Indirektheit neigen als Männer. Frauen und Männer sind beide indirekt, aber zusätzlich zu den Unterschieden, die sich aus der – regionalen, ethnischen und schichtspezifischen – Herkunft ergeben, äußert sich diese Indirektheit häufig in unterschiedlichen Situationen und auf unterschiedliche Art.

Indirektheit ist keine Unsicherheit

Bei der Arbeit müssen wir andere dazu bewegen, bestimmte Dinge zu erledigen. Unterschiedliche Menschen haben unterschiedliche Methoden, um dieses Ziel zu erreichen, und sie variieren ihre individuellen Methoden, je nachdem mit wem sie sprechen – mit einem Vorgesetzten, einem Gleichgestellten oder einem Untergebenen. Auf der einen Seite des Extrems stehen knappe Befehle. Im Laufe einer Konferenz, die für mich aufgezeichnet wurde, gab ein Manager namens Mark in etwa fünf Stunden 25 Anweisungen, von denen nur vier durch merkliche Indirektheit abgemildert waren. Als er zum Beispiel einen Vorschlag für eine andere Formulierung machte, sagte er zu einem Untergebenen: »... wenn Sie Herrn Soundso meinen, müssen Sie es sagen. Es – sonst ist es unklar.« Am anderen Ende des Extrems stehen Aufforderungen, die so indirekt sind, daß sie überhaupt nicht wie Aufforderungen klingen, sondern wie ein subjektiver Wunsch oder eine allgemeine Situationsbeschreibung. Eine weitere Managerin, deren Gespräche aufgezeichnet wurden, neigte dazu, Anweisungen in dieser abgemilderten Form zu erteilen. Im folgenden Beispiel sprach Kristin mit einem Untergebenen, Charles, über den Entwurf eines Berichts, den er für Direktor Miller geschrieben hatte und in dem es um die Verkaufserlöse der Firma in einem ausländischen Land ging. Es wird klar, daß Kristin der Ansicht war, Charles sollte den Umrechnungskurs für die fremde Währung in Dollar in den Bericht mit aufnehmen. Aber sie mußte ihren Vorschlag mehrmals wiederholen und dabei immer direkter werden, weil Charles die Änderung entweder nicht vornehmen wollte oder ihren indirekten Vorschlag nicht verstand:

KRISTIN: Und das wären dann 2,5 pro FFB [ausländische Währung].

CHARLES: 2,5 pro FFC, richtig.

KRISTIN: Pro FFB… FFC, genau [lacht]. Entschuldige [lacht].

CHARLES: Das sind dann nach gegenwärtigem Dollarkurs…

KRISTIN: Okay. Es wäre vielleicht nützlich – ich bin nicht sicher, ob das deutlich wird.

CHARLES: Tja, also, wie ich – also ich fand – ich hätte gern ein Arsenal [Kristin: Klar.]. Oder na ja, eine Art Kollektion [Kristin: Klar.], von der wir die Dinge dann auswählen könnten.

KRISTIN: Ein Arsenal wäre gut. Auf jeden Fall, ja. Mach das.

CHARLES: Okay.

KRISTIN: Vielleicht könntest du auch noch – ich meine – weiß er, weiß Miller, daß zwölf Dollar pro Einheit dasselbe sind wie zwanzig FFC?

CHARLES: Hm, eigentlich sind es fünfzehn Dollar, es entspricht eher der Zahl, die wir vorhin genannt haben. Hm, es sind fünfzehn, hier sind es fünfzehneinhalb. [Kristin: Ach so, okay.] Fünfzehn oder sechzehn, je nachdem, von was man ausgeht. Entweder von der obersten oder der untersten Grenze. Es sind fünfzehn Dollar pro Einheit [Kristin: Okay] ohne Steuer, was umgerechnet noch mal fünf Dollar ausmacht.

KRISTIN: Weißt du – du könntest es in Klammern setzen, weißt du – genau – du könntest die Dollar pro Einheit angeben und dann in Klammern den Umrechnungskurs pro FFC.

CHARLES: In Ordnung.

KRISTIN: Einfach für / ? / für Leute wie mich, die nicht so schnell mit dem Umrechnen sind [lacht]. Das wäre gut.

Das erste Mal versuchte Kristin, Charles dazu zu bewegen, den Umrechnungskurs für die fremde Währung in Dollar einzufügen, als sie meinte: »Es wäre vielleicht nützlich – ich bin nicht sicher, ob das deutlich wird.« Anscheinend wollte sie ursprünglich sagen: »Es wäre vielleicht nützlich, den Umrechnungskurs einzufügen«, brach aber in der Mitte des Satzes ab und beendete ihn mit einer allgemeinen Aussage: »Ich bin nicht sicher, ob das deutlich wird.« Charles reagierte nicht auf ihren Vorschlag, also nahm sie einen zweiten Anlauf: »Vielleicht könntest du auch noch – ich meine – weiß er, weiß Miller, daß zwölf Dollar pro Einheit dasselbe sind wie zwanzig FFC?« Wieder wollte sie offenbar eigentlich sagen: »Vielleicht könntest du auch noch den Umrechnungskurs einfügen«, unterbrach sich aber selbst und formulierte den Vorschlag indirekter, indem sie fragte, ob der Direktor mit dem Umrechnungskurs vertraut sein würde. Sie nahm anscheinend an, daß Charles dies bezweifeln und daher die Informationen liefern würde. Aber Charles ignorierte die Frage und redete weiter über den Umrechnungskurs, ohne darauf einzugehen, ob man ihn in den Bericht aufnehmen sollte oder nicht. Erst dann sagte Kristin konkret, daß er es tun sollte. Aber sogar da milderte sie ihre Anweisung ab: Sie sagte »Du könntest es in Klammern setzen« und nicht »Setz es in Klammern« und schwächte den Vorschlag durch »weißt du« weiter ab. Dann fügte sie als abschließenden Weichmacher eine Begründung hinzu, mit der sie sich selbst herabsetzte: »Nur für /?/ für Leute wie mich, die nicht so schnell mit dem Umrechnen sind«, obwohl sie es genausogut auf den Direktor hätte schieben können. (»Nur für den Fall, daß Miller nicht so fix umrechnen kann.«) Und sie schloß ihre Aufforderung mit einem entschuldigenden Lachen ab.

Auffällig ist auch, daß Kristin häufig Bestätigungen wie »klar« und »okay« einstreute, obwohl Charles nicht auf das Thema einging, das sie angesprochen hatte. Und sie ratifizierte seine (militärische) Metapher des »Arsenals«, indem sie den Begriff zustimmend wiederholte, bevor sie das Gespräch wieder auf ihr eigentliches Anliegen hinsteuerte. Und Kristin lachte sehr häufig im Gespräch – nicht laut, wie über einen Witz, sondern leise und gutmütig, so als wollte sie ihren guten Willen und ihre fehlende Animosität zeigen. Charles stimmte in dieses Lachen nicht mit ein; er ließ sie allein lachen.

Dieses ganze verbale Verhalten gab Kristins Stil eine »sanfte Note« (ein Ausdruck, den mehrere ihrer Kollegen benutzten, um Kristin zu beschreiben). Das Charakteristische an ihrem Stil war die indirekte Art, in der sie Charles sagte, was er tun sollte.

Einige Leute werden Marks direkte Befehle angemessener finden; andere werden sie für barsch und unfreundlich halten. Manche werden Kristins indirekte Anweisungen sympathisch finden; andere würden sich davon irritiert fühlen. Eine Frau erzählte mir, wie sehr sie es zu schätzen wüßte, daß ihre Chefin häufig Dinge sagte wie: »Ich habe ein Problem. Ich muß diesen Bericht unbe-

dingt fertigkriegen, aber ich schaffe es nicht. Was soll ich machen?«
Das lief normalerweise darauf hinaus, daß die Angestellte sich anbot, den Bericht zu schreiben, um ihrer Chefin auszuhelfen. Diese
Frau fand es angenehmer, daß sie die Möglichkeit erhielt, sich freiwillig zu melden, statt direkte Anweisungen oder gar Befehle zu
erhalten. Aber wer direkte Aufforderungen erwartet, würde diese
Indirektheit vielleicht eher übelnehmen als schätzen.

Leute, die anderen direkt sagen, was sie tun sollen, empfinden
indirekte Anweisungen als manipulierend – sofern sie die Anweisung überhaupt als solche verstehen. Aber der Vorwurf der »Manipulation« verdeckt häufig nur unser Unbehagen mit einem anderen
Stil. Die Vorgesetzte, die ihrer Mitarbeiterin die Möglichkeit gibt,
sich freiwillig für den Bericht anzubieten, verhält sich nicht mani-
pulierender als jemand, der am Telefon fragt: »Ist Rachel da?« und
erwartet, daß wer immer den Anruf entgegennimmt, Rachel an den
Apparat holen wird. Nur ein Kind wird möglicherweise mit »Ja«
antworten und den Hörer in der Hand behalten – nicht aus Sturheit,
sondern weil es die konventionelle Bedeutung der Frage noch nicht
kennt. (Ein boshafter Erwachsener tut es vielleicht, um den Anrufer zu ärgern.) Wer indirekte Befehle für unlogisch oder manipulierend hält, übersieht den konventionellen Charakter von indirekten
Anweisungen.

Indirektheit kann ein Ausdruck von Macht sein

Einige Leser haben vielleicht bemerkt, daß es in diesem Fall ein
Mann war, der zu knappen Befehlen neigte, und eine Frau, die zu
indirekten Anweisungen neigte. Aber nicht alle Führungskräfte,
deren Gespräche ich in den verschiedensten Betrieben im ganzen
Land analysiert habe, entsprachen diesem geschlechtsspezifischen
Muster. Ein männlicher Manager, Sid, milderte seine Anweisungen grundsätzlich ab. Er sagte seiner Sekretärin für gewöhnlich,
was sie tun sollte, indem er unterstellte, daß sie bereits selbst daran
gedacht hätte. Als Sid und seine Sekretärin Rita beispielsweise
über einen bevorstehenden Besuch von mehreren hochkarätigen
Managern der Bezirksleitung sprachen, sagte er:

SID: Ach, und was ich Sie noch fragen wollte. Wenn ich die Leute Sonntag treffe, dann kann ich ihnen die Einladung für die Veranstaltung am Sonntagabend und auch das Programm für den nächsten Tag übergeben? Eigentlich ein Programm für die ganze Woche, richtig?

RITA: Ja, das können – das können wir machen.

SID: Damit – dann können sie an dem Abend schon vorausplanen; sie können das Programm durchgehen und sehen, was für den nächsten Tag auf dem Plan steht, und wir überfallen sie nicht erst Montagmorgen damit.

RITA: Das ist eine gute Idee. Ich werd äh-

SID: Und, ähm, wenn man es für jeden in einen Umschlag oder so was stecken könnte; ich überreiche ihnen dann gleich mit der Einladung das Programm, aus dem sie entnehmen können, was nicht nur Montag, sondern Dienstag und Mittwoch auf dem Plan steht; dann haben sie eine genaue Aufstellung für die drei Tage.

. . .

RITA: Das ist eine sehr gute Idee. Schön, wir werden dafür sorgen, daß Sie ihnen ein volles Programm bieten können.

SID: Okay. In Ordnung, ja, das ist eine gute Idee.

Sid hat Rita kein einziges Mal direkt aufgefordert, ein Programm für die Besuchswoche zusammenzustellen, das am Sonntagabend, wenn die Besucher eintreffen würden, fertig in einem Umschlag vorliegen sollte. Er redete so, als ob er annähme, daß sie es fertig haben würde (»dann kann ich ihnen die Einladung für die Veranstaltung am Sonntagabend und auch das Programm für den nächsten Tag übergeben?«). Aber aus Ritas Antworten geht klar hervor, daß sie zum ersten Mal von dieser Idee hörte und sie als Anweisung verstand, der sie nachkommen würde (»Ja, das können – das können wir machen.«) Sid bat sie auch indirekt, die Unterlagen in ein Kuvert zu stecken, indem er das Wort »wenn« benutzte (»wenn man es für jeden in einen Umschlag oder so was stecken könnte«).

Sids indirekte Sprechweise gegenüber seiner Sekretärin wirkt höflich, obwohl er sich abschließend nicht bedankt. Tatsächlich sagte Sid in den von mir analysierten Gesprächen, die im Laufe einer Woche aufgezeichnet wurden, fast niemals »danke«. Anfangs wunderte mich das, aber dann wurde mir klar, daß es zu seinen indirekten Anweisungen paßte, weil es den Eindruck aufrechterhielt, daß Rita diese Dinge ohnehin erledigen würde. »Danke« zu sagen, würde implizieren, daß sie gerade zugestimmt hatte, etwas für ihn zu tun, während seine Sprechweise diesen Eindruck vermied.

Dieses und viele weitere Beispiele von Sids Sprechweise widerlegen die allgemeine Ansicht, daß es ein Zeichen von Machtlosigkeit und mangelnder Sicherheit sei, wenn jemand Anweisungen indirekt, auf höfliche Weise, erteilt. Sid sprach immer auf diese Art, wenn er seiner Sekretärin oder anderen Untergebenen (alles Frauen) einen Auftrag erteilte. (Er war direkter, obwohl er trotzdem noch viele abmildernde Strategien benutzte, wenn er mit den – ausschließlich männlichen – Managern sprach.) Und doch weckte nichts an Sid den Eindruck von Machtlosigkeit oder mangelnder Selbstsicherheit. Das bringt uns zu der Erkenntnis, daß das indirekte Erteilen von Befehlen ein Vorrecht der Mächtigeren sein könte.

Stellen Sie sich zum Beispiel einen Hausherrn vor, der sagt »Es ist kalt hier drin« und erwartet, daß sein Dienstbote unverzüglich das Fenster zu schließt, während ein Dienstbote, der dieselbe Bemerkung macht, kaum damit rechnen kann, daß sein Arbeitgeber sich erhebt, um die Situation zu verbessern und sein Wohlbefinden zu erhöhen. Tatsächlich weiß ich von einem Franzosen, der in der Bretagne aufwuchs, daß seine Familie nie offene Befehle an die Dienerschaft gab, sondern Anweisungen stets in indirekter und ausgesprochen höflicher Weise äußerte. Dieses Muster läßt die Entdeckung von David Bellinger und Jean Berko Gleason weniger überraschend erscheinen; sie stellten fest, daß Väter häufiger als Mütter sowohl direkte Befehle wie »Dreh den Bolzen mit dem Schraubenschlüssel« als auch indirekte Befehle wie »Gleich fällt das Rad ab« gaben, wenn sie mit ihren kleinen Kindern sprachen.

Der Gebrauch der Indirektheit ist ohne interkulturelle Perspektive nur schwer verständlich. Viele Amerikaner setzen Direktheit automatisch mit Logik und Macht gleich, während sie Indirektheit mit Unehrlichkeit und Unterwürfigkeit verbinden. Aber für Sprecher aus den meisten anderen Kulturen sind verschiedene Variationen der Indirektheit die Norm in der Kommunikation. Der japanische Soziolinguist Kunihiko Harada entdeckte dieses Schema in einem Gespräch, das zwischen einem japanischen Vorgesetzten und einer Untergebenen stattfand.

In dem Gespräch, das Harada aufzeichnete und analysierte, war der überlegene Status klar gekennzeichnet. Ein Sprecher war ein Japaner Ende Vierzig, der die Niederlassung einer japanischen Privatschule in den USA leitete. Seine Gesprächspartnerin war eine Amerikanerin japanischer Abstammung Anfang zwanzig, die an der Schule arbeitete. Der Mann war aufgrund seiner Tätigkeit, seines Alters und weil die unterrichtete Sprache seine Muttersprache war, in der überlegenen Position. Aber als er mit der Frau sprach, benutzte er vorwiegend höfliche und fast ausschließlich indirekte Formulierungen. Zum Beispiel hatte er vergeblich versucht, ein Fotogeschäft zu finden, das einen Schwarzweißabzug von einem Farbnegativ machen wollte. Das Bild wurde für eine Broschüre benötigt, die die Schule herausgeben wollte. Der Mann ließ seine Mitarbeiterin wissen, daß sie die Aufgabe übernehmen sollte, indem er die Situation beschrieb und ihr Gelegenheit gab, ihre Dienste anzubieten. (Das Gespräch fand in Japanisch statt, es handelt sich also um eine Übersetzung).

Wegen dieser Sache, die – die – wegen der Broschüre? Dieses Foto, ich möchte es gern in schwarzweiß, damit es klarer wird. … Ich war in einem Fotoladen und habe gefragt. Sie meinten, sie würden keine Schwarzweißbilder machen. Ich fragte, ob sie jemanden wüßten, der es machen könnte. Sie wußten niemanden. Sie waren nicht sehr hilfsbereit, aber wie auch immer – man muß jemanden ausfindig machen, das Negativ hinbringen und das Bild entwickeln lassen.

Harada schreibt: »In Anbetracht der Tatsache, daß einige Pflichten zu erfüllen und zwei Parteien anwesend sind, wird vom Untergebenen erwartet, daß er sich zur Übernahme dieser Verpflichtungen veranlaßt fühlt.« Weil der Vorgesetzte den höheren Status hatte, konnte er frei wählen, ob er formell oder informell sprechen wollte, ob er seine Macht demonstrieren oder sie herunterspielen wollte – eine Option, die der Untergebenen nicht offenstand, weil sie unverschämt gewirkt hätte, wenn sie durch ihre Sprechweise Wohlwollen und Nähe demonstriert hätte.

Genau dasselbe Muster entdeckte der chinesische Soziolinguist

Yuling Pan bei einer Personalbesprechung eines örtlichen Jugend-
zentrums. Alle Mitarbeiter sprachen auf eine Weise, die ihre Stellung in der Hierarchie widerspiegelte. Ein Untergebener, der
einen Vorgesetzten anredete, sprach immer in ehrerbietigem Ton,
aber ein Vorgesetzter, der einen Untergebenen ansprach, konnte
sich entweder autoritär geben und seine Macht herausstreichen
oder sich freundlich geben und Nähe schaffen. Diejenigen, die die
Macht hatten, konnten wählen, welchen Stil sie benutzen wollten.
Das erklärt auch, warum viele Leute, die lieber indirekte Anweisungen erhalten (höfliche Anweisungen in ihren Augen, aber was
als höflich gilt, variiert je nach Gesprächsstil), die Ansicht äußerten, daß ein Mensch, der barsche Kommandos gebe, ziemlich unsicher sein müsse. Warum sollte er es sonst nötig haben, sein Ego
aufzupolstern und sich wichtig zu tun?

Ich denke nicht, daß Personen, die direkte Befehle geben, tatsächlich unsicher und machtlos sind, genausowenig wie ich
glaube, daß dieses Urteil auf jene zutrifft, die indirekte Anweisungen geben. Die einzige Schlußfolgerung, die man ziehen sollte, ist,
daß Sprechweisen keine eindeutigen Hinweise auf innerpsychi-
sche Zustände wie Unsicherheit oder mangelndes Selbstvertrauen
liefern. Was nicht heißt, daß niemand unsicher oder zu wenig
selbstbewußt ist. Es heißt nur, daß Menschen angesichts der vielen
Faktoren, die den Gesprächsstil beeinflussen, die unterschiedlichsten Methoden wählen, um ihre Ziele zu erreichen und ihre Ge-
mütsverfassung auszudrücken. Persönlichkeitsmerkmale wie Unsicherheit können nicht automatisch und selbstverständlich mit
bestimmten Sprechweisen gleichgesetzt werden.

»Jawohl, Sir!«

Wer erwartet, daß Anweisungen höflich erteilt werden, fühlt sich
durch schmucklose Befehle gekränkt. Eine Frau meinte, daß sie
immer das Gefühl hätte, sie müßte die Hacken zusammenschlagen, salutieren und »Jawohl, Chef!« brüllen, wenn ihr Vorgesetzter eine Anweisung erteilt. Seine herrischen Anordnungen grenzen für sie ans Militaristische. Aber ich habe einen Brief von einem

Mann erhalten, der mir berichtete, daß indirekte Befehle ein wesentlicher Bestandteil seiner militärischen Ausbildung waren.

Vor vielen Jahren, als ich in der Navy war, wurde ich zum Fernmeldetechniker ausgebildet. Ein Kurs, an dem ich teilnahm, wurde von einem Funkoffizier, einem regulären Navyangehörigen gehalten, der zur See gefahren war und schon eine lange Dienstzeit hinter sich hatte. Die etwa zwanzig Auszubildenden kamen frisch aus dem Rekrutenlager, hatten noch nie an Bord eines Kriegsschiffes gedient und hatten wenig Ahnung vom wirklichen Marineleben. Eines Tages sagte der Offizier, daß es heiß im Raum sei. Die Studenten reagierten nicht, nickten höchstens zustimmend. Der Offizier wiederholte sich: »Es ist heiß hier drin.« Wieder keine Reaktion von den Studenten.
Dann erklärte der Offizier, was er wollte. Er sei nicht an unserer Zustimmung oder einer Diskussion interessiert. Wenn er auf die Hitze anspiele, erwarte er, daß wir etwas dagegen unternähmen – – zum Beispiel das Fenster öffneten. Er versuchte es noch einmal, und dieses Mal sprangen wir alle von unseren Werkbänken auf und stürzten zum Fenster. Wir hatten etwas gelernt. Und wir bekamen viele Gelegenheiten, unser neu erworbenes Wissen anzuwenden.

Ich fand diesen Brief besonders faszinierend, weil »Es ist heiß hier drin« zu den Standardsätzen gehört, mit denen Linguisten erklären, wie man jemanden auf indirekte Weise zum Handeln veranlaßt – wie in dem Beispiel mit dem Dienstboten. In diesem Fall ist es gerade die Offensichtlichkeit und Strenge der militärischen Hierarchie, die dazu führt, daß das bloße Feststellen eines Problems ausreicht, um eine korrektive Handlung auf seiten des Untergebenen auszulösen.
Ein Mann, der im Pentagon gearbeitet hatte, bestätigte die Auffassung, daß beim Militär die Last der Interpretation beim Untergebenen liegt – ihm war der Unterschied aufgefallen, als er in die Privatwirtschaft wechselte. Er war frustriert, wenn er zum Beispiel zu seiner neuen Sekretärin sagte: »Haben wir eine Einladungsliste?« und zur Antwort bekam »Ich weiß nicht. Wahrscheinlich.« anstatt »Ich besorge Ihnen eine«. Im Pentagon, so

erklärte er, wäre die Frage als Tadel aufgefaßt worden, weil die Liste nicht längst auf dem Schreibtisch lag.

Was den ehemaligen Fernmeldetechniker zu dem Brief veranlaßt hatte, waren meine Ausführungen zu »Problemgesprächen«. Ich hatte den Ärger beschrieben, den viele Frauen empfinden, wenn sie über ein Problem oder eine Situation sprechen möchten und der männliche Gesprächspartner sofort eine Lösung anbietet, statt über das Problem zu diskutieren. Der Briefschreiber wies darauf hin, daß ein Mann, der mit einer Lösung auf das dargebotene Problem reagiere, ein indirektes System befolge. Die Frau fragt nicht: »Wie soll ich das Problem deiner Meinung nach lösen?« Und doch zieht der Mann den Schluß, daß sie eine Lösung erwartet, weil er unterstellt, daß sie sich nur die Mühe macht, von dem Problem zu erzählen, weil sie etwas von ihm will – nämlich eine Lösung. Der geschlechtsspezifische Unterschied hat nichts damit zu tun, ob man die Indirektheit richtig deutet, sondern ob man Indirektheit in einer bestimmten Situation erwartet oder nicht. Das Ritual, ein Problem von allen Seiten zu beleuchten, ist bei Frauen verbreiteter als bei Männern, und die fehlende Vertrautheit mit diesem Ritual läßt einige Männer nach einer indirekten Bedeutung suchen.

Es ist nur nicht so direkt, wie wir es gern hätten

Ein weiterer Leserbrief führt zu demselben Schluß. Er stammte von der Leiterin einer kleinen privaten Kunstgalerie, die auf die Hilfe von drei jungen Männern angewiesen war, um die Kunstwerke bei Ausstellungen richtig aufzubauen. Sie erklärte, wie sie gelernt hatte, mit diesen Männern zusammenzuarbeiten:

Wenn ich wirklich die Fassung verliere, ziehe ich mich einfach zurück, zerdrücke ganz allein ein paar Tränen, und gehe dann wieder zu ihnen, als ob nichts geschehen wäre. Mir ist klar geworden, daß sie mich dafür bewundern. Ich halte ihnen nie vor, daß sie mich zum Weinen gebracht haben, aber sie erkennen an, daß sie zu weit gegangen sind, und dann finden wir normalerweise einen zufriedenstellenden Kompromiß. Daß ich einen Streit nicht an die große Glocke hänge, finden sie fabelhaft – normalerweise reiten Frauen ziemlich lange darauf herum. Wir streiten, wir gehen wieder an die Arbeit, scherzen und freuen uns an der Zusammenarbeit. Ich habe gelernt, meine eigene Wut anzuerkennen – und die Tatsache, daß sie mich hinterher aufziehen, ist ein Zeichen dafür, daß sie es auch tun.

Es sind im Grunde sehr einfühlsame und liebenswürdige Männer – solange ich sie nicht dazu bewegen will, über ihre Gefühle zu *sprechen*. Wenn ich das versuche, werden sie richtiggehend ärgerlich. Also reden wir über *niemandes* Gefühle, aber wenn ich aufmerksam zuhöre, erzählen sie mir eine Menge Dinge über sich (und mich!). Sie widmen mir wirklich viel Aufmerksamkeit – sie reagieren sehr sensibel auf meine Stimmungen und passen auf meine Sicherheit auf. Aber wenn man sie sieht, würde man nicht denken, daß sie überhaupt wissen, daß ich existiere.

Ich glaube, Männer sind subtiler als Frauen, und ich weiß diesen Unterschied wirklich zu schätzen. Frauen sollten lernen, den Männern besser zuzuhören – denn sie sagen wirklich alles, nur nicht so direkt, wie wir es gern hätten.

Die Ausführungen dieser Frau sind in vieler Hinsicht aufschlußreich. Sie weiß, daß die Männer ihren Ärger bemerken und darauf reagieren, nicht weil sie es sagen, sondern weil sie sie necken – und damit indirekt eingestehen, daß sie zu weit gegangen sind, wenn sie sie zum Weinen gebracht haben. Sie hält die Männer für einfühlsam, auch wenn sie nicht offen aussprechen, daß ihnen etwas an ihr liegt, sondern es durch ihr Handeln zum Ausdruck bringen – indem sie Kompromisse schließen, den Stimmungen der Frau nachgeben und sich um ihre Sicherheit sorgen. Sie folgert, daß Männer einfach indirekter seien als Frauen. (Der Eindruck des »Subtilen« ist anscheinend der typische Eindruck, den ein unbekanntes Zeichensystem hervorruft; es wirkt subtil, weil die Bedeutung nicht offensichtlich ist.)

Die Vermutung, Männer seien indirekter als Frauen, wird sicherlich viele überraschen. Aber wir sind alle indirekt – wir alle meinen mehr, als wir mit unseren Worten ausdrücken, und interpretieren mehr in die Worte anderer hinein, als sie tatsächlich sagen. Die Frage ist, wo, wann und wie jeder von uns zur Indirektheit neigt und nach versteckten Bedeutungen sucht. Die meisten Studien, die zu dem Ergebnis kommen, daß Frauen indirekter sind, untersuchen den Aspekt, wie man andere zum Handeln bewegt. Auch viele Männer neigen in dieser Situation zur Indirektheit – wie die Beispiele des Offiziers und des Managers, den ich Sid genannt habe, verdeutlichen. Aber die Situationen, in denen Männer am häufigsten indirekt sind, haben mit dem Ausdruck von Schwächen, Problemen, Irrtümern und allen Emotionen außer Wut zu tun.

Genau diese Art der Indirektheit untersuchte die Linguistin Nancy Ainsworth-Vaughn, die Gespräche zwischen Ärzten und Patienten analysierte. Als Beispiel für einen Arzt, der das Thema wechselt, ohne die ausdrückliche verbale Zustimmung des Patienten einzuholen, gibt Ainsworth-Vaughn ein auf Tonband aufgezeichnetes Gespräch wieder, in dem eine Patientin ihre schwere seelische Belastung zum Ausdruck brachte und laut darüber nachdachte, ob das Leben noch lebenswert sei. Der Arzt reagierte, indem er nach einem Termin bei einem Therapeuten fragte:

[Die Patientin hat über schwere Nebenwirkungen der Medikamente geklagt, die ihren Cholesterinspiegel senken sollen, und der Arzt hat entgegnet, daß die Medikamente einen frühzeitigen Tod verhindern.]

ARZT: Und wenn wir Ihr Cholesterin behandeln wollen, wenn Sie sich dafür entscheiden, das mit meiner Hilfe zu tun, dann gibt es, wie bereits erwähnt, wenig andere Möglichkeiten im Sinne einer anderen Medikation.

PATIENTIN: Aber wozu das alles? Können Sie mir sagen, wozu man sein Leben überhaupt verlängert?

ARZT: (3 Sekunden Pause) Haben Sie demnächst einen Termin bei einem Therapeuten?

Oberflächlich betrachtet, hatte die Antwort des Arztes keinen direkten Bezug zur Äußerung der Patientin. Er bezog sich nicht ausdrücklich auf ihre Gefühle oder den Wert des Lebens. Er schien vielmehr das Thema zu wechseln, aber das Thema, das er aufgriff, war der Besuch eines Therapeuten – also einer Person, die der Patientin vermutlich dabei helfen könnte, ihr Leben wieder lebenswerter zu finden.

Eng verbunden mit der Überzeugung, daß Männer zu größerer Direktheit neigen als Frauen, ist die Ansicht, daß sich Männer in erster Linie auf Informationen konzentrieren, während Frauen hauptsächlich an der Interaktion interessiert seien – eine weitere Form der Indirektheit. Aber auch das hängt von der Aktivität und der Situation ab. Die Linguistin Joan Winter verglich zwei politische Kommentatoren im australischen Fernsehen, einen Mann und eine Frau, und kam zu dem Ergebnis, daß die Frau mehr auf Informationen ausgerichtet war und relativ sachliche Fragen stellte, ohne ihre eigene Meinung einzubringen, während der Mann stärker auf die Interaktion ausgerichtet war: Er äußerte seine eigenen abweichenden Ansichten, reagierte emotionaler und verwandelte das Interview in einen Wettstreit, an dem er als gleichberechtigter Partner teilnahm. Ich biete dieses Beispiel nicht an, um zu sagen, daß alle Interviewer sich so verhalten, sondern um zu zeigen, daß zumindest eine Studie zu dem Ergebnis kam, daß eine Frau mehr an Informationen interessiert war als der Mann, nicht weniger.

Die Gefahren der Indirektheit: Zur Landung – oder Bruchlandung – ansetzen

Am 13. Januar 1982, einem bitterkalten Wintertag in Washington D. C., startete Flug Nr. 90 der Air Florida vom National Airport, aber die Maschine erhielt nicht den erforderlichen Auftrieb für den Steigflug. Sie stürzte unaufhaltsam in die Tiefe, bis sie auf einer Brücke, die den Distrikt mit dem Staat Virginia verbindet, aufschlug und in den Potomac stürzte. Von den 74 Menschen an Bord überlebten nur fünf, viele kämpften verzweifelt im Wasser und ertranken in den eisigen Fluten, während entsetzte Zuschauer hilflos am Ufer standen und Abertausende andere das Geschehen voll Grauen an ihren Fernsehschirmen verfolgten. Die Experten kamen später zu dem Ergebnis, daß das Flugzeug nach der Enteisung zu lange mit dem Start gewartet hatte. An den Tragflächen und Triebwerken hatte sich neues Eis gebildet, das den Absturz verursachte. Wie konnte dem Piloten und Co-Piloten ein so verhängnisvoller Fehler unterlaufen? Hatte nicht zumindest einer von ihnen erkannt, daß es zu gefährlich war, unter diesen Bedingungen zu starten?

Entsprechend den Flugbestimmungen werden alle Cockpit-Gespräche automatisch aufgezeichnet. Wenn ein Flug ohne besondere Zwischenfälle verläuft, wird das Band gelöscht, aber wenn die Maschine abstürzt, kann man die schwer gepanzerte »Black box« mit den Tonbändern bergen, um zu rekonstruieren, was vor dem Absturz geschah. Die Linguistin Charlotte Linde untersuchte die Black-box-Aufzeichnungen von Pilotengesprächen, die kurz vor einem Absturz stattgefunden hatten, und Gesprächsmitschnitte von Flugsimulationen, bei denen die Crew bestimmte Problemsituationen meistern mußte. Zu den Black-box-Aufzeichnungen, die sie analysierte, gehörte auch das Gespräch, das kurz vor dem Absturz zwischen dem Piloten und Co-Piloten des Air Florida-Fluges stattgefunden hatte. Wie sich herausstellte, hatte der Pilot wenig Erfahrung mit Flügen unter winterlichen Bedingungen. Der Co-Pilot hatte etwas mehr Erfahrung, und die Analyse machte herzzerreißend deutlich, daß er versucht hatte, den Piloten zu warnen, aber er hatte es indirekt getan.

Der Co-Pilot lenkte die Aufmerksamkeit wiederholt auf die schlechten Witterungsbedingungen und die Eisbildung an anderen Flugzeugen:

CO-PILOT: Siehst du das Eis da hinten an der Maschine, siehst du das?
KAPITÄN: Da drüben.

...

CO-PILOT: Siehst du die ganzen Eiszapfen da hinten?
KAPITÄN: Ja.

Schon zu Beginn der langen Wartezeit zwischen den Enteisungen brachte der Co-Pilot seine Besorgnis zum Ausdruck:

CO-PILOT: Mensch, das ist, das ist wirklich ein aussichtsloser Kampf, diese Dinger enteisen zu wollen. Es gibt dir ein falsches Gefühl von Sicherheit. Das ist alles, was dabei rauskommt.

Kurz nachdem sie die Starterlaubnis erhalten hatten, äußerte der Co-Pilot erneut seine Bedenken:

CO-PILOT: Vielleicht sollten wir noch mal die Oberflächen überprüfen, solange wir hier rumstehen.
KAPITÄN: Ich denke, wir müssen hier jede Minute weg.

Als sie im Begriff waren zu starten, machte der Co-Pilot auf die Instrumentenanzeigen aufmerksam, die nicht normal waren.

CO-PILOT: Da scheint was nicht in Ordnung zu sein, oder? (3 Sekunden Pause). Oh, das ist nicht in Ordnung. (2 Sekunden Pause). Also...
KAPITÄN: Doch ist es, wir sind bei achtzig.
CO-PILOT: Nee, ich glaub nicht, daß das in Ordnung ist. (7 Sekunden Pause). Na ja, vielleicht doch.
KAPITÄN: Hundertzwanzig.
CO-PILOT: Ich weiß nicht.

Das Startmanöver lief weiter, und 37 Sekunden später wechselten Kapitän und Co-Pilot ihre letzten Worte:

CO-PILOT: Larry, wir stürzen ab, Larry.
KAPITÄN: Ich weiß.
(Aufschlaggeräusch)

Der Co-Pilot machte den Piloten wiederholt auf die gefährlichen Bedingungen aufmerksam, aber er schlug nicht direkt vor, den Start abzubrechen. Nach Ansicht von Linde hat er seine Besorgnis indirekt ausgedrückt, und der Kapitän hat die Hinweise nicht verstanden – mit unsagbar tragischen Konsequenzen.

Daß der Co-Pilot indirekt versuchte, den Kapitän zu warnen, wird durch ein anderes – glimpflich verlaufenes – Flugunglück bestätigt, von dem Linde berichtet und das ebenfalls mit einem scheiternden Gebrauch der Indirektheit zusammenhing. Am 9. Juli 1978 landete Flug Nr. 453 der Allegheny Airlines auf dem Monroe County Airport in Rochester, New York, und schoß 728 Fuß über die Landebahn hinaus. Zum Glück überlebten alle Insassen. Das bedeutete, daß man den Piloten und Co-Piloten befragen konnte. Es stellte sich heraus, daß die Maschine mit zu hoher Geschwindigkeit zur Landung aufgesetzt hatte. Der Pilot hätte das erkennen und eine weitere Schleife drehen müssen, um die Geschwindigkeit zu drosseln und sicher landen zu können. Der Kapitän erklärte, er sei sich nicht bewußt gewesen, daß die Maschine zu schnell war. Aber der Co-Pilot sagte gegenüber Reportern, er habe versucht, den Kapitän durch vorsichtige Hinweise zu warnen und zum Beispiel auf den Rückenwind und das langsame Ausfahren der Landeklappen hingewiesen. Seine genauen Worte wurden von der Black box aufgezeichnet:

CO-PILOT: Sieht nach Rückenwind aus.
PILOT: Ja.
? Ja, es bewegt sich schrecklich # langsam.
CO-PILOT: Ja, die # Klappen sind langsamer als ein #
PILOT: Wir schaffen es, müssen mehr Druck geben.
CO-PILOT: Ich weiß.

Der Co-Pilot dachte, der Kapitän würde verstehen, daß das Flugzeug bei Rückenwind zu schnell werden würde und daß die langsamen Landeklappen die Geschwindigkeit nicht ausreichend abbremsen konnten, um eine sichere Landung zu gewährleisten. Er ging davon aus, daß der Kapitän den Irrtum korrigieren und nicht zur Landung ansetzen würde. Aber der Kapitän erklärte, er habe die Äußerungen des Co-Piloten nicht als Hinweise auf eine zu hohe Geschwindigkeit verstanden.

Nach Auffassung von Linde ist es kein Zufall, daß es die Co-Piloten waren, die in diesen Gesprächen zu einer indirekten Sprechweise neigten. (Wenn ein Pilot die Gefahr erkennt, muß er sich keine Gedanken über die Kommunikation machen; er reagiert einfach auf seine Wahrnehmungen.) Linde kommt in ihrer Analyse zu dem Ergebnis, daß eine abgemilderte Sprechweise kennzeichnend für die Untergebenen war, auch wenn sie ihre Hinweise in problematischen Flugsituationen weniger abschwächten. Sie stellte auch fest, daß Themen, die indirekt angeschnitten wurden, häufiger mißverstanden wurden und daß die Piloten die Andeutungen ihrer Crew-Mitglieder häufiger ignorierten als umgekehrt.

Diese Ergebnisse zeigen, daß man Indirektheit nicht nur aufrichtig mißverstehen, sondern auch leichter absichtlich ignorieren kann. Im Fall des Air Florida-Fluges scheint zweifelhaft, daß der Kapitän nicht verstanden hat, was der Co-Pilot sagen wollte, als er meinte: »Vielleicht sollten wir noch mal die Oberflächen überprüfen, solange wir hier rumstehen.« (Obwohl er sicher nicht verstanden hat, wie ernst die Besorgnis des Co-Piloten war.) Aber die Indirektheit, mit der der Co-Pilot seine Bedenken äußerte, machte es dem Kapitän zweifellos leichter, die Äußerung zu ignorieren. In diesem Sinn war die Antwort des Piloten: »Ich denke, wir müssen hier jede Minute weg« eine indirekte Umschreibung von: »Ich möchte das jetzt lieber nicht machen.« In Anbetracht dieser Erkenntnisse werden Besatzungen von Verkehrsflugzeugen heute dazu ausgebildet, ihre Bedenken direkter zu äußern, auch gegenüber Vorgesetzten.

Indirektheitstraining

Die Folgerung, daß Menschen lernen sollten, sich direkter auszudrücken, erscheint einleuchtend – vor allem für Amerikaner. Aber direkte Kommunikation ist nicht zwangsläufig besser. Wenn eine direktere Ausdrucksweise ein Zeichen besserer Kommunikation wäre, dann müßten Crews mit der direktesten Sprechweise die besten sein. Aber Linde stellte zu ihrer Überraschung fest, daß Besatzungen mit der indirektesten Sprechweise offenbar die erfolgreichsten sind. Als Linde die Gespräche zwischen Cockpitbesatzungen bei Flugsimulationen untersuchte, bat sie pensionierte, aber immer noch aktive Piloten, die Leistungen der Simulationscrews zu beobachten und zu bewerten. Die Crews, die die besten Beurteilungen erhielten, hatten eine höhere Rate an indirekten Sprechweisen als Crews, denen eine schlechte Leistung bescheinigt wurde.

Dieses Ergebnis scheint im Widerspruch zu der Rolle der Indirektheit bei den oben geschilderten Flugunglücken zu stehen. Doch da jede Äußerung auf zwei Ebenen wirkt, der Inhalts- und der Beziehungsebene, schloß Linde aus ihrer Beobachtung, daß Crews dann erfolgreicher sind, wenn sie den Beziehungsaspekt berücksichtigen. Eine ähnliche Erklärung wurde von dem Soziolinguisten Kunihiko Harada angeboten. Nach Harada liegt das Geheimnis einer erfolgreichen Kommunikation nicht darin, daß man den Untergebenen eine direktere Ausdrucksweise beibringt, sondern daß man die Höhergestellten dazu ausbildet, sensibler auf indirekte Bedeutungen zu reagieren. Mit anderen Worten: Zu den Unglücken kam es nicht nur, weil die Co-Piloten den Kapitän auf indirekte Weise zu warnen versuchten, sondern auch, weil die Piloten nicht auf die Andeutungen der Co-Piloten eingestimmt waren. Demnach wären die guten Leistungen der erfolgreichen Besatzungen darauf zurückzuführen, daß die Zuhörer bereit – oder fähig – waren, Andeutungen aufzugreifen, so wie Familienmitglieder oder langjährige Paare verstehen, was der andere meint, auch wenn er es nicht ausdrücklich sagt. Es ist nicht überraschend, daß es ein japanischer Soziologe war, der mit dieser Erklärung aufwartete; was er beschreibt, ist das japanische System, nach dem eine Kommunikation als gut gilt, wenn die Bedeutung verstanden wird, ohne daß sie direkt – oder überhaupt – ausgesprochen wird.

Wortlose Kommunikation

Während Amerikaner überzeugt sind, daß »das quietschende Rad am besten geölt wird« (man also möglichst viel reden sollte), sagen die Japaner: »Der Nagel, der herausragt, bekommt den Hammer auf den Kopf« (man also am besten schweigt, um schmerzhafte Beulen zu vermeiden). Viele japanische Gelehrte haben englischsprachige Studien verfaßt und versucht, verstörten Amerikanern die Ethik einer Kultur zu vermitteln, in der das Schweigen mehr gilt als das Reden und in der die Meinung vorherrscht, daß Ideen am besten kommuniziert werden, ohne daß man sie offen ausspricht. Es gibt einige Schlüsselbegriffe, die einen Eindruck von der japanischen Haltung zur Sprache vermitteln und kontrastreich hervorheben, welche Gesprächsstrategien Amerikaner bei der Arbeit einsetzen.

Die japanische Anthropologin Takie Sugiyama Lebra erklärt, daß *omoiyari*, was sie als »Empathie« übersetzt, zu den grundlegenden Wertvorstellungen der japanischen Kultur gehört. Aufgrund von *omoiyari* sollte es überflüssig sein, die eigenen Absichten explizit zu äußern; man sollte in der Lage sein, intuitiv zu erfassen, was der andere sagen will. Lebra zufolge ist es typisch für einen japanischen Sprecher, Sätze unvollendet zu lassen, weil es als aufdringlich gilt, einen Gedanken zu äußern, bevor man weiß, wie er aufgenommen wird. Im Zusammenhang mit diesem Konzept steht *enryo*, die erforderliche Selbstbeherrschung, damit man keine Ansichten äußert, die von der offensichtlichen Mehrheitsmeinung abweichen. Ganz im Gegensatz zur amerikanischen Wertschätzung der Direktheit, so Lebra weiter, habe man in Japan eine hohe Meinung von jenen Menschen, die indirekt, implizit, subtil und sogar non-verbal kommunizieren, weil sie darauf vertrauen, daß der empathische Zuhörer die unausgesprochene Bedeutung erfassen wird. Japaner sind überzeugt, daß »nur ein unsensibler, ungehobelter Mensch eine direkte, verbale, vollständige Botschaft braucht«. Ein weiteres Konzept in der japanischen Kommunikation ist *sassuru*, was sich auf die hoch geschätzte Fähigkeit bezieht, die Botschaft des Gesprächspartners intuitiv vorauszuahnen. *Sasshi*, das Vorausahnen der beabsichtigten Botschaft durch kluges Raten, wird als Zeichen der Reife betrachtet.

In Anbetracht der Wertschätzung, die der direkten Kommunikation in Amerika ganz allgemein und insbesondere in der amerikanischen Geschäftswelt entgegengebracht wird, werden möglicherweise viele amerikanische Leser über solche Gesprächsgewohnheiten verächtlich die Nase rümpfen. Aber angesichts des Erfolges japanischer Wirtschaftsunternehmen läßt sich unmöglich die Meinung aufrechterhalten, daß solchen Gesprächsritualen etwas grundsätzlich Uneffektives anhafte.

Muttermacht

Bevor ich zu einer direkteren Erörterung der Indirektheit in der Arbeitswelt zurückkehre, möchte ich einen weiteren Aspekt der japanischen Kommunikation erläutern, der Licht auf unsere Machtvorstellungen wirft. Es geht dabei um die ausgesprochen machtvolle Rolle von Müttern, die mit kleinen Kindern sprechen.

Die Linguistin Patricia Clancy zeichnete Gespräche zwischen japanischen Müttern und deren zweijährigen Kindern auf. Sie stellte fest, daß die Mütter auf die Forderungen ihrer Kinder selten mit einem kategorischen »Nein« antworteten. Statt dessen wichen sie aus, zögerten oder ignorierten die Forderung, versprachen, später darauf zurückzukommen, versuchten das Kind abzulenken, schlugen etwas anderes vor oder reagierten einfach mit einer Frage. Oft gaben sie Gründe dafür an, warum sie die Forderung des Kindes nicht erfüllen konnten oder wollten. Als zum Beispiel ein Kind seine Mutter aufforderte, einen Lastwagen mit einer Sirene zu zeichnen, fragte sie: »Hat ein Lastwagen so etwas?« und kam der Bitte nicht nach. Als das Kind Süßigkeiten wollte, meinte sie nur: »Hast du nicht heute morgen eine Menge Süßigkeiten bekommen?« und betrachtete die Sache damit als erledigt. Wenn die Mütter ihren Kindern etwas verbieten wollten, sagten sie selten »Laß das«, sondern verwiesen darauf, was andere denken oder fühlen könnten. Als ein Kind so tat, als würde es einen Puppenteller essen, sagte die Mutter: »Findest du nicht merkwürdig, was du da tust – einen Teller essen? Niemand ißt Teller, oder? Wer ißt schon Teller?« Bei anderer Gelegenheit versuchte die Mutter das Kind zur Ordnung zu bewegen, indem sie auf die vermeintliche Mißbilligung der Linguistin verwies, die sie (wie in Japan üblich) als »ältere Schwester« bezeichnete: »Ältere Schwester sagt ›Ich wundere mich. Ich wundere mich über Maho‹.« Die Mutter appellierte sogar an die Gefühle des Obstes, damit das Kind nicht länger Äpfel auf den Fußboden schleuderte: »Wenn du das tust, sagt Herr Apfel ›Autsch!‹«

Clancy gibt die folgende Erklärung dafür, warum japanische Mütter ihren Kindern nicht direkt mit »nein« antworten:

Warum machen sich japanische Mütter die Mühe, Gründe dafür anzugeben, wenn sie eine Forderung ablehnen, obwohl ein Kind im Alter von zwei Jahren diese Gründe offensichtlich weder versteht noch Interesse daran hat? Abgesehen von dem allgemeineren Wunsch, eine direkte Ablehnung zu vermeiden, ist ein weiterer wichtiger Faktor wahrscheinlich der Wunsch der Mütter, ihren Status als rationale Erwachsene zu bewahren, wenn sie die Wünsche der Kinder zurückweisen. Eine Mutter, die eine Forderung mit einem einfachen *Iya* – »Nein/Ich will nicht« – abweisen würde, wie die Kinder es normalerweise taten, würde sich auf dieselbe Stufe begeben wie ein Zweijähriger, also egoistisch und kindisch klingen. Es würde das Gespräch auch auf einen Meinungsstreit reduzieren und die Mutter in einen direkten Konflikt mit dem Kind bringen. Wenn die Mutter hingegen ihre Ablehnung begründet, übernimmt sie die überlegene Position und schwächt den Konflikt ab.

Der Gegensatz ist verblüffend. Einerseits sind Amerikaner der Ansicht, daß eine indirekte Sprechweise ein Zeichen von Unsicherheit und Machtlosigkeit sei. Andererseits denken Japaner, daß man durch eine direkte Sprechweise an Status verliert und durch eine indirekte Sprechweise (das Angeben von Gründen, statt einfach »nein« zu sagen) an Status gewinnt. Warum glaubt eine amerikanische Mutter, sie wirke gebieterischer, wenn sie »nein« sagt und hinzufügt »Weil ich das gesagt habe«, während eine japanische Mutter sich gebieterischer fühlt, wenn sie Gründe angibt und nicht einfach »nein« sagt?

Die Erklärung ist in gewisser Weise kreisförmig. In Übereinstimmung mit vielen anderen Wissenschaftlern, die sich mit dem japanischen Gesprächsstil befassen, erklärt Clancy, daß nach den in Japan geltenden Gesprächsnormen jeder Konflikt vermieden und die Harmonie bewahrt werden muß und daß praktisch niemand in der Öffentlichkeit »nein« sagt. Sie verweist auf einen japanischen Autor namens Keiko Ueda, der einen Aufsatz mit dem Titel schrieb: »Sechzehn Methoden, wie man ein ›Nein‹ in Japan vermeidet«. (Clancy zufolge gehören dazu unter anderem »Schweigen, Mehrdeutigkeit, Ausdrücke der Entschuldigung, des Bedauerns oder Zweifels, und sogar Lügen und Wortverdrehungen. Die von Ueda befragten Personen gaben an, daß sie ein ›Nein‹ zu Hause, aber selten in der Öffentlichkeit benutzten.«)

Folglich wird ein »Nein« mit Kindern assoziiert, die noch nicht gelernt haben, was die Norm ist. Und aus eben diesem Grund hätte eine japanische Mutter das Gefühl, sich durch eine solche Sprechweise auf die Stufe eines Kleinkindes zu begeben, weil eben japanische Kinder so reden. Wie eine weitere Wissenschaftlerin, Patricia Wetzel, es formuliert: »Machtbehauptungen«, »das direkte Feststellen von Tatsachen und Meinungen« und andere Verhaltensweisen, die Amerikaner mit Autorität verbinden, »widersprechen dem Bild des reifen Erwachsenen« in Japan, wo solche Verhaltensweisen »eher als unreif oder kindisch gelten«. Weil amerikanische Gesprächsnormen anders sind, ist es üblich – und daher allgemein erwartet –, daß Eltern »einfach nein sagen«. Deshalb hat eine amerikanische Mutter das Gefühl, daß diese Sprechweise ihr mehr Autorität verleiht: Sie entspricht ihrer Vorstellung davon, wie ein gebieterischer Erwachsener mit einem Kind reden sollte.

Das Entscheidende an diesem Gegensatz ist, daß die Sprechweisen nicht *an und für sich* psychologische Zustände wie Autorität, Sicherheit oder Selbstvertrauen widerspiegeln. Wir interpretieren solche Zustände in sie hinein, weil wir bestimmte Sprechweisen mit bestimmten Menschen gleichsetzen, denen wir diese Gefühle unterstellen. Weil japanische Erwachsene eine indirekte Sprechweise lernen, assoziieren sie Indirektheit mit Macht und Reife. Weil mittelständische Amerikanerinnen europäischer Abstammung eher zu indirekten Anweisungen und Forderungen neigen, assoziieren wir Indirektheit mit Machtlosigkeit und Unsicherheit – mit Gefühlen, die man in unserer Gesellschaft von Frauen erwartet. Und die Situation wird durch die negative Reaktion bestärkt, die Menschen erhalten, wenn sie nicht so sprechen, wie es von ihnen erwartet wird. Wie ich in späteren Kapiteln zeigen werde, werden Frauen, die tatsächlich direkte Befehle geben, häufig negativ beurteilt.

Der Nutzen der Indirektheit

Das japanische Kommunikationssystem wirft Licht auf die Vorteile der Indirektheit, die sich einem Amerikaner nicht unbedingt sofort erschließen, weil er Indirektheit häufig für verwirrend und überflüssig hält – für so überflüssig, daß er sich fragt, warum er sich überhaupt damit abgeben sollte. Der Grund ist, daß alle, die Indirektheit erwarten, sich durch jede andere Sprechweise vor den Kopf gestoßen fühlen. Die Sekretärin der Universitätsrektorin, die in meinem ersten Beispiel auftauchte, erzählte mir, daß sie sehr glücklich über ihre Chefin sei – eben weil die Rektorin auf eine Weise spricht, die die Sekretärin als respektvoll empfindet.

Wie jede andere Sprechweise funktioniert auch eine indirekte/
höfliche Sprechweise gut, wenn sie gegenüber Personen angewendet wird, die ihren rituellen Charakter verstehen und damit vertraut sind. Ich habe immer wieder die Beobachtung gemacht, daß
sie hervorragend bei Frauen und Männern funktioniert, die diesen
Stil bevorzugen. Ein Beispiel mag das verdeutlichen.

Während meiner Recherchen in der Verwaltung eines kleinen
Gemeinschaftszentrums saß ich einmal mit Sally, der Leiterin der
EDV-Betreuung, in ihrem Büro. Unser Gespräch wurde von
einem Telefonanruf unterbrochen. Sie nahm den Anruf entgegen
und schaltete auf Lautsprecher. Es war Marian, die Verwaltungs-
assistentin des Abteilungsdirektors, deren Aufgabe unter anderem darin bestand, die in der Geschäftsstelle eingehenden Anrufe
entgegenzunehmen. Das Gespräch verlief folgendermaßen:

MARIAN: Sal, bist du beschäftigt?
SALLY: Nein.
MARIAN: Was machst du gerade?
SALLY: Ich spreche gerade mit Deborah Tannen. Brauchst du
     mich am Telefon?
MARIAN: Ja, ich muß rüber in die Buchhaltung.
SALLY: In Ordnung, ich bin sofort da.

Sally schloß aus der indirekten Frage, daß sie ihre Hilfe anbieten
sollte, damit ihre Kollegin nicht direkt darum bitten mußte. Umgekehrt nahm Marian es nicht für bare Münze, als Sally die Frage
»Bist du beschäftigt?« mit einem »Nein« beantwortete. Offensichtlich mußte Sally mit *irgend etwas* beschäftigt sein, als Marian
anrief. Obwohl Sally die Frage verneinte, erkundigte sich Marian,
was sie im einzelnen tat, bevor sie ihr Anliegen weiter verfolgte.
Indem Marian nicht direkt fragte, vermied sie das Risiko, abgewiesen zu werden oder aufdringlich zu erscheinen, und gab Sally
das Gefühl, daß sie ihre Hilfe freiwillig anbot und nicht *aufgefordert* wurde, den Telefondienst zu übernehmen – was immerhin
nicht zu ihren Aufgaben gehörte (aber in einem kleineren Betrieb
nichts Ungewöhnliches ist).

Ich höre mich selbst regelmäßig Instruktionen an meine Assistenten geben, ohne tatsächlich Anordnungen zu erteilen: »Vielleicht wäre es eine gute Idee…«, »Es wäre großartig, wenn…«,
und doch rechne ich fest damit, daß sie meine Aufträge sofort

erfüllen. Wenn ich ein paar Tage später feststelle, daß etwas nicht erledigt ist, bin ich verärgert. Das führt jedoch selten zu Problemen, weil die Leute, die für mich arbeiten, wissen, daß ich anstehende Arbeiten nur aus einem einzigen Grund erwähne – weil ich will, daß sie erledigt werden. Ich gebe *gern* Anweisungen auf diese Art. Es entspricht meinen Vorstellungen von dem, was es heißt, ein guter Mensch zu sein, wozu nach meiner Ansicht (und der vieler Frauen) gehört, daß man »nett« ist und die Gefühle anderer berücksichtigt. Und ich habe oft von meinen – ausschließlich weiblichen – Assistenten gehört, daß sie genauso empfinden. Was ich nicht mag, ist, wenn Aufgaben nicht erledigt werden. Aber ich habe nie gehört, daß es daran lag, daß ich mich unklar ausgedrückt hatte.

Laß uns ehrlich darüber reden

Ein weiteres verbreitetes Fehlurteil ist, daß Indirektheit irgendwie nicht ganz ehrlich sei. Dieser Ansicht war ein junger Mann, der als allgemeine Hilfskraft in einem Büro arbeitete. Er wurde beauftragt, die Bibliothek einzurichten, die man vor kurzem in einen anderen Raum verlegt hatte. Alle Bücher lagen noch in Kisten verpackt in einem Schrank. Er nahm die Kisten heraus und verteilte sie auf dem Boden vor den Bücherregalen. Dann machte er sich an die Arbeit, indem er die Kisten nacheinander auspackte und die Bücher auf dem Boden aufstapelte, bevor er sie in der richtigen Reihenfolge in die Regale einsortierte. Die Sekretärin machte eine Bemerkung darüber, daß die Kisten und Bücherstapel auf dem Boden ein schreckliches Durcheinander bildeten. Er stimmte ihr zu und arbeitete fleißig weiter. Später kam sein Chef herein und meinte: »Sie sollten die Bücher zuerst in die Regale packen und dann von dort aus sortieren.« Sofort pflichtete die Sekretärin ihm bei: »*Genau das* habe ich ihm auch schon gesagt.« Der junge Mann hatte nichts dagegen, daß man ihm eine andere Arbeitsweise vorschlug, aber er war wütend auf die Sekretärin, die sich lieb Kind machen wollte und wahrheitswidrig behauptete, sie hätte ihm dasselbe gesagt, obwohl sie kein Sterbenswörtchen darüber verloren hatte. Er erkannte nicht, daß sie überzeugt war, es getan zu haben – als sie ihn darauf hingewiesen hatte, daß er ein Chaos veranstaltete.

Das Problem in diesem Fall war nicht, daß die Sekretärin indirekt kommunizierte, sondern daß sie indirekt mit jemandem kommunizierte, der ihren Stil nicht teilte. Aber in unserer Kultur scheint die Last diejenigen zu treffen, die indirekt sprechen. Ich höre selten, daß jemand seinen Hang zur Direktheit in Frage stellt (»Was ist falsch an mir? Warum sage ich, was ich meine?«), aber ich höre oft, daß Leute – insbesondere Frauen – an sich selbst zweifeln, weil sie indirekt sprechen (»Warum tue ich das? Warum frage ich ›Hast du Hunger?‹, wenn *ich* Essen gehen will?«). Das Mißtrauen gegenüber der Indirektheit ist so allgegenwärtig, daß es sogar Auswirkungen auf die psychologische Behandlungspraxis hatte. Ein schwuler Mann erzählte mir, daß er als Jugendlicher bei einem Psychotherapeuten in Behandlung war, der Homosexualität als Folge der Indirektheit betrachtete. »Homosexuelle erkenne ich auf den ersten Blick«, verkündete dieser allseits anerkannte Psychologe. »Sie können einem nicht offen in die Augen sehen.« Er erklärte seinem jungen Patienten, daß er nur lernen müßte, direkter zu sein, und schon würden seine homosexuellen Gefühle verschwinden. Das bringt mich sonderbarerweise auf die Frage, ob der Psychologe diese Meinung vertrat, weil er Indirektheit mit Frauen assoziierte. Auf jeden Fall ist dies keine so ungewöhnliche Ausnahmeerscheinung, wie man hoffen möchte. Im Anschluß an einen Vortrag, den ich in einer Universität gehalten hatte, erklärte ein Psychologe, er würde Studentinnen, die in seine Beratung kämen, oft empfehlen, direkter zu sein, weil ihre Indirektheit ein Zeichen von Unsicherheit sei.

Sogar wenn sie nicht in Therapie sind, halten viele Menschen – insbesondere, aber nicht ausschließlich Frauen – ihren Stil für falsch oder für ein Anzeichen tiefverwurzelter psychologischer Probleme. Dazu möchte ich zwei Dinge klarstellen. Erstens stimmt es nicht, daß Frauen grundsätzlich indirekter sind, wie ich gerade erklärt habe. Zweitens ist prinzipiell nichts an der Indirektheit auszusetzen, wenn alle Beteiligten diese Gesprächsstrategie teilen. Wenn das nicht der Fall ist, kann es zu Problemen kommen – nicht wegen der Indirektheit, sondern wegen des Stilunterschieds.

Staatsgrenzen überschreiten

Ich selbst stolperte in einen solchen interkulturellen Graben, als ich mich einmal über einen Vortrag unterhielt, den ich in Kürze halten sollte. Ich sprach am Telefon mit einer Frau, die ich Loraine nennen will. Loraine war die persönliche Assistentin des Generaldirektors eines Unternehmens, das ich besuchen wollte. Irgendwann im Laufe unseres Gesprächs rief sie ihrer Sekretärin zu: »Sag ihm, daß ich mit Deborah Tannen rede«, ohne den Versuch zu machen, die Sprechmuschel abzudecken. Dann sagte sie zu mir: »Das war der Generaldirektor.« Ich war verunsichert. Wenn ihr Chef sie sprechen wollte, hatte sie doch bestimmt den Wunsch, das Gespräch mit mir zu beenden. Es hätte mir nichts ausgemacht, weil sich genug andere Arbeiten auf meinem Schreibtisch stapelten. Mir fiel ein, daß meine Agentin oft mitten in einem Telefongespräch ausruft: »Sag ihm, ich rufe ihn in ein paar Minuten zurück.« Obwohl das nicht ausdrücklich an mich gerichtet ist, läßt sie mich auf diese Weise wissen, daß sie ein weiteres Gespräch hat und gern zum Schluß kommen möchte.

Ich war nicht sicher, wie Loraine die Sache handhaben wollte. Also fragte ich: »Soll ich warten?« Sie antwortete: »Tja, ich muß einige Dinge mit ihm besprechen.« Daraufhin wußte ich immer noch nicht, ob ich weitersprechen, aufhängen oder schnell zum Ende kommen sollte. Weil ich kein eindeutiges Signal erhielt, das Gespräch zu beenden, sprach ich weiter, aber Loraine war offensichtlich nicht richtig bei der Sache, bis sie schließlich herausplatzte: »Er wartet nicht gern. Ich spreche jetzt lieber mit ihm.« Ich sagte sofort: »Natürlich, rufen Sie mich zurück, wenn noch Fragen auftauchen.« und legte auf. Erst dann wurde mir klar, daß Loraine erwartet hatte, daß ich das Gespräch von mir aus beenden würde. Sie hielt mich wahrscheinlich für unhöflich, weil ich es nicht getan hatte. Ohne Kenntnisse vom Gesprächsstil hätte ich Loraine für merkwürdig, wenn nicht gar manipulierend gehalten, weil sie nicht einfach sagte: »Tut mir leid, ich muß einen wichtigen Anruf entgegennehmen. Kann ich Sie später zurückrufen?«

Obwohl wir beide Frauen waren, beide weiß, beide Mittelschicht, hatten wir eine unterschiedliche Vorstellung von einer höflichen Gesprächsführung. Sie hielt es für unhöflich, mich aus der Leitung zu komplimentieren, also machte sie eine Andeutung und erwartete, daß ich das Gespräch von mir aus beenden würde. Ich merkte, daß etwas im Busch war, aber ich erwartete einen direkten Hinweis auf ihre Wünsche – den sie mir nicht geben konnte, weil sie es für unhöflich hielt. Unsere unterschiedlichen Gesprächserwartungen hatten wahrscheinlich weniger mit dem Geschlecht zu tun, als mit unserem geographischen Hintergrund – New York City in meinem Fall, Minnesota in ihrem – und mit der Tatsache, daß wir uns nicht besonders gut kannten.

Gewohnheiten im Hinblick auf die Indirektheit variieren stark nach ethnischer oder geographischer Herkunft. Ich habe Studien darüber durchgeführt, wie Griechen und Amerikaner ein Gespräch deuten, und festgestellt, daß viele Griechen – Männer ebenso wie Frauen – stärker dazu neigten, eine Frage als indirekte Aufforderung zu verstehen. (»Möchten Sie eine Konferenz darüber einberufen?« wurde zum Beispiel aufgefaßt als: »Ich möchte eine Konferenz einberufen.«) Und Amerikaner griechischer Abstammung, die sich oberflächlich betrachtet nicht von anderen Amerikanern unterscheiden, standen irgendwo in der Mitte: Sie verstanden Fragen nicht so häufig als Hinweise wie die Griechen, aber häufiger als die anderen Amerikaner in meiner Studie.

Guck mich nicht an – ich hab das nicht gesagt

Wie jede Gesprächsstrategie kann auch die Indirektheit sowohl für negative als auch für positive Zwecke benutzt werden. Ein Kollege erzählte mir von einem Vortrag, den er gehalten hatte. Es ging um ein ganz neues Thema, und er war unsicher, ob er überhaupt klar und verständlich darüber reden konnte. Nach dem Vortrag kam eine Frau zu ihm: »Ich bin einer Ihrer größten Fans«, erklärte sie. »Ich besuche regelmäßig Ihre Vorträge. Ich habe das Gefühl, daß ich ungeheuer viel von Ihnen lerne, obwohl ich denselben Vortrag nun schon so oft gehört habe.« Die Bemerkung schien als Kompliment durchzugehen, aber wie bei einem Schuß aus einem Schalldämpfergewehr zischte eine leise Kugel: »Deine Vorträge sind immer gleich; du sagst jedesmal dasselbe.«

Eine andere Kollegin erzählte mir von einem ähnlichen Erlebnis. Eines Tages kam eine Studentin aus unserem Kurs früher zum Unterricht und begann eine Unterhaltung. »Ich habe Ihren Artikel auf dem Eßzimmertisch liegenlassen«, erzählte sie, »und mein Mann hat ihn gelesen.« »Oh, das ist nett«, sagte meine Kollegin und war im Begriff, sich geschmeichelt zu fühlen, weil sie mit einem Kompliment rechnete. Die Studentin fuhr fort: »Er hält Sie für verrückt.« Meine Kollegin war gekränkt von dieser Kritik aus zweiter Hand (deshalb erzählte sie mir davon), aber ich vermute, daß die Äußerung sehr wenig mit ihrer Arbeit und sehr viel mit der Beziehung der Studentin zu ihrem Mann zu tun hatte. Ich wußte, daß der Mann nicht damit einverstanden war, daß seine Frau wieder studierte. Als er über die Arbeit ihrer Professorin spottete – sie für verrückt erklärte –, brachte er nur einmal mehr zum Ausdruck, daß er seine Frau für verrückt hielt, weil sie einen Hochschulabschluß anstrebte.

Aber warum wiederholte die Studentin die Bemerkung gegenüber ihrer Professorin? Vielleicht wollte sie die belastende Kritik ihres Mannes vor jemandem ausbreiten, den sie für stärker hielt als sich selbst, jemandem, der in einer besseren Position war, um den Kampf für sie auszufechten. Aber meine Kollegin empfand die Äußerung einfach nur als – indirekten – Angriff. Die Indirektheit kann es mitunter schwieriger machen, solche harten Schläge abzuwehren, weil sie einen unvorbereitet treffen, nicht ganz genau zu bestimmen sind und dem Kritiker die Möglichkeit geben, sich als neutraler Nachrichtenübermittler darzustellen – was genau der Grund ist, aus dem solche Seitenhiebe so beliebt und so verbreitet sind.

Indirekt und stolz darauf

Robin Lakoff, eine der ersten Linguistinnen, die sich mit der Indirektheit befaßten, beschrieb zwei Vorteile, die damit verbunden sind, wenn man trotz vieler Worte nicht genau sagt, was man meint. Die Indirektheit bringt einen Abwehr- und einen Rapport- oder Beziehungsgewinn. Der Abwehrvorteil ergibt sich daraus, daß ein vage formulierter Gedanke sich besser abstreiten, für nichtig erklären oder abschwächen läßt, wenn er keine positive Reaktion auslöst. Der Rapportvorteil liegt in der angenehmen Erfahrung, daß man bekommt, was man will – nicht weil man es gefordert hat, sondern weil die andere Person dasselbe wollte. Wer unterstellt, daß nur die Machtlosen zur Indirektheit greifen, sieht den Abwehrgewinn, läßt aber den Rapportgewinn außer acht.

Die Besitzerin einer Buchhandlung mußte ein ernstes Wort mit ihrem Geschäftsführer reden. Sie hatte ihm einen Auftrag erteilt. Er hatte sich bereit erklärt, den Auftrag auszuführen. Aber einige Tage später stellte sie fest, daß die Sache immer noch nicht erledigt war. Als sie darüber sprachen, stellte sich heraus, daß seine vermeintliche Widerspenstigkeit auf einen Unterschied im Gesprächsstil zurückzuführen war. Die Besitzerin der Buchhandlung hatte gesagt: »Die Buchhalterin braucht Hilfe bei den Rechnungen. Könnten Sie vielleicht in Erwägung ziehen, ihr gelegentlich zur Hand zu gehen?« Er hatte gesagt: »In Ordnung«, womit er meinte: »In Ordnung, ich werde es in Erwägung ziehen«. Er zog es in Erwägung und kam zu dem Ergebnis, daß er zu viele andere wichtige Dinge zu tun hatte, um der Buchhalterin zu helfen. Die Besitzerin glaubte, sie habe ihm auf rücksichtsvolle Weise zu verstehen gegeben, was er tun sollte, aber er hatte die Frage überhaupt nicht als Anweisung verstanden. Er glaubte, sie hätte ihm einen unverbindlichen Vorschlag gemacht und daß es in seinem Ermessen läge, den Vorschlag anzunehmen oder nicht. Einige Monate später erkundigte ich mich bei der Besitzerin der Buchhandlung, wie es mit dem Geschäftsführer laufe. Sie antwortete: »Prima. Wir haben keine Probleme mehr.« Ich fragte: »Haben Sie Ihren Stil geändert? Geben Sie jetzt direktere Anweisungen?« »Nein«, entgegnete sie. »Er versteht jetzt, wie meine Worte gemeint sind.«

Weil sie die Chefin war, mußte die Besitzerin der Buchhandlung ihren Stil nicht ändern. Auch die Leichtigkeit, mit der der Geschäftsführer lernte, die Bedeutung ihrer indirekten Äußerungen zu verstehen, zeigt, daß es nichts grundsätzlich Unverständliches an einer indirekten Kommunikation gibt. In diesem Fall, wie bei allen Elementen des Gesprächsstils, ist Flexibilität – verbunden mit gegenseitigem Respekt – der Schlüssel zum Erfolg.

4. Markiert: Frauen in der Arbeitswelt

Vor einigen Jahren nahm ich an einer kleinen Arbeitskonferenz mit vier Frauen und acht Männern teil. Statt mich auf die Diskussion zu konzentrieren, musterte ich eingehend die drei anderen Frauen am Tisch und dachte, daß jede einen ganz anderen Stil hatte und jeder Stil in sich schlüssig war.

Eine Frau hatte dunkelbraune Haare und trug eine klassische Frisur, die eine Mischung aus Cleopatra und Lieschen Müller war. Die Strenge ihres glatten Haars wurde durch einen lockigen Pony und eine sanfte Innenrolle abgemildert. Weil sie sehr schön war, war der Effekt eher Cleopatra als Lieschen Müller.

Die zweite Frau war älter, voller Würde und Gelassenheit. Ihr Haar war flott geschnitten und machte sie dank eines Seitenscheitels, der einen Haarvorhang über die Hälfte des Gesichts fallen ließ, zur Einäugigen. Wenn sie auf ihre vorbereiteten Papiere hinuntersah, raubte das Haar ihr die beidäugige Sicht und schob sich wie eine Wand zwischen sie und die Zuhörer.

Das Haar der dritten Frau war lang und offen, eine wilde, weißblonde Flut, die sich über ihre Schultern ergoß. Wenn sie sprach, warf sie häufig den Kopf in den Nacken und lenkte dadurch die Aufmerksamkeit auf ihr Haar und weg von ihrem Vortrag.

Dann das Make-up. Die erste Frau hatte eine getönte Gesichtscreme aufgetragen, die ihre Haut glatt und blaß machte. Außerdem trug sie einen schwarzen Strich unter jedem Auge und Maskara, was ihre dunklen Wimpern noch dunkler erscheinen ließ. Die zweite hatte nur ein wenig Lipgloss und einen Hauch Lidschatten aufgelegt. Die dritte hatte blaue Borten unter den Augen, tiefblauen Lidschatten, Wimperntusche, leuchtend roten Lippenstift und Rouge, auch die Fingernägel flammten rot.

Ich überlegte, was für Kleidung die Frauen auf der dreitägigen Konferenz getragen hatten: Im ersten Fall maßgeschneiderte Kostüme in Primärfarben mit einfarbigen Blusen. Im zweiten ein lässiges, aber modisches schwarzes T-Shirt, eine lockere, kragenlose Jacke und weite Hosen oder Röcke in neutralen Farben. Die dritte

Frau hatte einen sexy Overall getragen, einen engen ärmellosen Pullover und eine enge gelbe Hose sowie ein Kleid mit gähnenden Ärmellöchern und einer ausgeprägten Tendenz, von der Schulter zu rutschen.

Schuhe? Die erste Frau trug Riemchensandalen mit halbhohen Absätzen; die zweite vernünftige, bequeme Straßenschuhe; die dritte Pumps mit Pfennigabsätzen. Welche Schmuckstücke, Schals, Halstücher und Sweater sie trugen – oder nicht trugen –, kann man sich unschwer vorstellen.

Während ich mich damit vergnügte, bestimmte Muster und Übereinstimmungen im Stil und Geschmack dieser drei Frauen zu entdecken, fragte ich mich plötzlich, warum ich nur die Frauen unter die Lupe nahm. Ich warf einen prüfenden Blick in die Runde und inspizierte kurz den Stil der acht Männer. Und da wußte ich, warum ich sie nicht näher studiert hatte. Der Stil der Männer war unmarkiert.

Der Begriff »markiert« ist ein gängiger Ausdruck der linguistischen Theorie. Er bezieht sich darauf, wie Sprache die Grundbedeutung eines Wortes verändert, indem sie etwas hinzufügt – einen kleinen sprachlichen Zusatz ohne eigene Bedeutung. Die unmarkierte Form eines Wortes trägt die Bedeutung, die sich von selbst versteht – das, woran man denkt, wenn man an nichts Besonderes denkt.

Die unmarkierte Zeit eines Verbs ist das Präsens – zum Beispiel »wir *besuchen*«. Um das Verb in die Vergangenheit zu setzen, muß man es für die »Vergangenheit« markieren, indem man etwas hinzufügt, in diesem Fall ein *t*, und somit *besuchten* erhält. Wenn man die Zukunft anzeigen möchte, muß man ein Wort hinzufügen: Wir *werden besuchen*. Substantive werden als Singular angesehen, bis man sie als Plural markiert. Um die Vorstellung von mehr als einer Sache zu vermitteln, hängt man für gewöhnlich etwas an, zum Beispiel ein *e* oder *n*. So werden aus einem *Besuch* mühelos mehrere *Besuche* und aus einer *Schüssel* dank der Pluralmarkierung zwei *Schüsseln*.

Im Englischen ist die unmarkierte Form der meisten Wörter außerdem »maskulin«. Das Männliche ist der unmarkierte Normalfall. Es gibt Endungen wie *ess* oder *ette*, um ein Wort als feminin zu kennzeichnen. Leider weckt eine weibliche Markierung oft auch die Assoziation des Oberflächlichen. Würden Sie Ihr Leben vertrauensvoll in die Hände einer »doctorette« legen? Deshalb verwahren sich viele englischsprachige Dichterinnen oder Schauspielerinnen gegen die markierten Bezeichnungen »poetess« oder »actress«. Alfre Woodard, die für einen Oskar für die beste weibliche Nebenrolle nominiert wurde, sagte, sie sehe sich selbst als »actor«, nicht als »actress«, denn letztere sei »eine Frau, die über Wimpern und Zellulitis nachdenkt, während eine Frau, die sich als ›actor‹ definiert, über ihre Rollen nachdenkt«. Jede markierte Form kann eine Zusatzbedeutung annehmen, die über das hinausgeht, was die Markierung anzeigen soll. Die Zusatzbedeutungen, die die Geschlechtsmarkierungen tragen, spiegeln die traditionellen Assoziationen mit dem weiblichen Geschlecht wider: etwas nicht ganz Ernsthaftes, oft Sexuelles.

Ich konnte den Stil und den Typ der einzelnen Frauen am Konferenztisch erkennen, weil jede von uns Entscheidungen über Frisur, Kleidung, Make-up und Accessoires treffen mußte, und jede dieser Entscheidungen trug eine Bedeutung. Jeder Stil, den wir wählen konnten, war markiert. Natürlich mußten auch die Männer in der Gruppe solche Entscheidungen treffen, aber ihre Auswahl trug weit weniger Bedeutungen. Die Männer hätten einen markierten Stil wählen können, aber sie mußten es nicht, und in dieser Gruppe hatte es niemand getan. Anders als die Frauen hatten sie die Option eines unmarkierten Stils.

Ich machte eine Bestandsaufnahme von der Kleidung, die die Männer trugen. Es wäre durchaus möglich gewesen, daß ich ein Westernhemd mit schmaler Krawatte oder einen dreiteiligen Anzug oder einen Hippie mit Jeans und Halskette entdeckt hätte. Entdeckte ich aber nicht. Alle acht Männer trugen braune oder blaue Hosen und Standardhemden in hellen Farben.

Keiner trug Sandalen oder Stiefel; ihre Schuhe waren dunkel, geschlossen, bequem und flach. Kurzum – unmarkiert.

Obwohl die Männer kein Make-up aufgelegt hatten, ist es etwas völlig anderes, ob Sie von einem Mann sagen, daß er kein Make-up trägt, oder ob Sie es von einer Frau sagen. Bei Männern ist »kein Make-up« nicht markiert.

Ich frage mich, welchen Stil wir Frauen hätten wählen können, um genauso unmarkiert zu sein wie die Männer. Die Antwort lautet – keinen. Es gibt keine unmarkierte Frau.

Es gibt keine weibliche Frisur, die man als »Standard« bezeichnen könnte und die nichts über die Frau aussagt. Das Spektrum weiblicher Frisuren ist atemberaubend, aber wenn eine Frau keine bestimmte Frisur trägt, wird ihr wiederum unterstellt, sie lege keinen Wert auf ihr Äußeres – eine beredte Botschaft, die eine Frau für viele Positionen disqualifizieren kann.

Frauen müssen zwischen Schuhen wählen, die bequem sind, und Schuhen, die als attraktiv gelten. Als unsere Gruppe einen unerwarteten Fußmarsch bewältigen mußte, war die Frau mit den flachen Schnürschuhen zuerst am Ziel. Als letzte trudelte die Frau mit den Pfennigabsätzen ein – mit den Schuhen in der Hand und einer Handvoll Männer im Schlepptau. Wenn eine Frau enge oder weit ausgeschnittene (also sexy) Kleidung trägt, sendet sie damit eine Botschaft aus – die beabsichtigte Botschaft, daß sie attraktiv sein möchte, aber auch die möglicherweise unbeabsichtigte Botschaft des Entgegenkommens. Doch wenn ihre Kleidung nicht sexy ist, sendet auch das eine Botschaft aus, die daraus abgeleitet wird, daß die Frau sich dagegen entschieden hat. Mona Harrington zitiert in ihrem Buch *Women Lawyers* eine Frau, die zwischen diese Fehlerfronten geriet, obwohl sie als Partnerin in einer Anwaltssozietät arbeitete: Sie hatte einen überraschenden Anruf erhalten und mußte sofort zum Gericht. Als sie aus der Tür stürzte, meinte ein junger Kollege zu ihr: »Sollten Sie nicht besser Ihre Bluse zuknöpfen?« Sie war völlig perplex. »Meine Bluse war nicht besonders weit aufgeknöpft«, berichtete sie Mona Harrington. »Und es war kein konservativer Typ. Aber für das Gericht hielt er einen weiteren Knopf für erforderlich.« Und hier der entscheidende Punkt: »Ich fing an, mich zu fragen, ob meine Autorität von einem Knopf untergraben wird.«

Eine Frau, die leuchtende Farben trägt, lenkt die Aufmerksamkeit auf sich, aber wenn sie leuchtende Farben vermeidet, hat sie (wie die Wahl meines Verbs in diesem Satz andeutet) *etwas vermieden*. Ein starkes Make-up macht darauf aufmerksam, daß die Trägerin attraktiv sein möchte. Ein leichtes Make-up versucht attraktiv, aber nicht verführerisch zu wirken. Es gibt Tausende von Produkten, aus denen das Make-up ausgewählt werden muß und unzählige Möglichkeiten, es aufzutragen. Aber überhaupt kein Make-up ist alles andere als unmarkiert. Manche Männer sehen darin die feindselige Weigerung, ihnen zu gefallen. Frauen, die normalerweise kein Make-up tragen und es ausprobieren, sind manchmal von dem Verwandlungseffekt überrascht. In ihrem Buch *Face Value* schildert Robin Lakoff die erhöhte Aufmerksamkeit, die ihr von Männern zuteil wurde, als sie von einem Fernsehsender kam und immer noch professionell geschminkt war.

Frauen können nicht einmal ein Formular ausfüllen, ohne Geschichten von sich zu erzählen. Die meisten amerikanischen Antragsformulare enthalten heute vier Ankreuzmöglichkeiten für die Anrede. Männer haben eine zur Auswahl – »Mr.« –, bringen also mit ihrer Entscheidung nur zum Ausdruck, daß sie männlichen Geschlechts sind. Aber eine Frau muß zwischen drei Möglichkeiten wählen, die alle markiert sind. Eine Frau, die das Kästchen für »Mrs.« oder »Miss« ankreuzt, gibt nicht nur bekannt, ob sie verheiratet ist oder nicht, sondern auch, daß sie konservative Ansichten über Anredeformen hat und wahrscheinlich auch sonst zu konservativen Wertvorstellungen neigt. Durch ein Kreuzchen bei »Ms.« verweigert sie die Auskunft über den Familienstand (während »Mr.« nichts verweigert, weil nichts gefragt wurde), markiert sich aber auch als entweder emanzipiert oder aufmüpfig, je nachdem welche Ansichten und Vorurteile die Person hat, die das Formular auswertet.

Manchmal versuche ich, diese unterschiedlich markierten Auswahlmöglichkeiten zu umgehen, indem ich als Anredeform einfach »Dr.« angebe – womit ich riskiere, mich entweder als hochnäsig zu markieren (was sarkastische Reaktionen wie »Ooh, Verzeihung!« auslöst) oder als Überraschungsei (was Reaktionen beifälligen Erstaunens wie »Schön für Sie!« auslöst).

Die Nachnamen aller verheirateten Frauen sind markiert. Wenn eine Frau den Namen ihres Mannes annimmt, verkündet sie der Welt, daß sie verheiratet ist, und nach Ansicht einiger Betrachter auch, daß sie traditionelle Wertvorstellungen hat. Andere schließen daraus, daß ihre eigene Identität eingeschränkt ist und sich stark über die ihres Mannes definiert. Wenn sie den Namen ihres Mannes nicht annimmt, ist auch das markiert und eines Kommentars würdig: Sie hat etwas *getan*, sie hat »ihren eigenen Namen behalten«. Obwohl ein Mann genau dasselbe tun kann – und normalerweise tut –, wird von ihm nie gesagt, daß er »seinen eigenen Namen behalten hat«, weil niemand auf die Idee kommt, daß er ihn aufgeben könnte. Für ihn, aber nicht für sie, ist die Wahl des eigenen Namens unmarkiert.

114

Eine verheiratete Frau, die ihren Kuchen essen und behalten möchte, wählt vielleicht einen Doppelnamen. Aber auch das verkündet, daß sie verheiratet ist oder war und führt häufig zu einem zungenbrecherischen Bandwurm, der einem das Leben verleiden kann, wenn man ihn alphabetisch einordnen muß. In einer Liste (Harvey O'Donovan, Jonathon Feldman, Stefanie Holzburg-McGillicuddy) sticht der Doppelname der Frau heraus. Er ist markiert.

Auch Pronomen nehmen an diesem eingeschworenen Muster teil. Englische Grammatikbücher sagen uns, daß »he« »er oder sie« bedeuten kann und daß »she« nur benutzt wird, wenn wir uns auf etwas spezifisch Weibliches beziehen. Aber wie Peter Mühlhäusler und Rom Harré in ihrem Buch *Pronouns and People* ausführen, ist diese Hochjubelung des »he« zum geschlechtsunbestimmten Fürwort eine neuere Erfindung, die von Grammatikern im 18. und 19. Jahrhundert ins Englische eingeführt wurde. Mindestens seit dem Jahr 1500 war das korrekte geschlechts-unbestimmte Pronomen *they*, wie noch heute im umgangssprachlichen Englisch. Mit anderen Worten: Die Grammatiker haben das weibliche Geschlecht zum markierten Fall erklärt.

Ich betrachtete die Männer und Frauen am Konferenztisch und staunte, in was für unterschiedlichen Welten wir lebten. Obwohl auch Männer eine Auswahl treffen müssen und die Männermode heute vielleicht nicht mehr so neutral ist wie früher, sind doch die Grenzen, innerhalb derer die Männer ihre Arbeitskleidung wählen (Schnitt, Stoff oder Farbe von Jacketts, Hemden und Hosen und sogar der eine Bereich, in dem sie ein bißchen über die Stränge schlagen dürfen – Krawatten) viel enger gesteckt als das üppige Spektrum an Farben und Stilrichtungen, aus dem Frauen auswählen müssen. Für eine Frau ist die Entscheidung, ob sie einen Rock, eine Hose oder ein Kleid anzieht, nur der Anfang; die Länge des Rocks kann von knapp bodenlang bis knapp über den Po reichen, und die Farbpalette, aus der sie auswählen muß, würde einen Regenbogen vor Neid erblassen lassen. Aber sogar dieser Gegensatz in der Bandbreite, aus der Männer und Frauen wählen müssen, ist unbedeutend im Vergleich zu dem entscheidenden Punkt: Ein Mann kann einen Stil wählen, der keine Aufmerksamkeit erregt und ihn keiner festen Deutung unterwirft, aber eine Frau nicht. Was immer sie anzieht, wie immer sie sich nennt, wie immer sie redet, wird Futter für die Deutung ihres Charakters und ihrer Kompetenz. Auf einer Bühne, auf der die meisten Darsteller Männer sind, gibt es keine unmarkierte Frau.

Das heißt nicht, daß Männer völlige Freiheit in ihrer Kleidung hätten. Ganz im Gegenteil, sie haben weniger Freiheiten als die Frauen, um ihre Persönlichkeit durch eine bestimmte Auswahl an Stoffen, Farben, Moderichtungen und Schmuckstücken zum Ausdruck zu bringen. Aber die eine Freiheit, die sie im Gegensatz zu den Frauen haben – die Freiheit, unmarkiert zu sein –, ist das Thema dieser Erörterung.

Daß Kleidung eine Metapher für die Markiertheit von Frauen ist, bemerkte der Journalist David Finkel, der einen Artikel über weibliche Kongreßabgeordnete für das *Washington Post Magazine* verfaßte. Er benutzte den Kontrast zwischen weiblicher und männlicher Kleidung, um seinen Artikel einzuleiten, und schilderte, wie die Abgeordneten durch die Eingangstüren ins Foyer des Repräsentantenhauses strömten:

So viele Männer, so viele Anzüge. Dunkle Anzüge. Einfarbige Anzüge. Blaue Anzüge, die grau aussehen. Graue Anzüge, die blau aussehen. Da ist Tom Foley – – er steckt in einem, ebenso wie Bob Michel und Steny Hoyer und Fred Grandy und Dick Durbin und Dutzende, wenn nicht Hunderte andere.

So viele Anzüge, so viele weiße Hemden. Und dunkle Krawatten. Und erste Bartstoppeln am späten Nachmittag. Und kurze Haarschnitte. Und Hängebacken. Und große, sichtbare Ohren.

So viele, viele Männer.

...

Und noch immer strömen die Abgeordneten durch die Türen – grau, grauer, am grauesten – bis zu dem Augenblick, wo plötzlich eine Überraschung in diesem Feuchthaltebehälter auftaucht:

Die Farbe Rot.

Es ist Susan Molinari, eine neue Abgeordnete aus New York...

Jetzt Türkis. Es ist Barbara Boxer...

Jetzt Paisley. Es ist Jill Lang...

Finkel, dessen Artikel im Mai 1992 erschien, schmückt seine Metapher von der Farbe der Kleidung weiter aus und stellt abschließend fest: »Von den 435 Mitgliedern des Repräsentantenhauses sind 29 Frauen – wenn also der Kongreß ein grauer Flanellanzug ist, dann sind die Frauen im Kongreß nicht mehr als eine Handvoll Tupfen auf dem Revers.«

Wann ist Sexismus Realismus?

Wenn Frauen in unserer Kultur markiert sind, so ist auch ihre bloße Präsenz in Führungsrollen sehr häufig markiert. Viele Arbeitssituationen, ebenso wie Familien, warten mit vorgefertigten Rollen für die Geschlechter auf, und von Frauen wird normalerweise erwartet, daß sie die unterstützenden Rollen ausfüllen. Es ist noch nicht lange her, daß Arztpraxen und Krankenhäuser von Männern bevölkert waren, die als Ärzte und Leiter fungierten, und von Frauen, die als Krankenschwestern und Schreibkräfte fungierten, so wie auch die meisten Büros von Männern bevölkert waren, die die Verantwortung trugen, und von Frauen, die ihnen als Empfangsdamen, Sachbearbeiterinnen und Sekretärinnen zur Seite standen. Alle Kongreßabgeordneten waren Männer, und die Frauen, die man im Kapitol antraf, waren Helferinnen und Mitarbeiterinnen. Diese Erwartung bildet immer den Hintergrund für die Szene, wenn eine Frau oder ein Mann in einer atypischen Rolle auftritt.

Alle frischgebackenen weiblichen Kongreßabgeordneten müssen damit rechnen, daß man sie mit Untergebenen verwechselt, obwohl sie Anstecknadeln am Revers tragen, die sie als Kongreßabgeordnete ausweisen. Die Kongreßabgeordnete Marjorie Margolies-Mezvinsky befragte ihre Kolleginnen über ihre Erfahrungen und veröffentlichte die Interviews in ihrem Buch *A Woman's Place*. Eine Kongreßabgeordnete, die zusammen mit zwei männlichen Abgeordneten an eine Sicherheitskontrolle kam, wurde als einzige von einem Beamten angehalten und aufgefordert, durch den Metalldetektor zu gehen. Als die Kongreßabgeordnete Maria Cantwell nach mehrstündiger Abwesenheit in ihr

Büro mußte, wollte der Sicherheitsbeamte wissen, für welchen Abgeordneten sie arbeitete. Ihr Pressesekretär Larry West passierte währenddessen gedankenlos die Absperrung, ohne aufgehalten zu werden. Als die Abgeordnete Lynn Schenk mit einer männlichen Hilfskraft an einem Empfang teilnahm, streckte der Gastgeber dem Mitarbeiter freundlich die Hand entgegen und sagte: »Oh, Herr Abgeordneter Schenk.«

Man muß keine Kongreßabgeordnete sein, um solche Erfahrungen zu machen. Eine selbständige Unternehmerin stellte fest, daß immer, wenn sie einen männlichen Angestellten mit auf Geschäftsreise nahm – egal ob Vorstandsmitglied oder Assistent –, die meisten Leute zunächst den Mann ansprachen, weil sie überzeugt waren, daß er derjenige mit der Macht und sie seine Gehilfin sein müßte. Eine Kontrabaßspielerin machte eine ähnliche Erfahrung, als sie bei einem Vorspieltermin mit einem Mann als musikalischem Begleiter erschien. Die Leute dort hielten sie für die Begleiterin. Die promovierte Leiterin eines Forschungsunternehmens berichtet, daß sie häufig ohne Titel angeredet wird, während ihr Assistent, der nur einen Magistertitel trägt, als »Dr.« angesprochen wird.

Ich arbeitete einmal nach Büroschluß in meinem Zimmer an der Georgetown University. Die Büros des Lehrkörpers befinden sich alle zu beiden Seiten eines Korridors, in den kleine abgeteilte Räume für die Sekretärinnen und studentischen Hilfskräfte eingelassen sind. An jeder Bürotür ist ein Schild mit dem Titel des Professors und dem Nachnamen angebracht. Die abendliche Stille im Korridor wurde unterbrochen, als eine Frau an meine Tür kam und fragte, ob sie mein Telefon benutzen dürfe. Ich war überrascht, aber gern gefällig und erklärte, daß sie eine »9« vorweg wählen müsse. Sie erledigte den Anruf, bedankte sich bei mir und ging. Einige Minuten später kam sie zurück und fragte, ob ich ihr etwas Tippex leihen könnte. Wieder überrascht, aber immer noch gern behilflich, sah ich in meine Schreibtischschublade, mußte die Frau jedoch enttäuschen: Da meine Schreibmaschine mit einer Korrekturtaste ausgestattet ist, hatte ich kein Tippex. Meine Geduld geriet ins Wanken, aber meine Verwirrung legte sich, als die Frau das dritte Mal in mein Büro platzte, um mich zu fragen, ob ich Dr. Murphys Sekretärin sei, in welchem Fall sie mir gern das Referat aushändigen würde, das sie bei ihm einreichen wollte.

Ich bezweifle, daß diese Frau meine Zeit und meinen Raum in Anspruch genommen hätte, um mein Telefon zu benutzen und mein Tippex zu borgen, wenn sie gewußt hätte, daß ich Professorin bin, obwohl es mir nichts ausgemacht hätte. Zumindest hätte sie sich wahrscheinlich respektvoller aufgedrängt. Jedenfalls vermittelte mir das Erlebnis einen Eindruck davon, wie schwer es für eine Empfangssekretärin sein muß, ihre Arbeit zu erledigen, da offenbar jeder überzeugt ist, daß man sie pausenlos stören darf. Aber ich fand es amüsant und erstaunlich, daß mein Geschlecht so viele Hinweise auf meine Position verdeckt hatte: mein Büro ging vom Flur ab, es war ein völlig abgeschlossener Raum wie alle Fakultätsbüros, mein Name und mein Titel standen an der Tür, und ich arbeitete nach 17 Uhr, also nach Büroschluß, wenn die Sekretärinnen für gewöhnlich schon nach Hause gegangen sind. Aber all diese Hinweise waren nichts im Vergleich zu dem Haupthinweis des Geschlechts: In der Universitätsumwelt erwartete die Frau, daß Männer als Professoren und Frauen als Sekretärinnen arbeiteten. Sie hatte die Statistik auf ihrer Seite: Von den achtzehn Mitgliedern meines Fachbereichs waren damals sechzehn Männer; und vier der fünf Mitglieder von Dr. Murphys Fachbereich waren ebenfalls Männer. Also vertraute die Frau einfach darauf, daß die Welt ihren Erwartungen entsprechen würde.

Es ist nicht besonders ironisch oder überraschend, daß die Studentin, die mich mit einer Sekretärin verwechselte, weiblich war. Frauen sind nicht weniger anfällig für die Vermutung, daß Menschen der erwarteten Norm entsprechen, als Männer. Das gilt auch für Frauen, die selbst Ausnahmen sind. Eine Ärztin, die auf einem Spezialgebiet arbeitet, auf dem es nur wenige Frauen gibt, ärgert sich, wenn sie bei Kollegen anruft – »Hier Dr. Jones, kann ich bitte Dr. Smith sprechen« – und von Dr. Smiths Sekretärin zur Antwort erhält: »Moment, ich hole Dr. Smith an den Apparat. Sie können inzwischen zu Dr. Jones durchstellen.« Aber dieselbe Frau ertappt sich dabei, daß sie von den Hausärzten ihrer Patienten grundsätzlich im Maskulin spricht, obwohl sie selbst am besten wissen müßte, daß es auch Ärztinnen gibt. Kinder scheinen sich genauso an den Normen zu orientieren wie Erwachsene. Eine Frau, die nicht nur als Ärztin arbeitete, sondern auch einen Lehrstuhl an einer medizinischen Fakultät hatte, war überrascht, als ihre fünfjährige Tochter ihr erklärte: »Du bist kein Arzt, Mama.

Du bist eine Krankenschwester.« Entschlossen, ihre Tochter zu beeindrucken, entgegnete sie: »Doch, ich bin eine Ärztin. Ich bringe sogar anderen bei, wie sie Arzt werden.« Das Mädchen dachte einen Moment darüber nach und versuchte, die Information in ihr Weltbild einzuordnen. »Oh«, sagte sie. »Aber du bringst es nur Ärztinnen bei.« (Umgekehrt müssen Krankenpfleger damit rechnen, daß man sie mit Ärzten verwechselt und Männer, die als Assistenten arbeiten, daß man sie für ihren Vorgesetzten hält.)

Eine meiner Lieblingsgeschichten zu diesem Thema passierte einer Kollegin, die einen Flug für sich buchen wollte und auf die Frage: »Ist das Mrs. oder Miss?« ihren Titel angab: »Es ist Doktor.« Woraufhin der Agent fragte: »Braucht der Doktor einen Mietwagen, wenn er ankommt?« Meine Kollegin hatte versucht, die Antwort neu zu rahmen, weil sie ihren Familienstand nicht preisgeben wollte, mit dem Ergebnis, daß der Agent sie als Sekretärin rahmte.

Was ich mit diesen Geschichten ausdrücken möchte, ist nicht, daß der Sexismus üppig wuchert und daß wir uns alle der veränderten Rollenbilder bewußt sein sollten, obwohl ich diese Aussagen für richtig halte. Ich neige zur Nachsicht gegenüber solchen Irrtümern, auch wenn ich mich unbehaglich fühle, wenn ich selbst betroffen bin, weil sie mir auch schon unterlaufen sind. Ich erinnere mich, daß ich einmal einen Vortrag vor einer Gruppe Ärztinnen hielt und anschließend Bücher signierte. Die Frau, die die Lesung organisiert hatte, bat mich, ein Buch zurückzulegen, weil sie im Fahrstuhl Dr. Soundso getroffen hatte; Dr. Soundso konnte leider nicht zu der Veranstaltung kommen, wollte aber trotzdem gern ein signiertes Buch haben. Ich kam der Bitte gern nach und fragte, den gezückten Stift in der Hand, welchen Vornamen ich in die Widmung schreiben sollte – und war überrascht, als es ein Frauenname war. Obwohl ich gerade einen Abend in einem Raum voller Ärztinnen verbracht hatte, hatte ich bei »Doktor« automatisch an einen Mann gedacht.

Solange Frauen eine Minderheit in Führungspositionen sind, darf es uns nicht überraschen, wenn Menschen unterstellen, daß die Welt ihren Erwartungen entspricht. Ich erzähle diese Geschichten, weil ich einen Eindruck davon vermitteln möchte, wie die Welt für Menschen aussieht, die die Ausnahme von der Regel bilden: In jedem Augenblick, den sie in der »unerwarteten« Rolle verbringen, müssen sie gegen vorgefaßte Meinungen kämpfen, die auf sie nicht zutreffen, ganz wie schwule Männer und lesbische Frauen im Hinblick auf ihre sexuelle Orientierung und ganz wie mittelständische schwarze Akademiker, deren Situation Ellis Cose in seinem Buch *The Rage of a Privileged Class* beschreibt.

Eine besondere Belastung, die dieses Muster für Frauen in verantwortlichen Positionen mit sich bringt, besteht darin, daß sie sich ständig gegen Überfälle auf ihre Zeit wehren müssen, weil andere automatisch unterstellen, die Zeit einer Frau sei weniger kostbar. Allerdings kann die Frau auch davon profitieren, in dem sie mehr Informationen bekommt, weil die Leute sie für »zugänglicher« halten. In gewisser Weise wird jede Frau als Empfangsdame betrachtet, die immer für Informationen und Hilfe zur Verfügung steht, die man pausenlos stören kann. Eine Chirurgin klagte, daß die Krankenschwestern ihr einfach weniger zur Verfügung stünden als den männlichen Kollegen, obwohl sie im großen und ganzen ein sehr gutes Verhältnis zum Pflegepersonal hätte. (Schon der nicht näher markierte Begriff Chirurg suggeriert, daß alle Chirurgen Männer sind.)

Das Eerwartete erwarten

Wir nähern uns neuen Wahrnehmungen, indem wir sie an unseren früheren Erfahrungen messen. Das ist ein notwendiger Prozeß, der es uns ermöglicht, durchs Leben zu gehen, ohne jede hereinkommende Wahrnehmung als brandneu zu betrachten. Das funktioniert sehr gut, wenn die Welt, der wir begegnen, sich so verhält, wie sie es in der Vergangenheit getan hat, führt uns aber in die Irre, wenn wir auf eine neue Welt stoßen. Und wir alle lernen gerade, mit einer Welt umzugehen, die sich so schnell verändert, daß unsere Erwartungen nur schwer Schritt halten können.

Ein Mann ging an einer Baustelle in einer großen, geschäftigen Stadt vorbei und betrachtete geistesabwesend die Szenerie, als er plötzlich etwas Überraschendes entdeckte: Die Person, die hoch oben in der Kabine eines großen Derricks saß und den Kran regelmäßig nach einem Mundvoll Erde greifen ließ, war eine Frau. Fröhlich rief er ihr zu: »Hey, Mama, was gibt's zum Abendbrot?« Er hielt das für einen gelungenen Witz. Es war natürlich nur eine flüchtige Bemerkung und nicht besonders gut durchdacht, aber im Nu hatte er sie daran erinnert, daß sie nicht da war, wo sie »hingehörte« – in die Küche.

Wenn jemand in ein Krankenhaus geht und erwartet, daß die Ärzteschaft ausschließlich aus Männern und das Pflegepersonal ausschließlich aus Frauen besteht – was stillschweigend impliziert, daß Frauen in weißen Kitteln Krankenschwestern und Männer in weißen Kitteln Ärzte sind –, wird das immer noch in den meisten Fällen zutreffen. Aber es trifft nicht *immer* zu, und das macht es zum Problem für Frauen, die Ärzte sind, und Männer, die »Krankenschwestern« sind, und für Patienten, die wissen müssen, wer was ist. Wenn unsere Erwartungen nicht erfüllt werden, nennen wir das Sexismus – das Reagieren auf alte Rollenmuster, die nicht mehr gelten oder nicht mehr in jedem Fall gelten.

Wir sind auch nicht dagegen immun, anderen Menschen mit bestimmten Erwartungen zu begegnen, die wir selbst nicht erfüllen. Ich erinnere mich, daß ich vor Jahren einen Journalisten traf: Er interessierte sich für einen Artikel, den ich über den Gesprächsstil von New Yorker Juden geschrieben hatte – einen Artikel, in dem ich mich selbst als Muttersprachlerin in diesem Stil ausgewiesen hatte. Als ich vor dem verabredeten Lokal auf ihn wartete, sah ich ihn von weitem auf mich zukommen (ich wußte, wer er war, weil ich ihn bei einem Vortrag gesehen hatte) und merkte, wie sein suchender Blick über mich hinwegglitt, als er nach Deborah Tannen Ausschau hielt. Als ich mich zu erkennen gab, meinte er, er hätte nicht erwartet, daß ich blond wäre, weil er nach einer Jüdin Ausschau gehalten hätte – und mußte lachen, weil er selbst dauernd zu hören bekam, daß er nicht so aussähe wie erwartet –, er ist auch Jude und auch blond.

Was ich damit sagen möchte ist, daß es keinen Sinn hat, die Leute zu verdammen, die erwarten, daß die Welt so bleibt, wie sie immer war, aber wir sollten auch niemanden aus der Verantwortung entlassen – einschließlich uns selbst. Wir müssen uns immer wieder bewußt machen, daß die Welt sich verändert und wir nicht länger darauf vertrauen können, daß Frauen und Männer in den eng begrenzten, festgeschriebenen Rollen verharren, die man ihnen in der Vergangenheit zugewiesen hat. Aber wir müssen auch darauf achten, wann solche Erwartungen uns Hindernisse in den Weg legen.

Zu den größten Hindernissen gehört, daß wir aufgrund solcher Erwartungen ganz bestimmte Vorstellungen davon haben, wie Frauen und Männer sprechen und sich verhalten sollten. Weil immer mehr Frauen in vormals reine Männerdomänen vorstoßen, in denen die etablierten Verhaltensnormen darauf basieren, wie Männer sich in solchen Rollen verhalten haben, müssen die Erwartungen sich ändern – entweder die Erwartungen an das angemessene Rollenverhalten oder die Erwartungen an die Frauen, die solche Rollen übernehmen. Welche Alternative wird sich durchsetzen? Werden Frauen ihre Sprechweise ändern, um sich bestehenden Normen anzupassen, oder werden die Frauen die Normen verändern – neue Erwartungen für die Rollen wecken, die sie ausfüllen?

Dein Stil oder meiner?

Es gibt unzählige Studien, die belegen, daß wenn Frauen und Männer in Gruppen zusammenkommen, die Frauen eher dazu neigen, ihren Stil zu ändern und sich den Männern anzupassen – das gilt für Erwachsene ebenso wie für Kinder.

Die Psychologin Eleanor Maccoby verweist auf Untersuchungen von Linda Carli, Judith Hall und Karen Braunwald, die nachweisen, daß Frauen in Gegenwart von Männern mehr wie Männer reden: Sie sprechen lauter, unterbrechen häufiger und setzen sich auch auf andere Weise stärker durch. Aber, so Maccoby weiter,

> vieles spricht auch dafür, daß sie etwas von ihrem gut eingeübten weiblichen Verhaltensstil mitbringen, manchmal in übertriebener Form. Frauen warten unter Umständen auf einen Sprecherwechsel, der nicht kommt, und reden dadurch schließlich weniger als in einer reinen Frauengruppe. Sie lächeln mehr als Männer, stimmen den Äußerungen anderer häufiger zu und

signalisieren mit non-verbalen Zeichen, daß sie dem, was andere – vielleicht insbesondere Männer – sagen, aufmerksam zuhören (Duncan und Fiske 1977). In einigen Studien wird dieses weibliche Verhalten als »stummer Applaus« bezeichnet.

Der Psychologe Campbell Leaper beobachtete die Tendenz von Mädchen, ihren Stil dem von Jungen anzupassen, in einer Studie mit 138 Kindern im Alter von fünf bis sieben Jahren, die paarweise zusammenspielten. Obwohl für alle Kinder galt, daß ihre Sprechweise sich hauptsächlich durch einen »kollaborativen« Stil auszeichnete, gleichgültig ob sie mit Kindern des gleichen oder anderen Geschlechts sprachen, gab es doch graduelle Unterschiede. Leaper zufolge kam es häufiger zu einem kollaborativen und kooperativen Austausch, wenn Mädchen mit Mädchen spielten, und häufiger zu einem kontrollierenden und dominierenden Austausch, wenn Jungen mit Jungen spielten; das galt insbesondere, wenn die Kinder älter waren. Jungen neigten weniger als Mädchen dazu, typische Gesprächsstrategien des anderen Geschlechts zu übernehmen, wenn sie miteinander spielten. Wenn Mädchen mit Jungen spielten, benutzten sie eine stärker kontrollierende Sprechweise, als wenn sie mit Mädchen spielten. Leaper führt dies darauf zurück, daß die Jungen die freundliche Sprechweise der Mädchen zu ignorieren pflegten. Auch hier zeigt sich wieder der rituelle Charakter von Gesprächen. Die Strategien der Mädchen funktionierten am besten, wenn sie gegenüber anderen Mädchen verwendet wurden, die diese Strategien teilten. Wenn sie die Strategien gegenüber Jungen anwendeten, funktionierten sie nicht so gut, also mußten die Mädchen ihren Stil dem der Jungen anpassen, um Ergebnisse zu erzielen.

Die Neigung von Frauen, ihre Sprechweisen denen der Männer anzupassen, ist sogar in kleinsten, persönlichen Bereichen nachgewiesen worden. Donna Johnson und Duane Roen untersuchten Beurteilungsschreiben, in denen graduierte Studenten die Semesterarbeiten von Mitstudenten bewertet hatten. Die Studie ergab, daß Studentinnen etwas positivere Bewertungsbegriffe, wie »interessant« und »hilfreich«, benutzten als die Männer, aber die verblüffendste Entdeckung war, daß die Frauen wesentlich mehr positive Begriffe *gegenüber anderen Frauen* verwendeten als gegen über Männern, während die Männer gegenüber Frauen nur wenig mehr solcher Begriffe benutzten. Mit anderen Worten: Die Frauen richteten ihre Reaktion stärker daran aus, ob sie sich an eine Frau oder einen Mann wendeten. (Ein indirektes Ergebnis dieses Musters war, daß die Männer das geringste Lob erhielten, ob sie nun von Männern oder Frauen bewertet wurden.)

Warum kann eine Frau nicht mehr wie ein Mann sein?

In vielerlei Hinsicht betreten Frauen, die in die Arbeitswelt eintreten, »das Haus der Männer« – wie Captain Carol Barkalow es formulierte, die ein Buch gleichen Titels über ihre Laufbahn beim Militär verfaßte. Die Sprache, die in der Arbeitswelt gesprochen wird, basiert häufig auf Metaphern aus dem sportlichen oder militärischen Bereich, auf Begriffen, die für viele Frauen nur idiomatische Ausdrücke sind, keine wirklichen Bezugnahmen auf Welten, die sie selbst bewohnt oder besonders eifrig beobachtet haben. Ausdrücke wie »Stellung beziehen«, »das Kommando führen«, »die Bombe platzen lassen«, »sein Pulver verschießen«, »eine Attacke reiten«, »in die Schußlinie geraten«, »den Startpfiff geben«, »den Ball ins Rollen bringen«, »Heimvorteil«, »ein Eigentor schießen«, »Eins zu Null für uns«, »zum Schlag ausholen«, »einen Volltreffer landen« oder »ins Abseits stellen« sind Teil unserer Alltagssprache. (Die Liste ließe sich endlos fortsetzen.) Als der Schriftsteller Mark Richard als junger, unbekannter Autor in Virginia Beach lebte, erklärte ihm der Literaturredakteur einer überregionalen Zeitung: »Sie wollen Profi-Literatur spielen? Dann müssen Sie nach New York kommen.«

In einigen Fällen wissen Frauen (oder Männer), die im Sport nicht so gut bewandert sind, wie ein Begriff gebraucht wird, ohne seinen Ursprung zu kennen. In anderen kann die fehlende Vertrautheit mit der sportlichen Thematik Unverständnis auslösen. Eine Frau hörte von ihrem Anwalt, daß sie die Gegenseite dank des gerade ausgehandelten Vertrages »an der Grundlinie festnageln könnte«. Sie mußte fragen, was er damit meinte.

Das ist ein Bereich, in dem Frauen offenbar bereits beginnen,

ihre eigenen Formen zu entwickeln, indem sie neben den sportlichen und kriegerischen Metaphern auch solche aus dem Bereich
des Kochens, Kindergebärens und Nähens benutzen. Eine Frau,
die über ihre Pläne für ein Unternehmen sprach, das eine Serie von
Videofilmen herstellen sollte, sagte zum Beispiel: »Ich würde sie
gern nacheinander rausbringen – nicht wie Brotscheiben, sondern
wie Babies.« Rita Dove, die 1994 mit dem Ehrentitel des Poeta
Laureatus ausgezeichnet wurde, verglich ein Gedicht mit einem
Suppenwürfel, weil es konzentriert, transportabel und nützlich
sei. Eine Frau benutzte das Bild der »Nadelspitze« für ein redak-
tionelles Projekt, an dem sie arbeitete, weil es genaue Aufmerksamkeit fürs Detail erforderte.

Obwohl es Anzeichen dafür gibt, daß Frauen ihren Stil dem der
Männer anpassen, wenn sie mit ihnen interagieren, übernehmen
sie ihn selten uneingeschränkt. Und das ist gut so, weil Männer
und Frauen, die ihr Verhalten an einem Mitglied des anderen Geschlechts orientieren, eine völlig andere Reaktion erhalten als ihr
Rollenmodell. In der Arbeitswelt ist das Modell häufig ein Mann,
und eine Frau, die versucht, sein Verhalten nachzuahmen, macht
oft bittere Erfahrungen.

Ein drastisches Beispiel für dieses Phänomen liefert Captain
Carol Barkalow. Captain Barkalow, die als eine der ersten Frauen
die Militärakademie von West Point besuchte, stieg zur Kompa-
niechefin in Fort Lee, Virginia, auf. Weil sie dem männlichen Modell eines befehlshabenden Offiziers besser entsprechen wollte,
fing sie mit Bodybuilding an. Konnte es eine bessere Methode
geben, um das ungerechte Vorurteil zu widerlegen, daß Frauen
nicht so stark wären wie Männer, nicht stark genug, um eine Einheit zu führen? Sie war so gut, daß sie den zweiten Platz bei einem
Bodybuilding-Wettbewerb belegte.

Zwei Monate, bevor Captain Barkalow ihr Kommando antre-
ten sollte, wurde die Nachricht ihres Triumphs in der Garnisons-
zeitung veröffentlicht, zusammen mit dem üblichen Meister-
schaftsfoto: Barkalow posierte neben ihrem Pokal, angetan mit
einem Bikini, der die Muskeln, für deren Aufbau sie so hart trai-
niert hatte, vorteilhaft zur Geltung brachte. Dieses Foto hätte sie
um ein Haar ihr Kommando und ihre Karriere gekostet. Mit den
Worten des Brigadeführers: »Sie war zur Masturbationsphantasie
jedes gottverdammten männlichen Unteroffiziers in der Kompa-

nie geworden.« Barkalows Versuch, ihr Image in einer männlichen Domäne – der Muskelstärke – aufzubessern, wurde sexuell interpretiert, weil ein Foto von einer Frau im Bikini, auch wenn sie eine eher kraftvolle als verführerische Pose einnimmt, keine Assoziationen mit Stärke und Fitneß, sondern mit einem Pin-up weckt. Das ist ein besonders drastisches Beispiel für das, was Captain Barkalow in ihren Jahren beim Militär lernte: Wie sie in ihrem Buch ausführt, konnte sie nicht denselben Weg beschreiten wie ein männlicher Offizier, sie mußte ihren eigenen Weg finden, einen Weg, der den Anforderungen des Offiziersberufs gerecht wurde, ohne die Erwartungen an ein angemessenes weibliches Verhalten allzu sehr zu verletzen.

Den eigenen Stil ändern, um andere zu ändern

In meinen Gesprächen mit Ärztinnen klangen immer wieder zwei verschiedene und widersprüchliche Themen an. Von einigen hörte ich, daß die Krankenschwestern ein Problem darstellten. Sie brächten einer Ärztin einfach weniger Respekt entgegen als einem Arzt. Von anderen hörte ich, daß die Pflegekräfte ihre besten Verbündeten seien. Die Krankenschwestern, mit denen sie zusammenarbeiteten, täten einfach alles für sie und hätten ihnen mehr als einmal die Haut gerettet. Was war die Wahrheit über das mehrheitlich weibliche Pflegepersonal und sein Verhalten gegenüber Ärztinnen?

Eine mögliche Erklärung lieferte eine prominente Chirurgin, die zu den wenigen weiblichen Kapazitäten auf ihrem Spezialgebiet gehört. Sie berichtete, daß sie als junge Ärztin dem Beispiel ihrer männlichen Kollegen und Lehrer gefolgt war. Nachdem sie erkannt hatte, daß ein Operationssaal nach militärischen Regeln funktionierte, mit dem Chirurg als kommandierendem Offizier, versuchte sie, Befehle zu brüllen wie die anderen Chirurgen. Aber sie stellte fest, daß es nicht klappte. Niemand befolgte ihre Befehle. Also mußte sie ihren Stil umstellen und andere Methoden finden, um sich zu behaupten, ohne autoritär zu klingen. Und dies erklärt ihrer Ansicht nach die unterschiedlichen Erfahrungen, von denen die Ärztinnen berichteten. Wenn eine Ärztin versuche, genauso autoritär aufzutreten wie viele ihrer männlichen Kollegen, würde sie sich bei den meisten Krankenschwestern nicht durchsetzen können, aber wenn sie sich mit ihnen verbünde und sie als kompetente Kolleginnen respektiere, würde sie phantastisch mit ihnen auskommen.

Das könnte das Rätsel lösen: Unterschiedliche Ärztinnen haben vielleicht unterschiedliche Eindrücke davon, wie Krankenschwestern weibliche Vorgesetzte behandeln, weil diese wiederum die Krankenschwestern unterschiedlich behandeln. Bemerkenswert ist, daß Männer wählen können, ob sie einen autoritären oder sogar herrischen Ton anschlagen wollen oder nicht, ohne von den Krankenschwestern weniger zuvorkommend behandelt zu werden, während Ärztinnen diese Wahl nicht haben. Es ist auch eine interessante Frage, inwieweit Frauen dazu beitragen, daß andere Frauen die Normen der weiblichen Interaktion befolgen, so wie auch Männer Druck auf andere Männer ausüben, damit die Normen der männlichen Interaktion eingehalten werden.

In der Tat deutet vieles darauf hin, daß Frauen tendenziell anders sprechen als Männer, nicht im Sinn eines absolut voraussagbaren Musters, sondern im Sinn gradueller Unterschiede. Auch wenn man individuelle Ausnahmen und die große Bandbreite an persönlichen und kulturellen Stilvarianten berücksichtigt, gibt es dennoch Nachweise (zum Beispiel in den Arbeiten von Candace West und Nancy Ainsworth-Vaughn), daß zum Beispiel Ärztinnen anders mit ihren Patienten reden als Ärzte und daß Rechtsanwältinnen anders vorgehen als ihre männlichen Kollegen. Aber viele Frauen sind sich nicht bewußt, daß sie einen anderen Stil pflegen, und sogar wenn sie Unterschiede wahrnehmen, geben sie es oft nur widerstrebend zu, weil das Abweichen von der akzeptierten Norm immer einen Preis fordert.

Die Linguistin Barbara Johnstone interviewte vier prominente und erfolgreiche Texanerinnen, weil sie daran interessiert war, welche Zusammenhänge die Frauen selbst zwischen ihrem Geschlecht und ihrer öffentlichen Sprechweise sahen. Aber als Johnstone mit den Frauen sprach, bestritten alle vier, daß ihr Geschlecht irgendwelche Auswirkungen auf ihren Redestil hätte. Eine Anwältin meinte zum Beispiel: »... man hat mir gesagt, daß ich im Gerichtssaal erfolgreich bin, weil ich mich mit der Jury identifizieren kann, weil die Geschworenen mich mögen. Ich habe nie herausgefunden, woran das liegt, außer daß... ich versuche zu lächeln und einfach ich selbst zu sein. Und ich setze mich nicht in Pose.« Obwohl ich nicht bezweifle, daß diese Anwältin tatsächlich einfach sie selbst ist, belegen viele Studien, daß Frauen mehr lächeln als Männer. Und wenn die Anwältin betont, daß sie sich nicht in Pose setzt, hört man deutlich die Einstellung heraus, daß man nicht mit seiner Autorität protzen sollte, was charakteristisch für die Führungsauffassung vieler Frauen ist. (Wie ich in Kapitel 6 belege.) Erstaunlicherweise berichteten alle vier Frauen, die Johnstone interviewte, voll Stolz davon, wie ihre texanische Herkunft ihre Sprechweise beeinflusse.

Mona Harrington beschreibt drei Frauen, die große Anwaltsfirmen verließen und ihre eigene »alternative« Kanzlei mit Schwerpunkt Zivilrecht eröffneten. Sie beschlossen, anders zu verfahren, als es in den großen Firmen üblich war, in denen sie vorher gearbeitet hatten – sowohl im Umgang miteinander als auch bei der Arbeit für ihre Klienten.

Die innerbetrieblichen Beziehungen sind insofern anders, als die Partnerinnen in dieser Frauenkanzlei alle anstehenden Probleme gemeinsam besprechen und gemeinsame Entscheidungen treffen; ihre Büros sind gleich groß, und das Einkommen wird durch drei geteilt, unabhängig davon, wer den Klienten geworben oder den Fall bearbeitet hat. Im Hinblick auf ihren Arbeitsstil sagten die Frauen gegenüber Harrington, daß sie ihre Mandanten nicht so aggressiv und oppositionell wie möglich vertreten, sondern indem sie zuhören, beobachten und den Gegner besser »studieren«. Eine der Frauen erklärte, sie würden bei Zeugenvernehmungen weit bessere Ergebnisse erzielen, wenn sie einen »ruhigen, einfühlsamen Ansatz« wählten und den Zeugen dazu verleiteten, in der gegnerischen Anwältin eine verständnisvolle Freundin zu sehen, als wenn sie den Zeugen in die Mangel nähmen und angriffen.

Aber wenn dieselben Frauen von der Presse über ihre Arbeitsweise interviewt werden, erwähnen sie ihren abweichenden Stil mit keinem Wort, nicht einmal um zu erklären, wie gut er funktioniert. Ganz im Gegenteil – sie betonen, daß sie »knallharte« Prozeßführende und kampferprobte Veteranen an der traditionellen juristischen Streitfront sind. Sie könnten nicht die Wahrheit über ihren Stil offenbaren, so die Frauen gegenüber Harrington, weil man sie dann als weich und schwach abstempeln würde. Diese Frauen haben für sich den Schluß gezogen, daß man über die Wahrheit nicht reden kann; man muß sie einfach *leben* und die Erfolge für sich sprechen lassen.

Ein geflochtenes Band ist ein stärkeres Seil

Obwohl ich Beispiele für den typischen (nicht universellen) Stil von Männern und Frauen beschreibe und zeige, daß die von einer Frau erwarteten Sprechweisen in der Arbeitswelt gegen sie arbeiten können, würde ich Frauen nicht empfehlen, einfach den Stil der Männer zu übernehmen, um erfolgreicher zu sein – auch wenn dies in einigen Fällen, in einigen Hinsichten funktionieren kann. Im allgemeinen ist dieser Vorschlag nicht erfolgversprechender, als wenn man Frauen raten würde, in Männerkleidern zur Arbeit zu gehen. Ich möchte vielmehr für mehr Flexibilität und gegenseitiges Verständnis plädieren. Wenn Männer und Frauen (ebenso wie Alt und Jung, Leute aus Ost und West, Menschen mit unterschiedlicher gesellschaftlicher oder ethnischer Herkunft) den jeweils anderen Stil besser verstehen, wird die Frustration bei beiden Geschlechtern abnehmen und die Produktivität der Betriebe steigen. Wenn Menschen einmal begreifen, warum etwas geschieht, können sie selbst zu experimentieren beginnen und neue Verhaltensweisen ausprobieren, um ihre Probleme zu lösen. Natürlich werden nicht alle Probleme mit einem Schlag verschwinden, aber die allgemeine Verwirrung und das Gefühl, keine Kontrolle zu haben, würden zumindest geringer werden.

Es wäre noch aus einem weiteren Grund ein Fehler, wenn Frauen versuchen würden, sich wie Männer zu verhalten, weil nämlich Unternehmen mit den unterschiedlichsten Kunden kommunizieren müssen, einschließlich mehr und mehr Frauen. Weil Zeitungen Frauen als Leserinnen ansprechen müssen, wenn sie sich verkaufen wollen, würden sie nicht davon profitieren, einen Haufen Frauen einzustellen, die sich genauso verhalten wie Männer. Ich gebe manchmal das Beispiel von der Frau, die in einem Schätzungsbüro arbeitete. Einer ihrer Kollegen erzählte ihr, daß er gerade einen sehr merkwürdigen Anruf von einer Kundin erhalten habe. Die Kundin hatte nur ihren Namen genannt, ihm mitgeteilt, daß sie diese Woche in Urlaub fahren würde, und dann aufgehängt, ohne ihm einen vernünftigen Grund für den Anruf zu nennen. Seine Kollegin war sich ziemlich sicher, daß sie wußte, was es mit dieser Sache auf sich hatte. Sie rief die Kundin zurück und entschuldigte sich, weil die in Auftrag gegebene Schätzung sich etwas verzögerte, und versicherte der Frau, daß der Bericht fertig sein würde, wenn sie von ihrer Reise zurückkäme.

Dieselbe Schätzerin erzählte mir, daß sie einmal völlig verdutzt reagiert hatte, als ein Kunde anrief und anfing, sie wütend zu beschimpfen, weil seine Schätzung noch nicht vorlag. Abgestoßen von dem verbalen Angriff, der ihr im Rahmen einer Geschäftsbeziehung unannehmbar schien, brachte die Frau kein Wort heraus und sah sich außerstande, ihn genauso zu beschwichtigen wie die andere Kundin. Sie ließ ihren Kollegen bei dem Mann anrufen und die Verhandlungen fortführen. Dieses Beispiel zeigt, wie sinnlos es wäre, nach dem »besten« Stil für einen Schätzer zu fragen. Jeder Stil war für einen bestimmten Kunden am besten. Anstatt den besten Stil zu ermitteln und lauter Leute mit identischen Sprechweisen einzustellen, profitiert die Firma zweifellos mehr davon, wenn sich ihr Verkaufspersonal durch ein breites Spektrum an unterschiedlichen Sprechweisen auszeichnet.

Ich könnte verschwinden, wenn du mich berührst war das erste Buch von Donna Williams, der bemerkenswerten Frau mit Autismus. Darin beschreibt sie ihre Erfahrungen als Kind und junge Erwachsene. Sie erklärt, wie sich der Autismus von innen anfühlt und wie es ihr gelang, innerhalb seiner Grenzen zu funktionieren. Zu den Auswirkungen des Autismus gehörten eine erhöhte Sensibilität für alle eingehenden sensorischen Informationen und das Unvermögen, diese Informationen zusammenhängend zu verarbeiten. In ihrem zweiten Buch *Wenn du mich liebst, bleibst du mir fern* berichtet Williams von ihren fortgesetzten Bemühungen, mit der Außenwelt in Kontakt zu treten, einschließlich der Erlebnisse, die mit der Veröffentlichung ihres ersten Buches zusammenhingen. Als ein Agent sich auf die Suche nach einem Verleger für *Ich könnte verschwinden, wenn du mich berührst* machte, fand er nicht nur einen, sondern gleich zwei große Verlage, die das Buch veröffentlichen wollten. Die Autorin mußte also zwischen den beiden wählen. Es ist aufschlußreich, wie Williams ihre Begegnung mit den Abgesandten der zwei Verlage beschreibt. Sie traf sie im Haus ihrer Vermieter, einem Ehepaar namens Mr. und Mrs. Miller.

Groß und breitschultrig ähnelte der erste einem Versicherungsvertreter, als er das Haus der Millers betrat. Er überreichte mir einen Reklameprospekt für sein Unternehmen. Ich betrachtete das Bild vom Meer auf dem Umschlag. »Was soll ich damit?« fragte ich mich.
...
Er sprach voll Selbstsicherheit. Aber er war zu sehr von sich überzeugt, und neben seinem Ego wirkte meins winzig klein. Er nahm Mr. Miller zur Seite, um das Geschäft mit ihm zu besprechen. Mir wurde klar, daß er mich eher als Kuriosität mit ein paar intelligenten Anteilen betrachtete denn als ebenbürtigen Menschen. Ich lächelte innerlich. Abgehakt, nächster bitte.
Der nächste Verleger war eine Frau mit leuchtend roten Haaren, die aussah wie die Kinderbuchfigur Holly Hobbie. Dazu passend hatte sie eine Flüsterstimme. Sie war steif wie ein Brett und zitterte wie ein Sperling vor einer Katze. Ich mochte sie, obwohl ihre Angst mir das Gefühl vermittelte, eine Psychopathin zu sein. Sie war überhaupt nicht selbstsicher, daher war genug sozialer Raum vorhanden, so daß ich in ihrer Gesellschaft anwesend sein konnte. Es ist schwer, eine Entscheidung zu treffen, wenn Körper und Stimme anwesend sind, das Ich-Gefühl aber abwesend ist. Holly Hobbie machte es leichter.
Sie wollte gerade gehen. Ich erinnerte mich an den Typ mit der Werbebroschüre für sein Unternehmen. »Können Sie mir etwas über Ihren Verlag geben?« fragte ich. »Ja«, erwiderte sie und zog drei glänzende Bildbände hervor, über Landschaften des australischen Outback, mit Kindergeschichten und über das Elend der australischen Aborigines. Diese Frau wußte, daß sie es mit einem Menschen zu tun hatte, nicht bloß mit einer Einnahmequelle. Ich beschloß, mit ihr zusammenzuarbeiten. Das Buch war auf dem Weg zur Veröffentlichung.

Stellen Sie sich einen Verlagsleiter vor, der sich zwischen zwei Stellenbewerbern entscheiden muß: Die eine Person tritt überaus bestimmt und selbstsicher auf; die andere ist so unsicher, daß sie erkennbar zittert, wenn sie einer ungewöhnlichen Autorin begegnet. Die eine Person ist offen und direkt; die andere hat eine Flüsterstimme. Die eine geht zu einer Geschäftsverhandlung und bespricht, was Sache ist, mit jemandem, der in der Lage ist, die Sache zu verstehen. Die zweite rüstet sich mit Bilderbüchern aus. Aber der selbstsichere, Klartext redende Verleger verlor das Buch, das sich als internationaler Bestseller erwies, und die zitternde, flüsternde, Bilderbuch-tragende Verlegerin bekam den Zuschlag.

Donna Williams ist eine ungewöhnliche Autorin. Aber es gibt viele Autoren – oder Kunden in anderen Wirtschaftszweigen –, die einen weniger bestimmenden, weniger erdrückenden Stil bevorzugen würden. Und es gibt viele Frauen, die von einem Gesprächspartner abgestoßen wären, der sich nicht an sie wendet, sondern an ihren Vermieter – oder irgendeinen anderen anwesenden Mann. Betriebe, die ihre Mitarbeiter nach einem Einheitsmodell für den »guten« Stil auswählen, werden schließlich mit einem Personal enden, das bei bestimmten Kunden mit bestimmten Sprechweisen sehr gute Ergebnisse erzielt, aber bei vielen anderen nicht. Ein Unternehmen, das in der Lage ist, Mitarbeiter mit einer Vielfalt von Gesprächsstilen einzugliedern, wird weit flexibler auf die unterschiedlichsten Kunden mit den unterschiedlichsten Spechweisen reagieren können.

Nicht nur die Kunden, auch die Angestellten eines Betriebes sind heute nicht mehr aus einem Guß. Heute treffen in der Arbeitswelt Menschen mit unterschiedlichster ethnischer und gesellschaftlicher Herkunft, aus verschiedenen Teilen des Landes und der Welt zusammen, alle mit eigener unverwechselbarer Persönlichkeit, was auch innerhalb der Organisationen unweigerlich zu einer Vermischung von Gesprächsstilen führt. Die Arbeitsumwelt so zu gestalten, daß sie Menschen mit vielfältigen Sprechweisen gerecht wird, nützt nicht nur Frauen, sondern allen Mitarbeitern. Nicht alle Männer haben denselben Stil, und nicht alle Männer haben einen Stil, der in traditionellen Arbeitsumwelten belohnt wird. Wenn ein Unternehmen vielfältigen Sprechweisen Rechnung trägt, erschließt es sich ein weit größeres Potential an Ideen und Begabungen.

Führt die Diskussion über geschlechtsspezifische Unterschiede zur Polarisierung?

Einige Leute befürchten, daß die Kategorisierung von Menschen in »Männer« und »Frauen« einen Keil zwischen uns treibt und die Polarisierung nur noch weiter verstärkt: Die Sorge ist nicht unbegründet. Ich weiß von mindestens einem Fall, in dem genau das eingetreten ist. Ein großes Wirtschaftsprüfungsunternehmen hielt so große Stücke auf eine weibliche Führungskraft, daß man sie auf Betriebskosten zu einem einwöchigen Managementtraining schickte. In Anbetracht des geringen Frauenanteils auf dieser Ebene ist es nicht verwunderlich, daß sie die einzige Frau auf dem Seminar war, an dem hochgestellte Führungskräfte aus den unterschiedlichsten Niederlassungen des weitverzweigten Unternehmens teilnahmen. Die Frau war davon weder überrascht noch abgeschreckt; sie war es gewohnt, die einzige Frau unter Männern zu sein.

An den ersten drei Tagen lief alles glatt. Aber am vierten Tag stand das Thema Frauendiskriminierung auf dem Programm. Plötzlich betrachteten die Teilnehmer ihre Kollegin mit anderen Augen – nicht mehr als »eine von uns«, sondern als Frau, als »eine von denen«. Sie wurde wiederholt ausgewählt und gebeten, von ihren Erfahrungen und Eindrücken zu berichten. Die Frau hatte das Gefühl, nicht ehrlich darüber sprechen zu können, weil sie keinen Grund zu der Annahme hatte, daß die Männer verstehen oder akzeptieren würden, wovon sie sprach. Als die anderen Seminarteilnehmer ihrer Überzeugung Ausdruck verliehen, daß die Frauen in ihrem Unternehmen in keinerlei Hinsicht benachteiligt würden und daß, wenn Frauen nicht befördert würden, dies einzig und allein an ihrer mangelnden Qualifikation läge, hatte die Frau das Gefühl, nicht widersprechen zu können. Am schlimmsten war, daß sie sich von einem nach dem anderen anhören mußte, was nach ihrer Meinung diskriminierende Ansichten über weibliche Fähigkeiten waren. Am Ende des Tages war sie so demoralisiert, daß sie sich fragte, ob sie überhaupt noch länger für dieses Unternehmen arbeiten könnte. Nachdem sich die Frau zu Beginn des Seminars sehr wohl gefühlt und keinen Unterschied zwischen sich und den Männern gesehen hatte, machte die Diskussion über das Thema ihr deutlich bewußt, wie groß die Unterschiede waren, und überzeugte sie davon, daß sie sich nie wieder harmonisch in diese Gruppe einfügen könnte.

Die Teilnehmer der Gruppe, in der diese Diskussion stattfand, kamen größtenteils aus weitverstreuten Niederlassungen, nur wenige arbeiteten zusammen mit der Frau in der Hauptverwaltung des Unternehmens. Deshalb konnte sie das Erlebnis schließlich hinter sich lassen, ohne daß es ihre alltäglichen Arbeitsbeziehungen belastete. Wenn man einen ähnlichen Workshop in ihrem direkten Kollegenkreis veranstaltet hätte, wären die Folgen wahrscheinlich noch weit schlimmer gewesen. Und das Traurigste ist, daß das unglückliche Ergebnis durch ein Programm ausgelöst wurde, das helfen wollte. Wie der Anthropologe Gregory Bateson in seinem Buch zur Kybernetik ausführt, riskiert man jedesmal, wenn man in ein System eingreift, um es zu ändern, daß die Situation sich verschlechtert, weil man nie alle Elemente des Systems und ihr Zusammenwirken erkennt.

Aber die Situation, wie sie ist, wird sich ändern müssen, und deshalb ist nichts zu tun keine vernünftige Alternative. Im Hinblick auf Frauen am Arbeitsplatz verändert sich die Situation, ob wir darüber reden oder nicht. Und die Hoffnung, daß wir nur die Türen öffnen und die Frauen hereinlassen müßten, hat sich einfach nicht erfüllt. Zwanzig Jahre, nachdem die ersten Frauen ihr Wirtschaftsstudium abgeschlossen haben und in Berufssparten eingetreten sind, in denen es vorher nur Männer gab, ist der Frauenanteil auf den höheren Führungsebenen immer noch verschwindend gering. Wir halten immer noch vergeblich Ausschau nach den vielen Frauen, die angeblich »im Kommen sind«. Die Zahl der Frauen, die an die Startlöcher gehen, steht einfach in keinem Verhältnis zu der Zahl, die am Ziel ankommt. Statt dessen scheren immer mehr Frauen – weit mehr als Männer – aus dem Machtwettlauf in großen Unternehmen aus, um ein eigenes Geschäft zu gründen, als selbständige Vertragspartner zu arbeiten oder etwas völlig anderes zu machen. (Eine Umfrage aus dem Jahr 1993 unter Betriebswirten, die in den letzten zehn Jahren an der Stanford University ihren MBA-Abschluß machten, ergab, daß 22 Prozent der Frauen, im Vergleich zu acht Prozent der Männer, große Unternehmen verlassen hatten, um ihre eigenen Firmen zu gründen.) In einigen Fällen mag sich den Frauen hier eine Chance geboten haben, die auch Männer gern genutzt hätten. Aber viele Frauen suchen einfach nach Alternativen, weil sie es leid sind, sich jeden Tag, wenn sie zur Arbeit gehen, als Fremde in einem fremden Land zu fühlen. Kurzum – sie sind es leid, markiert zu sein.

Es ist nicht genug, wenn man einfach die Türen öffnet und die Frauen – oder andere Mitarbeiter, deren Stil vom bereits etablierten abweicht – hereinläßt. Und die Erfahrung der Managerin auf dem Führungsseminar zeigt, daß auch vereinzelte Aufklärungsbemühungen nicht ausreichen, obwohl solche Maßnahmen sicher hilfreich sein können, wenn sie fachkundig durchgeführt werden. Man kann Menschen nicht einfach sagen, daß sie anders sprechen sollen, als ob die Sprechweise ein Hut wäre, den man ablegt, wenn man ins Büro kommt, und wieder aufsetzt, wenn man geht. Wenn wir versuchen, einen Stil zu übernehmen, der uns im Grunde widerstrebt, verlieren wir unsere Intuition und benehmen uns möglicherweise bei jedem Stil daneben oder verraten das Unbehagen, das wir eigentlich empfinden. Vor allem aber halten wir die Art, wie wir sprechen – wie wir sagen, was wir meinen, wie wir unsere Rücksicht oder unseren Ärger im Umgang mit anderen ausdrücken – nicht für oberflächliche Masken, die wir nach Belieben auf- und absetzen können. Damit jeder daran arbeitet, den Arbeitsplatz zu einer Welt zu machen, in der unterschiedliche Stile verstanden und akzeptiert werden, sind umfassende Trainings- und Aufklärungsbemühungen erforderlich.

5. Die Glaswand

Der Bereichsleiter eines multinationalen Konzerns führte den Vorsitz bei einer Zusammenkunft, bei der es um Mitarbeiterleistungen ging und darüber entschieden wurde, wer ins obere Management befördert werden sollte. Nacheinander standen die einzelnen Spitzenmanager auf, gingen die Liste der Mitarbeiter durch, die in ihrer Gruppe arbeiteten, gaben ihr Urteil ab und erklärten, ob und warum sie jemanden für beförderungswürdig hielten oder nicht. Obwohl in jeder Gruppe eine beträchtliche Anzahl von Frauen vertreten war, befand sich unter den Personen, die für eine Beförderung vorgeschlagen wurden, keine einzige Frau. Nacheinander erklärten die Topmanager, daß die Frauen in ihrer Gruppe noch nicht reif für eine Beförderung wären, weil sie nicht über das erforderliche Selbstvertrauen verfügten. Der Bereichsleiter wollte seinen Ohren nicht trauen. Wie konnte es sein, daß *alle* begabten Frauen in seiner Sparte an mangelndem Selbstvertrauen litten?

Die Situation, die dieser Manager beschrieb, schien eine Erklärung für ein anderes Problem zu bieten, mit dem sich der Topmanager eines weiteren multinationalen Konzerns an mich gewendet hatte: »Wir haben voller Hoffnung begonnen, aber wir stecken in einer Sackgasse. Wir stellen mit Erfolg viele Spitzenfrauen ein – sie sind kreativ, motiviert, mit fabelhaften Referenzen. Sie wirken genauso gut wie die Männer, wenn wir sie einstellen, wenn nicht besser. Aber sie werden nicht befördert. Trotz unseres jahrelangen *Affirmative-action*-Programms haben wir immer noch keine einzige Frau im Topmanagement.«

Die Frauen, die man eingestellt hatte, steckten entweder auf der mittleren Managementebene fest oder hatten das Unternehmen oder den Beruf gewechselt. Was der Mann beschrieb, wird gelegentlich als »Glaswand« bezeichnet: eine unsichtbare Barriere, die Frauen offenbar daran hindert, zu Spitzenpositionen aufzusteigen. Das Problem ist so weitreichend und so verbreitet, daß man als Teil des Civil Rights Act von 1991 einen »Glaswand-Ausschuß« unter Vorsitz des Arbeitsministers gegründet hat.

Viele Unternehmensleiter sind ehrlich überzeugt, daß es keine Glaswand gibt, sondern nur ein »Anlaufproblem«: Die Frauen sind »im Kommen«, sie müssen nur lange genug im Rennen bleiben, um sich nach vorn zu arbeiten, und dann werden einige auch Spitzenpositionen belegen. Aber je länger diese Situation anhält, desto unhaltbarer wird die These von den enorm »im Kommen« begriffenen Frauen. Nach einem Bericht des amerikanischen Arbeitsministeriums von 1991 schreitet die Entwicklung extrem langsam voran. In dem Zehnjahreszeitraum von 1979 bis 1989 ist der Anteil von Frauen und Minderheitsangehörigen im Topmanagement der tausend größten amerikanischen Unternehmen von drei auf fünf Prozent gestiegen. Nach einer weiteren Studie aus dem Jahr 1991, die 94 zufällig ausgewählte Firmen aus der *Fortune*-Liste der größten amerikanischen Unternehmen umfaßt, stellen Frauen 37 Prozent der Angestellten, 17 Prozent des mittleren Managements, aber nur 6,5 Prozent der obersten Führungskräfte.

Man ist versucht, die Ursache der Glaswand im »Sexismus« zu sehen, und zweifellos spricht einiges für diese Einschätzung. Aber »Sexismus« sagt uns, wie die Situation ist, ohne uns zu sagen, wie wir hineingekommen sind, und ohne uns zu sagen, wie wir wieder herauskommen. Ich bezweifle nicht, daß es Männer gibt (ebenso wie Frauen), die nicht wollen, daß Frauen Karriere machen. Manche betrachten die Anwesenheit von Frauen in ihrem Arbeitsleben als Komplikation, auf die sie nicht gefaßt waren, als sie ihren Beruf wählten. Ein solcher Mann ist vielleicht der Ansicht, daß jede Frau in seiner Branche einem Mann den Arbeitsplatz wegnehme (und würde nie auf die Idee kommen, daß vielleicht die Hälfte der Männer in seiner Branche auf Arbeitsplätzen sitzen, die qualifizierten Frauen zuständen). Er ist vielleicht sogar überzeugt, Frauen gehörten grundsätzlich nicht in verantwortliche Positionen und ganz bestimmt nicht in die Position seines eigenen Vorgesetzten. Aber nicht alle Männer entsprechen diesem Muster. Es gibt viele Männer, die aufrichtig wünschen, daß Frauen vorankommen, und etwas dafür tun möchten.

Der oben zitierte Topmanager gehört zu den zahlreichen Männern, die mir geschrieben haben, weil sie wissen wollten, wie sie die Situation verbessern können. Es gibt so viele Männer (und Frauen), die aufrichtig um Fairneß und sogar um eine aktive

Frauenförderung bemüht sind, daß man sich wundert, warum ihre Anstrengungen so wenig Auswirkungen in ihren Organisationen haben. Die Männer, die sich mit mir in Verbindung setzten, taten es, weil sie den Eindruck hatten, daß meine Ausführungen in *Du kannst mich einfach nicht verstehen* das Problem zum Teil erklären könnten – daß die Unterschiede im Gesprächsstil von Männern und Frauen gegen die Frauen arbeiten.

Ist sie der Aufgabe gewachsen?

In allen Betrieben, die ich untersuchte, habe ich Frauen kennengelernt, die keine volle Anerkennung für ihre Arbeit fanden. Das war mitunter ein kniffliges Thema, vor allem, wenn die Frauen großes Ansehen genossen oder einen hohen Grad an Akzeptanz erreicht hatten. Viele hielten es offenbar für schlechten Stil, sich zu beklagen, und wenige taten es (vielleicht aus diesem Grund). Aber sie waren sich häufig eines Ungleichgewichts bewußt. Eine Medizinerin, die in der Forschung tätig war und auf ihrem Fachgebiet allgemein respektiert wurde, zweifelte nicht daran, daß man sie längst zur Leiterin des Fachbereichs ernannt hätte, wenn sie ein Mann gewesen wäre. Die Leiterin eines wichtigen Unternehmensbereichs, deren Position mit der von sechs männlichen Bereichsleitern vergleichbar war, trug den Titel einer »Direktorin«, während die Männer als »Vizepräsidenten« fungierten. Eine andere Frau hatte ein ähnliches Aufgabengebiet wie mehrere männliche Kollegen, die alle einem bestimmten Vorstandsmitglied direkt unterstellt waren, während die Frau offiziell einen Extravorgesetzten hatte, der wiederum diesem Vorstandsmitglied unterstellt war. Der Status des Vorgesetzten beeinflußt das Prestige eines Mitarbeiters und hat auch sehr konkrete Auswirkungen im Hinblick auf die Besprechungen, an denen man teilnimmt, und die Informationen, die man erhält. Insofern verringerte der zwischengeschaltete Vorgesetzte die Macht dieser Frau und das Ansehen ihrer Macht.

In allen Unternehmen, die ich besuchte, habe ich beobachtet, was sich in den Mittagspausen abspielte. Ich habe Frauen kennengelernt, die ihren Lunch am Schreibtisch verzehrten, Frauen, die das Essen ausfallen ließen, um Sport oder Gymnastik zu treiben, und Frauen, die zusammen mit männlichen oder weiblichen Kollegen in die Kantine gingen. Ich habe Männer getroffen, die ihren Lunch allein oder mit Kollegen einnahmen, und einige, die zum Mittagessen nach Hause fuhren. Ich habe beobachtet, daß junge Männer viel Wert darauf legten, mit ihrem Chef zu speisen, und daß Männer in hohen Führungspositionen ihren Lunch mit dem allerhöchsten Boß einnahmen. Ich habe selten erlebt, daß Frauen sich die höchsten Vorgesetzten aussuchten, um mit ihnen Essen zu gehen.

Sehr früh wurde ich mir einer Ironie bewußt. Einerseits hörte ich von Männern immer wieder, daß, wenn Frauen nicht befördert würden, dies einzig und allein an ihren ungenügenden Leistungen läge, während Frauen übereinstimmend der Ansicht waren, daß sie durch äußere Einflüsse am Fortkommen behindert würden. Andererseits schienen viel mehr Frauen als Männer das Gefühl zu haben, daß Erfolg einfach eine Frage guter Arbeit sei, daß eine herausragende Leistung anerkannt und belohnt werden würde. Doch nach allem, was ich sah, gehörten noch eine Menge anderer Verhaltensweisen dazu, wenn man anerkannt und belohnt werden wollte, und ich habe dieses Verhalten öfter bei Männern als bei Frauen beobachtet.

Es reicht nicht, hervorragende Arbeit zu leisten, man muß auch dafür sorgen, daß die anderen es merken. Um dieses Ziel zu erreichen, kann man dem Vorgesetzten oder dem Vorgesetzten des Vorgesetzten mitteilen, was man vollbracht hat – entweder mündlich oder indem man Berichte oder Kopien von relevanten Geschäftsbriefen weiterleitet. Bei Konferenzen erhält möglicherweise derjenige Mitarbeiter, der als erster von den Ergebnissen seiner Gruppe berichtet, die größte Anerkennung, unabhängig davon, ob diese Person tatsächlich maßgeblich am Erfolg beteiligt war oder nicht. Wer in der Mittagspause mit seinem Vorgesetzten Essen geht, tut möglicherweise mehr für seine Karriere, als jemand, der an seinem Schreibtisch ausharrt und ein einsames Wurstbrot verzehrt. Eine hervorragende Leistung bei einem Projekt, von dem niemand weiß, ist für die eigene Karriere wenig hilfreich; eine gute Leistung bei einem Prestigeprojekt oder bei einer Arbeit, die Sie in Kontakt mit einem einflußreichen Manager bringt, kann sich dagegen als wichtiges Sprungbrett erweisen. Der Manager, der aus erster Hand von Ihren Fähigkeiten erfährt, gibt vielleicht wenig später ein positives Urteil in einer Besprechung ab, in der über Beförderungen entschieden wird. Man kann diese ganze Dynamik verächtlich als »Büropolitik« abtun, aber es ist einfach eine Frage der menschlichen Natur. Wie *sollen* Vorgesetzte feststellen, wer was gemacht hat? Es ist verständlich (obwohl nicht notwendig bewundernswert), wenn sie bemerken, was vor ihrer Nase geschieht, und nicht mühsam nach Talenten graben, die im Verborgenen blühen. Anders ausgedrückt: Einfluß entwickelt sich entlang von Kontakt- und Beziehungsbahnen.

Die Glaswand als Wortmauer

Hier eine kurze Erklärung, wie Unterschiede im Gesprächsstil zur Schaffung einer Glaswand beitragen können: Wenn über Beförderungen in Führungspositionen entschieden wird, stehen für gewöhnlich Eigenschaften wie Kompetenz, Entschlossenheit und Führungsfähigkeit im Vordergrund. Wenn es Männer oder größtenteils Männer sind, die über solche Beförderungen entscheiden – was die Regel ist –, mißdeuten sie die Sprechweisen von Frauen häufig als Zeichen von Unentschlossenheit, mangelnder Führungsfähigkeit oder sogar mangelnder Kompetenz. Alle bislang beschriebenen Unterschiede im Gesprächsstil können in Arbeitssituationen gegen Frauen arbeiten. Eine Frau, die es für wichtig hält, den Anschein von Konsens zu wahren, wenn Entscheidungen anstehen, wird zunächst die Mitarbeiter um ihre Meinung bitten. Ihre Vorgesetzten könnten daraus schließen, daß sie nicht weiß, was getan werden muß, daß sie versucht, die Mitarbeiter für sich entscheiden zu lassen.

Immer wieder bin ich auf Frauen gestoßen, die wußten, daß sie hervorragende Arbeit leisteten, und die wußten, daß ihre unmittelbaren Kollegen es wußten – aber die Vorgesetzten wußten es nicht. Diese Frauen schienen entweder nicht die notwendigen Maßnahmen zu ergreifen, um außerhalb des unmittelbaren Kollegenkreises auf ihre Leistung aufmerksam zu machen, oder ihre

Vorgesetzten ergriffen nicht die notwendigen Maßnahmen, um diese Leistungen zu erkennen und nach oben weiterzuleiten. Die Beiträge dieser Frauen, die zum Beispiel unauffällig die entscheidenden Ideen lieferten oder ihre Mitarbeiter zu guten Leistungen motivierten, waren, anders als ein eindrucksvoller Vortrag, nicht für alle sofort offensichtlich.

Sogar ein scheinbar unbedeutendes sprachliches Mittel wie die Wahl von Pronomen kann die eigenen Beiträge mehr oder weniger herausragen lassen. Viele Männer sagen »ich« in Situationen, in denen Frauen eher zum »wir« neigen. Ein Mann erzählte mir: »Ich stelle einen neuen Manager ein. Ich werde ihn zum Leiter meiner Marketing-Abteilung machen.« Es klang, als ob er der Besitzer des Unternehmens wäre, für das er arbeitete, und das Gehalt des Managers aus eigener Tasche zahlen würde. Ein anderer sprach auf dieselbe Art von der gemeinschaftlichen Arbeit seiner ganzen Gruppe: »So hab ich das Lakehill-Geschäft erfolgreich abgeschlossen.« In scharfem Kontrast dazu hörte ich eine Frau darüber reden, was »wir« erreicht hätten, erfuhr jedoch bei näherem Nachfragen, daß sie die Arbeit tatsächlich ganz allein gemacht hatte. Indem sie eine ihr angemessen erscheinende Sprechweise wählte, um nicht arrogant zu klingen, verschleierte sie unbeabsichtigt ihre Leistungen und verringerte ihre Chance auf Anerkennung.

Unauffällig vorgehen

Die Soziolinguistin Shari Kendall beobachtete zwei Tage lang die technische Leiterin einer Nachrichten/Talk-Show bei einem nationalen Radiosender. Carol war dafür verantwortlich, daß die technische Seite der Show reibungslos ablief, und sie machte ihre Sache sehr gut. Das folgende Beispiel, das Kendall beschrieb und analysierte, veranschaulicht, warum Carol so erfolgreich war *und* warum ihre hervorragende Leistung so leicht unbemerkt blieb.

Carol wußte, daß sie vor einer Herausforderung stand: Der »Fahrer«, der Techniker in der Tonkabine (dem Regieraum der Radioshow), war erkrankt, und Harold, der Ersatzmann, war ungeheuer nervös. Er mußte alle vorbereiteten Musik- und Gesprächsteile zum richtigen Zeitpunkt senden und dafür sorgen, daß Anrufer genau in dem Moment durchgestellt wurden, wenn der Moderator mit ihnen sprechen wollte. Er mußte ganz generell im richtigen Moment den richtigen Schalter aus der verwirrenden Anordnung des Mischpults auswählen und richtig betätigen. Harold hatte zwar umfassende Kenntnisse von der technischen Ausstattung, aber er war mit den Routineabläufen der Show nicht vertraut und hatte keine Erfahrung mit dieser Aufgabe. Er war so nervös, daß er zitterte. Carol wußte, daß man sie dafür verantwortlich machen würde, wenn er einen Fehler beging. Sie wußte auch, daß es schwierig ist, einen Schalter in Sekundenbruchteilen richtig zu betätigen, wenn einem die Hände zittern. Also mußte sie Harold nicht nur in den routinemäßigen Ablauf einweisen, sondern auch dafür sorgen, daß er sich entspannte. Das hieß, sie mußte ihm das Gefühl vermitteln, kompetent und der Aufgabe gewachsen zu sein.

Zunächst sorgte Carol dafür, daß Harold die Informationen erhielt, die er für die Show brauchte, und machte ihn auf mögliche Fehler aufmerksam, ohne ihm ein Gefühl von Inkompetenz zu geben. Kendall zufolge formulierte Carol die Informationen auf eine Weise, die den Eindruck weckte, daß es dabei nicht um allgemeine technische Kenntnisse ging (die Harold haben sollte), sondern um spezielle Kenntnisse für diese Show (die man nicht von ihm erwarten konnte). Sie sagte zum Beispiel nicht: »Denk daran, daß Tonbänder eine Sekunde Anlaufzeit haben«, sondern »In dieser Show hat jedes Band eine Sekunde Leerlauf.« Statt zu sagen: »Bring die Bänder nicht durcheinander; sorg dafür, daß du sie in der richtigen Reihenfolge sendest«, meinte sie: »Das einzige, womit die Leute normalerweise Schwierigkeiten haben, ist, daß sie die Werbespots und Musikeinblendungen in der falschen Reihenfolge spielen.« Sie vermied direkte Anweisungen, indem sie zum Beispiel erklärte: »Wir werden wahrscheinlich den Schalter zurückfahren müssen«, obwohl es eindeutig Harold war, der den Schalter zurückfahren mußte. Mit anderen Worten: Carol erklärte Harold erfolgreich, was er wissen mußte, ohne den Eindruck zu erwecken, daß sie ihm einen Fehler zutraute, und ohne ihn als möglicherweise inkompetent zu rahmen.

Als sie alles getan hatte, um Harold die notwendigen Informationen zu geben, betrachtete sie ihren Job damit nicht als erledigt.

Sie wollte Harold beruhigen und ihm das Gefühl vermitteln, daß er die Situation im Griff hatte. Dazu hätte sie einen direkten Ansatz wählen und ihm versichern können: »Nun mal keine Aufregung. Du bist ein Experte – du verstehst eine Menge von den Geräten. Du machst das schon.« Aber das klingt herablassend, wenn man es genau bedenkt. Mit einer solchen beruhigenden Äußerung hätte sie die Stellung der Überlegenen eingenommen und Harold in die Rolle des Neulings gedrängt, der beruhigt werden mußte. Also baute Carol sein Selbstvertrauen indirekt auf und rahmte ihn als Experten in einem Bereich, von dem sie wußte, daß er darin kompetent war. Sie griff nach seiner Ausgabe von *Mac Weekly* und verwickelte ihn in ein Gespräch über Computer. Harold erklärte ihr bei dieser Gelegenheit, wie sie günstig an einen gebrauchten PC kommen könnte. Kendall, die bei dem Gespräch anwesend war, schreibt, daß Harold sich zurücklehnte, die Füße hochlegte und sich während der Unterhaltung sichtbar entspannte. Direkt vor ihren Augen wurde er von einem nervösen Neuling in einen selbstsicheren Lehrer verwandelt. Wenn ich mir die Szene bildlich vorstellte, sah ich immer Harolds Füße vor mir, in die jemand einen Schlauch einführt, um ihn wieder aufzupumpen. Carol blieb während der ganzen Show bei Harold. Wenn er zwischendurch nicht mit dem Ablauf der Show beschäftigt war, stellte sie ihm weitere Fragen über Computer. Später erzählte sie Kendall, daß sie die Tontechniker mitunter reden lasse, wenn nichts zu tun sei, um auf diese Weise die Spannung abzubauen und Fehlern vorzubeugen.

Carols Bemühungen machten sich bezahlt. Das Selbstvertrauen, das sie Harold vermittelt hatte, trug ihn durch die Show, die ohne jeden Patzer verlief – ein Erfolg, von dem niemand erfahren würde, daß er teilweise Carols Verdienst war. Ganz im Gegenteil – stellen Sie sich vor, welchen Eindruck ihr Vorgesetzter wahrscheinlich gewonnen hätte, wenn er kurz vor der Sendung ins Studio gekommen wäre und gesehen hätte, wie Harold mit hochgelegten Füßen auf Carols Computerfragen antwortete. Wahrscheinlich hätte er den spontanen Schluß gezogen, daß Harold Herr der Lage und Carol eine eher unterqualifizierte technische Leiterin sei, die fachkundige Ratschläge von ihrem Ersatz-Tonmeister brauchte. Wie anders wäre diese Einschätzung ausgefallen, wenn Carol weniger kompetent gewesen wäre – wenn sie zum Beispiel nicht relativ früh, sondern in letzter Minute ins Studio gestürzt wäre und kurz vor Sendebeginn geschäftig direkte Anweisungen an Harold verteilt hätte. Damit hätte sie den Eindruck erweckt, die Situation fest im Griff zu haben, auch wenn es Harold verunsichert und ihn anfällig für Fehler gemacht hätte.

In zwei weiteren Gesprächen, die Kendall analysierte und die ich im nächsten Kapitel im einzelnen wiedergebe, arbeitete Carol mit einem Kollegen namens Ron zusammen, dem Leiter eines anderen Regieraums. Es war Carols Aufgabe, für den reibungslosen technischen Ablauf ihrer Show zu sorgen; Rons Aufgabe war es, für den reibungslosen Ablauf aller Shows zu sorgen. In diesem Fall sah Carol ein mögliches Problem mit der Telefonschaltung voraus, wenn sie in der folgenden Woche mit der Show auf Tournee gehen würden. Ron rechnete dagegen mit keinerlei Problemen. Kendall zeigt, daß Carol es schaffte, Ron auf das mögliche Problem aufmerksam zu machen und sich seiner Hilfe zu versichern, um Schwierigkeiten abzuwenden. Auch diese Show verlief ohne unangenehme Zwischenfälle.

Wie gut ein Pudding ist, beweist sich beim Essen. Carol hatte eine geringe Fehlerquote in den Sendungen, die sie überwachte. Aber der Beweis ihrer Kompetenz – die *Abwesenheit* von Fehlern – war unsichtbar. Wie bekommen Sie Ihren Chef dazu, etwas zu bemerken, was nicht passiert? Carol selbst äußerte sich besorgt, daß ihre hervorragende Arbeit und ihr fachliches Können bei der Verteilung neuer Aufgaben unbemerkt bleiben könnten.

Dieses Beispiel weist bemerkenswerte Ähnlichkeiten mit einem Fall auf, über den die Journalistin Sharon Barnes berichtet. Sie beschreibt ein Unternehmen, das von manuellen auf computerisierte Verfahren umgestellt werden mußte. Barnes vergleicht, wie zwei Manager, ein Mann und eine Frau, die Umstellung handhabten. Die Frau sah voraus, daß die Computerisierung nötig sein würde, und stellte nach und nach Sekretärinnen mit Computerkenntnissen ein, so daß die Umstellung ohne Aufsehen über die Bühne ging. Der Mann hatte sich nicht vorbereitet, und als es an der Zeit war, auf Computer umzurüsten, gingen seine Mitarbeiter auf die Barrikaden. Er besänftigte sie, indem er ein Essen organisierte, bei dem ein Computerexperte die erforderlichen Kenntnisse vermittelte. Seine friedensstiftende Lösung wurde mit einem Empfehlungsschreiben und einem Bonus belohnt. Barnes nennt dies »die Methode des weißen Ritters« – man läßt ein Problem auftreten und löst es dann auf spektakuläre Weise. Wer diese Methode wählt, erregt Aufmerksamkeit, während jemand, der dafür sorgt, daß Probleme gar nicht erst auftauchen, wahrscheinlich unbemerkt – und unbelohnt – bleibt. Nach Barnes ist die Methode des weißen Ritters vor allem bei Männern verbreitet, während die problemvermeidende Methode eher bei Frauen zu beobachten ist.

Hier ein weiteres Beispiel für eine Frau, die ihre eigene Glaubwürdigkeit aufs Spiel setzt, um andere zu ihren besten Leistungen zu motivieren. Es stammt von der Leiterin der privaten Kunstgalerie, die ich in Kapitel 3 beschrieben habe. Die jungen Männer, die für den Aufbau der Kunstwerke sorgten, konnten im allgemeinen recht geschickt mit Werkzeugen umgehen, aber sie waren Künstler, keine Handwerker, also wußten sie nicht immer genau, wie sie die Vorstellungen der Galeristin in die Tat umsetzen sollten. Die Arbeit der Frau wurde durch den Umstand kompliziert, daß die Männer ihr nicht sagten, wenn sie etwas nicht wußten. Sie bemerkte, daß einer der drei über mehr Wissen und Können verfügte als die anderen. Er führte oft eine Arbeit aus, während die anderen beiden danebenstanden – und weder Fragen stellten noch arbeiteten. Also kam sie auf die Idee, daß *sie* um eine Erklärung bitten könnte, damit die anderen beiden die notwendige Auskunft erhielten und mit der Arbeit beginnen konnten. Die Haltung, die sie einnahm, um die Information herauszulocken, beschrieb sie mit ihren eigenen Worten als: »Ich bin nur ein kleines Mädchen, das keine Ahnung hat.« Wie Carol rahmte sie sich selbst als unwissend, um den Arbeitserfolg zu sichern. In diesem Fall war die Frau die Chefin. Sie hatte keine Vorgesetzten über sich, die ihre Interaktion beobachten, die Absicht verkennen und den Schluß ziehen konnten, daß sie unterqualifiziert sei. Allerdings explodierte eines Tages der fachkundige Mann: »Jedesmal wenn wir etwas machen, stellst du dieselben dummen Fragen!« Sie ging einfach weg und erklärte ihm später – unter vier Augen –, was sie tat und warum sie es tat. Er verstand es sofort und entschuldigte sich.

Diese Korrektur war simpel genug, wäre aber unwahrscheinlich im Fall eines Vorgesetzten, der möglicherweise gar nichts sagt, sich aber eine Meinung bildet und seine eigenen Schlüsse zieht. Auch hier gilt, daß es nichts schadet, den rituellen Anschein der Inkompetenz zu wecken, solange alle wissen, daß es sich um ein Ritual handelt. Aber wenn das Ritual wörtlich genommen wird und nur einer der Gesprächsteilnehmer diesen Stil anwendet, kann der Anschein der Inkompetenz, der strategischen Zwecken dienen sollte, leicht als eigentliche Botschaft mißverstanden werden.

Die Schläge abmildern

In diesen Beispielen veränderten Frauen ihre Sprechweisen, um gute Arbeitsergebnisse zu erzielen. Während einer Untersuchung über die Kommunikation zwischen Arzt und Patient, die ich zusammen mit einer Kollegin durchführte, wählte eine Kinderärztin einmal eine scheinbar unsichere Sprechweise, weil sie die Wirkung ihrer Aussage abschwächen wollte. Die Arbeit dieser Kinderärztin umfaßte nicht nur die Untersuchung ihrer jungen Patienten und die Beratung der Eltern, sondern auch Besprechungen mit anderen Klinikärzten. Dadurch erhielten wir die seltene Gelegenheit zu beobachten, wie die Ärztin über dasselbe Thema in einer anderen Situation sprach, wo sie einen völlig anderen Eindruck machte.

Meine Kollegin Cynthia Wallat und ich analysierten Videoaufnahmen, die zeigten, wie die Kinderärztin unter verschiedenen Bedingungen über ein Kind mit Gehirnlähmung sprach, bei dem man kürzlich eine arteriovenöse Mißbildung im Gehirn diagnostiziert hatte. Auf einem der Videobänder untersuchte die Ärztin das Kind in Gegenwart der Mutter. Sie wies darauf hin, daß der Blutschwamm, erkennbar an den roten Stellen auf der Gesichtshaut des Kindes, im Prinzip dieselbe Art von Erkrankung sei wie die arteriovenöse Mißbildung im Gehirn. Dadurch erhielt die Mutter Gelegenheit, ihre Besorgnis zu äußern, und die Ärztin antwortete mit einer Erklärung auf die indirekte Frage:

MUTTER: Ich habe mich oft gefragt, wie gefährlich sie – sie jetzt im Moment für das Kind sind.
ÄRZTIN: Also, ähm, eine Gefahr bestände nur bei einer Blutung. *An* diesen Stellen. Wenn sie aufplatzen oder etwas Ähnliches.

Was passieren *kann*... ähm. Das wäre gefährlich. *Dafür.* Aber sie sind... mm... nichts, was mit der Zeit schlimmer wird.

MUTTER: Oh, ich verstehe.

ÄRZTIN: Aber sie sind einfach *da.* Okay?

In diesem Ausschnitt machte die Ärztin einen eher unsicheren Eindruck. Sie stockte wiederholt in ihrer Aussage (»also«, »ähm«, Pausen). Sie äußerte Zusatzformulierungen ohne weiteren Erklärungsgehalt (»oder etwas Ähnliches«, »was passieren *kann*«). Sie ergänzte ihre Sätze, nachdem sie bereits abgeschlossen waren (»Eine Gefahr bestände nur bei einer Blutung. *An* diesen Stellen.« »Das wäre gefährlich. *Dafür.*«). Die Betonung schien auf merkwürdige Stellen zu fallen.

Aber das Zögern und die umständliche Ausdrucksweise der Ärztin in dieser Situation standen in scharfem Kontrast zu ihrer flüssigen und selbstsicheren Redeweise, als sie dasselbe Thema bei einer Besprechung mit Kollegen erörterte. Dort erklärte sie auch zum Teil, warum sie im Gespräch mit der Mutter stockender gesprochen hatte: Sie wußte nicht, inwieweit die Eltern bereits über die Risiken der Krankheit aufgeklärt waren, und sie zögerte nicht wegen der Informationen, die sie gab, sondern wegen der Wirkung, die diese Informationen auf die Mutter haben könnten:

Ähm, ich bin mir nicht sicher, ob ein ausführliches Beratungsgespräch... über die Frage der AV-Mißbildung *stattgefunden* hat, *mit* diesen Eltern. Die Mutter fragte mich, ob es operabel, inoperabel sei, ähm, was ich nicht beantworten konnte. Man hatte ihr gesagt, daß es inoperabel wäre, und ich mußte sagen: »Also, nun ja, einige Fälle sind inoperabel und andere nicht.« Und ich denke, das ist ein – ein wichtiger Punkt. Weil ich nicht weiß, ob die Möglichkeit eines plötzlichen Todes, einer intrakraniellen Blutung, ob man diese ganze Problematik überhaupt mit den Eltern *besprochen* hat.

Die Ärztin, die so zögernd und mit vielen Wiederholungen erklärt hatte, welche Risiken mit der AV-Mißbildung im Gehirn verbunden waren, brachte dieselbe Information in der Personalbesprechung klar und direkt zum Ausdruck: Es gibt die Möglichkeit »eines plötzlichen Todes, einer intrakraniellen Blutung«. Als meine Kollegin und ich mit der Ärztin sprachen, waren wir nicht überrascht, daß sie uns erzählte, sie habe beim Gespräch mit der Mutter an deren mögliche Reaktion gedacht. Wie würde die Mutter die Nachricht verkraften, daß ihr Kind plötzlich sterben konnte, weil bei AV-Mißbildungen immer das Risiko einer Hirnblutung bestand? Als die Mutter ihre Frage stellte, war die Ärztin gerade intensiv mit der Untersuchung des Kindes beschäftigt. Sie konnte sich also nicht eine halbe Stunde Zeit nehmen, um die Risiken zu besprechen und auf die Gefühle der Mutter einzugehen. Außerdem gehörte das Kind nicht zu ihren regulären Patienten; sie untersuchte es im Hinblick auf eine schulische Eingruppierung. Deshalb wollte sie sichergehen, daß ihre Aussagen nicht im Widerspruch zu den Diagnosen standen, die die Eltern von den behandelnden Ärzten erhalten hatten.

Die scheinbar mangelnde Ausdrucksfähigkeit der Ärztin war darauf zurückzuführen, daß sie sensibel auf die potentielle Wirkung reagierte, die die Diagnose bei der Mutter auslösen konnte. Und die Mutter war ihr dankbar dafür. Sie erzählte uns, daß diese Ärztin die rücksichtsvollste von all den Ärzten gewesen sei, zu denen sie ihre Tochter gebracht habe (und das waren eine Menge). Andere Ärzte, so berichtete sie, hätten ohne Zögern vernichtende Diagnosen und Prognosen gestellt. Als das Kind noch ganz klein war, hatte ihr zum Beispiel ein Arzt in nüchternem Ton mitgeteilt: »Ihr Kind wird sein Leben lang vor sich hinvegetieren« und war dann einfach zu einem anderen Thema übergegangen.

In Anbetracht der unterschiedlichen Sprechweisen, die die Ärztin gegenüber der Mutter und gegenüber ihren Kollegen gebrauchte, ist klar, daß ihre zögernde und stockende Sprechweise kein Ausdruck von Inkompetenz war, sondern damit zusammenhing, daß sie Rücksicht auf die Gefühle der Mutter nehmen wollte. Aber wie oft haben wir Tonbandaufnahmen von ein und derselben Person, die in unterschiedlichen Situationen über dasselbe Thema spricht? Und wie oft werden Frauen, die die Wirkung ihrer Worte abmildern wollen und deshalb zögernd oder scheinbar unzusammenhängend sprechen, für weniger kompetent oder selbstsicher gehalten?

»Die müssen etwas wissen, was ich nicht weiß«

Wir beurteilen andere nicht nur danach, wie sie selbst sprechen, sondern auch danach, wie andere mit ihnen sprechen. Wenn wir hören, daß eine Person eine Menge Fragen stellt und lange Erklärungen erhält, setzt sich der Eindruck fest, daß diese Person nicht besonders viel weiß und daß der, der die Vorträge hält, eine Menge weiß. Deshalb wurde Mädchen vor einem Rendezvous immer geraten, dem Jungen Fragen nach seinen speziellen Wissensgebieten zu stellen und andächtig den Antworten zu lauschen, weil der Junge sich dann wohl fühlen würde. Dasselbe Verhalten wird laut der japanischen Anthropologin Harumi Befu auch von japanischen Untergebenen erwartet, die einen Abend mit ihrem Chef verbringen, damit letzterer sich wichtig vorkommen kann. Ellen Ryan und ihr Forschungsteam haben festgestellt, daß Beobachter einen älteren Patienten, der vom medizinischen Personal gönnerhaft behandelt wird, für weniger kompetent halten.

Wenn ein Mensch so angesprochen wird, als hätte er von nichts eine Ahnung, unterstellen wir, daß er tatsächlich von nichts eine Ahnung hat. Wenn ein Mensch so angesprochen wird, als hätte er eine Menge Ahnung, unterstellen wir, daß er tatsächlich eine Menge Ahnung hat. Bei den meisten Gesprächen, die wir hören, hat diese Schlußfolgerung wahrscheinlich eine gewisse Berechtigung. Es ist eine vernünftige Herangehensweise an die Welt, bei der wir darauf vertrauen, daß sie uns verläßliche Hinweise gibt. Aber wenn Frauen regelmäßig die Position des Neulings oder der Zuhörerin einnehmen, damit andere sich klug fühlen können, ist es sehr wahrscheinlich, daß diese anderen ebenso wie Außenstehende ihre Fähigkeiten unterschätzen.

Schlimmer noch – wie eine Frau von anderen angesprochen wird, hat unter Umständen wenig mit dem zu tun, was sie eigentlich gesagt hat. Ein Unternehmensberater, der regelmäßig für eine kleinere Firma tätig war, berichtete mir, daß die neue Leiterin von ihren Mitarbeitern stärker angegriffen und kritisiert werde als ihr Vorgänger. Er selbst habe zwar keinen direkten Anhaltspunkt dafür entdecken können, daß sie weniger kompetent sei, aber er sei auch kein Experte. Er fügte hinzu: »Vielleicht wissen sie etwas über ihre Fähigkeiten, was ich nicht weiß.« Das schien mir wie ein doppelter Hammer. Wenn eine Frau eine Position übernimmt, die vorher ausschließlich von Männern besetzt war, schlägt ihr zunächst eine Welle des Mißtrauens entgegen, weil man bezweifelt, daß sie dem Job gewachsen sein wird, was zumindest bei einigen Mitarbeitern dazu führen kann, daß sie die Entscheidungen der Frau in Frage stellen. Dieses Infragestellen wird dann in sich wieder zum Beweis, daß es der Frau an Kompetenz mangelt – unabhängig von ihren tatsächlichen Fähigkeiten.

Frauen geraten nicht nur stärker unter Beschuß, weil ihre Kompetenz bezweifelt wird, sondern auch, weil sie für verletzlicher gehalten werden. Ein Sportsegler erzählte mir, daß er bei der Suche nach einer Lücke im Teilnehmerfeld immer nach einem Boot Ausschau halte, das von einer Frau oder einem älteren Mann gesteuert werde. Sie würden eher Platz machen – so dieser Mann –, wenn man sie anbrülle. In diesem Sinn äußert sich auch Nancy Woodhull, eine Medien- und Unternehmensberaterin. Sie weist darauf hin, daß bei dem Gerangel um Positionen, das typisch für einen Wechsel in der Unternehmensführung sei, vor allem versucht werde, den Frauen das Revier streitig zu machen.

Scheibenschießen

Diese Einsicht half mir, eine Erfahrung zu verstehen, die mich verwirrt und beunruhigt hatte. Ich hatte gemeinsam mit einem Mann, dessen Stil sich von meinem unterschied, einen Vortrag gehalten. Wenn ich allein spreche, wie ich es normalerweise tue, bekomme ich selten feindselige Kommentare aus dem Publikum, weil ich die positiven Aspekte der verschiedenen Sprechweisen und die Logik *beider* Gesprächsteilnehmer hervorhebe, wenn ich ein Beispiel für ein Mißverständnis bringe. Ich möchte immer vermeiden, daß jemand in ein schlechtes Licht gerät. Aber mein Vortragspartner hatte einen provozierenderen Stil. Bei vielen seiner Anekdoten kamen entweder die Frauen oder die Männer schlecht weg.

Dieser andere Stil löste bei der anschließenden Diskussion eine andere Reaktion beim Publikum aus: Einige der Fragen – insbesondere von Frauen – waren feindselig. Aber die meisten feindseligen Fragen waren an mich gerichtet – einschließlich solcher, in denen es ausschließlich um die Aussagen meines Mitreferenten ging. Damals war ich gekränkt und verwirrt – aber rückblickend konnte ich erkennen, was wahrscheinlich passiert war. Die Frauen, aufgebracht von seinem Ton und möglicherweise abgestoßen von der Art, wie er in einigen seiner Beispiele über Frauen geredet hatte, blickten auf das Podium und sahen einen großen, grauhaarigen Mann mit scharfer Zunge, der sich nicht scheute, anderen auf den Schlips zu treten, und eine jüngere Frau, die immer vermittelnd und eifrig bemüht war, niemanden vor den Kopf zu stoßen. Ich war das leichtere Ziel. Meine »offene« Art machte mich offen für Angriffe.

Ein Balanceakt

Zu den bei Frauen üblichen Gesprächsritualen gehört, daß jede das Gesicht für die andere wahrt. Einer Sprecherin steht es frei, die untergeordnete Stellung einzunehmen (natürlich in einem rituellen Sinn), weil sie darauf vertrauen kann, daß die andere sie (ebenfalls in einem rituellen Sinn) wieder zu sich heraufholt. Keine muß sich allzuviel Gedanken darüber machen, wie sie sich selbst im besten Licht darstellt, weil beide zusammenarbeiten, um das Gesicht für alle Beteiligten zu wahren. Ich wahre dein Gesicht und du meins.

Anders ausgedrückt – viele der unter Frauen üblichen Gesprächsrituale sind darauf ausgerichtet, daß andere sich wohl fühlen, und dazu gehört häufig, daß die Sprecherin selbst die Rolle der Unterlegenen einnimmt, obwohl dies wie gesagt normalerweise ein Ritual ist, bei dem vorausgesetzt wird, daß die andere ihren entsprechenden Part übernimmt. Gleichzeitig verwenden Frauen, die diese Rituale befolgen, wenig Energie darauf, den Anschein einer unterlegenen Rolle zu vermeiden, was bedeutet, daß sie oft genau in dieser Rolle landen.

Vor einigen Jahren kam ich zu einem Kurs, den ich unterrichtete, und fand eine Zeitungsreporterin vor der Tür. Sie erzählte mir, sie hätte wiederholt versucht, mich anzurufen, aber da es ihr nicht gelungen wäre, mich in meinem Büro zu erreichen, sei sie kurzerhand vorbeigekommen, weil sie gern an meinem Unterricht teilnehmen und etwas über mich schreiben wollte. Nun ist die Zahl der Leute, die aus den unterschiedlichsten Gründen an meinen Seminaren teilnehmen möchten, beträchtlich, deshalb habe ich es seit langem zur festen Regel gemacht, daß grundsätzlich keine Zuhörer oder Zuschauer erlaubt sind. Weil ich meinen Unterricht nicht in Form einer Vorlesung, sondern in Form einer Diskussion abhalte, bei der die Studenten in einem Kreis sitzen, bedeutet ein Fremder in unserer Mitte eine erhebliche Störung. Hätte die Journalistin mich telefonisch erreicht, hätte ich ihr das ohne jeden Zweifel mitgeteilt. Aber jetzt hatte die arme Frau den weiten Weg zu meinem Kurs gemacht, hatte lange gewartet und sah mir direkt und flehentlich in die Augen. Ich fühlte mich schuldig, weil ich nicht in meinem Büro gewesen war, als sie angerufen hatte; außerdem habe ich den starken Drang, jedermann gefällig zu sein und niemanden vor den Kopf zu stoßen. Ich mußte eine schnelle Entscheidung treffen; ich ließ sie herein.

Am Ende der Stunde sammelte ich die Hausaufgaben ein und merkte, daß einige Studenten sich nicht an meine Anweisungen gehalten hatten. Um das Gesicht für sie zu wahren, sagte ich etwas wie: »Tut mir leid, wenn ich mich unklar ausgedrückt habe.« Ich schätze, einige Leser werden wissen, wie es weiterging. In der Tat deutete die Journalistin diese rituelle Entschuldigung in ihrem Artikel als wörtliches Schuldanerkenntnis und benutzte die Aussage, um mich dumm dastehen zu lassen: Stellen Sie sich vor, schrieb sie, eine Expertin für Kommunikation, die nicht mal in der Lage ist, ihren Studenten die Hausaufgaben zu erklären!

Ich bin sicher, daß einige Leute jetzt denken werden: »Geschieht ihr recht. Sie hat es herausgefordert.« Und es stimmt. Die Impulse, die mich dazu trieben, Rücksicht auf die Gefühle anderer zu nehmen, steuerten mich in eine Richtung, die dem Selbstschutz zuwiderlief. Der Selbstschutz hätte mich dazu veranlaßt, der Journalistin den Zutritt zu meiner Klasse zu verwehren (es war ihr Problem, nicht meins, daß sie die Reise unternommen hatte, ohne sich vorher zu erkundigen, ob sie am Unterricht teilnehmen konnte) oder mich dazu gebracht, mein Verhalten in ihrer Gegenwart zu kontrollieren und nichts zu sagen, das man als Schwäche

auslegen konnte – also jene Art von Selbstkontrolle zu entwik-
keln, die andere (einschließlich Männer) dazu bringt, sich nicht zu
entschuldigen, keine Schuld anzuerkennen, keine Unwissenheit
einzugestehen usw.

Aber es ist interessant, wie vorteilhaft meine spontane Regung,
der Journalistin gefällig zu sein, für sie war. Sie riskierte eine Ab-
sage, als sie unangemeldet vor der Tür meiner Klasse auftauchte.
In gewisser Weise hat sie darauf gesetzt, daß ich die unter Frauen
üblichen Interaktionsrituale befolgen würde, und in diesem Fall
hat sich ihre Taktik gelohnt.

Die Arbeit – und sich selbst – präsentieren

All diese Beispiele machen deutlich, daß die Sprechweisen, zu denen viele Frauen neigen, ihre wahre Kompetenz verschleiern können, wenn andere ihre Leistungen beurteilen. Wenn Vorgesetzte
und Führungskräfte bestimmte Mitarbeiter bewerten müssen, mit
denen sie nicht tagtäglich zusammenarbeiten, werden sie zwangsläufig von den wenigen Kontakten beeinflußt, die sie mit diesen
Leuten hatten. Abgesehen von den flüchtigen Eindrücken, die
eine Führungskraft bei zufälligen Begegnungen gewinnt, orientiert sie sich häufig an den wenigen Gelegenheiten, bei denen sie
die Mitarbeiter direkt beobachten kann – wenn sie Präsentationen
geben. Und das ist eine weitere Situation, in der ein profundes
Wissen nicht automatisch bedeutet, daß andere es bemerken. Da
die Gesprächsrituale der meisten Frauen sie auf ein privates Sprechen vorbereiten, ist eine formelle Präsentation eine weitere
Hürde auf der Aschenbahn zum Erfolg.

Fast jedem Menschen ist es unbehaglich, vor größerem Publikum zu sprechen. Aber vor einer großen Gruppe zu stehen, Aufmerksamkeit zu fordern und einen gebieterischen Ton anzuschla-
gen, sind Erweiterungen der Sozialisation, die die meisten Jungen
in ihrer Kindheit ertragen müssen, weil Jungen in Gruppen darum
wetteifern, im Mittelpunkt zu stehen, denjenigen herausfordern,
der die Aufmerksamkeit erhält, und selbst Herausforderungen
abwehren. Viele der Methoden, mit denen Frauen gelernt haben,

sympathisch und feminin zu wirken, erweisen sich bei öffentlichen Vorträgen als hinderlich. Die meisten Mädchengruppen bestrafen ein Mädchen, das herausragt oder zu demonstrativ auf sich aufmerksam macht.

Eine Schulungsleiterin, die ausländische Manager auf die amerikanische Geschäftswelt vorbereitet, wurde sich eines Tages eines auffälligen Ungleichgewichts bewußt: Die Kritik, die sie und ihre Kollegen an den Trainees äußerten, insbesondere im Hinblick auf die verschwommene Kategorie »professionelle Präsenz«, war unverhältnismäßig häufig gegen Frauen gerichtet. Die Ausbilder erzählten den Frauen viel öfter als den Männern, daß sie lauter und deutlicher reden müßten, daß sie aufhören sollten, den Kopf kokett zur Seite zu neigen, und versuchen sollten, die Tonhöhe zu senken. Einigen Frauen wurde gesagt, sie würden sich zu sexy kleiden und zu viel flirten, um in der amerikanischen Geschäftswelt ernstgenommen zu werden. In gewisser Weise wirkten sie zu »weiblich«. Aber es gab auch Frauen, die kritisiert wurden, weil sie zu herausfordernd und zu abweisend wirkten. Man bemängelte, daß sie zu direkt mit ihren Fragen herausplatzten, ohne Einleitungen und Umschweife. Sie stellten zu viele und zu hartnäckige Fragen; sie legten den Kopf überhaupt nicht zur Seite oder reckten ihn zu herausfordernd. Obwohl die Ausbilder das Verhalten nicht in diesen Begriffen definierten, könnte man sagen, daß diese Frauen nicht »weiblich« genug wirkten.

In mindestens einem Fall mußte einer Teilnehmerin gesagt werden, daß sie zu kokett *und* zu herausfordernd auftrat. Die Schulungsleiterin, die darüber nachgrübelte, warum so viele Frauen in dem (anfänglich kleinen) Programm zwar ohne Zweifel über das nötige Können verfügten, aber ihre eigene Kompetenz durch ihr nonverbales Verhalten zu untergraben schienen, kam zu dem Schluß, daß die Frauen sich auf einem sehr schmalen Grat bewegen mußten: Das Spektrum der als angemessen geltenden Verhaltensweisen war extrem eingeschränkt. Und das Entscheidende war vielleicht, daß die amerikanische Geschäftskultur, deren Regeln sie lernen sollten, nicht nur eine amerikanische Welt, sondern eine amerikanische Männerwelt war.

Alle Faktoren, die diese Ausbilderin beschrieb, deuten darauf hin, daß Präsentationen ein Paradebeispiel für eine Aktivität sind, bei der die Erwartungen an ein angemessenes weibliches Verhalten im Widerspruch zu den Erwartungen stehen, die an eine erfolgreiche Führungskraft gestellt werden. Tatsächlich ist es noch nicht lange her, daß man mit allgemeiner Empörung reagierte, wenn eine Frau überhaupt auf den Gedanken kam, einen Vortrag vor einer größeren Gruppe zu halten. Im 19. Jahrhundert wurde die Abolitionistin Abby Kelley als »schamlose« Person und als »Hure« beschimpft, weil sie ihre Meinung öffentlich kundgetan hatte. Weil sie attraktiv war, erschien sie den Männern als gefährliche Verführerin.

Wenn eine Frau (oder ein Mann) einen öffentlichen Vortrag hält, setzt sie (oder er) sich Herausforderungen oder sogar Angriffen aus. Vielen Frauen wird gesagt, daß sie zu schnell nachgeben, anstatt ihren Standpunkt zu behaupten. Die Fähigkeit, öffentliche Herausforderungen erfolgreich abzuwehren, ist etwas, das vielen Frauen (oder Männern) schwer fällt. Und es gibt auch regionale und kulturelle Stilunterschiede. Ein Soziologe aus dem mittleren Westen der USA wurde gebeten, einen Vortrag an einer berühmten Universität der Ostküste zu halten, an der ein Lehrstuhl zu besetzen war. Die Fragen der Auswahlkommission klangen so gebieterisch, daß der Mann fest überzeugt war, vor Leuten zu reden, die umfangreiche Studien auf seinem Fachgebiet angestellt hatten – Studien, die er bei seiner Literaturdurchsicht irgendwie übersehen haben mußte. Als er seinen Vortrag beendet hatte, zweifelte er keine Sekunde lang, daß er mit Pauken und Trompeten durchgefallen war. Er ging in die Bibliothek und durchstöberte die Nachschlagewerke nach Hinweisen auf die Arbeiten dieser Männer – Hinweise, die nicht existierten. Zu seiner Überraschung (er hatte den verächtlichen Tonfall der Fragen ernst genommen) bekam er die Stellung. Das gab ihm Gelegenheit herauszufinden, daß seine Prüfer überhaupt keine Studien in diesem Bereich angestellt hatten. Sie wollten ihn einfach nur testen und sehen, wie gut er seine Thesen vertreten konnte – und sie waren erfreut und angetan von seiner Widerrede. Obwohl er sich erfolgreich gegen den rituellen Angriff verteidigt hatte, war er fest überzeugt gewesen, daß ihre Angriffe eine solidere Basis haben müßten, als sie tatsächlich hatten.

Es gibt viele Frauen, die sehr erfolgreich in der Öffentlichkeit sprechen. Ich bemerkte einmal den unterschiedlichen öffentlichen Redestil von einem männlichen und einer weiblichen Vortragenden. Beide waren glänzende Vortragsredner, aber der Mann schien den Raum mit seiner Präsenz auszudehnen, während die Frau den Raum dichter zusammenrücken ließ. Der Mann erzählte Geschichten, als ob er in einer Kirche stände und vor einer großen Menschenmenge predigte. Sie erzählte sie, als ob sie mit Freunden im Wohnzimmer säße (ein Zuhörer lobte ihre »Natürlichkeit«). Die Frau machte zwar keine Witze, wie der Mann, war aber humorvoll. Während er mit unbewegter Miene dasaß, nachdem er etwas Lustiges erzählt hatte, lachte sie zusammen mit dem Publikum. Die Frau hielt einen erfolgreichen öffentlichen Vortrag in einer privaten Sprechweise, der Mann hielt einen erfolgreichen öffentlichen Vortrag in einer öffentlichen, oratorischen Sprechweise.

Das soll nicht heißen, daß es nur eine mögliche Methode für Männer oder Frauen gibt, um erfolgreiche Präsentationen zu geben. Männer und Frauen müssen beide lernen, diese spezielle Situation gut zu handhaben, damit sie Anerkennung für ihre Arbeit bekommen, aber die weibliche Sozialisation steht für gewöhnlich in größerem Widerspruch zu den Anforderungen eines öffentlichen Vortrags.

Wer muß sich ändern?

Wenn also Frauen unter anderem nicht befördert werden, weil sie mehr Zeit auf ihre Arbeit verwenden als auf die Eigenwerbung, heißt die Lösung dann, daß Frauen anfangen müssen, mehr Werbung für sich zu machen? Veronica hatte einen aufmerksamen Chef, dem auffiel, daß sie die eigentliche Urheberin der guten Ideen war, die von ihrer Gruppe kamen, daß aber oft jemand anders die Ideen ausposaunte und die Lorbeeren erntete. Der Vorgesetzte sprach mit Veronica und riet ihr, mehr Anerkennung für ihre Ideen zu fordern. Aber Veronica fühlte sich nicht wohl dabei. Sie versuchte es und merkte, daß ihr die Arbeit einfach keine Freude machte, wenn sie sich wie bei einem Grapscherspiel verhalten sollte. Sie mochte die Atmosphäre gemeinsam verfolgter Ziele und fühlte sich gern als Teil eines Teams. Anerkennung für sich selbst zu fordern schien ihr ein einsames und wenig bewundernswertes Unterfangen. Wenn sie den Rat ihres Vorgesetzten befolgte, machte es ihr weit weniger Spaß, jeden Tag zur Arbeit zu gehen.

Viele Frauen haben mir von ähnlichen Erfahrungen berichtet und erklärt, sie würden sich einfach nicht wohl fühlen, wenn sie eine herausragende Stellung einnähmen. Und viele Männer haben mir berichtet, daß ihnen dieses Widerstreben bei Frauen aufgefallen sei. Der Leiter eines Unternehmens, das Lehr- und Dokumentarfilme herstellte, rief eine Mitarbeiterin in sein Büro, um ihr eine gute Nachricht zu verkünden. Einer der Kunden, mit denen die Frau in der Vergangenheit verhandelt hatte, wollte einen Riesenauftrag für eine neue Filmbücherei erteilen. Anstatt auszurufen: »Großartig! Ich werde die Leute sofort anrufen«, meinte die Frau: »Vielleicht könnte diesmal jemand anders die Sache übernehmen. Ich habe diesen Monat schon die höchste Verkaufsquote in meiner Gruppe.« Obwohl das Verkaufspersonal nicht auf Provision arbeitete, reagierte der Manager ungläubig: »Die wollen *Sie*«, erklärte er. »Die Leute haben gern mit Ihnen zusammengearbeitet und ausdrücklich nach Ihnen verlangt. Wie würde das Unternehmen dastehen, wenn ich als Leiter nicht dafür sorgen würde, daß meine Kunden die Mitarbeiterin erhalten, nach der sie verlangt haben?!« Dieses Argument überzeugte die Frau, und sie übernahm die Aufgabe. Aber sie mußte das Gefühl haben, daß sie es zum Nutzen des Unternehmens und nicht zu ihrem eigenen Vorteil tat – oder zumindest, daß man ihr den Auftrag *erteilt* und sie sich nicht darum *gedrängt* hatte.

Ich beobachtete denselben Mechanismus bei einer begabten graduierten Studentin, die als meine Assistentin arbeitete und auch an einem meiner Seminare teilnahm. Einmal sagte ich ihr unter vier Augen, daß ich mich aus zwei Gründen bei ihr entschuldigen müsse. Erstens hatte sie mir nach dem Unterricht eine Rechnung für ihre Assistenztätigkeit gegeben, die ich verlegt hatte. Zweitens fürchtete ich, sie vor den anderen Studenten in Verlegenheit gebracht zu haben. Ich hatte sie gedankenlos verbessert, als ihr im Seminar ein unbedeutender grammatischer Fehler unterlaufen war. Sie erklärte, das hätte ihr nichts ausgemacht, aber daß es schon etwas gebe – da wir nun einmal beim Thema wären –, über das sie sich geärgert habe. Es war wirklich etwas völlig anderes.

Die Studenten hatten sich nach der letzten Sitzung des Semesters um mich versammelt und darüber gesprochen, wer den Fortsetzungskurs belegen würde. Meine Assistentin hatte ihre Enttäuschung ausgedrückt, weil sie es sich nicht leisten konnte, den Folgekurs zu belegen, und meine eiserne Regel gegen Gasthörer allgemein bekannt war. Aber ich hatte gesagt: »Vielleicht kann ich in deinem Fall eine Ausnahme machen.« Sie hatte sich nicht darüber geärgert, daß ich öffentlich ihre Grammatik verbessert oder sie nicht rechtzeitig bezahlt hatte. Sie hatte sich geärgert, weil ich sie bevorzugt und für eine Sonderbehandlung herausgepickt hatte.

Günstlingswirtschaft kann in jeder Gruppe Unheil anrichten. Es ist verständlich, wenn die weniger Begünstigten einen Groll auf die Lieblinge entwickeln, aber viele Frauen fühlen sich anscheinend nicht nur unwohl, wenn sie nicht zu den Günstlingen gehören, sondern auch, wenn sie zu offensichtlich dazugehören. Das hat weitreichende Folgen für Beförderungen. Unauffällige Spitzenleistungen sind keine Gefahr für die Gruppenzugehörigkeit. Aber spezielle Anerkennung schon. Wer gelobt wird, zieht leicht den Unwillen seiner Kollegen auf sich. Ressentiments können in der Tat durch nahezu jede Handlung ausgelöst werden, die Anerkennung bringt, vor allem Anerkennung von Höhergestellten. In einer großen Organisation ist jeder Mitarbeiter im Grunde der Diener vieler Herren. Auch wenn Sie Anweisungen oder sogar Befehle von Ihrem direkten Vorgesetzten erhalten, ist dieser Vorgesetzte wieder einem höheren Vorgesetzten unterstellt, der wiederum einem noch höheren Vorgesetzten unterstellt ist usw. Und irgendwo in den oberen Regionen sitzen jene, die über Ihr Schicksal entscheiden, wenn es um Eingruppierungen und Beförderungen geht. Es hängt also viel davon ab, ob Sie Kontakte mit den Leuten knüpfen, die über Ihrem direkten Vorgesetzten stehen. Aber wenn Sie es tun, können Sie leicht den Groll Ihres unmittelbaren Vorgesetzten und Ihrer Kollegen wecken. Und das kann eine Belastung sein, vor der mehr Frauen als Männer zurückschrecken.

Niemals protzen oder prahlen

Neben der Gefahr, den Groll von Kollegen zu wecken, gibt es ein weiteres (oder damit verbundenes) Problem, nämlich die tendenziell unterschiedlichen Ansichten von Männern und Frauen über selbstverherrlichende Sprechweisen. Andere wissen zu lassen, was man geleistet hat, wird von Frauen nahezu immer als Prahlerei bezeichnet, und Prahlen ist etwas, das die meisten Frauen früh zu vermeiden gelernt haben, wie das »Hummel«-Beispiel aus Kapitel 1 zeigt. Im Gegensatz dazu glauben viele Männer, daß man andere darauf hinweisen muß, was man geleistet hat, wenn man die notwendige Anerkennung erhalten will. Das Prahlen mit den eigenen Leistungen brachte Othello die Hand von Desdemona; Kate mußte lernen, den Mund zu halten, um Petruchio zu bekommen – die vorlaute »Widerspenstige« mußte »gezähmt« werden.

Das Beispiel eines berufstätigen Ehepaars illustriert die Haltungen, die viele Männer und Frauen gegenüber dem Zurschaustellen oder Herunterspielen ihrer eigenen Leistungen einnehmen. Bridget und Sean waren beide erfolgreiche Grundstücksmakler, aber sie hatten unterschiedliche Methoden der Selbstdarstellung. Sean setzte neue Bekannte unverzüglich von seinen Leistungen in Kenntnis; Bridget spielte ihre Leistungen herunter und ging davon aus, daß die Leute irgendwann aus anderer Quelle davon erfahren würden und sie wegen ihrer Bescheidenheit um so mehr schätzen würden. Bridget hielt Sean für prahlerisch; er fand ihre Zurückhaltung dumm und unangebracht. Keiner von beiden führte diese Sprechweisen auf das Geschlecht zurück; beide hielten es für eine Charakterschwäche.

Daß das Reden über die eigenen Leistungen ein verbreitetes Ritual unter Männern ist, beweist eine Geschichte, die den politischen Berater Ed Rollins betraf und in der Presse für großen Wirbel sorgte. Rollins leitete den Wahlkampf der republikanischen Politikerin Christine Todd Whitman bei ihrer Kandidatur für das Gouverneursamt von New Jersey. Bei einem Frühstück mit Journalisten kurz nach Whitmans Sieg prahlte Rollins damit, daß er die Wahl für seine Kandidatin gewonnen hätte, weil es ihm gelungen wäre, die Schwarzen von den Wahlurnen fernzuhalten – zum Beispiel durch großzügige Spenden an afro-amerikanische Kirchen im Austausch gegen das Versprechen der Priester, in ihren Predigten nicht zur Wahl aufzurufen. Die Prahlerei kam in die Schlagzeilen und drohte, die Kandidatin um ihr Amt und Rollins ins Gefängnis zu bringen. Also machte er schnell einen Rückzieher und behauptete, daß seine Prahlerei jeder Grundlage entbehre; er habe nur seinem Gegner James Carville, dem Wahlkampfleiter des demokratischen Kandidaten Jim Florio, eins auswischen wollen.

Es ist nicht klar, ob Rollins die Wahrheit sagte, als er prahlte oder als er »zugab«, daß seine Prahlerei unbegründet war. Was immer die Wahrheit sein mag – die man vielleicht nie erfahren wird –, der Fall ist ein aufschlußreiches Beispiel für die ritualisierte Rolle des Prahlens. Rollins betrachtete den Wahlkampf als persönlichen Wettstreit, Mann gegen Mann, und wollte eine demonstrative Anerkennung für seinen Sieg über Carville, also prahlte er vor anderen mit seinen Taten – oder mit dem, was er seiner Ansicht nach gefahrlos erfinden konnte. Zu einem weiteren berühmten (oder berüchtigten) Fall von Prahlerei kam es im Zusammenhang mit dem Anschlag auf die Eiskunstläuferin Nancy Kerrigan. Die Polizei ermittelte einen der mutmaßlichen Anstifter – den »Leibwächter« von Kerrigans Konkurrentin Tonya Harding –, weil er sich öffentlich vor Kommilitonen mit seiner Tat gebrüstet hatte.

Dieses Beispiel und die Geschichte von Ed Rollins' Prahlerei erinnerten mich an eine interessante Bemerkung von Rupert Allason. Allason ist Mitglied des britischen Parlaments und ein Experte für den britischen Geheimdienst. Nach seiner Meinung geben Frauen bessere Spione ab als Männer. Anläßlich der Ernennung von Stella Rimington zur ersten weiblichen Generaldirektorin der britischen Behörde für innere Sicherheit erklärte Allason: »Frauen sind schon immer gute Geheimdienstler gewesen. Während Männer dazu neigen, über ihren Beruf zu tratschen, weil sie ihre Freunde beeindrucken wollen, tratschen Frauen über Belanglosigkeiten und behalten ihre wirklichen Geheimnisse für sich.«

Ähnliche Beobachtungen machte die Linguistin Penelope Eckert, die die Geheimhaltegewohnheiten von männlichen und weiblichen High-School-Schülern untersuchte. Die Mädchen in Eckerts Studie waren der Ansicht, Jungen könnten ein Geheimnis besser bewahren als Mädchen. Wie Eckert ausführt, sind die Jungen nicht verschwiegener, weil sie den Mädchen moralisch überlegen wären, sondern weil Mädchen aufgrund der nach Geschlechtern getrennten Sozialstruktur der High-School etwas zu gewinnen haben, wenn sie Geheimnisse verraten, Jungen dagegen nicht. Ein Mädchen gewinnt Status durch ihre sozialen Kontakte – durch ihre Freundschaften. Zu zeigen, daß man die Geheimnisse eines anderen Mädchens kennt, ist eine gute Methode, wenn man anderen beweisen will, daß man mit diesem Mädchen befreundet ist. Im Gegensatz dazu erwerben Jungen Status durch ihre eigenen Leistungen. Sie gewinnen nichts dabei, wenn sie beweisen, daß sie enge Vertraute von Mädchen sind, also haben sie keinen Anreiz, deren Geheimnisse auszuplaudern. Jungen geraten vielmehr in Versuchung, über ihre eigenen Taten oder angeblichen Taten zu reden. Das erklärt die nur scheinbar rätselhafte Umkehrung der Geheimhaltefähigkeit von Männern und Frauen in der Rolle der Spionin oder des Wahlkampfmanagers.

Was immer die Motivation, Frauen haben seltener als Männer gelernt, ihr eigenes Loblied zu singen – was bedeutet, daß sie in vielen Fällen keine Anerkennung für die Arbeit bekommen, die sie geleistet haben, und daß sie auch nicht versuchen – wie Ed Rollins zumindest behauptete – Anerkennung für etwas zu bekommen, was sie nicht geleistet haben. Mehr Frauen als Männer haben offenbar den Eindruck, daß ein solches Verhalten sie unsympathisch macht. Und eine Arbeitsumwelt, in der sie nicht gemocht werden, ist für viele Frauen offenbar ein Schreckgespenst, dem sie lieber aus dem Weg gehen. Ein angenehmes Arbeitsklima ist für jeden wichtig, aber der Anspruch, daß alle einander mögen sollten, kennzeichnet vielleicht eher die weibliche Vorstellung von Kongenialität, während Männer eher andere Formen der Geistesverwandtschaft wie spielerische Konfrontationen schätzen. Der leitende Angestellte eines großen Unternehmens berichtete mir von seinen Erfahrungen bei der Einstellung von Minderheitsangehörigen: Die männlichen Quotenbewerber, die das Unternehmen gern einstellen will, lassen sich normalerweise ködern, wenn man ihnen das großzügigste Gehaltspaket offeriert. Bei der Einstellung von Frauen ist man dagegen am erfolgreichsten, wenn man die Frauen von anderen Frauen anwerben läßt. Wenn die Mitarbeiterin die Stellenanwärterin überzeugen kann, daß im Unternehmen ein gutes Betriebsklima herrscht, nimmt die Frau das Angebot an, auch wenn die Angebote anderer Firmen lukrativer

sind. Das beweist nicht nur, daß eine angenehme Arbeitsatmo-
sphäre für viele Frauen sehr wichtig ist, sondern liefert vielleicht
auch einen Anhaltspunkt dafür, warum Frauen im Vergleich zu
Männern in vergleichbaren Positionen chronisch unterbezahlt
sind.

Die Lehren einer Fabel

Die aufschlußreichste und amüsanteste Beschreibung von einer
Frau, die keine Anerkennung für ihre Arbeit erhält und diese Situation durch ein verändertes Verhalten zu verbessern sucht, ist
für mich die Kurzgeschichte »King's Cross« von der irischen
Autorin Maeve Binchy. Die Geschichte beginnt damit, daß Sara
Gray, eine überarbeitete und unterschätzte Managementassisten-
tin in einem Reisebüro, ein Bewerbungsgespräch mit einer künfti-
gen Sekretärin namens Eve führt, die sich als eine Mischung aus
Wyatt Earp und Mary Poppins erweist. Eve platzt in das Leben
von Sara Gray und krempelt es vollständig um, indem sie ihr zeigt,
wie sie zu Anerkennung – und Beförderungen – kommt. Als erstes
besteht Eve darauf, ihre Chefin als »Miss Gray« anzureden, obwohl Sara protestiert, es klinge »großkotzig«. Eve weist darauf
hin, daß alle männlichen Manager und stellvertretenden Manager
Sara beim Vornamen nennen, während sie viele von ihnen mit
»Mr.« anredet. Wenn Eve in Gegenwart anderer über Miss Gray
spricht, schlägt sie einen respektvollen, nahezu ehrfurchtsvollen
Ton an, der sich allmählich in die Haltung der anderen Mitarbeiter
einschleicht. Eve erklärt Sara, es sei »absolut unerträglich, wie die
Leute hier hereinplatzen, Ihre Gutmütigkeit ausnutzen und Ihre
Ideen stehlen; sie meinen, sie könnten uns jederzeit stören und Sie
bei allem unterbrechen, was Sie gerade tun.« Um diesen unhaltba-
ren Zustand zu beenden, bezieht Eve Stellung vor Saras Büro und
besteht darauf, daß jeder, der Miss Gray sprechen möchte, vorher
einen Termin vereinbaren muß.

Eve entdeckt, daß Sara keinen Gebrauch von angebotenen Vergünstigungen wie Taxifahrten auf Spesenrechnung, Kleidergeld-
zuschüssen und einem kleinen Guthaben für Büromodernisierun-

gen gemacht hat. Mit Hilfe des letzteren erwirbt Eve einen Konferenztisch und erklärt Sara, wie sie ihn nutzen kann. Sie erinnert Sara an deren letzte ungeheuer erfolgreiche Marketing-Strategie. Niemand außer Saras Chef Garry Edwards hatte gewußt, daß es ihre Idee gewesen war, also erntete er die Anerkennung und die Belohnung, weil er für den Bereich zuständig war. Eve rät:

> Ich schlage vor, daß Sie das nächste Mal Mr. Edwards und seinen Chef und den Marketingleiter und ein oder zwei andere Leute ganz zwanglos dazubitten – kommen Sie nicht auf die Idee, eine Konferenz einzuberufen, fragen Sie einfach, ob sie nicht Lust hätten, am Nachmittag mal kurz in Ihrem Büro vorbeizuschauen. Und dann, an einem netten Tisch, mit viel Platz und viel Stil, unterbreiten Sie Ihre Vorschläge. So bleiben Sie den Leuten im Gedächtnis.

Als Sara ein Projekt für Garry Edwards ausarbeitet, schickt Eve Kopien an alle Abteilungen, damit jeder weiß, daß es Saras Arbeit ist. Sie ermutigt Sara, sich eine Vertretung zu besorgen, damit man ihre Unabkömmlichkeit nicht länger als Vorwand benutzt, um sie von Konferenzen – und letztlich Beförderungen – auszuschließen. Sie sorgt dafür, daß Saras Name auf die Einladungsliste für Empfänge und Veranstaltungen kommt, an denen hohe Führungskräfte teilnehmen. Als Garry Edwards versucht, Sara auszubooten, und eine eigene Fehlentscheidung auf sie abwälzen will, beweist ein Dokument aus Eves Ablagesystem, daß Sara die richtige Handlungsweise empfohlen hatte. Garry Edwards ist aus dem Rennen, und Sara bekommt seinen Posten, den sie ohnehin seit Jahren unentgeltlich ausgefüllt hat.

Bedauerlicherweise – für uns alle – ist das nur eine Phantasie, eine herrlich zu lesende, aber frei erfundene Geschichte. Wäre es nicht schön, wenn wir alle eine Eve hätten, die in unser Leben gerauscht käme und dafür sorgen würde, daß wir die verdiente Anerkennung erhielten? Aber die Geschichte, so grob vereinfachend (und unterhaltsam) sie ist, sagt einiges darüber aus, was der einzelne tun kann (und oft zu tun versäumt), um dieses glückliche Ergebnis selbst zu erreichen.

Von Beziehungen und Begünstigungen

Ich will damit nicht sagen, daß alle Ungleichheiten im Hinblick auf Anerkennung und Beförderungen auf das individuelle – sprachliche oder sonstige – Verhalten zurückzuführen sind. Einige Kräfte liegen außerhalb unserer Kontrolle oder sind zumindest sehr schwer zu beeinflussen. Ein Einfluß, der wenig mit dem Gesprächsstil und seinen möglicherweise nachteiligen Auswirkungen für Frauen zu tun hat, ist das Mentorphänomen.

Eine große Universität schrieb eine wissenschaftliche Stellung aus. Jede/r konnte sich bewerben. Aber ein Mitglied der Fakultät hatte einen Lieblingskandidaten. Der Fakultätsangehörige sorgte dafür, daß sein Schützling den letzten Präsentationstermin bekam, und er ließ ihn wissen, wann die anderen Bewerber ihre Vorträge hielten. Dadurch konnte sein Kandidat an den Vorträgen der anderen teilnehmen und die Reaktion der Zuhörer beobachten – er merkte sich, was gut ankam, was durchfiel, was für Schwerpunkte in den Fragen gesetzt wurden. Er berücksichtigte diese Informationen bei der Planung seines eigenen Vortrags. Seine Präsentation war ein Bombenerfolg, und er bekam den Job. Mindestens eine Mitbewerberin fühlte sich durch diese »Männerseilschaft« benachteiligt.

Ähnliche Situationen können auch bei Beförderungen auftreten, wenn einer der Bewerber eine gute Beziehung zu jemandem aufgebaut hat, der mit der Personalauswahl zu tun hat. Er erfährt möglicherweise früher von der Stellenausschreibung, weiß, was er in seinem Bewerbungsschreiben oder im Bewerbungsgespräch hervorheben muß und erhält einen günstigen Platz in der Vorstellungsreihe. Ist das eine illegale Vorzugsbehandlung oder einfach »Mentoring«, ein System, bei dem eine höhergestellte Person einer jüngeren beratend und unterstützend »zur Seite steht«? Wenn solche Berater-Beziehungen zwischen einem etablierten Mitarbeiter und einem Neuling entstehen, ist der Mentor aller Wahrscheinlichkeit nach ein Mann (weil er der Organisation für gewöhnlich beigetreten ist, als es erst sehr wenige oder gar keine Frauen darin gab), und es ist auch wahrscheinlich, daß er sich zu einer Person hingezogen fühlt, die ihn daran erinnert, wie er selbst in jenem Alter war – und daher ist auch der Schützling für gewöhnlich ein Mann. Das ist kein beabsichtigter »Sexismus«, aber es ist eine Struktur, die Frauen benachteiligt, ein Muster, in das natürlich nicht alle, aber viele Männer sich besser einfügen als Frauen.

So wichtig es ist, daß wir besser verstehen, wie Sprechweisen gegen Frauen arbeiten können, dürfen wir doch nicht vergessen, daß es für Frauen schwieriger sein kann, befördert zu werden, ganz gleich, wie sie sprechen. Marjorie und Lawrence Nadler zählen einige Studien auf, die belegen, daß Frauen durch Klischees behindert werden. Sie verweisen zum Beispiel auf Lea Stewart, die feststellte, daß Frauen oft andere Arbeitsaufgaben erhalten als Männer in vergleichbaren Positionen und mit vergleichbarer Qualifikation, und daß die Aufgaben, die den Frauen zugeteilt werden, nicht zu Beförderungen führen. Sie zitieren auch Cynthia Fink, die zeigt, daß es die weit verbreitete Überzeugung gibt, Männer wären einfach besser fürs Management geeignet. Und auch Garda Bowman, Beatrice Worthy und Stephen Grayser weisen nach, daß Führungskräfte häufig der Ansicht sind, Frauen würden nicht über die erforderlichen Entscheidungsfähigkeiten oder die notwendige Aggressivität für eine erfolgreiche Führungstätigkeit verfügen.

Nicht jede Frau, oder jeder Mann, möchte befördert werden, obwohl man das Argument, Frauen wären im Grunde nicht an streßintensiven Positionen interessiert, oft mißbraucht hat, um ihnen gar nicht erst die Chance zu eröffnen. Es gibt Frauen und Männer, die sich für eine Abstiegsmobilität entscheiden, aber ich glaube nicht, daß es viele Menschen gibt, die freiwillig auf Anerkennung für ihre Arbeit verzichten würden. Wer Anerkennung für seine Beiträge erhält, ist motiviert, seine Anstrengungen fortzusetzen und zu steigern, während jemand, dessen Beiträge übersehen werden, eher kündigt, auch wenn er vielleicht andere Gründe für seine Entscheidung angibt. Mangelnde Anerkennung für die Leistung von Mitarbeitern, die durch ihre Sprechweise nicht auf sich selbst aufmerksam machen, ist also nicht nur für den einzelnen, sondern auch für das Unternehmen ein Verlust.

Denk an das Ritual

Reden ist wie Gehen – wir tun es einfach, ohne lange darüber nachzudenken, wie wir es tun. So wie wir fröhlich einen Spaziergang machen, ohne darüber nachzudenken, welchen Fuß wir als nächsten vor den anderen setzen (es sei denn, eine Pfütze kreuzt unseren Weg), öffnen wir einfach den Mund und lassen heraus, was uns angesichts der gegebenen Situation und des Gesprächspartners als selbstverständlich und angebracht erscheint. Mit anderen Worten – ganz gewöhnliche Gespräche haben einen rituellen Charakter, und die typischen Gesprächsrituale von Männern und Frauen weisen zwar offenkundig viele Gemeinsamkeiten auf – andernfalls könnten wir uns nicht unterhalten –, aber sie können auch unterschiedlich sein. Und sogar subtile Unterschiede können riesengroße Mißverständnisse auslösen. Wenn eine Person eine andere beurteilt und damit den Schlüssel zu einem Tor besitzt, durch das die andere Person hindurchgehen möchte, können Stilunterschiede durchaus sehr schlimme Folgen haben.

Wenn mehr und mehr Menschen die Mechanismen des Gesprächsstils verstehen, können sie ihre eigenen Sprechweisen besser anpassen und besser verstehen, wie andere meinen, was sie sagen. Aber je größer das Verständnis für den Gesprächsstil wird, desto geringer wird gleichzeitig die Notwendigkeit für andere, ihren Stil anzupassen. Wenn Vorgesetzte lernen, herausragende Leistungen unabhängig vom individuellen Stil zu erkennen, muß die einzelne Person nicht mehr unbedingt lernen, ihre Begabungen zur Schau zu stellen. An jenem glücklichen Tag wird sich die Glaswand in einen Spiegel verwandeln, den eine gleichberechtigte Alice durchschreiten kann.

6. »Sie ist der Boß«: Frauen und Autorität

Ein kühler Wintertag. Zwei Frauen gingen von einem Bürogebäude zum anderen, um an einer Geschäftssitzung teilzunehmen. Ihnen schloß sich ein Mann an, den beide Frauen kannten und der ebenfalls auf dem Weg zu dem Treffen war. Die Frauen begrüßten ihn mit »Hallo«, aber als eine von ihnen sah, daß der Mann lediglich ein Jackett trug, fügte sie hinzu: »Wo ist denn Ihr Mantel?« Der Mann erwiderte: »Vielen Dank, Mama.« Offenbar hatte die Frage den Mann geärgert, und die Frau schien von seiner Erwiderung gekränkt zu sein. Was haben die Frauen bloß immer? könnte er sich gefragt haben. Warum machen sie sich immer Sorgen um einen? Und sie hat vielleicht gedacht: Was haben die Männer bloß immer? Da stellt man eine freundliche Frage – und schon wird einem vorgehalten, sich wie die Mutter zu verhalten.

Während ihrer Gespräche, die Anne Statham mit weiblichen und männlichen Führungskräften führte, stellte sie fest, daß sich viele Frauen als »Mutter« und »Lehrerin« beschrieben, während sich Männer eher als »Trainer« einschätzten. In meinen Forschungen sahen sich Frauen häufig als »Mutter« – oder wurden von anderen so genannt –, wenn sie auf Untergebene eingingen. Dagegen kommentierte eine Frau murrend das Verhalten eines Mannes, der eine Besprechung in einem autoritären Stil geleitet hatte: »Er hat sich aufgeführt wie ein Feldwebel.«

Die Welt des Militärs und die Welt des Sports vermitteln uns Bilder von männlicher Autorität. Die wichtigsten Bilder über die Autorität der Frau stammen aus der Sphäre der Mutterschaft.

Eine Frau, die ein regionales Vertreterteam leitete, hatte sich vorgenommen, ihren Chef zur Rede zu stellen. Er hatte einem der Männer aus ihrem Team besondere Projekte in einem angrenzenden Verkaufsgebiet zugewiesen, und dieser Mitarbeiter hatte ihr nun mitgeteilt, er könne den von ihr erteilten Auftrag nicht ausführen, da er erst noch ein Projekt für ihren Chef zu Ende bringen müsse – eben für eine höhere Autoritätsperson, der sie sich unterordnen müsse. Die Frau wappnete sich innerlich für das Gespräch und erklärte dem Chef: Wenn er jemandem, der ihr unterstellt ist, direkt Aufträge erteile, könne ihr Team wohl kaum die gesteckten Verkaufsziele erreichen. In den Plan, den sie für ihr Team gemacht habe, lasse sich die Arbeit des betreffenden Mitarbeiters nicht einfügen. Der Chef stimmte ihr zu und sagte, sie habe ganz recht. Zufrieden sagte sie: »Sie werden ihm also sagen, er solle erst bei mir nachfragen, bevor er einen Auftrag von Ihnen entgegennimmt?« Worauf der Chef barsch erklärte: »Ich kann ihm doch nicht sagen, er soll erst bei Mama um Erlaubnis bitten.«

Vielleicht hätte die Frau eher sagen sollen: »Bitte fragen Sie erst bei mir nach, ehe Sie ihm Projekte zuteilen, die ihn aus meinem Team abziehen.« Das Interessante an diesem Fall ist vor allem das Bild, das sofort in dem Chef entstand: Bei einem Vorgesetzten zu fragen – was am Arbeitsplatz eigentlich eine Selbstverständlichkeit sein sollte – wurde von ihm als erniedrigend und unangemessen empfunden und in einen neuen Interpretationsrahmen gestellt – als »Mama um Erlaubnis zu bitten«. Daß ein Mann eine Frau erst fragen muß, ehe er etwas tut, ließ in dem Chef das Szenario eines bettelnden Kindes entstehen, weil »Mutter« zu den wenigen Bildern weiblicher Autorität in unserer Kultur zählt; demgegenüber wecken Männer in einer Autoritätsposition genauso oft Bilder von militärischen Führern, Sporttrainern oder Mannschaftskapitänen wie von Vätern.

Damit will ich nun nicht sagen, daß es keine negativen Stereotype über Männer in Autoritätspositionen gibt. Weist ein Mann einen bestimmten Charakterzug auf, der in unserer Kultur auffällt, ruft das möglicherweise stereotype Vorstellungen hervor, mit denen er dann – oft in unfairer Weise – charakterisiert wird. Ist er beispielsweise klein von Statur und respekteinflößend, bezeichnet man ihn als »kleinen Napoleon« – auch hier handelt es sich um eine Gestalt aus dem Bereich des Militärs. Doch allein die Tatsache, daß man männlich ist und eine Autoritätsposition innehat, ruft noch keine Stereotype hervor, wohingegen die Frau in einer solchen Position stereotype Bilder von weiblichen Gestalten – zuallererst der Mutter – weckt.

Eine verwirrende Frage bleibt: Warum empfinden es so viele berufstätige Frauen als erniedrigend, wenn man sie als »mütterlich« kennzeichnet? Ein Grund dafür mag sein, daß Mütter mit einem Leben im Hause assoziiert werden, denn die berufstätigen Frauen versuchen ja gerade der alten Erwartungshaltung zu entkommen, wonach die Frau »ins Haus gehört«. Ein weiterer Grund kann darin liegen, daß die Art und Weise, wie viele Mütter der amerikanischen Mittelschicht mit ihren Kindern sprechen, zur Entstehung der Vorstellung der relativ machtlosen Mutter beiträgt.

Mutterschaft in den USA

Die Linguistin Elinor Ochs hat nachgewiesen, daß in allen Gesellschaften die Einstellung zu Frauen durch die von der Mutter vermittelten Bilder erlernt wird. Diese Vorstellungen sind durch die Art geprägt, wie Mütter ihre Kinder behandeln und mit ihnen sprechen. Anhand des Vergleichs, wie Mütter mit ihren Kindern in »ganz normalen weißen Mittelschichts«-Familien und in traditionell geprägten samoischen Familien sprechen, zeigt Ochs, daß amerikanische Mütter dazu neigen, ihre Macht und Autorität im Umgang mit ihren Kindern herunterzuspielen, da in den USA eine egalitäre Vorstellung vom Verhältnis zwischen Eltern und Kind vorherrscht. Viele Facetten der hierarchischen Organisation der samoischen Gesellschaft verleihen Frauen in der Rolle der Mutter dagegen Macht und Autorität.

Erstens kümmert sich die amerikanische Mutter in aller Regel allein um die Kindererziehung. Zwar ist die Mutter auch in der samoischen Familie die wichtigste Erziehungsperson, doch assistieren ihr dabei die anderen Familienmitglieder mit einem niedrigerem Status – beispielsweise die älteren Kinder. So kann es geschehen, daß die Mutter dasitzt, den älteren Kindern Anweisungen gibt und sich dadurch als Autoritätsperson zu erkennen gibt, die über der Erziehungsperson mit niedrigerem Status rangiert, statt als Dienerin der Bedürfnisse des Kindes zu erscheinen.

Im allgemeinen, so fährt Ochs fort, passen sich Personen mit einem niedrigeren Status den Personen mit einem höheren Status an. Mit dieser gesellschaftlichen Organisation geht die Erwartung einher, daß sich die samoischen Kinder den Erwachsenen anpassen. Amerikanische Mütter richten sich dagegen nach ihren Kindern, wie Elinor Ochs und ihre Kollegin Bambi Schieffelin beobachtet haben. So verwenden amerikanische Mütter gegenüber den jüngeren Kindern meistens eine Art »Babysprache«: Sie vereinfachen ihre Ausdrucksweise, damit das Kind seine Mutter leichter versteht. Auch verwickeln die Mütter jüngere Kinder und sogar Kleinkinder in Proto-Gespräche, lange bevor das Baby darauf eingehen kann, indem sie nicht nur den eigenen Part spielen, sondern auch die Rolle des Kindes übernehmen. Wenn Babys oder Kinder Sätze oder Laute äußern, die man nur schwer oder gar nicht verstehen kann, erraten die amerikanischen Mütter, was die Kinder sagen wollen, und antworten entsprechend dieser Vermutung. Und schließlich helfen sie ihren Kindern bei diversen Tätigkeiten, stellen die Leistungen in einen neuen interpretatorischen Rahmen und geben sie als eigenständigen Erfolg des Kindes aus, indem sie es loben. So hilft beispielsweise eine Mutter ihrem Kind beim Burgenbauen im Sand und ruft dann aus: »Sieh mal, was für eine schöne Burg du gebaut hast.« Dabei übergeht sie die eigene Mitwirkung an dieser Tätigkeit und erwartet auch kein Lob dafür.

Vielen amerikanischen Leserinnen mag diese Sprechweise als völlig angemessen erscheinen –, doch nur solange, bis man sie dem sprachlichen Verhalten gegenüberstellt, das eine Samoerin als völlig angemessen empfindet. Nach Ansicht von Eleonor Ochs vereinfachen samoische Mütter die Sprachebene nicht, um sich ihren Kindern anzupassen; sie benutzen ihnen gegenüber auch keine Babysprache. (Fremden gegenüber hingegen vereinfachen sie ihre Ausdrucksweise durchaus. Dies ergibt auch Sinn, denn die Frauen meinen, daß sich der Gastgeber den Gästen anpassen sollte.) Die Frauen versuchen erst, Kinder in längere Gespräche zu verwickeln, wenn diese imstande sind, ihren Teil dazu beizusteuern. Äußert ein Kind etwas Unverständliches, ignoriert eine samoische Mutter die Äußerung zumeist oder weist darauf hin, daß sie das Kind nicht versteht – »Das verstehe ich nicht.« –, statt den Sinn der Äußerung erahnen zu wollen. Und schließlich ist das Loben in der Sprache der Samoer eine reziproke Aktivität, in der sich die Grundannahme widerspiegelt, daß man bestimmte Tätigkeiten »gemeinsam erledigt«. Lobt eine Mutter die Leistung eines Kindes mit »Maaloo!« (»Gut gemacht!«), wird vom Kind erwartet, daß es die Äußerung wörtlich erwidert.

Elinor Ochs zufolge leisten die Sprechweisen gegenüber Kindern einen wichtigen Beitrag zum Bild der Frau in der amerikanischen Kultur. Sie kennzeichnen die Frau als jemanden, der anpassungsbereit und zuvorkommend ist, der die eigene Leistung herunterspielt oder als unwichtig abtut, sowie als Helferin ohne hohen Status.

Untersuchungen über die Art und Weise, wie afroamerikanische Mütter mit ihren Kindern sprechen, enthüllen ein anderes Muster, wie Ochs feststellt. Auch die Linguistin Carolyn Adger berichtet, daß die afroamerikanischen Lehrer und Sprachtherapeuten, mit denen sie zusammenarbeitete, mit Erschrecken feststellten, wie die von ihnen beobachteten weißen Mütter in der Öffentlichkeit mit ihren Kindern sprachen. So hörte eine Frau eine Mutter in einem Kaufhaus, die ihr Kind unter den Kleiderständern hervorholen wollte, sagen: »Wir wollen doch die Kleider nicht durcheinanderbringen.« Nach Auffassung von Carolyn Adger hätte sie sagen müssen: »Du kommst da jetzt sofort heraus!«

Dies stimmt auch mit dem mütterlichen Verhalten überein, das Adger am Beispiel einer afroamerikanischen Lehrerin zeigt, die einen eher autoritären Unterrichtsstil bevorzugte und sich selbst als »Bärin« bezeichnete. Im Gegensatz zum Bild »Glucke«, das an unwirksames Glucken und Flügelschlagen denken läßt, weckt »Bärin« die Assoziation an eine sowohl fürsorgliche als auch resolute Autoritätsfigur. Damit kommen wir zu der allgemeineren Frage, wie stereotype Bilder weiblicher Autorität eigentlich entstehen.

Der »Drachen«

Als ich innerhalb einer Woche über zwei Frauen ein und dasselbe Urteil hörte, war mir klar, daß es dafür tiefere Gründe geben muß. »Ehe ich für Sue zu arbeiten begann«, erzählte mir ein Mann, der ihr untergeordnet war, »hörte ich von allen Seiten Warnungen. Sie galt als ›Drachen‹. Ich kann das überhaupt nicht verstehen. Unsere

Zusammenarbeit hat immer großartig geklappt.« Einige Tage später bemerkte eine Frau in einer anderen Firma über ihre Vorgesetzte: »Ich habe schon häufiger gehört, daß man Marge als ›Drachen‹ bezeichnet. Aber nichts, was ich mit ihr erlebt habe, rechtfertigt dieses Urteil. Ich habe noch nie für eine bessere Chefin gearbeitet.« Warum also die Bezeichnung »Drache«? Weder hatten Sue noch Marge etwas »Drachenhaftes« an sich, sie waren auch noch ganz unterschiedliche Persönlichkeiten; sie unterschieden sich im Alter, im Temperament und in den persönlichen Umgangsformen. Sie hatten nur eines gemeinsam – sie waren Frauen. Dieser Umstand brachte die Leute dazu, die Frauen durch die Brille konventioneller Vorstellungen über Frauen in übergeordneter Position zu betrachten. In unserer Kultur kennen wir eine wahre Menagerie stereotyper Frauenbilder: Schulmeisterin, Oberschwester, Schulleiterin, abgöttisch liebende Mutter, grausame Stiefmutter, »Drachen«, verführerische Schlange, Hexe, Ziege.

In einem Artikel über Präsident Clintons »Gesundheitszar«, Kristine M. Gebbie, stand gleich im ersten Absatz, im Grunde wirke sie gar nicht wie ein Zar; eher habe sie das Gebaren einer Oberschwester. Zwar gibt es nichts von Natur aus Negatives am Beruf der Oberschwester, aber das Bild, das dieser Begriff in unserer Kultur weckt, ist eindeutig negativ besetzt. In der Tradition von Schwester Ratched, der Schurkin in Ken Keseys Roman *Einer flog über das Kuckucksnest*, läßt dieses Klischee an eine willkürlich autoritäre Frau denken, die von schier lebensbedrohlicher Humorlosigkeit und steifer Unweiblichkeit ist. Es ist kein Wunder, daß der Autor des Artikels sich weigerte, Kristine M. Gebbie als Zar anzusehen – schließlich ist ein Zar männlich. (Zarin beschwört kein vergleichbares Bild von Autorität herauf.) Auch ist es keine Überraschung, daß die Rolle von jemandem, der ein Problem anpacken und lösen, die Führung übernehmen und Anordnungen treffen soll, als »Zar« beschrieben wird. Aber warum hat der Autor Kristine M. Debbie als »Oberschwester« bezeichnet, wenn man einmal außer acht läßt, daß sie den Beruf der Krankenschwester erlernt hat, was sicherlich eine Rolle spielte? (Hätte sie in Medizin promoviert, hätte dies denn das Bild »Oberarzt« erweckt?) Der Autor schreibt: »Ihre Art hat etwas extrem Sachliches und Pingeliges – die aufrechte Haltung, die präzisen, treffsicheren Antworten, die Neigung, die Fragen der Journalisten zu korrigieren.« Hm... Soll denn ein Zar nicht aufrecht dastehen und ein extrem sachliches Gebaren zeigen? Soll denn ein Zar keine präzisen, treffsicheren Antworten geben? Und korrigiert man die Fragen eines Journalisten, ist dies schließlich eine gute Möglichkeit, ein Gespräch nicht aus der Hand zu geben. Alle diese Eigenschaften machten aber auf den Autor einen ganz anderen Eindruck, und zwar aus einem Grund: weil eine Frau sie zur Schau stellte.

»Presto!« lautete die Schlagzeile einer Tageszeitung und brachte damit die folgende Geschichte auf den Punkt: »Zimperliche Schulmeisterin bewirbt sich um politisches Amt.« Ich begann zu lesen und erfuhr, daß die Kandidatin für das Gouverneursamt in Illinois, Dawn Clark Netsch, die Nominierung innerhalb der Demokratischen Partei gewonnen hatte, nachdem es ihr gelungen war, »ihr Image zu ändern. Statt des Bildes einer zimperlichen Schulmeisterin präsentiert sie nun das Bild einer sachorientierten Kandidatin.« Am Schluß des Artikels las ich allerdings zu meiner Verblüffung, daß die »lebensfremde, gelehrte« Kandidatin, die zuvor noch »zuviel geredet« und den Eindruck einer »Art Intellektuellen« vermittelt hatte, seit achtzehn Jahren an der Northwestern University Rechtswissenschaft lehrt. Das erklärt zwar, daß sie wie eine lebensfremde Gelehrte wirkte, viel redete und von manchen als Intellektuelle verunglimpft wurde. Doch keine dieser Eigenschaften läßt an eine »Schulmeisterin« denken, denn dieser Begriff hat ganz andere Konnotationen: pedantisch, aber eher auf strenge Disziplin achtend als gelehrt, engstirnig, aber nicht intellektuell. Die Zeitung war also gezwungen, zwischen einem professoralen Bild zu wählen, in dem sich sowohl sie selbst wie auch ihr Beruf widerspiegelten, und dem Bild einer »Schulmeisterin«, welches durch ihre Geschlechtszugehörigkeit bestimmt war. In dieser Lage entschied sich die Zeitung für »Geschlecht«.

Die Rezension im Nachrichtenmagazin *Newsweek* über Margaret Thatchers Memoiren, in denen sie ihre Amtszeit als englische Premierministerin schildert, begann folgendermaßen:

Elfeinhalb Jahre leitete Margaret Thatcher die britische Regierung wie eine energische Schuldirektorin. Sie strukturierte die

Wirtschaft um, brach den Einfluß der Gewerkschaften und stärkte Britanniens windelweiche Haltung in der Weltpolitik. Während der ganzen Zeit hatte sie die »Schlappschwänze« im Kabinett fest im Griff und schlug sie mit ihrer metaphorischen Handtasche, wann immer die Kabinettsmitglieder ihre konservativen Lehren nicht vehement genug verteidigten – oder sich allzu vehement dem Willen ihrer Premierministerin widersetzten.

Alle Vorstellungen von Autorität sind stark getönt von den Farben des Geschlechts. Selbst als der Autor eine Situation beschreibt, die nichts mit dem biologischen Geschlecht zu tun hat – zum Beispiel die »britische Haltung in der Weltpolitik zu stärken«, hat er durch die Wahl des Verbs »stärken« und das Adjektiv »windelweich« doch indirekt die Vorstellung von einer Hausfrau geweckt, die die Wäsche macht, wenn nicht gar das Bild einer Oberschwester in gestärkter Schwesterntracht. Das Bild, wonach Margaret Thatcher »die Schlappschwänze mit ihrer metaphorischen Handtasche« schlug, unterschlägt die politische Durchsetzungskraft der Premierministerin, auch wenn durch die Begriffswahl positiv vermerkt wird, daß sie ihre politischen Widersacher hart attackiert. Eine Frau, die mit der Handtasche auf Männer einschlägt, ruft Gelächter hervor, keine Furcht oder Bewunderung.

Das Bild der Autorität

Wenn das Bild von Frauen in leitenden Positionen durch das Geschlecht gekennzeichnet wird, so liegt das zum Teil daran, daß allein schon die Vorstellung von Autorität mit Männlichkeit in Zusammenhang gebracht wird. Das kann einfach aus dem äußeren Erscheinungsbild herrühren. Jeder, der größer und stämmiger gebaut ist und eine tiefere, wohltönendere Stimme hat, verfügt von vornherein über kulturell geprägte Typisierungen der Autorität, während eine Person, die kleiner und schmächtiger ist und eine höhere Stimme hat, in dieser Hinsicht benachteiligt ist. (Wie im-

175

mer folgen die gesellschaftlichen Konventionen den biologischen Voraussetzungen.) Bereits vor der Pubertät, wenn der Kehlkopf von Jungen und Mädchen noch gleich groß ist, heben die Mädchen ihre Stimme und die Jungen senken sie, wie die Psycholinguistin Jaqueline Sachs festgestellt hat. Barbara Mikulski, die Senatorin für Maryland, die einen Meter achtundvierzig groß ist, nimmt zu ihren öffentlichen Auftritten einen Schemel mit, damit das Pult, das der dahinter stehenden Rednerin eine größere Autorität verleiht, sie nicht verdeckt. In Anspielung auf ihre großgewachsenen und graumelierten Kollegen hat die Senatorin einmal bemerkt: »Die entsprechen dem Bild.« Das bedeutet nicht, daß sie nicht respekteinflößend reden könnte. Das weiß jeder, der ihr einmal zugehört hat. Und auch der außerordentlich große Erfolg als Senatorin zeugt von ihrer politischen Effektivität. Aber sie verfügt nicht über diesen einen Vorteil.

Daß man Autorität mit Männlichkeit verbindet, geht tiefer, als die Assoziation mit körperlicher Erscheinung vermuten läßt. Diese Anschauung durchdringt vielmehr ganze Sprachsysteme, wie der Linguist Kunihiko Harada nachweisen konnte, der dieses Phänomen anhand der »Partikel« im Japanischen untersucht hat. Partikel sind die kleinen Wörter, die keine eigene Bedeutung haben, in japanischen Sätzen aber oft hinzugefügt werden, um diesen die richtige Betonung zu verleihen. Im Deutschen gibt es nichts Vergleichbares, die Wirkung ähnelt jedoch ein wenig der Art, einen Satz mit »oder?«, »weißt du?«, oder »findest du nicht?« zu beenden. Der Unterschied liegt darin, daß viele japanische Sätze diese Partikel aufweisen und die Sätze ohne sie häufig merkwürdig wirken.) Viele Sprachwissenschaftler, die den Gebrauch von Partikeln in Gesprächen zwischen Japanern untersucht haben, vertreten die These, daß besondere Partikel von Männern verwandt, andere wiederum von Frauen bevorzugt werden. So führt M. Chikamatsu das Beispiel einer Frau an, die sagte: »Ich möchte nichts essen.«

Nani-mo	itadakitaku	*nai*	*no*
etwas	essen (höflich)	nicht	weiblicher Partikel

Wie die Übersetzung zeigt, bedeutet »*Nani-mo*« »etwas«, »*itadakitaku*« ist eine höfliche Form für »essen«, »*nai*« heißt »nicht«, und das kleine Wort bzw. der Partikel »*no*« am Satzende stellt eine höfliche Abschwächungsform dar, die man mit weiblichem Sprechen in Zusammenhang bringt.

In den authentischen von Harada analysierten Gesprächen zwischen einem Japaner, der eine Sprachschule leitete, und einer jungen, an der Schule tätigen Lehrerin benutzte der männliche Chef häufig weibliche Partikel. Als der Vorgesetzte der Frau mitteilte, man müsse ein Fotogeschäft finden, das auch Schwarz-Weiß-Fotos, nicht nur Farbfotos, entwickelt (wie wir in Kapitel 3 gesehen haben, stellt dies eine indirekte Aufforderung dar, mit der er die Frau dazu veranlassen wollte, sich auf die Suche nach einem solchen Geschäft zu begeben), beendete er den Satz mit dem weiblichen Partikel »*no*«. Laut Harada hat der Schulleiter dies getan, um nicht allzu autoritär zu wirken, als er den Auftrag erteilte. Andererseits gab es Situationen, in denen er Partikel benutzte, die man von Männern erwartete und die als »männlich« galten. In diesen Fällen traf er Entscheidungen oder Aussagen, ohne Widerspruch zu dulden. Als ihm zum Beispiel eine Frau, die ihm untergeben war, vorschlug, man solle vor Versendung eines Briefes noch eine bestimmte Information abwarten, entschloß er sich zwar, ihre Anregung aufzunehmen, traf seine Entscheidung jedoch anhand des männlichen Partikels »*ka*«.

Jaa	*chotto*	*matu*	*ka*
Nun ja	ein wenig	warten	männlicher Partikel

Mit anderen Worten: Die Verwendung des männlichen Partikels ist teilweise dafür verantwortlich, daß die Entscheidung des Vorgesetzten einen autoritativen Klang bekam.

Daß der japanische Chef weibliche Partikel benutzte, um seine Anweisungen freundlicher klingen zu lassen, und männliche Partikel, wenn er bestimmt auftreten wollte, verrät uns einiges über die große Durchschlagskraft »männlicher« und »weiblicher« Partikel. Weiblichkeit verbindet man mit Abschwächungsformen, Abmilderung und Höflichkeit, während Männlichkeit mit Autorität assoziiert wird. Dies bedeutet, daß Frauen, die autoritativ erscheinen möchten, das Risiko eingehen, männlich zu wirken. (Es bedeutet allerdings auch, daß Männer, die höflich erscheinen wollen, Gefahr laufen, als weiblich zu gelten.)

Wenn man erkennt, daß schon allein die Vorstellung von Autorität mit Männlichkeit assoziiert wird, läßt sich auch das Bild der berufstätigen Frau in unserer Gesellschaft leichter verstehen.

Hier ein kleines Quiz. Nennen Sie alle Filme, die Ihnen einfallen, in denen die Hauptfigur eine ehrgeizige Karrierefrau ist, die es in ihrem Beruf weit gebracht hat. Und nun die nächste Frage: In wie vielen dieser Filme ist diese Gestalt eine sympathische, einfühlsame, warmherzige und liebevolle Person?

In dem außerordentlich erfolgreichen Film *Mrs. Doubtfire* mit Robin Williams in der Rolle des liebenswerten Transvestiten-Vaters gibt es, gespielt von Sally Field, auch die Rolle der von Williams' entfremdeten Ehefrau – die Mutter, die sich so sehr auf ihr berufliches Fortkommen konzentriert, daß ihre Kinder dabei zu kurz kommen. Und rufen Sie sich das merkwürdige Wort »Karrieristin« ins Gedächtnis, mit dem man einmal Hillary Clinton bedachte. Was ist das, eine »Karrieristin«? Ist es eine Frau, die – nach dem sprachlichen Vorbild von »Sexistin« – ihre Entscheidungen danach trifft, inwieweit sie der Karriere förderlich sind? Oder lehnt sich der Begriff an »Feministin« an, das heißt, bezeichnet er eine Frau, die das Recht auf eine eigene Karriere fordert? Natürlich wird der Begriff verwandt, um eine Frau zu beschreiben, die sich ihr Leben so sehr nach dem Beruf ausrichtet, daß sie Mann und Kinder vernachlässigt oder überhaupt vor der Verantwortung zurückschreckt, eine Familie zu gründen. Doch strenggenommen ist »Karrieristin« nur ein Wort, das das negative Bild einer Frau weckt, die Karriere macht statt nur ihrem Beruf nachzugehen.

Als ich verschiedene Personen befragte, wie sie ihre Vorgesetzten und Mitarbeiter einschätzten, fiel mir in den Antworten ein Grundmuster auf: Äußerten sie sich über Frauen in Leitungsfunktionen – nie jedoch, wenn es um Männer ging –, so hieß es oft: »Sie ist kurzangebunden« oder, ebenso oft: »Sie ist nicht kurzangebunden«, »nicht aggressiv« oder »sie hat einen weichen Kern«. Es ist schön und gut, eine Person als »kurzangebunden«, »aggressiv« und so weiter zu beschreiben. Aber warum erwähnt man, was jemand nicht ist? Das ergibt nur dann Sinn, wenn man erwartet, daß die betreffende Person diese Eigenschaften hat. Hat eine Frau also eine leitende Position inne, so gilt es offenbar als gegeben, daß sie unweiblich, negativ oder schlimmeres ist. Wenn sie diese

Eigenschaften nicht aufweist, hält man das für erwähnungsbe-
dürftig. Die herrschenden Bilder überfallen berufstätige Frauen,
die lediglich ihre Karriere fördern und ihr Privatleben – und ihre
Weiblichkeit – bewahren möchten, gleichsam aus dem Hinter-
halt.

Autorität aushandeln

Selbst in Firmen, in denen die Hierarchie in Organisationsstatuten
festgelegt ist, muß die tatsächliche Autorität von Tag zu Tag und
von einem Augenblick zum anderen ausgehandelt werden. Ob
man denjenigen, die über Autorität verfügen, vertraut und sie respektiert oder ob man sie nur als Hindernisse erachtet, mit denen
man sich zu befassen und die man umgehen muß, hängt davon ab,
wie sie für sich Autorität aushandeln und ob andere diese Bemühungen verstärken oder untergraben – was unter Umständen eine
Reaktion auf das eigene Verhalten darstellen kann oder auch
nicht. Jedenfalls wird es einem schwerfallen, sicheren Halt zu finden, wenn andere an dem Podium rütteln, auf dem man zu stehen
versucht.

Personen in einer Autoritätsposition werden danach beurteilt,
wie sie ihre Autorität ausüben. Darin liegt eine besondere Herausforderung für Frauen. Die ihnen abverlangte Sprechweise – und
die Art, wie viele (nicht alle) Frauen tatsächlich sprechen – steht
im Widerspruch zu unseren Vorstellungen von Autorität. Von
Frauen wird erwartet, daß sie ihre Überzeugungen als Meinungen
ausgeben, Meinungen und Ratschläge von anderen einholen und
Anfragen in einem »höflichen« Ton stellen. Allerdings gilt eine
Frau, die so spricht, als autoritätsschwach. Doch wenn sie
selbstsicher auftritt, kühne Tatsachenfeststellungen trifft, statt
ausweichende Meinungsäußerungen von sich zu geben, andere
unterbricht, sich in längeren Ausführungen ergießt und auf dekla-
matorische, aggressive Art und Weise spricht, wird sie sich unbeliebt machen. Es gibt in unserer Sprache zahlreiche Begriffe, um
eine solche »unweibliche« Frau zu beschreiben. Es sind dies Begriffe, die man vielen prominenten Frauen entgegengeschleudert

hat Frauen in Autoritätspositionen, beispielsweise Jeane Kirkpatrick, Geraldine Ferraro oder Margaret Thatcher, ebenso wie zahllosen Frauen in Büros, Fabriken und Studios. Sieht man genau hin, wie Frauen in Autoritätspositionen Sprache verwenden, um ihre Pflicht zu erfüllen – und wie andere darauf reagieren –, wirft dies ein bezeichnendes Licht nicht nur auf unser Frauenbild, sondern auch auf unser Verständnis von Autorität.

Ich habe einmal die Leiterin einer physiotherapeutischen Praxis interviewt. Ein halbes Dutzend weiterer Physiotherapeutinnen arbeitet unter ihrer Führung in der Gemeinschaftspraxis. Sie bezahlt die Gebäudemiete, finanziert die Werbung und erledigt die Verwaltung. Außerdem hat sie von allen Mitarbeiterinnen die größte Berufserfahrung, sie besucht Fortbildungslehrgänge und Seminare und bildet selbst auch Physiotherapeuten aus. Am wichtigsten aber ist: Sie hat die anderen Physiotherapeutinnen aufgefordert, in ihrer Praxis mitzuarbeiten, und sie kann sie bitten, aus der Praxis auszuscheiden, wenn es ihres Erachtens mit der Zusammenarbeit nicht gut klappt. Als ich diese Frau ganz allgemein danach fragte, welche Erfahrungen sie im Umgang mit den anderen Therapeutinnen gemacht habe, wiederholte sie mehrmals unaufgefordert, daß sie keine autoritäre Haltung einnehme: »Ich behandle sie wie Gleichgestellte.« Als sie merkte, daß das Wort »wie« in der Formulierung »*wie* Gleichgestellte« womöglich überheblich klingt, fügte sie hinzu: »Sie sind mir gleichgestellt. Sie haben den gleichen Berufsabschluß. Deshalb komme ich gut mit ihnen aus, und deshalb mögen sie mich.« Ihrer Meinung nach funktionierte ihre Methode gut bei den Frauen, die mit ihr (und für sie) arbeiteten.

In meinen Gesprächen mit Menschen über ihr Berufsleben habe ich – unter anderem – danach gefragt, worauf es ihrer Ansicht nach beim Management ankomme und was eine gute bzw. schlechte Führungskraft auszeichne. Als ich diese Frage weisungsbefugten Frauen stellte, zählte zu den häufigsten Äußerungen, mit denen sie gute Führungskräfte charakterisierten, daß sich diese *nicht* wie Autoritätsfiguren *verhalten*, auch wenn sie über Autorität *verfügen*. Die Frauen berichteten, daß diese Führungskräfte ihre Untergebenen nicht herumkommandierten und nicht so täten, als stünden sie über ihnen. Allmählich begann ich mich zu fragen, warum weisungsbefugte Frauen so bemüht sind, nicht autoritär zu wirken, nicht so zu erscheinen, als wären sie die Vorgesetzte bzw. als hätten sie eine übergeordnete Position inne, obwohl sie sich in genau dieser Lage befinden.

Autorität herunterspielen

Diesen Balanceakt beherrschen insbesondere auch Ärztinnen. Sie müssen abwägen zwischen der Ausübung von Autorität und dem Bestreben, nicht zu respekteinflößend zu wirken. Dies zeigen die Untersuchungen der Linguistin Nancy Ainsworth-Vaughn, die Gespräche zwischen Ärztinnen und Ärzten und ihren Patienten in privaten Praxen mit dem Tonband aufzeichnete. In der Studie, auf die ich mich in Kapitel 3 bezog, untersuchte Ainsworth-Vaughn, wie sich die Gesprächsthemen änderten, und zwar je nachdem, ob sich ein Arzt oder eine Ärztin mit dem Patienten unterhielt. Am einen Ende der Skala befanden sich die Fälle, in denen ein Arzt die Erlaubnis des Patienten bekam, das Thema zu wechseln. Zum Beispiel:

(Arzt und Patient besprechen die Ergebnisse einiger Tests.)
ARZT: Ich glaube, Sie haben das alles.
PATIENT: Ich habe das alles.
ARZT: Also gut.
PATIENT: Ja.
ARZT: Okay
PATIENT: Hm.
ARZT: Also gut. Außerdem haben Sie Eiweiß im Urin.

Am anderen Ende des Kontinuums waren die Fälle angesiedelt, in denen der Arzt das Thema wechselte, ohne die verbale Einwilligung des Patienten erhalten zu haben. Oder er benutzte eine kurze Überleitung, beispielsweise das Wort »okay«.

PATIENT: Dr. M. meinte, ich sollte noch einen Monat warten. Und außerdem – manchmal schlafe ich sehr gut, und dann wieder bekomme ich kein Auge zu, weil ich zu wund bin. Ich muß

dann auf dem Rücken liegen, aber in der Lage fühle ich mich unwohl, weil ich lieber auf der Seite schlafe.
ARZT: Okay, wann wollen wir die nächste CT-Untersuchung machen?

Ainsworth-Vaughn stellte fest, daß die Ärzte in ihrer Untersuchung fast ebensooft zu einem neuen Thema überwechselten, ohne die verbale Einwilligung des Patienten zu bekommen, wie sie die Einwilligung des Patienten bekamen. Das Verhältnis betrug 1,4 zu 1. Die Ärztinnen neigten viel stärker dazu, vor dem Themawechsel die Einwilligung des Patienten einzuholen: Bei ihnen lautete das Verhältnis 5 zu 1. Laut Ainsworth-Vaughn kann ein derartiges Sprachverhalten erhellen, warum eine 1984 durchgeführte Studie ergab, daß Patienten wie Patientinnen mit der Kommunikation mit Ärztinnen zufriedener waren als mit der Kommunikation gegenüber Ärzten. Dies Ergebnis bedeutet allerdings auch, daß Ärztinnen für sich ein anderes »Benehmen« konstruieren als Ärzte. Die Ärztinnen entwerfen das Bild eines »Doktors«, der das Gespräch weniger im Griff hat als eine Person, die die Abfolge eines Gesprächs diktiert, ohne die Zustimmung des Patienten zu erhalten.

Anhand des Begriffs »Benehmen« beschreibt der Soziologe Erving Goffman die Art und Weise, wie wir unserer Umwelt die Eigenschaften zeigen, die andere in uns sehen sollen. Wer eine Autoritätsposition innehat, muß auf eine Weise sprechen, die das angemessene »Benehmen« gegenüber einer Person in dieser Position hervorruft. Untersuchungen, die zeigen, daß Frauen und Männer die Neigung haben, in der »Doktor«-Rolle unterschiedlich zu sprechen (wie immer muß man im Gedächtnis behalten, daß die Unterschiede eine relative Größe sind und möglicherweise nur einen kleinen Prozentsatz des Doktor-Verhaltens widerspiegeln), deuten darauf hin, daß Männer und Frauen die ihrer Position angemessenen Eigenschaften unterschiedlich einschätzen.

Autorität als Prediger erzeugen

Eine besonders interessante Untersuchung über den Sprachgebrauch von Männern und Frauen, mit der die Geschlechter eine autoritative Haltung einnehmen, hat die Soziolinguistin Frances Lee Smith durchgeführt. Frances Lee Smith interessierte sich dafür, wie sich Frauen und Männer in der Rolle eines Predigers verhalten. Die Autorin machte sich daran, die Übungs-Predigten zu vergleichen, die die Studenten in einem »Predigt-Labor« im Rahmen eines Seminars der Baptisten hielten. Für den Prediger, der eine Predigt hält, kommt es wesentlich darauf an, durch Worte Autorität zu erzeugen. Insbesondere interessierte sich die Autorin dafür, wie die Frauen, die seit kurzem an den Kursen teilnahmen, diese Aufgaben lösten. Die Geschichte dieser Kurse bringt die sich wandelnden Einstellungen und Erwartungen der amerikanischen Bevölkerung zum Ausdruck. Vor 1970 war es Frauen in diesem Seminar nicht gestattet, das Predigt-Labor zu benutzen. In den siebziger Jahren konnten sie selbst wählen, ob sie es nutzen wollten. 1980 wurde der Kurs zur Pflichtveranstaltung für alle Studenten – ob männlich oder weiblich –, die den Abschluß »Master of Divinity« erhalten wollten. Smith erkannte, daß die Frauen vor einer besonders großen Aufgabe standen, weil die Lehrbücher eine gute Predigt mit männlichem Redestil gleichsetzten. Das kommt auch in den Lehrsätzen zum Ausdruck, die sie ihrem Aufsatz voranstellte:

> Doch der Geistliche, der stark ist, bedient sich einer Sprache, die die Wirklichkeit zum Klingen bringt. Nie drückt er sich unklar, verzärtelt oder weibisch aus. Er hat die Macht, das Gewissen der Menschen aufzustacheln. Er spricht wie ein Mann!

Wie soll eine Frau unter diesen Voraussetzungen eine gute Predigt halten? Soll sie »wie ein Mann« sprechen?

Damit sie die Predigten der zehn Seminarteilnehmer und der vier Seminarteilnehmerinnen vergleichen konnte, brachte Smith die meisten von ihnen dazu, eine Predigt auf der Grundlage der Bibelgeschichte »Die zehn Aussätzigen« zu halten. Dann nahm sie die Predigten auf Tonband auf und fertigte Umschriften der

Texte an. Smith begann nun ihre Untersuchungen nicht damit, die Sprachmerkmale in den Predigten aufzulisten, sondern die diversen »Grundeinstellungen« zu bestimmen, die die Prediger zu dem interpretierten Text einnahmen. Mit anderen Worten: In was für eine Position brachten sie sich gegenüber der Vorlage, über die sie eine Predigt halten sollten, sowie gebenüber der gestellten Aufgabe? Die Männer hatten die Neigung, so Smith, ihre Autorität in den Vordergrund zu rücken, indem sie sich als »offizielle« Interpreten des Textes ausgaben und indem sie darauf aufmerksam machten, daß sie eine Autoritätsposition bekleideten und den Text für eine Zuhörerschaft (die anderen Seminarteilnehmer) auslegten.

Um hervorzuheben, daß die geschlechtsspezifischen Redemuster eine Tendenz ausdrücken, sie jedoch keine absolute Trennlinie markieren, veranschaulichte Smith den »offiziellen« Stil anhand der Predigt einer Frau, Meg, die aber übrigens die einzige der Studentinnen war, die diesen Stil anwandte, sowie durch die Predigten von vier Männern. So stellte Meg beispielsweise eine Frage und sagte dann: »Ich habe lange darüber nachgedacht und bin dabei auf mehrere Gründe gestoßen.« An einer Stelle sagte Meg: »Ich möchte an dieser Stelle gern etwas einfügen.« Bei der Diskussion über alternative Auslegungsmöglichkeiten für eine bestimmte Textstelle kommentierte sie ihre Deutung: »Außerdem finde ich, daß dies so besser ausgelegt ist.« Aber Meg sagte auch oft »wir« und »uns«, wobei sie die Zuhörer in ihrer Funktion als Geistliche einschloß, statt sich über sie als diejenige zu erheben, die die Heilige Schrift auslegt.

Die anderen drei Frauen entwickelten ganz individuelle Ansätze, den Text zu deuten, ohne sich in eine »offizielle« Position zu manövrieren, das heißt, ohne die Aufmerksamkeit auf sich zu lenken und sich als maßgebliche Interpretinnen des Textes auszugeben. Eine Frau sprach so, als erzähle sie einer Gruppe von Kindern eine Geschichte, und begann mit den Worten: »Es war einmal ein kleiner Junge, der in einem Dorf in Samaria aufwuchs. Dort verbrachte er eine glückliche Kindheit. Manchmal nahmen ihn seine Eltern mit in Nachbardörfer und zum Markt, und manchmal fuhren sie in den Ferien alle gemeinsam nach Galiläa ans Meer.« Eine zweite Frau verließ den Text erst gar nicht, um ihren Kommentar hinzuzufügen, sondern erzählte die Geschichte mit literarischen Mitteln nach: »Gott gab ihm so klare Anweisungen, daß es ihm einen Stich ins Herz versetzte.« Die vierte Frau spielte einfach ihre Autorität herunter, indem sie sich mit jeglicher Wertung zurückhielt. Smith' Untersuchung ist nicht umfangreich genug, als daß man weitreichende Schlüsse daraus ziehen könnte, doch zeigt sie auf faszinierende Weise, wie Redner durch ihre Sprechweise ihr Autoritäts-Gebaren erst erzeugen. Außerdem erhellt die Studie das Grundmuster, mit dem es den untersuchten Frauen, bis auf eine wichtige Ausnahme, gelang, ihre Autorität – eine Predigt zu halten und einen heiligen Text zu deuten – zu wahren, ohne ausdrücklich darauf hinzuweisen.

Sich Autorität als Professor verschaffen

Die Linguistin Elisabeth Kuhn hat untersucht, auf welche Weise Universitätsprofessoren ihre Autorität herstellen; dabei kam sie zu ähnlichen Schlüssen wie Smith für die angehenden Prediger und Predigerinnen. Kuhn fiel auf, daß die amerikanischen Professorinnen, deren Äußerungen sie auf Band aufnahm, es vermieden, ihren Studenten am Beginn des Trimesters direkte Anweisungen zu geben. Statt dessen sprachen sie von den Seminar-»Anforderungen« – so, als ob diese direkt von der Universitätsleitung kämen; anschließend erläuterten sie, wie diese Anforderungen zu erfüllen waren. Im folgenden gebe ich wieder, wie drei Professorinnen ihr Lehrprogramm – die schriftliche Skizzierung der einzelnen Stundeninhalte – vorstellten.

»Sprechen wir nun über die Seminaranforderungen.«

»Ich möchte Ihnen mitteilen, worin die Anforderungen bestehen, das wird Sie bestimmt interessieren. Hm, es wird eine Klausur in der Mitte des Trimesters und eine Abschlußprüfung geben. Okay?«

»Ich möchte jetzt ein wenig über die Anforderungen für das Seminar sprechen. Wenn Sie sich unten die Seite zwei ansehen, werden Sie die nötigen Hinweise finden... wir werden zwei

Klausuren schreiben, die erste Klausur, wird, äh, mal sehen, das steht hier (sie sieht auf ihr Blatt) am Trimesteranfang geschrieben.«

Diese Äußerungen stellt Kuhn den Äußerungen der von ihr untersuchten Professoren gegenüber, die ebenfalls Anforderungslisten in Form eines Seminarplans verteilten, jedoch ausdrücklich darauf hinwiesen, daß dieser von ihnen persönlich aufgestellte Anforderungen enthielt:

»In meinem Seminar gibt es zwei Prüfungen in der Mitte des Trimesters sowie eine am Schluß. Die erste Prüfung wird ziemlich früh stattfinden, damit Sie rasch mit der Lektüre beginnen und wir, äh, diskutieren können. Sonst kommen Sie mit dem Stoff nicht mit;«

»Ich möchte, daß Sie NN's XX lesen. Ich habe kein Lehrbuch für Sie zur Anschaffung vorgesehen, da ich davon ausgehe, daß Sie entweder bereits ein Exemplar von NN besitzen, in dem auch XX abgedruckt ist, oder sich gern ein Exemplar besorgen werden... Ich werde Sie außerdem bitten, eine Zwischenprüfung abzulegen, die in erster Linie überprüft, ob Sie mit dem Lehrstoff auf dem laufenden sind.«

Die angehenden Predigerinnen fanden Wege, die Heilige Schrift auszulegen, ohne ausdrücklich zu behaupten, daß sie dies taten. Auf dieselbe Weise verwandten die Professorinnen unpersönliche Aussagen, beispielsweise: »Es wird eine Prüfung zur Trimestermitte und eine Abschlußprüfung geben«, und: »Es wird zwei Klausuren geben.« Damit vermeiden die Professorinnen die direkte Aussage, daß sie die Anforderungen selber aufgestellt und verpflichtend gemacht haben. Indem die Professoren persönliche Aussagen, beispielsweise: »Ich werde Sie außerdem bitten, eine Zwischenprüfung abzulegen« trafen, machten sie auf ihre Autorität aufmerksam und gaben sich offiziell als diejenigen aus, die die Kursanforderungen aufgestellt hatten.

»Wir sind alle gleichgestellt«

Alle oben erwähnten Studien kamen zu dem Ergebnis, daß die Frauen ihre Autorität herunterspielten, während sie sie ausübten. Wenn die Frauen ihr Gebaren oder Auftreten in einer Autoritätsposition erst erzeugen, dürfte dies ein weiteres Gesprächsritual darstellen, das dem Ziel entspringt, alle Beteiligten auf der Grundlage einer gleichberechtigten Beziehung zu behandeln – zumindest nach außen hin. Das heißt nun aber nicht, daß Frauen bzw. Männer, die so sprechen, tatsächlich glauben, alle seien gleichgestellt. Vielmehr haben sie eine gewisse Menge Gesprächsarbeit zu leisten, um sicherzustellen, daß sie ein angemessenes Auftreten an den Tag legen. Damit bestätigen sie dann ihre Einschätzung, was einen guten Menschen ausmacht. Und dazu zählt eben, den höheren Status nicht nach außen zu kehren. Wenn sie anderen Anweisungen erteilen, Auskünfte geben und Fehler korrigieren – Dinge, die sie alle von Berufs wegen tun müssen –, dann werden sie alles daransetzen, anderen zu versichern, daß sie weder ihre Macht ausspielen noch ihre übergeordnete Position ausnutzen bzw. dem anderen unter die Nase reiben wollen. Demgegenüber entspringen die für Männer typischen Rituale der Annahme, daß alle zwischenmenschlichen Beziehungen von Natur aus hierarchisch sind. Deshalb ist es auch nicht überraschend, daß viele Männer kaum einen Grund dafür sehen, ihre Autorität herunterzuspielen, sondern es vielmehr angebrachter finden, auf diese Autorität aufmerksam zu machen, um sich so gegen die unvermeidlichen Herausforderungen dagegen wappnen zu können.

Wählt man eine Sprechweise, die die Autorität herauskehrt oder herunterspielt, so liegt darin keine bewußte Entscheidung, die man erst vor jeder Äußerung durchdenkt. Vielmehr stellen diese Wahlen gewohnheitsmäßige Formulierungen dar, die im Laufe der Zeit erlernt und schließlich automatisch verwandt werden, weil sie als die selbstverständliche Art erachtet werden, sich verständlich zu machen.

Ich kann es nicht deutlich genug sagen: Die scheinbare Gleichheit, von der ich hier spreche, ist ritueller, nicht realer Natur. Ich will nicht sagen, daß einzelne Frauen ihre höhere Position in der Hierarchie in Frage stellen. Die Frau, die eine Physiotherapiepraxis besitzt, ist sich durchaus darüber im klaren, daß sie von allen dort arbeitenden Physiotherapeuten die größte Berufserfahrung hat und daß sie die Inhaberin der Praxis ist. Wenn sie sagt: »Ich möchte, daß die Therapeuten sich unabhängig fühlen und ihre Selbstachtung bewahren«, anerkennt sie, daß es in ihrer Macht steht, zu bestimmen, wie unabhängig sie sich fühlen, da deren Arbeitsplatz von ihr als Chefin abhängt. Diese Frau hat einfach den Eindruck, daß es angemessen ist, den Angestellten ihre Abhängigkeit nicht ständig unter die Nase zu reiben.

Diejenigen, die in ihren typischen Gesprächsritualen weniger Wert auf die Leugnung von Hierarchien legen (einschließlich vieler Männer), empfinden möglicherweise die Versicherungen der Frauen, sie behandelten andere als gleichberechtigte Partner, als heuchlerisch. Beschuldigt man einen anderen der Heuchelei, ist dies oft ein Anzeichen dafür, daß kulturelle Unterschiede im Spiel sind; eine solche Anschuldigung bezeugt den universellen Eindruck, den man erhält, wenn man jene beobachtet, mit deren Ritualen man nicht vertraut ist. »Heuchelei« heißt, man handelt so, daß sich in unseren Worten nicht aufrichtig ausdrücken läßt, was wir empfinden. Mit anderen Worten: die Art, wie es »natürlich« erscheint zu sprechen, und die Art, wie man jemanden reden hört, passen nicht zueinander. Zwar kann dem eine wirklich heuchlerische Haltung zugrundeliegen – man gibt etwas vor, um ein höherrangiges Motiv zu verdecken –, doch weckt es auch unvermeidlich den Eindruck, der entsteht, wenn unterschiedliche Vorstellungen darüber bestehen, wie man in einem besonderen Kontext und unter bestimmten Gefühlsumständen »natürlich« spricht.

Es besteht eine weitere Schwierigkeit für weisungsbefugte Frauen: Wenn sie auf eine Art sprechen, die ihre einflußreiche Position herauskehrt, droht die Gefahr, daß man ihre Autorität in Frage stellt. So wie es für viele für Frauen typische Gesprächsrituale gibt, hängen auch das Sprechen, als ob »wir alle gleichgestellt wären« und die gleichzeitige Erwartung, man müsse für die Position mit dem höheren Status mit entsprechendem Respekt behandelt werden, davon ab, ob die andere Person diese Voraussetzung anerkennt und unsere Position achtet. So führte die Präsidentin eines Frauencollege eine lange, schwierige Unterredung mit einer Studentin, die gegen die Wahl der Rednerin während der Verleihung der Abschlußzeugnisse durch die Präsidentin Einwände erhob, bis diese schließlich sagte:»Im Grunde genommen akzeptieren Sie nicht, daß ich das Recht habe, diese Entscheidung zu fällen, nachdem ich Ihre Ansicht und die aller anderen in Betracht gezogen habe.« Die Studentin dachte darüber nach und stimmte zu. »Wenn ich Sie abends nach Vorlesungsschluß in Freizeitkleidung auf dem Campus sehe, dann vergesse ich, welche Position Sie innehaben. Wären Sie ein älterer Herr, hätte ich da weniger Schwierigkeiten.« Aber die Präsidentin kleidete sich nicht nur leger, wenn sie abends oder am Wochenende ins Büro ging, sondern sprach wahrscheinlich auch noch in einer Weise, die nicht durchgehend ihre Autoritätseinstellung herauskehrte. Dies trug zweifellos dazu bei, daß die Studentin vergaß, welch einflußreiche Stellung die Rektorin bekleidete.

Es gehören zwei dazu, das Gesicht zu wahren

Viele Frauen in leitenden Funktionen spielen die damit verbundene Macht auch deshalb herunter, statt sie zu akzentuieren, weil sich darin die Ethik zahlreicher weiblicher Gesprächsrituale ausdrückt, die ich in Kapitel 2 erörtert habe. Es ist dies der Wunsch, in Gesprächen ein Gleichgewicht herzustellen und die Wirkung der eigenen Worte auf einen anderen Menschen zu berücksichtigen. Man könnte nun erwarten, daß die Person in der untergeordneten Position stärker darauf achtet, ihren Chef nicht zu kränken, doch wie zahlreiche Untersuchungen belegen, achten Frauen in leitender Position häufig darauf, eine Kränkung zu vermeiden, wenn sie mit Untergebenen sprechen.

Die Kommunikationswissenschaftler Karen Tracy und Eric Eisenberg entwarfen einmal einen Geschäftsbrief, der mehrere Fehler enthielt. Sie forderten dreizehn Studenten und elf Studentinnen auf, in einem Rollenspiel nachzustellen, wie sie die Mitarbeiter auf die Fehler in dem Brief aufmerksam machen würden – mit anderen Worten, wie sie Kritik üben würden. Im Anschluß daran analysierten Tracy und Eisenberg die Ergebnisse, um herauszufinden, wieviel Mühe die Sprecher darauf verwandt hatten, die kritisierte Person nicht zu kränken. Eine Form der Kritik, die eine nur geringe Sorge um die Gefühle des Gegenübers zum Ausdruck brachte, begann wie folgt:

> Hallo. Ach ja, ich habe mir gerade Ihren Brief durchgesehen. Ich habe darin mehrere Fehler entdeckt. Und, ja also, ich zeige Ihnen mal die Stellen.

Zu den Formen, wie man auf die Gefühle des anderen mehr Rücksicht nahm, zählte, daß man das Gegenüber mit Namen anredete, sich nach ihm oder seiner Familie erkundigte (»Wie geht es Ihnen?«, »Wie geht's der Familie?«), ihm zu danken (»Ich bin Ihnen sehr dankbar, daß Sie den Brief für mich geschrieben haben.«), diese besondere Arbeit (»Das haben Sie sehr gut gemacht.«) bzw. die Arbeit ganz allgemein zu loben (»Ich weiß ja, daß Sie Ihre Arbeiten sehr gut erledigen können; Sie haben das ja schon oft bewiesen.«), sowie die Bedeutung der Fehler herunterzuspielen (»Ansonsten ist es ein sehr guter Brief.«).

Nun sollte man erwarten, daß man, wenn man in einer untergeordneten Position ist, an anderen besonders behutsam Kritik übt. Und genau das haben Tracy und Eisenberg herausgefunden – allerdings gilt dies nur für die untersuchten Männer, nicht für die Frauen. Während die Männer mehr Rücksicht auf die Gefühle der kritisierten Person nahmen, wenn sie im Rollenspiel die untergeordnete Position einnahmen, zeigten die Frauen weitaus mehr Rücksicht auf die Gefühle der anderen Person, wenn sie die Rolle der Vorgesetzten einnahmen. Da den Frauen offenbar deutlich bewußt war, welch große Macht in ihrer Autorität lag, bemühten sie sich, diese Macht nicht sorglos auszuspielen. Natürlich handeln auch Männer manchmal so – und bestimmt sind es nicht wenige –, doch wenn die Untersuchung von Tracy und Eisenberg die Wirklichkeit richtig wiedergibt, neigen Frauen eher zu diesem Verhalten.

Ein Beispiel für diese Sprechweise läßt sich einer meiner Tonbandaufzeichnungen von Gesprächen im Büro entnehmen. Eine Frau – ich nenne sie Marge –, die Abteilungsleiterin, bemerkte, daß ihrer Sekretärin bei der Auflistung von Arbeitsaufgaben ein Fehler unterlaufen war.

MARGE: Aber Sie haben doch Mitch und Evan immer noch im selben Büro!

SEKRETÄRIN: Soll das ein Witz sein? Oh, verdammt.

MARGE: (lacht) Es ist schon *schwer*, in so einer Umgebung seine Arbeit zu tun, stimmt's, es platzen ja ständig Leute rein!

Marge erklärte der Sekretärin zwar ganz offen, daß ihr ein Fehler unterlaufen war, doch schwächte sie ihre Kritik gleich danach ab: Sie lieferte einen Grund, warum ihre Sekretärin einen Fehler gemacht hatte – und sie lachte, um zu zeigen, daß es sich um keinen schweren Fehler handelte, und sie ihr nichts nachtrug.

Marge sorgte also dafür, daß die Sekretärin ihr Gesicht wahren konnte. Man könnte zwar meinen, daß man dies in erster Linie für sich selbst tut, doch das »Gesicht wahren« funktioniert besonders gut, wenn zwei Personen daran mitwirken, wie es oft in rituellen Wortwechseln geschieht, die Gespräche unter Frauen kennzeichnen. Dies unterstreicht auch die Bedeutung nicht nur der eigenen Sprechweise, sondern auch der Art und Weise, wie andere mit uns sprechen.

Wenn wir Goffmans Begriff noch einmal aufgreifen, so muß das »Benehmen« – also durch sein Verhalten zu zeigen, daß man über erstrebenswerte Eigenschaften verfügt – durch »Ehrerbietung« einen Ausgleich finden; das heißt, andere Personen müssen durch ihr Verhalten anerkennen, daß man selbst diese positiven Eigenschaften besitzt. Der Definition »Gesicht« zufolge (ein weiterer, von Goffman ausführlich verwendeter Begriff), spricht man auf eine Art und Weise, die den anderen eine gewisse Seite, ein bestimmtes Gesicht, zukehrt. Allerdings müssen diese anderen ihren Teil dazu beitragen, daß man das Gesicht wahrt. Wenn andere sich weigern, uns Autorität zuzubilligen, kann man sein Gesicht nicht wahren.

Ich hatte einmal einen Alptraum, in dem ich einen Seminarraum betrat und die Schüler mich weder ansahen noch mir zuhörten. Alle hatten sich so hingesetzt, daß sie mir den Rücken zukehrten, so daß ich nicht unterrichten konnte. (Vielleicht verfolgte mich die Erinnerung an eine meiner Lehrerinnen in der Mittelstufe. Ihre verzweifelte Miene hat sich mir tief eingeprägt: Sie stand vor der Klasse, seufzte und bettelte die fröhlichen Jungen vergeblich, sie möchten doch aufhören, im Klassenzimmer umherzulaufen und Dinge in der Gegend herumzuwerfen, und sich statt dessen hinsetzen und ihr zuhören.) Viele Lehrer, die das Klassenzimmer betreten, in dem sich die Schüler lärmend unterhalten, verspüren einen kurzen Augenblick lang die Angst, daß die Schüler ihnen nicht zuhören werden. Und wenn dies geschieht, kann kein Lehrer unterrichten, ganz gleich, wie groß seine Lehrbefähigung sein mag.

Eine Frau, die im Vertrieb ihres Unternehmens arbeitete – ich nenne sie Jane –, hatte anfänglich große Schwierigkeiten an ihrem neuen Arbeitsplatz, da es die Mitarbeiter unterlassen hatten, sie vor den Kunden als die Verantwortliche für die neue Produktreihe zu »plazieren«.

Einer unserer Kunden hatte großes Interesse an dieser Produktreihe, aber als er bei uns war, stellte man mich nicht ausdrücklich als diejenige vor, die diese Produkte betreuen würde... Ich saß da in der Besprechung, und der Kunde sagte: »Also, an wen muß ich mich wenden?«; sie sagten »tja, hm«, und ich »äh!«

Schließlich sagte jemand: »Na ja, Jane und ich.« Aber die Person, die sich als »ich« meldete, sollte gar nicht die neue Produktlinie betreuen; nur Jane war dafür verantwortlich. Offenbar hatten die Mitglieder der Vertriebsmannschaft gar kein großes Interesse, die alten Kunden mit einer neuen Mitarbeiterin zu teilen. Dieses Widerstreben macht deutlich, daß alle Mitglieder einer Gruppe daran mitwirken, die Autorität des einzelnen in der Gruppe zu festigen.

Shari Kendalls Untersuchung über ihre Gespräche mit einer Frau namens Carol, der technischen Direktorin eines überregionalen Radiosenders, macht unmittelbar anschaulich, wie sich der Stil einer Frau im Umgang mit Autorität vom Stil ihres Kollegen Ron, der eine vergleichbare Position innehatte, unterschied. Außerdem fängt Kendalls Analyse ein, wie die Kommunikationsstile beider ineinandergriffen, um – für sich allein oder gemeinsam – ihre Autoritätsposition zu stärken (oder zu untergraben).

Wie ich im vorigen Kapitel kurz erwähnte, diskutierte Carol, die technische Leiterin der Sendung, mit Ron, ihrem Ansprechpartner, der die Verantwortung im Senderaum hatte, für eine bevorstehende Talk-Show mit Zuhörerbeteiligung ein mögliches Problem mit den Telefonanschlüssen (Carol rechnete mit Schwierigkeiten – die dann tatsächlich auftragen –, Ron nicht.) Wie Kendall nachweisen kann, wahrte Carols Sprechweise sowohl die eigene als auch Rons Kompetenz, während Rons Sprechweise zwar die eigene Kompetenz sicherstellte, jedoch Carols in Frage stellte.

Zwar senkten beide, Ron und Carol, gelegentlich die Stimme, doch geschah dies in unterschiedlichen Kontexten. Wenn Ron Auskünfte gab, neigte er dazu, laut zu sprechen, was seine Autorität festigte. Dabei spielte es keine Rolle, daß Carol in mehreren Situationen die mitgeteilte Information bereits besaß. Aber er senkte die Stimme, wenn er in eine Situation geriet, in der er keine Autorität besaß und er etwas einräumen, zustimmen, um Informationen bitten oder Informationen annehmen mußte, die ihm eigentlich hätten bekannt sein müssen.

Carol dagegen senkte die Stimme in ganz anderen Zusammenhängen. Im Laufe des Gesprächs machte sie wiederholt Vorschläge zur Lösung der anstehenden Probleme. Carol sprach leiser und spielte ihre Vorschläge herunter, denn sie wollte Rons Zuständigkeit nicht in Frage stellen. Zum Beispiel:

CAROL: Also gut. Ich hab' Andy angerufen und, äh, ich werd' mich schon mal… mal vorsichtig um einen… um einen Ersatz /?/, ein Ersatzgerät kümmern – für den Fall der Fälle.

Kendall weist darauf hin, daß das Senken der Stimme mit anderen Methoden einherging, mit denen Carol ihre Vorschläge, ein Ersatzgerät zu besorgen, abmilderte; zum Beispiel Zögern (»äh«) und falsche Anfänge (»um einen… um einen«). Außerdem spielte sie ihre Pläne herunter, indem sie »mal kümmern« in »vorsichtig kümmern« abwandelte.

Demgegenüber stärkte Rons Sprechweise seine Autorität und untergrub Carols Autorität. Während er sie informierte, sprach er nicht nur laut, sondern sagte auch häufiger »Okay!«, »können Sie mir folgen?« und »verstehen Sie?« – alles Wendungen, die Carol keinmal benutzte. Die Fragen: »Können Sie mir folgen?« und »verstehen Sie?« beinhalten, daß die Gesprächspartnerin möglicherweise nicht begreift, worum es geht. Kendall zeigt, daß Carol nicht nur ganz bestimmt mitbekommen und verstanden hatte, was Ron sagte, sondern er an diesem Punkt im Gespräch eine Position einnahm, die zuvor sie vertreten hatte. Außerdem untergrub er Carols Autorität, indem er sie wiederholt um Auskünfte bat, die sie ihm bereits gegeben hatte.

RON: Aber alles, was Sie wissen, ist, daß es bestellt worden ist – Und Sie haben der Telefongesellschaft auch bestimmt mitgeteilt, daß wir eine zusätzliche Leitung brauchen, ja?
CAROL: Ja.
RON: ISCM.
CAROL: Na ja, die wissen jetzt Bescheid – die haben es überprüft und unsere Leitung neu konfiguriert.
RON: *Die haben das schon überprüft?*
CAROL: Ja, die haben das überprüft.

Kendall zeigt, daß Rons wiederholtes Nachfragen den Eindruck vermittelte, als wolle er Carols Wissen – und somit ihre Autorität – anzweifeln. Seine Sprechweise ragt in den Gesprächen gerade deshalb heraus, weil sie sich so sehr von der Sprechweise Carols unterscheidet. Weil Ron aufgrund ihrer Art zu sprechen das Gesicht wahren konnte, bedrohte seine Sprechweise ihr »Gesicht«. Ein Beobachter hätte daraus schließen können, daß Carol weniger kompetent sei, als sie es tatsächlich war, Ron dagegen durchaus kompetent.

Was geschieht, wenn man die eigene Autorität herunterspielt

Möglicherweise sprach Ron gegenüber Carol so, wie er mit jeder Person bzw. jeder Frau in ihrer Stellung reden würde. Vielleicht war seine Sprechweise aber auch teilweise von der Art beeinflußt worden, wie Carol mit ihm sprach. Mit anderen Worten: Gerade weil sie ihre Autorität herunterspielte, fühlte sich Ron ermuntert, das gleiche zu tun (und vielleicht sogar, ihre Autorität in Frage zu stellen).

Als ich mich für eines der Gespräche zwischen einer Ärztin und einem männlichen Patienten, die Nancy Ainsworth-Vaughn analysiert hatte, interessierte, setzte ich mich mit ihr in Verbindung:

Sie bot mir an, mir die Tonbänder und Transkripte zuzuschicken. Sie war aber besorgt, ich könnte einen falschen Eindruck von der Ärztin bekommen und sie als weniger kompetent ansehen, als sie es tatsächlich war. Sie warnte mich: »Wenn sie mit anderen Patienten spricht, vermittelt sie einen ganz anderen Eindruck – sehr selbstsicher, kenntnisreich, aber auch warmherzig und einfühlsam. Gehen Sie also nicht davon aus, daß das Selbst, daß sie in diesen Gesprächen konstruiert, Ihnen alles über sie verrät. Die Mitarbeiter und Mitarbeiterinnen schätzen sie ganz außerordentlich; die Schwestern empfehlen sie ihren Freundinnen... Das ist ja ein ziemlich guter Indikator, ob jemand etwas kann... Ich sage Ihnen das nur, weil ich auf keinen Fall möchte, daß Sie die Ärztin unterschätzen.«

Ich fragte Ainsworth-Vaughn, was am Verhalten der Ärztin sie befürchten ließ, ich könne sie unterschätzen. Sie antwortete: »Sie kann herzlich lachen und unterstützt Themen, statt sie selbst zu bestimmen... sie spielt herunter, daß sie Fachärztin ist. Das alles wird gemeinsam konstruiert. [Der Patient] initiiert derart viele Themen, daß sie selber kaum zu Wort kommt. Er spielt die Tatsache, daß sie Fachärztin ist, herunter. [...] Als das Gespräch auf ihren beruflichen Erfolg kam, wechselte er das Thema und fragte, ob sie denn auch einkaufen gegangen war, als sie in Minneapolis die Facharztprüfung machte.«

Mit der Verwendung des soziolinguistischen Begriffs »gemeinsam konstruiert« verwies Ainsworth-Vaughn darauf, daß der Eindruck, den die Ärztin in diesem Gespräch machte, nicht nur durch *ihr* Sprachverhalten, sondern auch durch die Äußerungen des Patienten verursacht worden war. Die Ärztin wirkte weniger kompetent, eben weil der Patient ihre berufliche Befähigung herunterspielte; sie konnte das Gespräch nicht steuern, eben weil der Patient immer wieder das Thema wechselte. Aber Ainsworth-Vaughn stellte auch fest, als sie die Interaktionen dieser Ärztin mit anderen Patienten untersuchte, daß sie in der Regel den Gesprächssignalen folgte, weil sie eine sinnvolle Abfolge für das Gespräch finden wollte, und daß sie dadurch ein wirksames Mittel in der Hand hatte, hinter die Sorgen und Krankheiten des Patienten zu kommen. In Ainsworth-Vaughns Worten: »Ich habe auch über die Gewohnheit der Ärztin nachgedacht, der Gesprächsführung ihres Patienten zu folgen. In den meisten Situationen funktioniert das sehr gut: Wenn sie beispielsweise mit einem Patienten sehr schlechte Nachrichten besprechen muß, gestattet sie dem Patienten, ein Thema zu initiieren, das mit der Nachricht in Zusammenhang steht (über die der Patient Bescheid wußte, über die er jedoch nicht sofort sprechen wollte).«

Wieder einmal liegt der Schlüssel zum Verständnis von Gesprächen in deren rituellem Wesen. Die Bereitschaft der Ärztin, sich der Führung des Patienten zu überlassen, erlaubt diesem, seine Sorgen vorzubringen und entscheidende Informationen zu enthüllen, an die man durch Nachfragen nicht herankommen würde; denn die Ärztin »steckt« ja nicht im Patienten »drin«, kann deshalb nicht wissen, mit welchen Fragen sie zentrale Informationen hervorlocken kann. Wenn man den Patienten allerdings gestattet, die Gesprächsführung zu übernehmen, müssen diese auch über guten Willen verfügen und dazu beitragen, daß die Ärztin ihr Gesicht wahrt. Die Ärztin kehrt nicht ihre Autorität heraus, sondern ist von den Patienten abhängig, diese Autorität dennoch zu respektieren. Patienten, die dazu neigen, den Arzt vom »Podest zu holen«, haben dazu weitaus mehr Gelegenheit bei Ärzten, die ihnen die Gesprächsführung überlassen. Wenn man den Mantel der Autorität locker auf den Schultern trägt, läßt er sich leichter abstreifen.

Warum spielen wir unsere Autorität herunter?

Bedenkt man die Reaktionen, die Frauen in Autoritätspositionen bei anderen Personen auslösen, lassen sich mögliche Erklärungen dafür finden, warum Frauen gelegentlich eine autoritäre Haltung einnehmen. Dies liegt teilweise sicherlich an der Art, wie andere auf sie reagieren.

Aufgrund ihrer Erfahrungen, die sie während der Kindheit beim Spielen mit anderen Jungen gemacht haben, reagieren viele Männer sehr empfindlich, wenn man ihnen etwas vorschreibt. Bei ihren Spielen erlangen die Jungen einen hohen Status, den sie dann bewahren, indem sie den anderen Jungen Befehle erteilen und dafür sorgen, daß sie befolgt werden. Wenn man für andere und mit anderen arbeitet, gehört dazu notwendigerweise, daß man sie dazu bringt, zu tun, was man will, und man selbst darauf eingeht, wenn andere etwas von einem wollen. Daraus entspringen dann fortwährend Spannungen und Machtkämpfe. Da viele Männer das Geben von Anweisungen mit dem Versuch assoziieren, eine Position der Autorität zu festigen – mit anderen Worten, zu dominieren –, entwickelt sich leicht eine heikle Situation, wenn die Person, die Anweisungen gibt, eine Frau ist. So stellte eine Innenarchitektin und Firmeninhaberin fest: »Wenn ich einem Maler sage: ›Also, diese Farbe paßt hier nicht so ganz‹, dreht er sich garantiert um und antwortet: ›Machen Sie mir bloß keine Vorschriften.‹«

Im vorigen Kapitel erwähnte ich eine Chirurgin, die herausfand, daß die Schwestern besser mit ihr zusammenarbeiteten, wenn sie sie »mit Respekt« behandelte, als wenn sie ihnen schroff Anweisungen zurief, so wie es viele männlichen Kollegen taten (mit – für sie – zufriedenstellenden Ergebnissen). Viele andere Frauen, mit denen ich sprach, bedienten sich ähnlicher Gesprächsstrategien. Eine erfolgreiche Betriebsleiterin einer Fabrik äußerte mir gegenüber:

Ich habe festgestellt, wenn man den Arbeitern ein wenig Respekt entgegenbringt, gibt es keine Schwierigkeiten. Wenn man ihnen aber sagt: »Tun Sie dies, und tun Sie das«, nehmen sie es übel. Wenn ich also sagen würde: »Hören Sie, Deborah, ich muß wissen, ob wir diese Lieferung reinbekommen und die Maschine anfahren können. Was könnte man da Ihrer Ansicht nach tun?«, dann bekomme ich eine Antwort. Deshalb sage ich: »Wir könnten es mal so versuchen. Meinen Sie, das geht? Ich mach' Ihnen einen Vorschlag: Probieren wir es einmal so, und wenn's damit nicht klappt, versuchen wir's auf Ihre Weise.« Und dann lassen die Mitarbeiter wirklich nichts unversucht – sie machen dann wirklich konstruktive Vorschläge, statt mir gegenüber Groll und eine negative Einstellung zu entwickeln nach dem Motto: »Die macht mir Vorschriften und tut so, als ob ich keine Ahnung hätte. Dabei bediene ich diese Maschine seit fünfzehn Jahren. Was bildet die sich eigentlich ein?«

Nach Auffassung dieser Frau unterschied sich ihr Führungsstil nicht vom Führungsstil eines Mannes. Sie hatte einfach nur ihre persönliche Managementphilosophie, ihre »natürlichen Instinkte« erläutert, wie sie sagte. Doch die Forschungen anderer Sprachwissenschaftler, wie auch meine eigenen Beobachtungen, weisen darauf hin, daß es nicht nur in dieser Hinsicht geschlechtsspezifische Unterschiede gibt, sondern auch systematische Unterschiede in der Frage, wie man auf unterschiedliche Sprechweisen reagiert – und zwar je nachdem, ob der Sprecher ein Mann oder eine Frau ist.

Aus den Abschriften ihrer Gespräche mit 22 Managerinnen und 18 Managern zog auch Anne Statham den Schluß, daß Frauen behaupteten, keinen autoritären Führungsstil zu haben. Sie zitiert eine Frau: »Ich finde diese Haltung gar nicht erstrebenswert... Sie wissen schon, die Peitsche schwingen. Ich empfinde uns eher als eine große Familie.« Statham weist darauf hin, daß vorhergehende Untersuchungen Führungskräfte in die Kategorien »aufgabenorientiert« und »personenorientiert« eingeteilt haben. Diese Unterscheidung ist fast eine Garantie dafür, daß man das Verhalten der Frauen als unterlegen ansieht, da jeder Anhaltspunkt, sie seien »personenorientiert«, dann angeblich beinhaltet, sie seien nicht »aufgabenorientiert«. Wohl kaum eine gute Eigenwerbung, wenn die Zeiten schwer sind und Firmen ums finanzielle Überleben kämpfen – das heißt, die gesteckten Ziele erfüllen müssen. Daraus folgert Statham, daß die von ihr interviewten Frauen beides waren: Sie hielten die Konzentration auf die Person für die beste Möglichkeit, daß etwas erledigt wird. Eine Managerin sagte dazu: »Wenn die Mitarbeiter zufrieden sind, erledigen sie die Arbeit besser – das läßt sich sogar beweisen.« Die Hälfte der Frauen, so Statham weiter, beschrieb sich selbst nicht als personenorientiert, sondern diese Bezeichnung wurde von ihren Sekretärinnen verwandt.

Diesen Führungsstil stellte Statham dem Stil der von ihr interviewten Männer gegenüber, den sie »autonomieorientiert« und »imagebezogen« nennt. Sie zog den Schluß, daß die Männer »autonomieorientiert« waren, weil sie betonten, wie wichtig es für sie und die Angestellten war, unabhängig zu bleiben, während die Frauen sicherstellen wollten, daß die Angestellten sich wohlfühlten und ein enges Verhältnis zu ihnen hatten. Statham zitiert einige der Männer:

»Man muß Leute mit Persönlichkeit einstellen, die zu einem passen, und sie dann machen lassen...«

»Man muß Leute einstellen, die stolz auf ihre Arbeit sind... und man darf ihnen dann nicht im Wege stehen...«

»Man muß nach guten Leuten suchen und sich aus ihrer Arbeit 'raushalten...«

»Wenn man den Leuten diese Freiheit nimmt, entwickeln sie sich nicht weiter... Wenn man vorankommen will, muß man zulassen, daß die Leute etwas riskieren.«

»Je mehr man sich einmischt, desto weniger schafft man.«

»Ich möchte, daß die Leute nicht so abhängig von mir sind, damit ich selber unabhängiger sein kann.«

Es wundert mich gar nicht, daß so viele der Frauen in Stathams Studie in den Gesprächen zum Ausdruck brachten, daß sie in engem Kontakt mit ihren Angestellten bleiben wollten, während es vielen Männern um Autonomie ging. Dieses Ergebnis wird durch ein bereits von vielen anderen Forschern beschriebenes Verhaltensmuster gestützt. Dazu gehört auch, daß amerikanische Männer der Unabhängigkeit einen relativ größeren Wert beimessen, während amerikanische Frauen einen relativ höheren Wert in der Verbundenheit sehen. Allerdings frage ich mich, ob es richtig ist, zwischen »autonomieorientiert« und »personenorientiert« einen Gegensatz zu konstruieren. Die Äußerungen der Männer scheinen vielmehr nahezulegen, daß es ihrer Ansicht nach den Untergebenen – und auch der Firma – am meisten nützt, wenn man ihnen Freiheiten gewährt. Damit wären auch die Männer, wenngleich auf andere Weise, personenorientiert. Die Frauen gehen davon aus, daß es für alle Beteiligten am besten ist, wenn man mit ihnen einen engen Kontakt herstellt, während die Männer davon ausgehen, daß wir alle glücklicher und produktiver sind, wenn man uns Unabhängigkeit gewährt.

Die Ähnlichkeit der von vielen Männern verwandten Formulierungen (die auf die eine oder andere Art sagen: »Man muß gute Leute einstellen und sie dann machen lassen«), zeugt davon, daß Sprechweisen relativ eingeschliffen sind, das heißt, uns erscheint etwas offensichtlich und richtig zu sein, weil wir gehört haben, wie andere ähnliche Anschauungen geäußert haben. Ein weiterer Anhaltspunkt für diese Ansicht findet sich auch in Stathams Untersuchung; denn die von ihr interviewten Sekretärinnen sagten, sie arbeiteten deshalb so gern für weibliche Chefs, weil diese sie selbständiger arbeiten ließen. Eine Sekretärin erklärte: »Sie stellt nicht in Frage, was ich tue. Sie ist sehr selbstbewußt... das vermittelt mir ein gutes Gefühl.«

Statham beobachtete aber noch einen weiteren Gegensatz: Sie bezeichnete ihn als die Neigung der Männer, über die Bedeutung ihres Jobs oder ihrer Abteilung für die Firma zu sprechen, was nur eine der Frauen tat. Hierfür benutzt Statham den Begriff »imagebezogen«. Das Interesse am eigenen Job ist jedoch nicht unbedingt eine Frage des Images, des Bildes, das wir in den anderen wecken. Das Muster, demzufolge Männer eher die Bedeutung ihres Jobs oder ihrer Abteilung hervorheben – etwas, was ich ebenfalls bei meinen Forschungen beobachten konnte –, sagt wohl mehr über die Einschätzung von Männern und Frauen dafür aus, was das richtige Gebaren ist, als über die relative Wertschätzung des Gebarens – das heißt, des Bildes, das die anderen von uns haben. Daß Männer erwähnen, wie wichtig ihre Abteilung ist, geht mit dem bereits erörterten Verbot einher, wonach es vielen Frauen widerstrebt, etwas zu sagen, was als Prahlerei angesehen werden könnte.

»Haß mich nicht – ich bin nicht vollkommen.«

Barbara Matusow, Autorin des *Washingtonian Magazine*, zeigte mir Auszüge aus ihrem Tagebuch, das sie zu Beginn der siebziger Jahre geführt hatte. Damals arbeitet sie als Produzentin für die Fernsehstation WCT-TV in Washington, D. C. und war damit die einzige Produzentin einer lokalen Nachrichtensendung in ihrem Sender. Ein Tagebucheintrag lautet folgendermaßen:

Heute war ein wirklich guter Tag. Mehrere Leute, die mich bislang nur geduldet hatten, haben heute die magische Grenze zum Haß überschritten, aber es hat mich überhaupt nicht umgeworfen. Eigentlich war es mir sogar völlig schnuppe.

Zu den von Matusow notierten Vorfällen, in denen sie dem Haß standhielt, zählte eine Begebenheit im Regieraum. Nachdem sie in letzter Sekunde noch einige komplizierte Änderungen vorgenommen hatte, merkte sie, daß der Regisseur nicht ganz begriffen hatte, was er tun mußte, um sich darauf einzustellen. Also wandte sie sich direkt an den Toningenieur. Der Regisseur »tobte vor Wut und schrie: ›Hier im Regieraum gibt es nur einen Regisseur, Schätzchen!‹« Matusow ließ sich nicht aus der Ruhe bringen:

Ich war die Ruhe selbst und ging zu meinem Stuhl zurück. Seine ungerechte Attacke ließ mich völlig kalt. Ich dachte gar nicht daran, mich gegenüber einem der Beteiligten zu rechtfertigen. Ich ritt nur heiter, fast glücklich auf der Welle seines spürbaren, offenkundigen Hasses.

Verstehen Sie mich nicht falsch. Ich werde nie Genuß am Haß finden. Ich will das auch gar nicht. Aber es ist schon ein ziemliches Hochgefühl, der Feindseligkeit offen ins Gesicht zu blicken und dabei ungerührt zu bleiben.

Um diesen Trick zu erlernen, habe ich fünfunddreißig Jahre gebraucht.

Es ist keine geschlechtsspezifische Eigenschaft, sich von Wut oder Kritik verletzt zu fühlen. Der Bewerber für das Amt des Verteidigungsministers, Bobby Ray Inman, zog seine Kandidatur zurück, weil er sich nicht auf etwas einlassen wollte, was er als extreme und ungerechte Angriffe empfand. Das führte sofort zu neuerlicher Kritik an ihm, und man schrieb, er sei zu »dünnhäutig«. In diesem Zusammenhang meinte die Kolumnistin Meg Greenfield, daß »alle Menschen die gleiche Art Haut haben – und zwar eine dünne«. Sie fügte allerdings an, daß »Menschen in Führungspositionen lernen müssen, Kritik ›einzustecken‹ und einfach ihre Vorhaben weiterzuverfolgen«. Dies trifft sicherlich auf uns alle zu. Es gibt jedoch Anhaltspunkte dafür, daß Frauen weniger daran gewöhnt sind, mit Konflikten und persönlichen Angriffen umzugehen. So feuern Leichtathletiktrainer ihre Sportler an, indem sie sie beschimpfen und beleidigen (was die Muttter eines Mädchens, das

in der Little League spielte, empörte, wie es im Nachrichtenmagazin *Newsweek* hieß). Außerdem gibt es Anlaß für die Vermutung,
daß Frauen in Spitzenpositionen häufiger feindseligen Äußerungen ausgesetzt sind.

Als sich Philip Levine an den Dichter John Berryman erinnerte,
von dem er sagte, er sei sein größter Lehrer gewesen, schrieb er,
daß es Berryman nichts ausgemacht habe, unbeliebt zu sein. Levine erinnert sich: »Im privaten Kreis äußerte er mir gegenüber,
daß etwas so Schwieriges wie das Unterrichten von Dichtung eben
kein Popularitätswettstreit ist. ›Sogar in einem so bemerkenswerten Seminar wie diesem werden schreckliche Gedichte geschrieben, und meine Pflicht ist es, darauf hinzuweisen.‹«

Daß sie beliebt sein möchten, mag einer der Gründe sein, weshalb es vielen Frauen in verantwortlichen Positionen ratsam erscheint, besonders freundlich aufzutreten. Sie wollen anderen versichern, daß sie nicht ihre ganze Macht in die Waagschale werfen
und ihren Einfluß ausspielen wollen. Wie wir gesehen haben, ist
das ein legitimes Interesse. Eine andere Art sicherzustellen, daß
der eigene hohe Status nicht den Wunsch, gemocht zu werden,
gefährdet, besteht darin, nicht den Eindruck zu erwecken, daß
man »alles im Leben erreicht hat«. Diese Besorgnis ist in meinen
Gesprächen mit Frauen in verantwortlichen Stellungen immer
wieder aufgetaucht. So sagte die Leiterin einer Wohlfahrtsorganisation, sie habe das Gefühl, viele Frauen in ihrer Organisation
stünden ihr feindlich gegenüber. Sie sagte: »Bei meinen Vorgesetzten und bei Leuten, die in anderen Firmen in gleicher Position
arbeiten, bin ich sehr angesehen; ich verdiene gut, habe Macht und
Einfluß, und obendrein bin ich glücklich verheiratet. Wäre ich
auch noch schlank, würde ich mich keine Sekunde halten können.« Die Überzeugung, man müsse zumindest einen größeren
Fehler haben, um akzeptiert zu werden, entspricht genau einer
Aussage von Oprah Winfrey, bei der es um den gleichen Makel
ging: »Mit meinem Übergewicht konnte ich mich immer vor der
Welt entschuldigen. Ich konnte damit zum Ausdruck bringen:
›Gut, ich bin reich, ich habe einen attraktiven Freund und führe
ein tolles Leben, aber seht her, ich habe ein großes Gewichtspro-
blem, also könnt ihr mich trotzdem lieben.‹«

Manche Frauen, die sich vor diesem Dilemma sehen, suchen
Zuflucht bei verbalen Varianten des Gesprächsrituals: »Was, die-

ser alte Fetzen?« Sie versuchen, eine angemessene Bescheidenheit an den Tag zu legen, und verunglimpfen ihre eigenen beruflichen und finanziellen Erfolge. Mit diesem Ritual kann man zwar Erfolg haben, weil man dadurch anderen sympathischer wirkt. Aber es kann sich auch negativ auswirken – und zwar dann, wenn es dem Gebaren der Frau, das Autorität vermittelt, in die Quere kommt.

Autorität haben und Autorität anstreben – die Unterschiede

Eine besonders erhellende Studie haben die Soziologinnen Arlene Eskilson und Mary Glenn Wiley durchgeführt. Sie haben eine Methode entwickelt, anhand derer sich Situationen, in denen Frauen das Gefühl hatten, sie hätten ihren Status verdient, von jenen Situationen unterscheiden lassen, in denen sie den Status nach eigenem Bekunden nicht verdient hatten. Die Forscher untersuchten, wer aus einer Gruppe von drei Personen, die eine Aufgabe lösen mußte, sich häufiger äußerte. In einer Situation zogen die drei Gruppenmitglieder Lose, um zu bestimmen, wer die Gruppe leiten sollte. In einer anderen Situation legten die Versuchsleiter den Personen einen Test vor und sagten, daß eines der Gruppenmitglieder am besten abgeschnitten habe. (Tatsächlich hatte man die Person willkürlich ausgewählt.) Diese Person erhielt außerdem Informationen, die für die Gruppenaufgabe relevant waren, die die anderen aber nicht erhielten. Die Ergebnisse zeigten: Wenn die Frauen (und die anderen in der Gruppe) das Gefühl hatten, daß sie die Führungsrolle aufgrund ihrer Leistungen zu Recht innehatten und wichtige Informationen besaßen, dann redeten sie ebensoviel wie die Männer, die eine Führungsrolle einnahmen; aber wenn die Frauen (und die anderen in der Gruppe) den Eindruck hatten, daß man ihnen diese Rolle willkürlich zuerkannt hatte, redeten sie weniger als die Männer.

Dieses Ergebnis faszinierte mich, da sich darin meine Haltung widerspiegelte, die ich immer einnehme, wenn ich im Radio auftreten soll. Wenn man mich einlädt, als Expertin an einer Talk-Show teilzunehmen, fühle ich mich in dieser Rolle völlig wohl.

Aber ich rufe nie in solchen Sendungen an, obwohl ich sie mir oft anhöre und mir Gedanken durch den Kopf gehen, die ich aufgrund meiner Kenntnisse beisteuern könnte. Wenn ich an einer Sendung als Expertin teilnehme, unterstützen in diesem Rahmen alle Beteiligten meine Autorität. Aber wenn ich in der Sendung anriefe, hätte ich zweierlei Wahl. Entweder kehre ich meine Autorität heraus: »Hallo, ich bin Deborah Tannen, ich bin Professorin und habe mehrere Bücher geschrieben...«), aber das käme mir prahlerisch vor, und es wäre mir peinlich, wenn man mich nicht kennen würde. Die Alternative wäre, zu riskieren, abgewiesen zu werden, wenn ich mich nicht als Autorität zu erkennen gebe. (»Hallo, ich bin Deborah, ich rufe aus Washington, D. C. an.«) Wenn sich mir diese zwei gleichermaßen unangenehmen Möglichkeiten bieten, rufe ich nicht an.

Vielleicht liegt hierin ein weiteres Hindernis für Frauen, die als geeignet gelten, Autoritätspositionen zu bekleiden. Viele Frauen würden ihre Arbeit außerordentlich gut erledigen, wenn man ihnen Autorität zubilligte, doch bekommen sie keine Chance, da sie nicht den Eindruck vermitteln, daß sie nach einer solchen Position streben bzw. sie verdienen würden, bevor andere sie ihnen zuerkennen. Dies habe ich in einer Firma beobachtet, in der eine Abteilungsleiterin mit dem Regionalleiter die Frage erörterte, wen man in einer speziellen Filiale zum Büroleiter befördern sollte. Die Abteilungsleiterin schlug eine Frau aus ihrem Büro vor, doch nach Ansicht des Regionalleiters wollte diese Frau gar nicht befördert werden. Dies habe er sie mehrmals sagen hören. Daraufhin machte die Abteilungsleiterin den Vorschlag, er könne sie doch fragen, woraufhin der Regionalleiter ganz erstaunt berichtete, die Frau habe die Beförderung sofort mit großer Freude angenommen. Er hatte ihre ablehnende Äußerung wörtlich genommen, während sie ihr Interesse an einer Beförderung vermutlich weit von sich gewiesen hatte, um nicht allzu ehrgeizig zu erscheinen und für den Fall, daß man ihr kein Angebot unterbreitete, ihr Gesicht zu wahren. In vielen Unternehmen achten jene, die über Beförderungen in leitenden Positionen entscheiden, auf Führungsverhaltensweisen sowie auf den Wunsch, daß die betreffende Person befördert werden möchte; doch viele Menschen (unter ihnen viele Frauen) zeigen Führungsqualitäten erst dann, wenn man ihnen diese Führungsposition gewährt hat, und untersagen sich, Interesse für Stellen zu bekunden, die man ihnen nicht angeboten hat. Dies mag auch mit den Äußerungen vieler von mir interviewter Personen zusammenhängen, wonach Frauen, die im Beruf äußerst fähig waren, in Vorstellungsgesprächen keinen »guten Eindruck« machten.

Nach dem Äußeren gehen

Alle diese Kräfte sind im Spiel, wenn Personen auf die eine oder andere Weise sprechen, doch wäre es irreführend, wenn man meinte, daß alles, was uns zustößt, eine Erwiderung auf das von uns Gesagte oder Getane darstellt. Es mag unseren Vorstellungen über den Lauf der Welt widersprechen, doch manchmal behandeln uns andere weit weniger danach, was wir als Einzelner sind, sondern nach unserer Gruppenzugehörigkeit.

Wir alle hängen dem Glauben an, wir würden andere nach ihrer Sachkompetenz, ihren Erfolgen, ihren unbestreitbaren Fähigkeiten, statt nach Stereotypen beurteilen. Außerdem sind wir überzeugt, daß die anderen uns auf die gleiche Weise einschätzen. Doch haben Untersuchungen aus ganz unterschiedlichen Forschungsberichten eindeutig nachgewiesen, daß man andere Menschen nach dem äußeren Eindruck und nach besonderen Eigenschaften beurteilt, aufgrund derer wir sie dann einer Gruppe zuordnen, über die wir eine vorgefaßte Meinung haben.

Wenn man einem Mann und einer Frau, die leitende Positionen innehaben, gegenübertritt, so glaubt man, der Mann sei kompetenter. Und zwar auch dann, wenn sie sich sonst in keiner Hinsicht unterscheiden. Zu diesem Schluß sind Veronica Nieva und Barbara Gutek gekommen, nachdem sie eine große Zahl von Studien auf diese Frage hin untersucht hatten. Die Autorinnen baten die Testpersonen, hypothetische Personen, die – bis auf ihre Geschlechtszugehörigkeit – als identisch beschrieben worden waren, zu beurteilen. Eine Untersuchung nach der anderen kam zu dem gleichen Ergebnis: Hochqualifizierte Leute in Führungsrollen wurden höher eingestuft, wenn man sie als männlich bestimmt hatte. Hatte man Manager jedoch als erfolglos oder nicht sehr qualifiziert eingestuft, dann fällten die beurteilenden Personen ein härteres Urteil über die Männer als über die Frauen – so, als ob sie von Anfang an weniger von den Frauen erwartet hätten.

In diesen Untersuchungen ist es das Bild der Frau als Frau, wodurch man den Frauen den niedrigeren Status zuweist – nichts, was sie als Einzelperson getan haben. Diese Erkenntnis mag auf uns ziemlich abstoßend wirken, doch können geltende, auf vorgefaßten Meinungen beruhende Erwartungen die Art und Weise beeinflussen, ja festlegen, wie wir uns Gehör verschaffen – und ob man uns denn überhaupt anhört. So berichtete ein Deutscher, der viele Jahre in Japan gelebt hat und fließend japanisch spricht, daß die Annahme der Japaner, die Ausländer könnten kein Japanisch, dazu führte, daß manche Japaner ihn nicht verstanden, wenn er sie in ihrer Muttersprache anredete und sie ihm dabei ins Gesicht sahen. Telefonierte er mit ihnen auf japanisch, so verstanden ihn alle mühelos. Saß er aber einem Japaner gegenüber, starrte ihn dieser häufig nur völlig verständnislos an. Da die Japaner überzeugt waren, er spräche kein Japanisch, gelang es ihnen nicht, seine Äußerungen geistig zu verarbeiten.

Auch die Auswirkungen unserer Erwartungen darauf, wie wir andere verstehen, sind durch umfangreiche Forschungsergebnisse dokumentiert. So hat sich Donald Rubin, Professor für sprachliche Kommunikation, mit den Klagen von Studenten an seiner Universität befaßt, die sagten, sie hätten Schwierigkeiten, im Ausland geborene Assistenten zu verstehen. Rubin vermutete, daß die vorgefaßte Meinung der Studenten, wonach ausländisch wirkende Sprecher schwer zu verstehen seien, hierbei eine wichtige Rolle spielte. Um dies zu überprüfen, nahm er einen vierminütigen Vortrag auf, den eine gebürtige Amerikanerin aus Ohio hielt, und spielte danach das Band zwei Studentengruppen zu zwei getrennten Anlässen vor. Während sich die Studenten die Tonbandaufnahme anhörten, sahen sie auf einer Wand ein Foto der Person, die – wie man ihnen gesagt hatte – den Vortrag hielt. Im einen Fall sah man das Foto einer Weißen, im anderen Fall das einer Chinesin. Anschließend mußten die Studenten einen Verständnis-Test ausfüllen, weil Rubin herausfinden wollte, wieviel sie – in Anbetracht der divergierenden Vorannahmen über die vortragende Person – aus den identischen Vorträgen gelernt hatten. Wie Rubin feststellte, erzielten die Studenten, die ihrer Meinung nach den Vortrag einer chinesischen Dozentin gehört hatten, beim Verständnis-Test ein schlechteres Ergebnis als die Studenten, die meinten, den Vortrag einer weißen Amerikanerin gehört zu haben; außerdem entsprachen die schlechteren Ergebnisse ungefähr denen, die eine dritte Gruppe erzielte, die einen Vortrag gehört hatte, den ein chinesischer Assistent mit starkem Akzent gehalten hatte. Mit anderen Worten: die Vorannahmen der Studenten hinsichtlich der Person, der sie zuhörten, hatten einen größeren Effekt als die tatsächliche Sprechweise des Redners.

Die Bewertung der Fähigkeiten des Sprechers wirkte sich aber nicht nur darauf aus, wieviel die Studenten verstanden, sondern spiegelte sich auch in ihren Vorannahmen wider. Dabei stellte Rubin fest, daß jene Studenten, die ihrer Ansicht nach den Vortrag einer im Ausland geborenen Dozentin gehört hatten, dieser auch geringere Lernfähigkeiten zuerkannten, als diejenigen, die die Frau, die genau den gleichen Vortrag gehalten hatte, für eine gebürtige Amerikanerin hielten.

Dieselben Wörter, andere Reaktionen

Wie diese Untersuchungen zeigen, reagieren wir unterschiedlich auf dasselbe Sprachverhalten, wenn wir meinen, es mit zwei unterschiedlichen Sprechern zu tun zu haben. Dies kann erklären, warum auf Frauen und Männer unterschiedlich reagiert wird, obwohl sie sich hinsichtlich ihrer Sprechweise nicht unterscheiden. Wenn man mir von Männern mit einem »sehr geschäftsmäßigen« bzw. »sachlich-distanzierten« Gesprächsstil berichtete, so war damit nur gemeint, daß dieser »zum Typus Geschäftsmann« gehörte. Manchmal wurde auch Bezug auf den Beruf des Mannes genommen: »Er ist ein typischer Anwalt.« Aber wenn es um denselben Gesprächsstil bei einer Frau ging, erhielt ich häufig zur Antwort: »Sie hat einen pseudomännlichen Stil.« Da dieser Stil von Männern erwartet und mit männlichem Stil assoziiert wurde, galten Frauen, die ihn übernahmen, nicht als bestrebt, effektiv, kompetent und geschäftstüchtig zu wirken, sondern als bestrebt, männlich zu erscheinen.

Einer der von mir interviewten Männer erwähnte denselben Charakterzug – Direktheit – im Zusammenhang mit drei Mitarbeitern in seinem Unternehmen. Im Fall der beiden Frauen handelte es sich jedoch um Kritik, im Fall des Mannes um ein Kompliment. Über eine der Frauen sagte er:

> Na ja, ihr Stil war direkt – sogar sehr direkt und schroff. Das zählte auch zu meiner Kritik an ihr... irgendwie hatte sie kein Taktgefühl. Manchmal gab sie Sachen von sich, die zwar zutrafen, aber nicht mit Takt vorgebracht worden waren. Außerdem brachte sie andere leicht in Harnisch.

An anderer Stelle sagte der Mann, er arbeite nicht gern mit einer ganz bestimmten Frau zusammen, da sie dem Small talk mit ihm auswich. Deshalb empfände er sie als zu direkt: »Die Gespräche verliefen eher so: ›Gut, das ist die Frage, hier ist die Antwort. Das war's.‹ Kein Small talk.« Ich fragte: »Glauben Sie, daß sie auch eine direkte Art hatte?« Er antwortete:

> Ja. Sie war auch sehr direkt, sehr sogar. Das hier ist die Aufgabe, dies hier muß erledigt werden. Gut, damit sind wir fertig. Man unterhielt sich kaum einmal nebenbei.

Doch als er mir erzählte, warum er für einen Mann, mit dem er zusammenarbeitete, große Bewunderung hegte, kam er auf dieselbe Eigenschaft zu sprechen – Direktheit:

> Ich bewundere ihn sehr. Ich finde ihn direkt, er ist aggressiv und hochintelligent... Andererseits schwingt er einen sehr großen Hammer! Und bei Bedarf benutzt er ihn, daß es einen förmlich umhaut!

Ob die Personen, über die der Mann sprach, tatsächlich dasselbe Sprachverhalten zeigten, kann ich natürlich nicht beurteilen. Sicherlich unterschieden sich ihr Gesprächsstil und ihre Persönlichkeit in vielerlei Hinsicht. Die Direktheit wirkte auf den Mann jedoch ganz verschieden – je nachdem, ob der Mann oder die beiden Frauen sich ihm gegenüber offen und direkt verhielten.

Eine weitere Facette dieses Verhaltensmusters zeigt sich darin, daß Individuen innerhalb einer Kultur von anderen bestraft werden können, wenn sie den geschlechtsspezifischen Erwartungen nicht entsprechen. In ihrer Untersuchung über männliche und weibliche Führungskräfte schrieb Anne Statham, daß Männer wie Frauen, die von den Normen des eigenen Geschlechts abwichen, von gleichgeschlechtlichen Untergebenen negativ gesehen wurden. Ein Manager, dessen Stil dem Frauenstil ähnelte, galt bei seinen Mitarbeitern als »ziemlich schwach« und »lammfromm«, doch die ihm untergebenen Frauen lobten ihn in den höchsten Tönen: Eine Managerin, deren Stil eher dem der Männer in der Untersuchung glich, wurde von einer Frau, die ihr zuarbeitete, kritisiert, weil sie sich vernachlässigt fühlte. Die Managerin zeige »nie ein persönliches Interesse an mir... sie hat mich nur einmal zum Mittagessen eingeladen«. Und von deren Sekretärin fühlte sich die Frau abgelehnt, weil sie »ein überlegenes Gehabe« an den Tag lege. Die Managerin selbst hatte den Eindruck, daß es die untergebenen Frauen ablehnten, die von ihr selbständig getroffenen Entscheidungen zu akzeptieren.

Susan Chick Case ist in ihrer Untersuchung über weibliche und männliche Führungskräfte, die in einer Managementschule in Zehner-Gruppen miteinander sprachen, zu ähnlichen Ergebnissen gekommen. Die Autorin resümiert, daß zwei der einflußreicheren Mitglieder der Gruppe ein Mann und eine Frau waren, deren Stil das Gesprächsverhalten des eigenen mit dem des jeweils anderen Geschlechts kombinierte. (Den Grad des Einflusses bemaß sie danach, wer öfter das Wort ergriff, wieviel die einzelnen Teilnehmer redeten, mit wem, worüber und in welcher Weise.) Das Sprachverhalten des besonders einflußreichen Mannes war unter anderem durch folgende Merkmale gekennzeichnet: Er zögerte beim Sprechen, hob die Stimme am Ende seiner Sätze, milderte Aussagen mit näher bestimmenden Wörtern ab, sagte, was er empfand, und sprach über sich. Darüber hinaus bewies er »männliche Eigenschaften«, zum Beispiel fluchte er und riß Witze. Zum Stil der besonders einflußreichen Frau gehörte, daß sie lange Sätze und Slang-Ausdrücke benutzte, sich gegen Unterbrechungen wehrte und die Gruppe im ganzen ansprach. Außerdem kennzeichneten mehrere weibliche Züge ihren Gesprächsstil: Sie fluchte nicht, sprach auch nicht ständig von »Konkurrenz, Aggression, Führung oder Status«; oft redete sie über persönliche

Dinge. Nach Ansicht von Case war sie das Gruppenmitglied, das die anderen sprachlich am meisten stützte, allerdings war sie auch die einzige Frau, die niemals »Hm-hm« sagte. Im weiteren charakterisiert Case den Gesprächsstil der Frau folgendermaßen:

Sie steuerte 83 % aller Gesprächsunterbrechungen bei, die von Frauen kamen, und alle Vorfälle, in denen einer Unterbrechung nicht nachgegeben wurde. Das soll allerdings nicht heißen, daß die Frau jede Unterbrechung unterband. Doch die Male, als sie Unterbrechungen zuließ, machten nur 18 % der Situationen aus, in denen Frauen sich unterbrechen ließen. Der Gesprächsstil der Frau war sehr bestimmt, aber nicht konfrontativ, so daß sie, was Streiten, Konfrontieren und Angreifen betrifft, ins untere Viertel eingestuft wurde. Sie brachte ihre eigenen Ideen vor, baute aber auch auf die Äußerungen der anderen auf und stellte Fragen, um andere Meinungen zu hören – beides weibliche Eigenschaften.

Alles in allem wirkt Cases Charakterisierung der Frau recht ansprechend. Es ist deshalb verwunderlich, daß sie sehr unbeliebt war und sich andere Gruppenmitglieder, die Case als »männliche Gruppenmitglieder mit prototypisch männlichem Sprechstil« bezeichnete, unverblümt feindselig über sie äußerten. Im folgenden gebe ich einige Aussagen der Männer über die Frau wieder:

»Warum tun Sie so, als wären Sie wie einer der Männer hier?«

»Sie sind eine Frau, die sich der Rolle eines Mannes bedient.«

»Sie spielen in der Gruppe die Rolle eines Mannes. Wir haben da ein Konkurrenzproblem.«

»Kastrierende Ziege.«

Die Männer, die in ihrem Sprachverhalten männliche und weibliche Charaktereigenschaften verbanden, darunter der eine Mann, den Case besonders heraushob und den sie zu den einflußreichsten Gruppenmitgliedern zählte, riefen offenbar weniger Verärgerung als die Frau hervor. Aber sie waren auch nicht mit den Reaktionen der anderen zufrieden. Ein Mann, dessen Sprachverhalten

Case als »ausgeglichen« bezeichnete, lag auf der »Einfluß«-Skala etwa in der Mitte, war aber von allen Männern der mit dem geringsten Einfluß. Ein anderer Mann, dessen Sprachverhalten nach Cases Ansicht extrem männliche wie weibliche Eigenschaften aufwies, war für 75 % der Flüche und ein Drittel der Unterbrechungen verantwortlich, baute aber von allen am stärksten auf die Redebeiträge der anderen Gruppenmitglieder auf. Von allen männlichen Gruppenmitgliedern verwandte er am häufigsten Vermutungen und näher bestimmende Wörter und äußerte sich am häufigsten in eigener Sache (indem er das Pronomen »Ich« benutzte). Entsprechend hatte er die Tendenz, »persönliche Erfahrungen bereitwillig als Beweise anzuerkennen – etwas, was den Frauen mühelos gelang«. Trotzdem war er mit den Reaktionen aus der Gruppe nicht zufrieden. »Ich habe das Gefühl, in der Falle zu sitzen«, äußerte er Case gegenüber. »Ich kann in der Gruppe nicht ich selbst sein. Ich habe den Eindruck, als wolle man mich stoppen. Ich kann nicht der sein, der ich bin ... Ich fühle mich total unwohl.«

Die Ergebnisse dieser Untersuchung legen nahe, daß Männer und Frauen, die geschlechtsspezifischen Erwartungen nicht entsprechen, möglicherweise unbeliebt sind.

Gleichheit als Dominanz

Viele Frauen vermeiden zwar, so aggressiv aufzutreten wie manche Männer, und die Frauen, die sich bestimmt äußern, lösen womöglich mehr negative Reaktionen aus als Männer mit einem ähnlichen Gesprächsstil. Dennoch passen viele Frauen in Autoritätspositionen – und Frauen in der Geschäftswelt im allgemeinen – ihren Gesprächsstil allmählich den Normen ihrer sozialen Umgebung an. Es sind dies Normen, die sich von denen, die sie vorher befolgt hatten, möglicherweise deutlich unterscheiden. Das hat Konsequenzen für die Reaktionen, die sie auslösen, sobald sie den neuen Sprechstil bei sich zu Hause anwenden. So hatte eine Armeeangehörige, die zum Ausbildungsoffizier aufgestiegen war, zunächst große Schwierigkeiten, die Rekruten dazu zu bringen, ihre Befehle zu befolgen, doch mit der Zeit änderte sie ihren Stil. So hatte sie schließlich Erfolg in ihrem Beruf. Allerdings übertrug sich diese Veränderung auf ihren häuslichen Gesprächsstil, was zu erheblichen Schwierigkeiten in der Ehe führte.

Viele Frauen in Autoritätspositionen haben mir berichtet, daß das im Beruf erforderliche Durchsetzungsvermögen zu Hause Probleme schafft. So erzählte mir eine Anwältin, daß sie ihre Mutter auf eine Art zur Rede stellte, gegen die sich diese mit den Worten wehrte: »Du bist hier nicht als Anwältin.« Auch ihr Mann erinnerte sie manchmal daran: »Du bist jetzt zu Hause.« Eine andere Frau erzählte, ihr Mann habe gesagt: »Geh weg, komm wieder und versuch, dich anders auszudrücken. Ich bin nicht deine Sekretärin.« Eine Frau berichtete, ihr Mann werde wütend, wenn sie nicht am Bürgersteig wartete, während er ein Taxi rief, sondern selbst auf die Straße trat und den Arm hob, was sie immer tat, wenn sie während ihres Arbeitstages ein Taxi nehmen mußte. Eine dritte Frau schilderte ein ähnliches Erlebnis: Gemeinsam mit ihrem Mann betrat sie ein teures Restaurant, in dem sie zu Abend essen wollten: Wie immer hatte sie die Reservierung vorgenommen. (Das war kein Problem.) Doch als die beiden auf den Oberkellner zugingen, stellte *sie* sich vor und half dem Oberkellner, ihren Namen auf der Gästeliste zu finden und zeigte darauf. Als sie schließlich am Tisch saßen, kochte ihr Mann geradezu vor Wut. »Mach das bitte nicht nochmal«, brach es aus ihm hervor, »keine der anderen Frauen hier im Restaurant tut so etwas!«

In diesem Fall mußte ich die Frau bitten, etwas weiter auszuholen, um sicher sein zu können, daß ich begriffen hatte, was den Ehemann so sehr in Rage gebracht hatte. (Der Grund lag darin, daß sie die Führung übernommen und selber mit dem Oberkellner gesprochen hatte, statt sich im Hintergrund zu halten und ihrem Mann die Gesprächsführung zu überlassen.) Aber wenn Männer und Frauen gleichberechtigt miteinander verkehren wollen, sollten sie dann nicht im Umgang miteinander denselben Normen folgen? Wenn der Mann in der ersten Anekdote meinte, seine Frau habe ihm gegenüber einen allzu herrischen Ton angeschlagen, warum fand er es dann akzeptabel, sie im gleichen Tonfall anzuherrschen, sie solle sich anders verhalten?

Als ich über diese Beispiele nachdachte, stellte ich mir die Frage, warum diese Ehemänner meinten, ihre Frauen wollten sie beherrschen, wenn sie doch nur genau das taten, was die Männer für sich in Anspruch nahmen? Eine mögliche Erklärung zeichnete sich ab, als ich in einer Radio-Talk-Show darüber sprach, wie die unterschiedlichen Gesprächsstile der Geschlechter zu nicht geringen Mißverständnissen führen können. Ein Anrufer sagte, er verstehe sich sehr gut mit seiner Frau, weil sie sich darauf verständigt hätten, daß es bei ihnen zu Hause nur einen »Boß« geben könne – und zwar ihn. Die Moderatorin ging selbst auf die Frage ein. Sie antwortete ausführlich und erwiderte, sie sehe nicht ein, warum überhaupt jemand das Sagen haben müsse: In Beziehungen gehe es schließlich um Partnerschaft; wenn er etwas brauche, müsse sie zuhören; wenn sie etwas brauche, müsse er zuhören. Beide sollten die gleichen Rechte und Möglichkeiten haben. Kaum hatte sie zu Ende gesprochen, erfreut über ihre doch ganz korrekte und klare Antwort, nahm sie einen weiteren Anruf entgegen. Ein Mann war am Apparat: »Ihr Frauen wollt uns beherrschen – das ist euer Fehler.« Die Moderatorin sagte: »Entschuldigen Sie mich bitte kurz – ich fange gleich an zu schreien.« Was sie dann tatsächlich tat – sie stieß einen langen, schrillen und wortlosen Schrei aus, direkt ins Mikrophon.

Der Schrei war Ausdruck der Frustration und Verwirrung der Moderatorin. Da hatte sie gerade über ihren Wunsch nach Gleichberechtigung gesprochen, und sofort warf man ihr Herrschsucht vor. Das ergibt nur dann Sinn, wenn man davon ausgeht, daß alle Beziehungen notwendigerweise hierarchisch sind – anders gesagt: wenn es – wie der erste Anrufer es formulierte –, in jeder Beziehung einen »Boß« geben müsse und daß diese Rolle nur einer übernehmen könne. Geht man von dieser Voraussetzung aus, dann bedeutet schon allein die Weigerung einer Frau, die untergeordnete Rolle zu übernehmen, daß sie die dominante Rolle einnehmen will. Das schadet den Frauen, die nicht ins Klischeebild zurückhaltender Weiblichkeit passen, ebenso wie den Frauen, die diesem Bild entsprechen: Eine Frau, die einfach nur versucht, in ihrem Gebaren angemessen weiblich zu erscheinen, gilt dann als untertänig, und eine Frau, die sich den herrschenden Vorstellungen verweigert, wird als dominierend gesehen und deshalb verunglimpft.

Jede Frau ist Jedefrau

Frauen in Führungspositionen unterliegen einer letzten Gefahr, aufgrund der sie in Firmen größere Schwierigkeiten als Männer haben, wenn sie sonst in jeder Hinsicht gleich sind (was aber vielleicht nicht der Fall ist). Ausgenommen der Fall, daß ein Mann, der einen Managementposten bekleidet, in irgendeiner Weise ungewöhnlich ist (zum Beispiel kann er zu einer Minderheit gehören, im eigenen Unternehmen aufgestiegen oder aus einem Konkurrenzunternehmen gekommen sein, er kann eine Herkunft haben, die sich von der Herkunft der Personen unterscheidet, die die Stelle vor ihm innehatten), wird man einen Mann in einer Autoritätsposition als Chef beurteilen. Besitzt eine Frau die Leitungsfunktion in einem überwiegend von Männern beherrschten Umfeld, dann beurteilt man sie als Frau. Und manche sehen sie dann als Frau schlechthin, d. h. alle Frauen werden mit dem, was sie tut, in Verbindung gebracht. Auch dies rührt aus der Tatsache, daß Frauen markiert werden.

In Caryl Churchills Theaterstück *Top Girls* wird Marlene im Büro von Mrs. Kidd aufgesucht. Mrs. Kidd ist die Frau von Marlenes Arbeitskollegen Howard, der die Stelle, die Marlene gerade bekommen hat, selber haben wollte und auch damit gerechnet hatte, sie zu bekommen. Mrs. Kidd informiert Marlene, Howard haben einen »Schock« erlitten, weil man ihm eine Frau vorgezogen habe, und daß er seine schlechte Laune nun an ihr, seiner Frau, auslasse:

> Und das meiste kriege ich ab. Dabei hat man doch nicht *mich* befördert. Ich unterdrücke ihn nicht, ich habe ihn immer unterstützt und seine Bedürfnisse immer an erste Stelle gestellt. Und was habe ich davon? Was die eine gemacht hat, muß die andere ausbaden. Aber was kann ich dafür, daß man ihn übergangen hat?

Im Rahmen des Stücks ist es ungewöhnlich, daß eine Frau einem Mann bei der Beförderung vorgezogen wird. Darum betrachtet Howard Marlene nicht nur als Einzelperson, die zufällig statt seiner befördert wurde, sondern als eine *Frau*, die ihn überrundet hat. So richtet er seine ganze Wut nicht nur gegen sie als Individuum, sondern als Stellvertreterin aller Frauen. Diese Wut läßt er dann an der Repräsentantin aller Frauen in seiner unmittelbaren Umgebung aus – nämlich seiner nichtberufstätigen Frau.

Frauen, die Autorität innehaben, können auch noch auf andere Weise als *Frau* gesehen werden, statt als Individuum. Dies wird deutlich, wenn Frauen in Gruppen auftreten. Vor einigen Jahren stand ich im Flur des Universitätsgebäudes und unterhielt mich mit zwei Frauen, die am gleichen Fachbereich lehrten. Ein Kollege ging über den Flur, sah uns und fragte: »Na, was für Geschichten denkt ihr euch nun wieder aus?« Das sollte natürlich ein Scherz sein, aber als er drei Frauen im Fakultätsgebäude in ein Gespräch verwickelt sah, dachte er trotzdem, es müsse sich um ein Komplott, vielleicht sogar eine Art Aufstand handeln. Offenbar handelt es sich um einen weitverbreiteten Eindruck, wenn Frauen in einer besonderen Situation eine Minderheit bilden und man sie sich unterhalten sieht, einschließlich Frauen im Repräsentantenhaus der Vereinigten Staaten. In seinem Artikel über Frauen als Abgeordnete schrieb der Journalist David Finkel: »Und wenn sie im Sitzungssaal umhergehen, sind sie sich sehr deutlich bewußt, daß, wenn vier, drei oder sogar nur zwei zusammenstehen, es nur eine Frage der Zeit ist, bis ein männlicher Kollege herüberkommt und fragt, worüber sie sich so angeregt unterhalten...«

Was soll frau da machen?

Das oben Gesagte bedeutet, daß Frauen in Autoritätspositionen vor einer besonderen Herausforderung stehen. Unsere Erwartungen, wie sich jemand, der Autorität hat, verhalten soll, stehen im Widerspruch zu den Erwartungen, wie sich eine »richtige« Frau zu benehmen habe. Spricht eine Frau so, wie man es von Frauen erwartet, so wird man sie eher sympathisch finden statt achten. Wenn sie so spricht, wie man es von Männern erwartet, dann wird man sie eher achten statt sympathisch finden. Es ist eine besonders große Ironie, daß weisungsbefugte Frauen eher Gefahr laufen, abgelehnt zu werden, da einiges darauf hindeutet, daß viele Frauen großen Wert darauf legen, daß man sie sympathisch findet.

Viele der von mir erörterten Einschränkungen lassen sich auf Frauen wie Männer anwenden. Ein Mann, der ohne viel Aufhebens seine Arbeit erledigt, aber dem es nicht besonders liegt, andere über seine Tätigkeiten in Kenntnis zu setzen, wird möglicherweise von den anderen »übersehen«. Tatsächlich gibt es viele Männer, denen es aufgrund ihrer Herkunft, Erziehung oder Persönlichkeit schwerfällt oder die sich dabei unwohl fühlen, »die Trommel für sich zu rühren«, die auf Besprechungen nicht gern frei reden und die allzusehr zum Understatement neigen. So machen sie die anderen nicht auf sich aufmerksam. Dennoch befinden sie sich in einer anderen Lage als die Frauen. Wenn diese Männer nämlich lernten, sich stärker durchzusetzen, und ihren Gesprächsstil änderten, würden dadurch nicht nur ihre Erfolgsaussichten im Beruf steigen. Alles, was sie täten, um ihr Durchsetzungsvermögen zu verbessern, würde in den Augen der anderen zugleich ihre Männlichkeit steigern. Eine Frau dagegen gerät in eine Kommunikationsfalle, die Situation des »Double-bind«, d. h., alles was sie tut, um durchsetzungsstärker zu werden, erhöht das Risiko, als unweiblich zu gelten. Und alles, was sie täte, um den Erwartungen, wie eine Frau zu sprechen habe, zu entsprechen, würde die Gefahr erhöhen, den Eindruck, sie sei kompetent, zu untergraben.

Vor den Präsidentschaftswahlen im Jahr 1992 gab es zwei Senatorinnen im Senat der Vereinigten Staaten: die Demokratin Barbara Mikulski für den Bundesstaat Maryland und die Republikanerin Nancy Kassebaum für den Bundesstaat Kansas. Senatorin Mikulski hat man häufig als »knallhart« bezeichnet, und zwar wegen ihres aggressiven Gesprächsstils (ein Stil, den man einem Mann zubilligen und der wahrscheinlich niemandem auffallen würde). Senatorin Kassebaums Stil kommt den Erwartungen, die man an eine Frau stellt, näher; man würde sie wohl als jemanden charakterisieren, der einen »weichen Kern« hat. Beide Frauen konnten etwas voneinander lernen. »Du müßtest mehr wie Barbara reden«, rieten Kollegen Senatorin Kassebaum, womit sie sie ermutigen wollten, fester und selbstbewußter aufzutreten. »Du solltest mehr wie Nancy reden«, ermahnten sie Senatorin Mikulski, was sie ermuntern sollte, sich nicht ganz so energisch zu geben. Diese komplementären und einander widersprechenden Ratschläge verschärfen den Double-bind, demzufolge man verdammt wird, wenn man etwas tut, und verdammt, wenn man es nicht tut. In diese Falle drohen alle Frauen zu geraten, die Autorität haben. Wenn mehr Frauen – jede ausgestattet mit ihrem ganz individuellen Stil – in den Senat und in andere einflußreiche Positionen gewählt werden, besteht die Hoffnung, daß jede einzelne Frau die Freiheit gewinnt, mehr sie selbst zu sein.

7. Sich nach oben reden: Status und Bindung

Eine Frau und ein Mann unterhalten sich über die Leiterin einer großen Abteilung einer Firma, in der sie beide arbeiten. Die Frau sagte, diese Managerin habe Verbindungen zu vielen Abteilungen, und deshalb würde sie ihre Projekte erfolgreich durchsetzen können. »Das heißt«, entgegnete der Mann, »sie hat Einfluß.« »Eigentlich nicht«, erwiderte die Frau zur Klärung. »Meiner Meinung nach hat sie Beziehungen zu Leuten aufgebaut, auf die sie zurückgreifen kann, wenn sie Vorschriften umgehen muß oder etwas schnell erledigt haben will.« »Das habe ich doch gesagt«, entgegnete der Mann. »Sie ist so lange in der Firma, daß sie ihre Vorstellungen durchdrücken kann.« »Nein«, widersprach die Frau, etwas ärgerlich. »Es geht mir nicht um Macht und Einfluß, sondern um Verbindungen.« »Aber letzten Endes muß man über Einfluß verfügen«, erwiderte der Mann, nun seinerseits etwas wütend. »Nur so kann man etwas durchsetzen.«

In gewisser Weise habe ich solche Gespräche in meinem Buch *Du kannst mich einfach nicht verstehen* behandelt. Darin habe ich gezeigt, daß Frauen und Männer häufig nach einem Gespräch auseinandergehen, von dem sie ganz unterschiedliche Seiten wahrgenommen haben. In dem oben erwähnten Gespräch konzentrierte sich der Mann auf den Aspekt »Status« – wer ist in der überlegenen, wer in der unterlegenen Position? (»Einfluß« zu haben bedeutet, in der überlegenen Position zu sein, damit man andere veranlassen kann, das zu tun, was man will.) Die Frau konzentriert sich auf den Aspekt »Bindung«: Die Person, über die sie sich unterhalten, kann Dinge durchsetzen, weil sie »Beziehungen aufgebaut«, Kontakte zu anderen hergestellt hat. In dieser Formulierung liegt allerdings eine Gefahr. Man könnte sie so interpretieren, als stünden die Begriffe Status und Bindung nebeneinander und würden sich gegenseitig ausschließen. Das trifft aber nicht zu. In ihnen kommen zwei verschiedene Interaktionsmodi zum Aus-

218

druck – Gesprächsmuster, die aufeinander folgen und sich häufig gegenseitig einschließen. Die in dem obigen Beispiel erwähnte Managerin verfügte über Einfluß, der teilweise aus den von ihr geknüpften Kontakten herrührte.

Der Wettstreit zur Erlangung eines höheren Status kann ein Mittel sein, ein Gefühl der gegenseitigen Verbundenheit herzustellen. Dieser Prozeß vollzieht sich mehr oder weniger im Sport und in allen Jugendgruppen. Man kann aber auch um Verbundenheit wetteifern. Dies vollzieht sich mehr oder weniger bei Beliebtheitswettbewerben und in Mädchengruppen. Dies behaupten jedenfalls die Soziologen und Anthropologen, die diese Gruppen untersucht haben. Man sollte also nicht davon ausgehen, daß Status und Bindung einander ausschließende Gegensätze darstellen. Wenn wir die innere Dynamik von Gesprächen im Arbeitsleben verstehen wollen, müssen wir vielmehr die Art ihrer Verflochtenheit erforschen.

Ein Mann erzählte seiner Frau, als er nach Hause kam, sein Erzrivale habe ihn gebeten, einen Aufsatz zu einem Sammelband beizusteuern. Die Frau sagte, es sei doch schön, daß der Kontrahent von sich aus eine Annäherung anstrebe und einen Beitrag von ihm haben wolle. Der Mann antwortete, sie habe überhaupt nichts begriffen: Indem der Kollege die Rolle des Herausgebers übernommen habe – desjenigen, der die Kontrolle habe – und er selber nur einer der Beitragenden sei –, versuche er in Wahrheit, seine überlegene Position zu festigen, »mich an die Kandare zu nehmen«. Er fand sie naiv. Sie fand ihn paranoid.

Wessen Deutung trifft zu? Die Antwort lautet: beide Deutungen sind richtig. Aber der Mann und die Frau hatten verschiedene Aspekte der Beziehung im Auge. Die Frau stellte sich die Frage, wie nahe oder fern sich die beiden Männer nach dieser Zusammenarbeit stehen würden und zog den Schluß, daß sie sich angenähert haben würden. Der Mann fragte sich, wer dann »am Drükker« sein, die Kontrolle haben würde, und zog den Schluß, daß er in die unterlegene Position geriete. Ich weiß nicht, was der Herausgeber des Sammelbandes vorhatte; um das herauszufinden, müßte ich wissen, wie er reagieren würde, wenn die Männer die Rollen tauschten. Doch abgesehen davon, was der Herausgeber dachte: Lädt man jemanden ein, einen Beitrag zu einem Aufsatzband, den man herausgibt, zu schreiben, läßt sich das entweder als

Zeichen der Machtausübung oder als eine Annäherung verstehen. Insofern ist die Aufforderung doppeldeutig. Mehr noch: Sie enthält Elemente sowohl von Macht als auch von Annäherung, sie »bedeutet« beides zugleich. Der sprachwissenschaftliche Begriff, mit dem man bezeichnet, daß etwas gleichzeitig mehrere Bedeutungen hat, lautet Polysemie, von *poly*, griechisch für »viele«, und *semie*, griechisch für »Bedeutung«. In diesem Sinne handelte es sich also um eine polyseme Aufforderung.

Der gleiche Doppelsinn erklärt auch meine Verblüffung, als ein gebürtiger Europäer mir gegenüber seine Verärgerung darüber zum Ausdruck brachte, was er als eine geradezu obsessive Beschäftigung der Amerikaner ansah – nämlich nach der Herkunft eines Menschen zu fragen, was in den ständigen Fragen zum Ausdruck komme, woher jemand stamme und wo die Eltern geboren seien. Nach Ansicht des Mannes handelt es sich dabei um den Versuch, Macht über den anderen zu erlangen, indem man ihn klassifizierte. Ich war ganz erstaunt, denn für mich bedeutet, jemanden nach seinem Herkommen zu fragen, eine Möglichkeit, Verbundenheit herzustellen, einen Bezugspunkt zu finden, anhand dessen man Gesprächsthemen auswählen und Bereiche mit gemeinsamen Erfahrungen ausfindig machen kann. Tatsächlich kann diese Frage entweder das eine oder andere oder beides bedeuten. (Vermutlich findet sich dieses Vorgehen häufiger im Nordosten der Vereinigten Staaten, wo dieser Mann lebt, als im Mittleren Westen, Süden oder Westen, wo derartige Fragen weniger häufig vorkommen und sogar für unhöflich gehalten werden können.)

Wenn man eine Freundin hat, die im Restaurant immer wieder die Rechnung bezahlen will – ist sie dann großzügig und will einen an ihrem Wohlstand teilhaben lassen, oder will sie mit ihrem Geld prahlen und einen daran erinnern, daß sie mehr Geld hat als man selbst? Dieses großzügige Verhalten mag als Höflichkeit gemeint sein, doch kann es ein Gefühl des Unbehagens auslösen, weil es einen daran erinnert, daß die Freundin über mehr Geld verfügt als man selbst. Möglicherweise entsteht auch ein Gefühl der Verpflichtung, so daß man den Eindruck gewinnt, der andere wolle einen kontrollieren. Deshalb glauben auch viele Menschen: Wenn ein Mann mit einer Frau ausgeht und das Essen oder die Theaterkarte bezahlt, ergibt sich daraus eine regelrechte Verabredung, und die Frau schuldet ihm etwas. (Auf diese »Gegenleistung« wurde in einem 1963 erschienenen Ratgeber für junge Frauen ausdrücklich hingewiesen, in dem die Autoren warnten: »Vergessen Sie nicht..., der Abend kostet ihn eine Menge Geld, und es liegt an Ihnen, darauf zu achten, daß er jede Sekunde genießt.«) Sie beide haben sich im Netz der Doppeldeutigkeit von »Status« und »Bindung« verfangen. Selbst wenn Sie glauben, Ihre Freundin hege ausschließlich lautere Motive, so können Sie sich durch die Großzügigkeit dennoch verunglimpft fühlen; wenn sie diesem Impuls nachgeben kann, macht dies schließlich deutlich, daß sie mehr Geld zur Verfügung hat. Beide Deutungen bestehen gleichzeitig: Bindung – sie zahlt, um freundlich zu sein, und Status – ihre Großzügigkeit erinnert Sie daran, das sie mehr Geld hat und in Ihnen das Gefühl der Verpflichtung weckt. Darum ist das Angebot, die Rechnung zu bezahlen, nicht nur doppeldeutig, sondern polysem, d. h., das Angebot bedeutet beides gleichzeitig.

Den Doppelsinn der Großzügigkeit erhellt auch eine Beobachtung, die mich auf den ersten Blick überraschte: Die Anthropologin Greta Paules, die ein Buch über die Kultur des Servierens geschrieben hat, stellte fest, daß Kellnerinnen einer Restaurant-Kette nicht nur ein zu geringes Trinkgeld, sondern auch ein zu hohes Trinkgeld aufmerksam registrierten. Nach Ansicht der Kellnerinnen wollte ein Kunde, der ein ungewöhnlich hohes Trinkgeld gab, damit zum Ausdruck bringen, daß für ihn die Summe keine Rolle spielte, wohl aber für sie – die Kellnerin. Und das empfanden die Kellnerinnen als kränkend.

Was sagt uns der Vorname?

Die »Status«-Perspektive ist immer dann vorherrschend, wenn ein Sprecher den anderen mit dem Vornamen anredet, er selbst jedoch mit dem Titel und dem Nachnamen angesprochen wird. Zum Beispiel redet ein Patient seinen Arzt mit »Dr. Henderson« an, aber der Arzt nennt ihn »Sidney«. Vielleicht verwendet auch die Sprechstundenhilfe diese Anredeform und sagt: »Sie können jetzt zu Dr. Henderson hineingehen, Sidney.« In einem Büro redet zum Beispiel die Sekretärin ihren Chef als »Mr. Birch« an, er sie aber mit »Mindy« statt mit »Ms. Burns«. Dasselbe gilt für Dozenten und Studenten oder die Angestellten in einem Bürogebäude und den Nachtportier, der sie nach Geschäftsschluß ins Gebäude hereinläßt. Macht wird aber nicht durch die förmliche Form der Anrede »Mr. Birch« ausgeübt, sondern durch die Asymmetrie: die beiden Sprecher reden sich nicht in derselben Form an. Durch Symmetrie wird dagegen eine Art Verbundenheit hergestellt: Zwei Krankenschwestern sprechen sich mit Vornamen an; ein Arzt telefoniert mit einem anderen Arzt, den er nicht gut kennt, und sie reden sich gegenseitig mit »Dr.« an: Wenn man sich in derselben Weise anredet, so bedeutet das – von der Förmlichkeit abgesehen –, daß man über die gleiche Erfahrung oder über den gleichen Status verfügt.

Nirgends wird die doppelte Bedeutung von »Status« und »Bindung« deutlicher, als im Gebrauch der Vornamen. Ich erinnere mich noch genau an einen Kollegen, der in einer Fachbereichssitzung die Bewerberliste mit vier Kandidaten für eine Stelle in unserem Fachbereich vorstellte: Murphy, Smith, Jones und Annie. Die drei Männer erwähnte er also mit Nachnamen, die einzige Frau jedoch nicht nur mit dem Vornamen, sondern in der Verkleinerungsform, und das, obwohl sie älter war und mehr Berufserfahrung hatte als die anderen drei Kandidaten. Zwei Kandidaten waren Doktoranden, die ihre Dissertation noch nicht zu Ende geschrieben hatten, und einer hatte kurz zuvor promoviert und hielt seit einem Jahr Lehrveranstaltungen ab; die Frau lehrte seit langem an einer anderen Universität und hatte sechs Jahre zuvor promoviert.

Wie Frauen häufig feststellen, spricht man sie leichter mit Vornamen an als ihre männlichen Kollegen. Gar nicht selten sehen Frauen darin den Beweis, daß sie weniger respektiert, soll heißen: in der Dimension »Status« niedriger eingestuft werden. Ich vermute allerdings, daß eine andere Erklärung genauso oft zutrifft: Wer eine Frau mit dem Vornamen anspricht, glaubt nicht, sie zu mißachten, sondern meint, ihr freundlich zugetan zu sein. Es handelt sich nicht um eine Frage des Entweder-Oder; beide Kräfte sind hier im Spiel.

Nach Ansicht der Kolumnistin Judith Martin, die in mehreren Tageszeitungen unter dem Pseudonym »Miss Manners« Kolumnen schreibt, sollten Ärzte ihre Patienten mit dem Titel und dem Nachnamen, nicht dem Vornamen, anreden:

> Wer sich als Arzt in Erinnerung ruft, daß auch der Patient einen Kittel der Würde trägt – was zugegebenermaßen schwerfällt, wenn man einen nackten Menschen mit einem Krankenblatt in der Hand und mit bestürzter Miene vor sich sieht –, der wird keine bevormundende Form der Anrede wählen. Er wird die Patienten nicht mit Vornamen anreden und zugleich erwarten, daß sie ihn mit seinem Titel anreden. ... Man beachte, daß Miss Manners das Pronomen *er* benutzt hat, als sie über Ärzte schrieb, die die Würde des Patienten verletzen. Und zwar weil sie schon oft erlebt hat, daß sich Ärztinnen besser aufführen. Es mag sich dabei allerdings um einen statistischen Fehler handeln.

Dieselbe Meinung vertrat Judith Martin in einer Radio-Talk-Show, nach der sie mit Anrufen von Frauen überhäuft wurde, die ihr mitteilten, wie sehr es ihnen mißfällt, von Ärzten und deren Personal mit Vornamen angesprochen zu werden. (Frauen nehmen es also durchaus wahr, wenn man sie in die Rolle der Unterlegenen drängen will.) Die Moderatorin der Talk-Show wunderte sich selber, welch überwältigende Resonanz das Thema auslöste. Judith Martin überraschte das überhaupt nicht, da ihres Erachtens dieses Thema bei den Frauen immer starke Gefühle hervorrufe.

Auch mich wunderte diese Reaktion nicht, denn unter meinen Kolleginnen ist es wegen dieser Frage immer wieder zu Klagen gekommen. Mich überraschte vielmehr, was meine Interviews mit Ärztinnen ergaben. Zu Beginn der Gespräche wollte ich herausfinden, ob Judith Martins Eindruck zutraf, wonach Ärztinnen ihre Patienten eher mit Titel und Nachnamen ansprechen. (Alle von mir befragten Ärztinnen bestätigten dies; meine persönlichen Erfahrungen sind allerdings gemischt.) Worüber die Ärztinnen sich allerdings am meisten ereiferten, war, daß die Patienten sie mit Vornamen anredeten – entweder nur mit dem Vornamen oder mit dem Titel und dem Vornamen, etwa, wenn eine Mutter zu ihrem Kind sagte: »Setz dich, Dr. Joan möchte dich untersuchen.« Mehrere Ärztinnen widersprachen meiner These, bestimmte Patienten redeten sie vielleicht deshalb mit dem Vornamen an, weil sie Frauen weniger abweisend empfinden. Die Ärztinnen waren überzeugt, daß in diesem Verhalten mangelnder Respekt zum Ausdruck komme.

Eine Ärztin erzählte mir eine aufschlußreiche kleine Geschichte. Sie hatte sich darüber geärgert, daß aufgrund von Haushaltskürzungen ein wichtiges Operationsinstrument in ihrem Krankenhaus von der Haushaltsliste gestrichen worden war, ohne daß man sie konsultiert hatte. Daraufhin stellte sie den Chefarzt und seinen Assistenten, einen jungen Mann, zur Rede. Der Chefarzt blieb ganz ruhig und sagte, er werde sich der Sache annehmen. Der Assistenzarzt wurde wütend und verabschiedete sich barsch mit: »Auf Wiedersehen, Harriet.« Nach Ansicht der Ärztin beabsichtigte der Assistenzarzt ganz bewußt, sie herabzusetzen, um sie daran zu erinnern, daß sie eine Frau und deshalb in einer niedrigeren Position war, denn der Chefarzt und sein Assistent redeten sie sonst nie mit Vornamen an.

Dieses Beispiel verdeutlicht nicht nur die auf Status beruhende Macht, die darin liegt, daß man jemanden mit dem Vornamen anreden darf, sondern auch die rhetorische Macht, die darin besteht, einen *Wechsel* in der Anredeform vorzunehmen. Gibt es ein bestehendes Grundmuster, so kann man sein Mißvergnügen herauskehren, wenn man zur Anrede mit dem Vornamen wechselt – so wie es der Assistenzarzt tat –, oder aber Titel und Nachnamen verwendet, wenn man durch diese formellere Anrede Distanz erzeugen möchte. (Dieser Effekt entsteht auch, wenn eine Mutter die Anrede wechselt und ihren Sohn mit vollem Namen anredet: »John Henry Allington, komm jetzt sofort her.«)

Die doppelte Bedeutung der Vornamen – Freundlichkeit versus Mangel an Respekt –, kommt auch ins Spiel, wenn man nach einer Anredeform für die »First Lady« sucht. In fast allen Fällen nennen wir Amerikaner den Präsidenten im normalen Alltagsgespräch Clinton und seine Frau Hillary, nicht Mrs. Clinton oder Hillary Clinton. Als beispielsweise der Vorsitzende der American Medical Association, Dr. Raymond Scalettar, die von Hillary Clinton geleitete Kommission zur Reform des Gesundheitswesens erwähnte, soll er gesagt haben: »Wir pflegen keine direkten Kontakte zu Hillarys Kommission.« Obwohl er zur gleichen Zeit mitteilt, er habe noch nie den Vorsitzenden einer bedeutenderen Kommission des Bundes getroffen noch mit einem gesprochen, nennt er Hillary Clinton dennoch beim Vornamen. (Ich weise darauf in, daß ich ihn nicht »Raymond« genannt habe.)

Die meisten Menschen würden wohl nach einigem Nachdenken sagen, daß sie den Vornamen nicht deshalb gewählt haben, weil sie Mrs. Clinton nicht respektieren, sondern weil sie sie zugänglicher finden oder glauben, daß sie es sein dürfte. Diesem Motto: Der-Vorname-schafft-Freundlichkeit entsprechend, hieß es in einem Artikel in der *New York Times* kurz nach der Amtsübernahme durch Präsident Clinton, manche Senatoren würden sich freuen, die »First Lady« mit Vornamen anreden zu dürfen: »Man kann sich gar nicht vorstellen, wie toll man sich mit ihr unterhalten kann, weil man sie ›Hillary‹ nennen darf«, wird ein Senator in dem Artikel zitiert. Einen Tag später berichtete dieselbe Zeitung hingegen, einige Senatoren seien verärgert darüber gewesen, daß die »First Lady« sie ebenfalls mit dem Vornamen anredete: »Haben Sie schon gehört, wurde da getuschelt, sie hat doch tatsächlich einige Senatoren mit Vornamen angeredet.« Diese Reaktion verweist auf die Kehrseite des Phänomens, nämlich daß der Gebrauch des Vornamens ein Zeichen mangelnden Respekts ist.

Menschen, die nur die eine oder andere Deutung zulassen – den Status-Gesichtspunkt (Vorname zeugt von mangelndem Respekt) oder den Bindungs-Aspekt (der Vorname erzeugt Freundlichkeit) –, halten ihre Deutung häufig für die allein richtige und die anderen für Leute, die »da etwas hineininterpretieren«. Das ähnelt der Zeichnung, auf der man entweder einen Kelch oder zwei Profile sieht. Zwar können wir beide Bilder wahrnehmen, wenn man uns darauf hinweist, doch wir können nicht beide gleichzeitig sehen. Dennoch sind beide vorhanden, und zwar die ganze Zeit.

Hierarchien und Netzwerke: Dominanz und Bündnisse

Wie unauflöslich die Dynamik des Status einerseits und die Dynamik der Bindung andererseits miteinander verflochten sind, läßt sich verstehen, wenn man das Verhalten von Menschenaffen heranzieht. Es geht hier nicht darum, das Verhalten von Mensch und Tier zu vergleichen, sondern vielmehr darum, daß das Verhalten der Primaten Einblicke in das Ineinandergreifen von Dominanzhierarchien und Bündnisnetzwerken bietet.

Dorothy Cheney und Robert Seyfarth haben in einem Buch mit dem Titel *Wie Affen die Welt sehen* gezeigt, daß bei Männchen wie Weibchen eine Dominanzhierarchie besteht und daß es beim Aushandeln des Ranges innerhalb der Hierarchie darum geht, Bündnisse zu schmieden und aufrechtzuerhalten. Die Weibchen erben ihre Rangstellung von der Mutter, und in vielen Affenpopulationen haben hochrangige Weibchen große Familien. Deshalb besteht Anlaß, ein hochrangiges Weibchen mit Respekt zu behandeln, da man befürchtet, die anderen Familienangehörigen könnten ihr zu Hilfe eilen, wenn man sie ärgert. Auch haben Weibchen mit einem hohen Status eine größere Zahl von Freundinnen: Sie können leichter Bündnisse mit Affen aus anderen Familien schließen; dies fällt ihnen deshalb leichter, weil andere Weibchen es vorziehen, mit Weibchen mit einem hohen Status Bündnisse zu schmieden. Bündnisse spielen für die Aufrechterhaltung der Rangstellung eine herausragende Rolle: Zwar verschob sich die Rangstellung eines Weibchens kaum einmal, doch wenn dies geschah, waren die Verbündeten des Weibchens mit hohem Status Raubtierangriffen oder Krankheiten zum Opfer gefallen.

So wie Dominanz teilweise auf Bündnissen beruht, so lassen sich auch Bündnisse nicht ohne Wettstreit schmieden. Die Körperpflege ist das Hauptmittel der Affen, mit dem sie Bindungen herstellen, doch zwischen den Partnern, die sich gegenseitig pflegen, entsteht zugleich ein Wettstreit, da Affen das lustvolle Sich-Pflegen mit Artgenossen einer hohen Rangstellung bevorzugen.

Der Wettstreit um Bündnisse nimmt auch in der Freundschaft zwischen Mädchen eine beherrschende Stellung ein, wie die wissenschaftlichen Untersuchungen der Soziologin Donna Eder und der Anthropologin Penelope Eckert gezeigt haben. So schildert Eder beispielsweise ein Gespräch zwischen Sechsklässlerinnen, in dem sie sich darum stritten, ob die eine Freundin die andere kämmen durfte:

TAMI: Warum hast du gestern Peggy die Haare gekämmt?
HEIDI: Hab ich gar nicht.
TAMI: Hast du doch!
HEIDI: Hab ich nicht.
TAMI: Du hast es ihr nach hinten toupiert.
HEIDI: Hab ich nicht.
TAMI: Das hast du *wohl*!
HEIDI: Hab nicht *nicht*. Frag Peggy doch selber. [Peggy geht vorbei]. Peggy, hab ich dich gestern frisiert? [Peggy schüttelt den Kopf].
TAMI: Wen hast du gestern frisiert?
HEIDI: Niemanden.
TAMI: Wer hat Peggy gekämmt?
HEIDI: Weiß ich nicht.

In der Streiterei ging es eindeutig um Bündnisse: Wer ist mit wem enger befreundet?

Daß Jay Leno Bündnisse geschickt einzusetzen vermochte, hat ihm die gewünschte Stelle als Nachfolger von Johnny Carson als Moderator der Tonight Show beim Fernsehsender NBC verschafft. Dies schreibt jedenfalls Bill Carter in seinem Buch *The Late Shift*. Ein Rezensent faßt Carters Analyse folgendermaßen zusammen:

Jay Leno spielte ein Insider-Spiel, er baute freundliche Beziehungen zu leitenden Herrn bei NBC, Angehörigen des Senders vor Ort (deren Unterstützung von entscheidender Bedeutung war) sowie Vertretern der werbenden Industrie auf. Alle mochten Leno, und er war immer bereit, mit einem gratis Werbespot, einem kurzen Auftritt als Komiker bei Treffen der Fernsehleute vor Ort, einem Interview mit Vertretern der lokalen Presse auszuhelfen. Als Johnny Carson seinen Rücktritt bekanntgab, stand Jay Leno, wenn man so will, als Wunschkandidat bereits fest. Er hatte sich nicht nur den Ruf als Carsons ständiger Vertreter und als ungemein begabter Komiker erworben, sondern verfügte auch noch über einen einflußreichen Förderverein, bestehend aus Leuten aus der Fernsehszene.

Sogar wenn man keine Beförderung anstrebt, führen die Kontakte mit vielen Leute dazu, daß die Kommunikationskanäle im Bedarfsfall offen sind. Wenn man diese Leute beim Mittagessen trifft, kann man sie um Auskünfte ersuchen oder ihnen auf informelle Weise sagen, wie man eine bestimmte Sache einschätzt. Wenn man mit ihnen schon vorher einmal zu Mittag gegessen hat, und es bestehen freundliche Beziehungen, kann man sie anrufen (da man ja weiß, daß sie den Anruf in Empfang nehmen) und um etwas bitten, was man braucht, oder nach etwas fragen, was man wissen möchte.

Ich kenne eine Frau, die in ihrem Unternehmen eine leitende Stelle innehatte und von dieser Umgänglichkeit geradezu übersprudelte. Regelmäßig organisierte sie Mittagessen und Abendeinladungen mit vielen der leitenden Angestellten, die entweder auf ihrer Ebene oder höher rangierten, einschließlich des Unternehmenschefs. Wenn sich ein Problem zwischen ihrer Abteilung und einer anderen ergab, konnte die Frau die Herren ohne Schwierigkeiten anrufen und das Problem durch ein Gespräch unter vier Augen aus der Welt räumen. Mir kam dieses Verhalten wie eine Fortsetzung ihres von Natur aus geselligen Charakters vor, der ihr aber auch im Beruf weiterhalf. Eine ähnliche Kameradschaft läßt sich durch Golfspielen herstellen, ein Phänomen, das in großen Firmen durchaus erkannt wird. So wurde etwa – laut einer mir zugetragenen Anekdote – ein vielversprechender Angestellter, den man befördern wollte, auf Kosten der Firma übers Wochenende zu einem Golfkurs nach Kalifornien geschickt.

Mit anderen Worten: Hierarchien und Bündnisse, Status und Bindung sind aufs engste miteinander verknüpft und nicht voneinander zu trennen. Wenn wir die innere Dynamik des Zusammenspiels dieser beiden Kräfte verstehen wollen, müssen wir sie als untrennbar ansehen, wobei gilt, daß eine Kraft die andere mit einschließt.

Hierarchien haben eine schlechte Presse

Bei Amerikanern weckt der Begriff Hierarchie negative Assoziationen. Doch alle zwischenmenschlichen Beziehungen sind mehr oder weniger hierarchisch und schließen »Bindung« ein. Das in der amerikanischen Bevölkerung weit verbreitete Gefühl, daß es sich bei hierarchischen Strukturen um etwas Schlechtes handele, rührt von unserer demokratischen Lehre her, wonach »alle Menschen gleich geboren sind«. Trotzdem würden die meisten von uns wohl zustimmen, daß die Beziehung zwischen Mutter und Kind etwas Wunderschönes ist – zumindest potentiell. Würde man deshalb behaupten, daß sie nicht-hierarchisch ist? Untergräbt die Tatsache, daß die Mutter einen höheren Status und Macht über das Kind hat, ihre Nähe zu dem Kind? Die hierarchische Ordnung der Mutter-Kind-Beziehung birgt ein besonderes Paradox, da sich der Großteil dessen, was über Frauen geschrieben wird – zumal, wenn es die Frauen romantisch verklären möchte –, auf die Fähigkeit der Frau konzentriert, Kinder zu gebären, und auf die damit zusammenhängenden »nährenden« Eigenschaften. Doch nichts ist hierarchischer als die Mutterschaft, und das »Nähren« kennzeichnet die Fürsorgeperson als die fähigere, kompetente – mit einem Wort – die übergeordnete Person. Daß man auf Disziplin achten muß, ist ein unverzichtbarer Teil der Fürsorge, auch wenn man in der westlichen Kultur diese beiden Verhaltensformen gern trennt und Disziplin mit dem Vater und fürsorgliches Verhalten mit der Mutter in Verbindung bringt. Dabei ist es ohne Belang, wer in der betreffenden Familie der strenge Erzieher ist oder eher den fürsorglichen Part spielt.

In einer mittlerweile klassischen Arbeit über die Psyche der Japaner hat Takeo Doi gezeigt, daß die Japaner die Mutter-Kind-Beziehung als Vorbild für alle anderen zwischenmenschlichen Beziehungen sehen, einschließlich derjenigen zwischen Vorgesetzten und Mitarbeitern am Arbeitsplatz. Dadurch bekommt der Begriff »Hierarchie« für Japaner einen positiven Beiklang. Nach Ansicht der Sprachwissenschaftler Ron und Suzanne Wong Scollon gilt das gleiche für die Chinesen. Am wohlsten fühlen sich Japaner – wie Chinesen und die Angehörigen zahlreicher anderer Kulturen der Welt – in hierarchisch organisierten Gruppen oder

Beziehungen. Ein Gefühl des Unbehagens entsteht immer dann, wenn man seinen Platz in der Hierarchie nicht kennt und deshalb nicht weiß, was man sagen darf oder wie man sich verhalten soll. Setzte sich jemand über die hierarchischen Verhältnisse hinweg, würde man ihn nicht als moralisch überlegen, sondern als sozialen Außenseiter betrachten. Diesem Schema zufolge gilt es als Voraussetzung für das Menschsein, den eigenen Platz im hierarchischen Netzwerk zu kennen, wobei auf »Netzwerk« und »Hierarchie« die gleiche Betonung gelegt wird.

Amerikaner neigen dagegen zu der Überzeugung, daß ein hierarchisches Verhältnis Nähe ausschließt, und Arbeitgeber und Arbeitnehmer »im Grunde« nicht befreundet sein können. Wenn sie sich dennoch anfreunden, entstehen Verwicklungen, die ausgeräumt werden müssen. Auch ich neigte immer zu der Auffassung, daß jedes hierarchische Verhältnis eine zunehmende Distanz mit sich bringt, so daß das Einnehmen der überlegenen Position gleichbedeutend damit ist, jemanden von sich wegzudrängen. Die Sichtweise der Japaner hat mich allerdings veranlaßt, diese Annahme zu überdenken.

Die Soziolinguistin Suwako Watanabe hat verglichen, wie amerikanische und japanische Schüler in Gruppendiskussionen mit anderen Schülern gleicher Herkunft sprachen. Sie zog den Schluß, daß sich die von ihr untersuchten Amerikaner als Einzelpersonen ansahen, die an einem gemeinsamen Projekt arbeiteten, während sich die japanischen Schüler als Mitglieder einer durch hierarchische Verhältnisse verbundenen Gruppe sahen. Zunächst stutzte ich bei der Lektüre: Wie kann eine Hierarchie Menschen verbinden? Watanabes Untersuchung und ein wenig Nachdenken machten mir aber klar, daß das Gefühl, man sei in einer Hierarchie am richtigen Platz, ein ebenso sicheres, vertrautes Gefühl der Verbundenheit herstellen kann wie das Leben innerhalb einer Familie – dieser zutiefst hierarchisch geordneten Situation.

Daß wir Amerikaner hierarchische Lebensformen als etwas Negatives ansehen, liegt an unserem Glauben, die Vorzüge der Hierarchie flössen nur in die eine Richtung: Die Person in der überlegenen Position hat das Recht, der untergeordneten Person Befehle zu erteilen, denen die betreffende Person dann nachkommen muß. Wenn jemand so denkt und sagt, er werde wie ein Kind behandelt, wird er dies sicherlich als Vorwurf formulieren – so, als ob er sagen wollte, man hat mich gedemütigt. Murray Boockchin stellt in ihrem Buch *Remaking Society* sogar die These auf, daß Hierarchien die Quelle aller individuellen und gesellschaftlichen Übel darstellen.

In den Augen der Japaner, Chinesen, Javanesen sowie der Angehörigen vieler anderer Kulturen bestehen jedoch Pflichten und Rechte, die mit der Rolle des Übergeordneten und des Untergeordneten einhergehen. Schließlich müssen Eltern sehr viele Aufgaben für ihre Kinder übernehmen, ebenso wie sie zweifellos Macht über sie haben. Aufgrund dieses Bewußtseins, nämlich daß mit der Rolle des Kindes Privilegien assoziiert werden, weckt der Begriff »Abhängigkeit« in diesen Kulturen positive statt negative Assoziationen. Die positiven Nebenbedeutungen des Wortes »Abhängigkeit« in der asiatischen Kultur klingen in der folgenden Äußerung an: Ron Scollon erzählte mir, daß einer seiner chinesischen Studenten in Hong Kong in einer Seminararbeit schrieb: »Im allgemeinen geben Eltern ihren Töchtern mehr Freiheit als ihren Söhnen, abhängige Verhaltensweisen, wie etwa Berühren, Weinen und Hilfe suchen, zu zeigen.«

Unsere Annahme, wonach Gleichheit etwas Gutes und Hierarchie etwas Schlechtes sei, verrät, daß wir dazu neigen, die Beziehungen zwischen Geschwistern als die höchste Form eines reziproken Verhältnisses zu betrachten. Aussagen wie: »Wir sind wie Schwestern« oder »Er ist wie ein Bruder zu mir« werden meist als Ausdruck von Nähe statt von Hierarchie gedeutet. Es ist, als ob man sagte: »Wir sind einander so nah, daß es zwischen uns keine Machtspielchen gibt.« Jeder, der mit Geschwistern aufgewachsen ist, weiß allerdings, daß die aus der Geburtenfolge resultierenden Unterschiede zu einer höchst hierarchischen Beziehung führen: Ältere Geschwister können die jüngeren beschützen wie auch peinigen, die Jüngeren wiederum vielleicht die Älteren idealisieren oder hassen oder beides. Keine dieser Haltungen bedeutet aber, daß zwischen den Geschwistern eine große emotionale Distanz besteht.

Die Anthropologie liefert zahlreiche Beispiele für Kulturen, in denen hierarische Beziehungen eng und gegenseitig statt einseitig und ermächtigend wirken. So zeigt der Anthropologe William Beeman, daß die Iraner häufig streiten, »um sich unterzuordnen«. Nimmt man die rangniedrigere Position ein, so aktiviert dies ein kulturelles Schema, das die Person mit dem höheren Status verpflichtet, einem Schutz zu bieten. Demnach stellt »sich unterzuordnen« eine Möglichkeit dar, eine andere Person dazu zu bewegen, daß sie etwas für einen tut – was exakt unserer Vorstellung von »Macht« entspricht. Jeder will hier die unterlegene Rolle spielen. Die Anthropologin Judith Irvine beschreibt einen ähnlichen Vorgang bei dem afrikanischen Volk der Wolof, den sie als »Selbst-Erniedrigung« bezeichnet. So versucht ein adliger Wolof unter Umständen, in die unterlegene Position zu kommen, um so allen Bitten, er möge Geschenke machen, zuvorzukommen.

Eine weitere derartige Kultur hat die Anthropologin Clare Wolfowitz untersucht. Es handelt sich um die javanesische Gemeinde in Surinam. Wolfowitz schreibt, daß ein Sprechstil, den sie mit den Begriffen »Respekt / Unterordnung« kennzeichnet, nicht als Untertänigkeit erlebt wird, sondern als Durchsetzung von Forderungen. Dies ist auch typisch für das Verhältnis zwischen Enkeln und Großeltern, einer Beziehung, die sehr ungleich und zugleich sehr nahe ist. (Im Unterschied dazu wird Gleichheit mit relativ distanzierten Beziehungen in Zusammenhang gebracht, die eher im öffentlichen Raum statt in der Familie entstehen.)

Das liegt in der Familie

Diese kleine Fallsammlung der unterschiedlichen kulturellen Sichtweisen erhellt jene Beziehungen, die den Hintergrund zu den Verhältnissen im Büro bilden. Zwar neigen Amerikaner nicht dazu, die Beziehungen im Büro ebenso offen wie die Japaner aus dem Blickwinkel des Mutter-Kind-Verhältnisses zu betrachten, doch sind die Beziehungen innerhalb der Familie vermutlich das Modell, an dem wir alle anderen zwischenmenschlichen Beziehungen messen. Wenn man durch sein Verhalten bei seinen Kollegen und Kolleginnen Assoziationen an Mitglieder der eigenen Familie weckt, kann das entweder einen positiven oder negativen Einfluß haben. Die Folgen, die daraus entstehen, wenn sich ein

Mensch an Angehörige seiner Familie erinnert fühlt, können sogar ausgesprochen komplex sein, so kompliziert wie die Beziehungen in der Familie selbst.

Die positiven Auswirkungen der Vergleiche mit Familienangehörigen wurden mir deutlich, als ich einmal einen Mann fragte, der in seinem Unternehmen einen sehr hohen Rang innehatte, warum es ihn eigentlich so sehr interessiere, daß Frauen in seiner Firma gleiche Chancen erhielten. Der Grund sei, so sagte der Mann, daß er zwei Töchter habe: »Als ich sah, wie sie sich in ihrem Beruf hocharbeiteten«, sagte er, »wurde mir klar, daß sie nicht auf einem ebenen Spielplatz spielten.«

Möglicherweise ziehen Einzelpersonen einen Nutzen daraus, wenn sie andere Personen an Familienangehörige erinnern und diese Assoziationen sind auch nicht auf ein bestimmtes Geschlecht beschränkt. So erlebte eine Ärztin zunächst negative und danach positive Auswirkungen, als sie den Arzt, der sie ausbildete, an seinen Sohn erinnerte. Sie entsann sich ihrer Erfahrungen als einzige Frau während ihrer Zeit als Assistentin im Krankenhaus:

Ich weiß noch: Ich ging mit einem sehr, sehr mächtigen, patriarchalischen, dominanten Arzt über den Flur, der seinen Patienten immer genau sagte, was sie zu tun und was sie zu lassen hatten. Ich arbeitete damals seit drei Wochen ›unter ihm‹, wie man so sagte. Er war jemand, der sehr hochtrabend daherkam, und als wir so über den Flur gingen, drehte er sich plötzlich zu mir um. Er war äußerst ärgerlich wegen irgend etwas. Und dann sah er mich an und sagte: »Ich möchte mal wissen, warum mein Sohn nicht so sein kann wie Sie.«

Schließlich avancierte dieser Professor zum begeisterten Förderer der Ärztin. Sie meinte dazu: »Ich wurde sein ein und alles.«

Dann schilderte sie, wie sie auf die Probe gestellt und härteren Tests unterzogen wurde als ihre männlichen Kollegen. Sie wurde, wie sie sich erinnert

herausgefordert – konnte ich bei einer Operation länger als die anderen assistieren? War ich imstande, ein bißchen länger Dienst zu machen als die anderen? ... Ich ging dann los, um mir den Schichtplan in der Chirurgie anzusehen: Ich mußte um 8 Uhr anfangen und bekam die Fälle, die lange dauerten. Deshalb mußte ich ziemlich oft die Mittagspause durcharbeiten. Das Ganze lief – ziemlich unterschwellig ab. Also, keiner hat – aber manchmal kamen Ärzte, sahen sich die Fälle an und sagten: »Meine Güte, Sie kriegen aber wirklich die schwierigsten Fälle.«

Ich fragte die Ärztin, ob es sich vielleicht um eine Art Passageritus gehandelt habe. Sie antwortete:

Mag sein, daß es anfänglich ein Art Passageritus war, aber dann wurde daraus, na ja, man kann ja eine Schwäche in eine Stärke verwandeln. Also, ich machte mich so gut, daß einige Männer – ältere Männer – sehr paternalistisch wurden. Und dann haben sie mir die guten Fälle gegeben. ... Keiner hatte – ich meine, es stand ja nirgends geschrieben, aber ab einem gewissen Punkt war ganz klar, daß ich der Liebling war.

Der Darstellung dieser Ärztin zufolge zog sie die Aufmerksamkeit auf sich, weil sie eine Frau war, und zwar erst im negativen und dann im positiven Sinn. Das Wort »paternalistisch« verweist auf den väterlichen Aspekt eines Vorgesetzten, der sich intensiv um einen Untergebenen kümmert. Der Vorgesetzte, der die Ärztin mit seinem Sohn verglich, dachte nach einer Weile tatsächlich, daß sie sein »ein und alles« war, so , wie ein Lieblingskind für die abgöttisch liebenden Eltern »ihr ein und alles« ist. Auch die im Berufsleben weit verbreitete Redewendung: einen jüngeren Kollegen »heranzuziehen«, läßt an elterliches Verhalten denken.

So wie ein jüngerer Kollege einen älteren an dessen Kinder erinnern kann, so kann ein älterer Kollege, insbesondere ein Chef, einen jüngeren an die eigenen Eltern erinnern. Ich habe diesbezügliche Äußerungen in einem positiven Sinne gehört – der Ältere wurde als schützend und helfend wahrgenommen – wie auch mit negativem Tenor, wonach der Ältere – in den Worten einer Managerin – als »willkürlich und nicht stärkend, genauso wie mein Vater« erschien. Das Geschlecht ist auch hier kein bestimmender Faktor. Eine Doktorandin, sagte im Konflikt mit ihrer »Doktormutter«, daß die Professorin sie »an meinen Vater erinnerte, einen

Football-Trainer an einer High-School, der aus mir eine große Sportlerin machen wollte, sich aber, als ich Erfolg hatte, nicht darüber freuen konnte«.

Eine elternähnliche Haltung kann auf vielerlei Weise projiziert werden, einschließlich durch die Wahl der Metaphern. Ein Vorstandsmitglied versuchte einmal, einen leitenden Angestellten anzuwerben, der einen Direktorenposten besetzen sollte. Nachdem er ihm erklärt hatte, daß zu der Stelle sehr viel mehr Verantwortung gehören würde als zu der, die der Kandidat augenblicklich bekleidete, versicherte er ihm: »Keine Sorge – ich werde Ihnen Grenzen ziehen, damit Sie sich nicht selber schaden.« Die von ihm gewählte Metapher läßt an einen Elternteil denken, der ein Haus kindersicher macht oder das Kind in ein Laufgitter stellt.

Unsicherer Status

Im Rahmen des Eltern-Kind-Modells ist nicht immer klar, wer die Macht hat. Ein Elternteil kann einem Kind etwas befehlen – der entscheidende Test für den Status, den jemand innehat –, aber Eltern tun auch vieles für die Kinder: Sie geben ihnen zu essen, ziehen sie an, holen ihnen bestimmte Dinge. Wer so etwas für einen Erwachsenen tut, ist im Grunde ein Diener. Deshalb haben Diener auch Macht über denjenigen, dem sie dienen – so wie die Sekretärin, die bestimmt, wessen Anrufe zum Chef durchgestellt werden. (Meine Mutter erinnert sich, daß es zu der Zeit, als sie meinen Vater kennenlernte, eine Frau gab, die meinen Vater ebenfalls sehr gut leiden mochte. Da meine Mutter aber als Sekretärin für ihn arbeitete, konnte sie, wenn die andere Frau anrief, einfach sagen, er sei nicht da.) In dem englischen Film *Der Diener* ist Dirk Bogarde in der Rolle des Dieners mit dem anscheinend niedrigeren Status imstande, das Leben seines »Herrn« vollständig zu bestimmen.

Es ist nicht überraschend, daß das Drehbuch zu diesem Film von Harold Pinter stammt, denn viele seiner Stücke haben Machtkämpfe zum Thema; viele erkunden besonders auch die Komplexität der Machtbeziehungen zwischen Diener und Herr. Ein weiteres Beispiel ist das Stück *Niemandsland*, in dem ein reicher Alkoholiker von seinem Diener und seinem Sekretär dienstlich begleitet wird und diese gelegentlich eher wie seine Gefängniswärter als seine Diener erscheinen und handeln.

Der relative Rang bzw. Status einer Person moduliert die Art und Weise, wie sie die Gesprächssignale deutet. Das läßt sich gut aus Thurgood Marshalls Erinnerung an die Zeit ersehen, als er an das Oberste Bundesgericht berufen wurde. Marshall erinnert sich noch gut an den Vormittag, als Ramsey Clark, der Generalstaatsanwalt, in seinem Büro anrief und seiner Sekretärin einschärfte, niemand anderen hereinzulassen, weil er mit ihm sprechen wollte. Clark betrat darauf Marshalls Büro »und wir tauschten ein paar Höflichkeiten aus, und dann fragte ich ihn: ›Nun, worauf wollen Sie hinaus, Ramsey?‹« Clark fragte daraufhin, was Marshall für den Morgen auf dem Terminkalender habe, und erklärte, er solle das alles vergessen, sich auf der Stelle zum Weißen Haus begeben und mit Präsident Johnson sprechen. Und so schildert Marshall das Treffen mit Johnson:

> Ich trat ein. Er [Präsident Johnson] stand am Fernschreiber, ich wartete ein bißchen und räusperte mich, und er sagte: »Ah, hallo Thurgood. Nehmen Sie Platz. Nehmen Sie doch Platz.« Also plauderten wir ein paar Minuten, und ich fragte ihn nicht, was er mit mir vorhatte. Ich ließ ihn reden. Plötzlich sagte er: »Wissen Sie was, Thurgood?« Ich sagte: »Nein, Sir, worum geht es?« Er sagte: »Ich werde Sie an das Oberste Bundesgericht berufen.«

Offensichtlich genoß Johnson seine Macht, Marshall zu ernennen, denn er überfiel ihn buchstäblich mit seiner Absicht, die er dann andererseits ganz beiläufig erwähnte. Es geht mir hier besonders darum, daß sowohl Ramsey Clark, der damals Generalstaatsanwalt war, als auch Lyndon B. Johnson, der Präsident, die Gespräche mit Höflichkeiten einleiteten. Während Marshall jedoch die Höflichkeiten unterbrach und den Generalstaatsanwalt geradeheraus fragte, was er wollte (»Was haben Sie im Sinn, Ramsey?«), fragte er den Präsidenten nicht, warum er ihn so dringend sprechen wollte, sondern »ließ ihn reden«. Ferner wird in Marshalls Darstellung die Voraussetzung deutlich, daß Marshall zur

Wahrung seiner Unabhängigkeit als Richter mit dem Präsidenten keinen gesellschaftlichen Umgang mehr pflegte. Marshall zitiert Johnson: »Damit geht jetzt wohl unsere Freundschaft zu Ende«, worauf Marshall antwortete: »Ja, so ungefähr. Damit dürfte es nun vorbei sein.«

Es war ein Zeichen unterschiedlich großer Macht, daß Clark Marshall in dessen Büro aufsuchte, Marshall sich dagegen in die Amtsräume des Präsidenten begab. Dort eingetroffen, machte er auch nicht sofort auf sich aufmerksam, sondern stand herum und wartete, daß Johnson ihn ansprach. Als dieser nicht erkennen ließ, daß er ihn wahrnahm, vermied es Marshall immer noch, als erster das Wort zu ergreifen: Er machte dadurch auf sich aufmerksam, daß er sich räusperte – durch einen intentionalen Gebrauch einer Vokalisierung, die im Prinzip unwillkürlich stattfindet. Wer wartet und wer andere warten läßt – diese Frage ist auch in vielen Situationen im Arbeitsleben ein Stein des Anstoßes, weil ein solches Verhalten zu den vielen Möglichkeiten zählt, mit denen man Macht und Status demonstrieren und verhandeln kann.

»Bloß ein Penny, der auf einen Dollar wartet«

Darrell befand sich an seinem neuen Arbeitsplatz, an der Laderampe. Er arbeitete mit Vic zusammen, der die Paletten belud und an der richtigen Stelle aufstellte, ehe diese dann auf einen Lkw geladen wurden. Als sie die Arbeit beendet hatten, sagte Vic: »Ich hole jetzt den Lkw.« Er rechnete damit, daß Darrell an Ort und Stelle auf ihn warten würde, so daß sie nach seiner Rückkehr sofort mit dem Beladen beginnen könnten. Doch statt zu warten, ging Darrell telefonieren. Als Vic mit dem Lkw zurückkam, mußte er auf Darrell warten. Später bat ihr Chef Vic, eine Ladung, die unerwarteterweise eingetroffen war, abzuladen und Darrell dazuzuholen. Vic lehnte ab: »Mit diesem Arschloch arbeite ich nicht!« Erst nachdem die Schichtführerin in dem Streit vermittelt hatte, konnte die Arbeit fortgesetzt werden.

Es ist leicht nachzuvollziehen, warum Darrell vielleicht etwas dagegen hatte, in die unterlegene Position gedrängt zu werden, aufgrund derer er auf Vic warten mußte, und warum er es vorgezogen hätte, etwas zu erledigen und bei seiner Rückkehr festzustellen, daß Vic bereits auf ihn wartete. Wer wartet, befindet sich in der unterlegenen Rolle, so wie ein Patient, der auf den Arzt wartet, und so, wie Thurgood Marshall darauf wartete, daß sich Präsident Johnson ihm zuwandte. Es gibt Manager, die nicht einmal den Hörer abnehmen, wenn in ihrem Büro das Telefon läutet, sondern ihre Sekretärin bitten, den Anruf entgegenzunehmen und so dafür zu sorgen, daß der Anrufer warten muß, bis sie ihn zu ihrem Chef durchstellt. (Ein Manager zitierte einen Kollegen im Ruhestand, der immer sagte, wenn sie gemeinsam auf einen Vorgesetzten warteten: »Bloß ein Penny, der auf einen Dollar wartet.«) Wem es gelingt, andere warten zu lassen, der schüttelt die Leitungen der Macht, damit sie sich zu seinem Vorteil neu zusammenschließen. Das macht aber auch deutlich, warum Vic so erbost reagierte. Vielleicht dachte er, Darrell sei derjenige, der warten sollte, nicht nur, weil dessen Telefongespräch das Beladen des Lkw verzögerte, sondern auch, weil er, Vic, schon länger in dem Betrieb arbeitete.

Die Schichtführerin, die mir diese Geschichte erzählte, setzte sie mit einem anderen von ihr wahrgenommenen Muster in Beziehung. Wenn sie Frauen darum bat, etwas zu erledigen, hörten die normalerweise sofort auf mit dem, womit sie sich beschäftigten, und halfen auf der Stelle. Ihrer Erfahrung nach war es bei Männern hingegen üblich, das, worum sie bat, aufzuschieben. Daraus hat sie gelernt: Wenn sie Männern Anweisungen gibt, muß sie ganz genau erklären, wann die Sache erledigt zu sein hat – jetzt oder wenn nicht jetzt, wann. Weiter sagte sie: Die Männer in ihrem Betrieb bekamen sich häufig in die Haare, wenn jemand einen anderen um einen Gefallen bat; im Regelfall wollte die Person, die um etwas gebeten worden war, die Erledigung aufschieben und die fragende Person warten lassen.

Es wundert mich nicht, daß die Schichtführerin meinte, daß es Männer eher als Frauen ärgerte, wenn man sie warten ließ, denn Männer reagieren – wie wir gesehen haben – sehr empfindlich, wenn man sie in die unterlegene Position drängt. Da Warten mit dieser Rolle in Zusammenhang gebracht wird, spiegelt sich darin, daß man einen anderen warten läßt, nicht nur ein höherer Status. Vielmehr kann es auch eine Möglichkeit darstellen, für sich einen höheren Status zu erlangen. Auf diese Weise verwandelt sich die einfache Sache, jemanden am Arbeitsplatz um einen Gefallen zu bitten, zum Feld, auf dem Statusfragen verhandelt werden.

»Danke für das Kompliment«

Eine weitere solche Arena ist – wenngleich es sich zunächst um etwas ganz anderes zu handeln scheint – das Komplimente machen, d. h. die kurze, angenehme Art, einem anderen gegenüber zum Ausdruck zu bringen, daß man ihm wohlgesonnen ist. Die Linguisten Robert Herbert und Stephen Straight haben festgestellt, daß Komplimente eher von Personen mit hohem Status als von Rangniedrigeren kommen. Herbert zitiert einen Knigge aus dem Jahr 1882, in dem dies ganz offen gesagt wird:

Zwischen Gleichberechtigten – oder denen, die eine höhere Position bekleiden gegenüber jenen von niederem Stand – sollte man Komplimente nicht nur akzeptieren, sondern auch dankbar entgegennehmen. Es ist schön zu wissen, daß jene, die von höherem Stand sind, gut von uns denken, beispielsweise Männer mit überlegener Begabung oder Frauen von überlegener Kultur.

Zwar würden wir heute nicht mehr davon sprechen, daß jemand von »niederem Stand« ist (und wir würden auch nicht mehr sagen, daß Männer begabt sind, während Frauen nur Kultur haben), doch hat sich bis heute die Neigung erhalten, daß der Ranghöhere mehr Komplimente macht als der Rangniedere.

Komplimente lassen sich auch im Rahmen von Statusfragen interpretieren. Einerseits können sich jene, die ein Kompliment aussprechen, damit in eine Position bringen, in der sie über eine andere Person urteilen, so daß die rangniedrigere Person, die jemandem mit einem höheren Rang ein Kompliment macht, möglicherweise als frech gilt. Zum anderen lassen sich Komplimente – darauf hat die Soziolinguistin Janet Holmes hingewiesen –, als Indiz dafür deuten, daß derjenige, der ein Kompliment macht, neidisch ist oder den bewunderten Gegenstand haben will. Aus diesem Grund gilt es in manchen Kulturen als unhöflich, Komplimente zu machen, da das Brauchtum erfordert, daß der bewunderte Gegenstand als Geschenk dargebracht wird. So unterlag eine Amerikanerin, die einen Mann aus Indien heiratete, einem gravierenden Mißverständnis, als sie ihre Schwiegermutter kennenlernte. Die Amerikanerin wollte freundlich sein. Sie half der Schwiegermutter beim Koffer auspacken und sagte, wie hübsch sie die Saris finde. Hinterher beklagte sich die Schwiegermutter bitterlich bei ihrer Tochter: »Was für eine Frau hat mein Sohn da geheiratet? Sie will alles haben!«

Wer gibt den Ton an?

Im Laufe eines Arbeitstages kommt es zu ständigen Verschiebungen zwischen Arbeits- und sozialen Gesprächsthemen. Auch diese Veränderungen können Statusbeziehungen zum Ausdruck bringen und verhandelbar machen. So fiel Charlotte Linde bei ihren Forschungen über die Besatzungen von Polizeihubschraubern auf: Wenn die unmittelbaren Erfordernisse der Arbeit nachlassen, beginnen die Besatzungsmitglieder gesellige Unterhaltungen, die in dem Augenblick enden, da ihnen eine berufliche Aufgabe dazwischenkommt. Dabei stellte sie fest, daß der Wechsel von Gesprächen über Arbeitsthemen und sozialen Gesprächen häufiger von dem Piloten eingeleitet wird, der die Rolle des Vorgesetzten innehat. Wenn im Hubschrauber nicht gesprochen wird, kann der Pilot zum Beispiel ein freies Gespräch beginnen, indem er auf den Ausblick aufmerksam macht (»Dieses Rückhaltebecken oder See oder was immer das da unten ist, sieht hübsch aus«), indem er zu einem vorhergehenden Thema zurückkehrt (»Willst du, äh, einen neuen Wagen kaufen oder deinen jetzigen reparieren lassen?«) oder indem er den soeben beendeten Einsatz kommentiert (»Dafür, daß der Kerl gerade jemanden niedergemäht hatte, wirkte er ziemlich ruhig und gelassen.«).

Genau dieses Grundmuster hat die Soziolinguistin Janice Hornyak in einer Untersuchung über die Gespräch in einem Steuerberaterbüro beobachtet, in der ausschließlich Frauen arbeiteten. Wenn die Frauen im Büro zwischen Arbeits- und persönlichen Gesprächen wechselten, wurde dieser Wechsel immer von der Person mit dem höchsten Status im Raum, der Büroleiterin, vorgenommen. Wenn sie beschäftigt war, begann keine der anderen Frauen, etwas Persönliches zu erzählen oder zu plaudern. Aber wenn die Büroleiterin bereit war, eine Pause einzulegen und zu plaudern, folgten die anderen ihrem Beispiel. Niemand machte sich Sorgen darüber, ob die Zeitarbeitskraft noch etwas erledigen mußte oder nicht, oder ob sie durch das gesellige Wortgeplänkel in ihrer Konzentration gestört wurde.

Insofern kommen Hierarchien während des gesamten Arbeitstages zum Ausdruck, werden verstärkt und geschaffen, und zwar auch in ganz mechanisch geführten und beiläufigen Gesprächen.

»Was wollen Sie dagegen unternehmen?«

Gespräche, die Bindungen knüpfen sollen, laufen zwar immer Gefahr, Mitarbeiter, die einen anderen Gesprächsstil haben, zu kränken, doch in hierarchischen Beziehungen besteht ein noch höheres Risiko. Das Klagen über Schwierigkeiten am Arbeitsplatz läßt sich zwischen Ranggleichen als Versuch deuten, Verbundenheit herzustellen – »wir sitzen im selben Boot«. Doch man kann die Klage auch als wörtlich gemeint verstehen – und sie deshalb entweder als Bitte, etwas zu unternehmen, oder als unausgesprochene Kritik deuten –, wenn man sie gegenüber einem Vorgesetzten äußert.

Der Leiter einer Feuerwehr, der zu einem meiner Vorträge gekommen war, interessierte sich für meine These, daß sich manche Personen bei anderen beklagten, um mit ihnen eine Beziehung herzustellen. Er erinnerte sich an eine Mitarbeiterin, die entsetzt reagierte, als er einer Beschwerde, die sie ihm gegenüber vorgebracht hatte, nachging: »Ich wollte mich doch nur abreagieren«, sagte sie, »Sie sollten nichts dagegen *unternehmen*.« Aber je mehr er darüber nachdachte, desto überzeugter sei er gewesen, daß ihm keine andere Wahl blieb – d. h., wenn ihm eine Mitarbeiterin von einem Problem berichtete, mußte er handeln. Das war schließlich seine Aufgabe. Wenn er nichts unternahm, um ein Problem, von dem man ihm berichtet hatte, zu lösen, hätte man ihn wegen Fahrlässigkeit belangen können.

Die Pragmalinguistin Lena Gavruseva analysierte einmal ein Gespräch, in dem dieser Doppelsinn des Klagens den Schlüssel zum Verständnis lieferte. Das Gespräch fand zwischen John, dem Herausgeber einer kleinen Lokalzeitung, und Dan, einem jungen Redakteur statt, den man erst vor kurzem eingestellt hatte. Mitten in dem freundlichen Gespräch erwähnte John, ein anderer Redakteur habe kürzlich einen neuen Computer bekommen und fügte hinzu: »Aber Sie haben ja nur diese Klapperkiste von XT.« Dann fragte er: »Und wie kommen Sie mit Ihrem Computer klar?« Dan, der Johns Sprechweise aufgriff, antwortete: »Beschissen.« John betrachtete dies als wörtlich gemeinte Klage und begann Dan auszufragen, was denn mit dem Computer nicht stimme. Im folgenden gebe ich das Gespräch wieder:

JOHN: Und wie kommen Sie mit Ihrem Computer klar?
DAN: Beschissen. Also –
JOHN: Warum?
DAN: Ich – weil er nicht –
JOHN: Wieso, weil er langsam ist?
DAN: Nein, das nicht. Ich hab bloß den Eindruck, daß eine Menge Tasten nicht funktionieren und so.
JOHN: Was soll das heißen – nicht funktionieren?
DAN: Zum Beispiel funktioniert die Caps-Lock-Taste nicht.
JOHN: Das läßt sich ändern – soll ich mir die Sache mal ansehen?
DAN: Nein, lassen Sie nur.
JOHN: Soll ich mir die Sache mal ansehen?
DAN: Okay.
JOHN: In Ordnung. Was gibt's sonst noch?
DAN: Hm, ich weiß nicht. Ich wollte nur –
JOHN: Nein nein nein, raus mit der Sprache.
DAN: Zum Beispiel kann ich ihn nicht ausschalten, weil –
JOHN: Möchten Sie – Sie möchten ihn ausschalten können? Wieso? Weil er Sie stört?
DAN: Außerdem ist er schon dreimal abgestürzt.
JOHN: Wirklich?

DAN: Ja, wirklich.

JOHN: Als gäbe es da ein Muster?

DAN: Nein, ich meine, wenn es da eins geben sollte, bin ich noch nicht dahintergekommen. Er hat das seit ungefähr einer Woche nicht mehr gemacht, machen Sie sich deswegen keine Sorgen. Das war nur ein bißchen Genörgel. Das war nur ein bißchen Genörgel. Ich habe nie – ich habe keine besonderen Klagen, weil – ich brauche eigentlich nur – ich bin keiner von diesen, ich bin kein Computerfreak, deshalb interessiert es mich auch nicht sonderlich.

JOHN: Wenn Sie wollen, daß die Caps-Lock-Taste funktioniert, das ist kein Problem. Das repariere ich Ihnen.

DAN: Nein, eigentlich brauche ich keine Caps Lock.

JOHN: Das repariere ich Ihnen in 25 Sekunden.

Dan hatte Johns lästerliche Ausdrucksweise (er hatte Dans Computer als »Klapperkiste von XT« bezeichnet) als Aufforderung betrachtet, sich auf freundliche Weise zu beschweren. Das ist ein Ritual der Kameradschaft. John nahm die Klage aber wörtlich – als buchstäblich Klage, vielleicht sogar als persönliche Kritik an ihm als Chef, weil er seinem Angestellten keinen angemessenen Computer bereitstellte. Es ist auch möglich, daß Johns Reaktion eine Art automatischer Impuls war, um Dan an seine Stellung in der Redaktion zu erinnern, weil ihm der flapsige Ausdruck (»beschissen«), mit dem Dan den mangelhaften Computer charakterisierte, womöglich unverschämt erschien. In den Firmen, in denen ich geforscht habe, beobachtete ich immer wieder: Je höher der Mann in der Hierarchie stand, desto eher durfte er es sich leisten zu fluchen.

Humor als Retter in der Not

Gavruseva, die beide Sprecher interviewte, zeigt, daß Dan zunehmend unbehaglicher auf den Gesprächsverlauf reagierte, aber etwas in ihm »Klick machte«, als John sagte, er könne die Caps-Lock-Taste auf Dans Computertastatur in fünfundzwanzig Sekunden reparieren. An diesem Punkt des Gesprächs, das sehr schnell geführt wurde und in dem die Wendungen einander auf dem Fuße folgten (man sich dabei auch gleichsam gegenseitig auf die Füße trat), entstand eine Pause von zweieinhalb Sekunden Länge. Das ist ein sehr langes Schweigen in einem Gespräch, in dem die Rollen schnell wechseln. Schließlich sagte Dan:

DAN: Das würde ich – Okay, das möchte ich sehen, wie Sie das reparieren. Die Taste ist defekt, glaub ich.

Dann wiederholte Dan die Herausforderung. Er formulierte seinen Satz etwas steifer, weshalb er weniger ernst wirkte:

DAN: Ich fordere Sie heraus, John Ryan.

Unter dem Deckmantel des Humors hatte Dan seinem Chef widersprochen, damit wollte er das entstandene Machtungleichgewicht beseitigen.

John ging auf den Witz ein und antwortete im übertriebenen, gespielt harten Tonfall eines Gangsters in einem Hörspiel:

JOHN: Sie wollen John Ryan herausfordern? (Zwei Sekunden Pause) Sie sind ein Narr, wenn Sie glauben, *mich* herausfordern zu können, Mr. Computer!

John machte sich selbst darüber lustig, daß er so überzeugt war, den Computer reparieren zu können. Beide Männer bedienten sich des Mittels des Humors, um die Wogen der Verärgerung zu glätten und das Machtgleichgewicht wiederherzustellen, das bedroht worden war, als Dan das Gefühl bekam, John wolle ihn »vorführen« und in Verlegenheit bringen (wie er es gegenüber Gavruseva nannte).

Sich am Small-talk beteiligen

Dann geschah etwas Interessantes: Nach einer weiteren Pause von zweieinhalb Sekunden wechselte Dan das Thema. Dan wußte, daß John vor kurzem krank gewesen war, und erkundigte sich nach seinem Befinden:

DAN: Wie geht's Ihnen heute, John?

JOHN: Wie meinen Sie das?

DAN: Wie fühlen Sie sich? Sind Sie noch –

JOHN: Hm, meine Eingeweide haben rumort, und ich dachte, »He, es ist wieder da«, aber ich hatte gestern auch eine ziemlich schwere Nacht. Also, ich bin um sechs ins Bett gegangen und bloß wieder aufgestanden, um zu pinkeln, etwas Wasser zu trinken und eine Dose Thunfisch zu essen. Es war wirklich schlimm. Diese Magengeschichte machte sich oben und unten bemerkbar. Es war – es war zum Kotzen. Es war wirklich übel.

DAN: (lacht). Doch wohl nicht gleichzeitig. Erzählen Sie mir bloß sowas nicht.

JOHN: Nein nein nein, aber die Sache war ziemlich heftig. Außerdem war ich heilfroh, daß keine Freundin in der Nähe war, niemand, der sich um mich kümmern konnte. Wenn ich etwas hasse, dann ist das, krank zu sein, und irgendeine Alte meint, sich um mich kümmern zu müssen.

Als Dan John fragte, wie es ihm gehe, wollte er damit nicht nur das Thema wechseln, sondern das Augenmerk auf einen Bereich lenken, in dem John nicht heldenhaft und »Meister seines Fachs« war, sondern recht verletzlich. Indem John so viele Details über seine Magenbeschwerden mitteilte, stimmte er einer Neuaufstellung zu, d. h., er stellte das Gespräch in einen neuen Rahmen. Als er noch hinzufügte, wie froh er sei, daß keine Freundin in der Nähe gewesen war, die sich um ihn hätte kümmern wollen, und zwar in Ausdrücken, die nur wenige Männer vor einer Frau benutzen würden, verbündete er sich neu mit Dan und grenzte sich von der Frauenwelt ab. Zwar nehmen der Herausgeber einer Zeitung und ein neu eingestellter Journalist nicht denselben Rang ein, doch beide waren Männer und konnten sich auf dieser Basis verbünden.

Das Beispiel zeigt, wie man durch Small-Talk ein Machtgleichgewicht, das gestört worden ist, wiederherstellen kann. Es handelt sich aber auch um ein Gespräch, wie es sich wohl kaum zwischen zwei Frauen abspielt. Das bedeutet jedoch nicht, daß der Small talk unter Frauen nicht auch dazu dienen kann, ein gestörtes Gleichgewicht wiederherzustellen. Das folgende Beispiel zeigt, wie Frauen eine ganz andere Art Small talk benutzen, um

Machtunterschiede zu verdecken (und zu verstärken) und einen Eindringling in ihr Gespräch einzubeziehen.

Das Gespräch fand in dem Büro statt, in dem Janice Hornyak als Zeitarbeitskraft arbeitete und dabei die Gespräche im Büro auf Tonband aufnahm. Die drei Frauen hatten eine Pause eingelegt und hörten zu, wie eine von ihnen etwas Privates erzählte, als eine vierte Frau, June, die Post auf dem Arm, dazukam. June, Anfang zwanzig, war Bürogehilfin und hatte deshalb in der Firma keinen hohen Status. Tina, die Wortführerin, hielt mitten im Satz inne, ersann aber eine Methode, um June das Gefühl zu geben, daß sie willkommen war. Sie und Heather sprachen mit hoher Stimme, langgezogenen Vokalen und einer Art Singsang-Tonfall und machten June Komplimente wegen ihrer Kleidung:

JUNE: Hii.
TINA: Hey! Ah, zeig mal, was du da anhast. Komm rein.
HEATHER: Komm her, June!
TINA: Sie – sie – sie ist, hm, das ist schick.
HEATHER: Ich finde die Bluse toll!
JANICE: He, du bist heute ja hochmodisch.
TINA: Cool.
JUNE: Hi. Ich hatte die Bluse /?/ und wußte nicht, was ich dazu anziehen soll. Und da hab ich den Gürtel einfach abgenommen und /?/ gesagt /?/ ich kombiniere die Bluse mit einer Weste.
TINA: Und dann dein Haar.
JANICE: Ja, das sieht toll aus.
HEATHER: Gehört das deiner Mom?
[Tina lacht.]
JUNE: Nein ich hab das von hm /?/
TINA: Wo hast du das gekauft?
JUNE: /Bei/ Stylo.
TINA: Davon hab ich schon mal gehört.
JUNE: Das ist der Laden im Trader Plaza, in dem es diese verrückten Sachen gibt.
HEATHER: Was machst du mit deinem Haar?
JUNE: Ist nicht echt /?/ Judith meint, du langweilst dich bloß, und du mußt dich immer mit was beschäftigen.
[Alle lachen.]

246

So, wie John Dan dadurch entgegenkam, daß er ihn in ein »Männergespräch« verwickelte – das gespickt war mit konkreten Details über die Krankheit und dem Murren darüber, daß die Dienste der Frauen einem Mann in einem solchen Zustand ziemlich auf die Nerven gehen können –, so haben Heather, Tina und Janice June geschickt geholfen, indem sie sie in ihr »Frauengespräch« über Kleidung und Frisuren einbezogen. Diese beiden unterschiedlichen Arten des Small talks sind in ihrer Gesamtfunktion recht ähnlich – sie stellen Gemeinsamkeit her –, im Ton sind sie jedoch ganz unterschiedlich. Außerdem sind sie recht typisch für Beispiele des Small talks unter Männern im Vergleich zum Small talk zwischen Frauen in den ganz unterschiedlichen von mir untersuchten Firmen.

Diese Small talk-Episoden bilden ein wesentliches Element, mit dem die Räder der Interaktion am Arbeitsplatz in Gang gehalten werden. Aber der relative Rang des Sprechers übt einen ständigen Einfluß darauf aus, wie alle Anwesenden sprechen, selbst wenn er nicht im Mittelpunkt steht. Tina war die Bürochefin, genaugenommen sogar Tochter des Inhabers. Es ist deshalb kein Zufall, daß *sie* das Gespräch über Junes Kleidung einleitete, und sie und Heather, die nächste in der Hierarchie, in einen besonders übertriebenen Singsang-Tonfall verfielen, als sie Junes Kleidung bewunderten. Daß June, als sie mit der Post auf dem Arm das Zimmer betrat, Tina oder Heather hätte ansprechen und diese in ein längeres Gespräch über deren Kleidung und Frisur hätte verwikkeln können, ist unwahrscheinlich. Daher ist es nicht überraschend, daß während des gesamten Gesprächs sowohl June (die Botin) und Janice (die Zeitarbeitskraft) in relativ niedriger Tonlage sprachen.

Von hier oben (oder unten) sieht das alles anders aus

Kehren wir zu Lena Gavrusevas Analyse des Gesprächs über den Computer mit der defekten Caps-Lock-Taste zurück. Anhand ihrer Analyse läßt sich zeigen, wie sich dadurch, daß Dan und John unterschiedliche Positionen in der Hierarchie einnahmen, ihre Wahrnehmung des Gesprächs veränderte. Gavruseva fragte Dan, warum er sich weiter über den Computer beklagte, obgleich er an der Reparatur nicht wirklich interessiert war. Dan sagte, er hätte das Spiel weiter mitmachen müssen, da er sonst seinen Chef »zurückgewiesen« hätte. Diese Fehlkommunikation führte zum nächsten Mißverständnis. John interpretierte Dans Sprechweise als Hinweis auf dessen Persönlichkeit, statt als Indiz dafür, wie Dan auf ihn reagierte. John meinte, daß Dan tatsächlich den Computer repariert haben wollte, dieser sich aber nur verschwommen ausdrückte, weil er diese Forderung nicht auf selbstsichere Art stellen konnte.

Wie viele Personen, die die überlegene Position innehaben, war sich John nicht im klaren, wie sich sein Status und seine Macht auf einen Untergebenen auswirken können. Das kann für Personen mit einem relativ autoritären Gesprächsstil ebenso wie für jene gelten, die eine Atmosphäre der Gleichheit fördern. Menschen in Machtpositionen können wenig tun, um den Untergebenen zu versichern, daß sie diese Macht ignorieren sollen, da sie ihre »Pförtner«-Rolle nicht ablegen können. Jemand, der in der überlegenen Position ist, kann zwar den Ölzweig der Gleichheit anbieten, aber er ist auch in der Lage, ihn zurückzunehmen.

Dies habe ich vor einigen Jahren im Anschluß an einen Vortrag erlebt. Mehrere Führungskräfte einer Wohltätigkeitsorganisation, die mich eingeladen hatte, führten mich zusammen mit dem Vorsitzenden der Organisation, dem offiziellen Gastgeber, zum Abendessen aus. Als wir am Tisch saßen, machte der Vorsitzende eine großzügige Geste und lud alle zu einem Aperitif ein. Er sagte: »Amüsieren wir uns ein bißchen. Ich übernehme die Kosten.« Doch als einer der Manager begann, die Weinkarte zu studieren, weil er Wein zum Essen trinken wollte, stieß ihn der Vorsitzende zurück: »He, versuchen Sie nicht, mich auszunutzen – so groß ist das Budget nun auch nicht!« Der Manager kam sich wie ein Trottel vor – wie jemand, der aus der Reihe tanzte. Ihm war bedeutet worden, daß er nicht am Geldhahn saß. Dabei hätte er nie daran gedacht, Wein zu bestellen, wenn der Vorsitzende nicht den Vorschlag gemacht hätte, sie sollten sich alle etwas zu trinken bestellen.

Alles, was in einer Organisation geschieht, in denen manche

Menschen Macht über andere haben, kann von dieser Hierarchie beeinflußt werden. Es kann sinnvoll sein, einem Vorgesetzten, der einem Hilfe und Ermutigung anbieten kann, von seinen Sorgen zu erzählen. Aber die Zurschaustellung von Unsicherheit kann zur Grundlage dafür werden, daß man zurückgesetzt wird und zu einem späteren Zeitpunkt einen bestimmten Auftrag nicht bekommt. Die Nachwirkungen einer beiläufigen Bemerkung können sich zu einem unauslöschbaren Makel auswachsen. Dies mußte auch jemand, den ich Anthony nenne, erkennen.

Anthony hatte zusammen mit Justin, dessen Arbeitsstil sich von seinem so sehr unterschied, daß es ihn fast zum Wahnsinn trieb, einen Auftrag erhalten. Anthony zählte zu jenen Menschen, die alles im voraus planen; Justin war jemand, der alles »auf den letzten Drücker« erledigte, jemand, der seine Sachen erst am Abend vor dem Abgabetermin fertig hatte. Da Anthony Justin nicht in Verruf bringen wollte, bat er, man möge ihn in Zukunft nicht mehr für Arbeiten mit Justin zusammen einplanen; zur Begründung gab er an, er arbeite lieber allein. Zwar gestand man Anthony seinen Wunsch zu, doch geriet er in den Ruf, ein Einzelgänger zu sein und keinen Teamgeist zu besitzen. Nach einer gewissen Zeit mußte er feststellen, daß man ihm nicht nur keine Teamaufträge mehr erteilte, sondern ihn auch bei Beförderungen überging. Die Geste der Verbundenheit – er versuchte, seiner Bitte, nicht mehr mit einem bestimmten Mitarbeiter zusammenarbeiten zu müssen, einen positiven Anstrich zu geben – wurde durch einen Status-Filter gegeben. Dadurch bewertete die Firmenleitung Anthony negativ, als man über mögliche Beförderungen entschied.

Ein Großteil der Macht, die mit einem höherem Rang in Zusammenhang gebracht wird, beruht auf dem »Pförtner«-Aspekt der Rolle des Vorgesetzten. Der Chef hat nicht nur das Recht zu helfen und zu lehren, sondern auch das Recht – oft ist es sogar seine Pflicht –, die zukünftige berufliche Laufbahn der Untergebenen zu steuern. Diese Verflechtung von Status und Bindung wird nirgends deutlicher als im Unterrichten, das sowohl helfende als auch Pförtneraufgaben umfaßt. Lehrer helfen den Schülern beim Lernen, doch am Ende des Schuljahres verteilen sie Noten. Ferner entscheiden sie in manchen Situationen – oder helfen sie zu entscheiden –, wer in die nächste Schulstufe kommt bzw. auf der

Schule bleiben darf. Später ist ein Schüler möglicherweise von Lehrern abhängig, um Empfehlungsschreiben zu bekommen, selbst wenn er nicht mehr an der Schule ist. Wenn Schüler ihre Lehrer also etwas fragen, bekommen sie nicht nur Auskünfte, sondern vermitteln auch einen Eindruck von ihren Fähigkeiten. Wenn ein Schüler um Hilfe bittet, mag der Lehrer der Bitte nachkommen, schließt daraus aber vielleicht auch, daß dieser Schüler weniger Kenntnisse besitzt als andere, die offenbar keine Hilfe brauchen.

Derselbe doppelte Blick kann die Rolle des »Anleiters« am Arbeitsplatz undeutlich machen, wenn zum Beispiel ein höherrangiger Angestellter den Auftrag erhält, einen neuen Angestellten einzuarbeiten. Insoweit der Anleiter das Ohr derjenigen hat, die entscheiden, wer befördert wird, oder bei diesen Entscheidungen Mitspracherecht besitzt, wird der helfende Aspekt der Anleiter-Rolle durch die Zwischentöne kompliziert, die mit der »Pförtner«-Funktion zusammenhängen. Hat man die Macht, über die Arbeit eines anderen zu urteilen und diese Einschätzung nach oben weiterzugeben, so kann dies zum Filter werden, durch den alle »helfenden« Äußerungen gesehen werden. Auf diese Weise werden dann Förderungsbemühungen möglicherweise als Kritik verstanden. Schon allein die Übernahme der Rolle eines Lehrers bringt den Anleiter in die überlegene Position.

»Unterbrich mich nicht!«

Bei einigen Redestrategien, einschließlich Unterbrechungen, die die meisten Menschen intuitiv zu verstehen meinen, sind Status und Bindung aufs engste miteinander verknüpft.

Es ist schon fast ein Allgemeinplatz, daß es eine Art Dominanz bedeutet, wenn man einen anderen Menschen unterbricht. Man findet kaum einen Aufsatz über Geschlecht und Sprache, in dem diese Behauptung nicht vertreten wird. Die Sprachwissenschaftlerinnen Deborah James und Sandra Clarke haben jedoch alle ihnen bekannten Arbeiten zum Thema Geschlecht und Unterbrechungen durchgesehen und dabei kein eindeutiges Grundmuster gefunden, das darauf schließen läßt, daß Frauen immer wieder von Männern unterbrochen werden. Besonders überraschend ist ihre Schlußfolgerung, daß jene Studien, die die Frage untersuchten, wieviele Unterbrechungen in Gesprächen mit ausschließlich weiblicher Beteiligung im Vergleich zu Gesprächen mit ausschließlicher männlicher Beteiligung stattfanden, nicht weniger, sondern mehr Unterbrechungen in den Frauengruppen feststellten. Um diese Verhaltensmuster verstehen zu können, so James und Clarke, müsse man überlegen, was ein Sprecher *tut*, wenn er anderen Sprechern ins Wort fällt. Drückt sich in der Unterbrechung eine Unterstützung aus, oder widerspricht oder ändert die Unterbechung das Gesprächsthema? Überlappendes Sprechen kann eine Methode sein, seinen Status durchzusetzen oder Bindungen zu knüpfen (Ich benutze lieber den Begriff »Überlappung«, um so die Deutung – und den Vorwurf – zu vermeiden, die in dem Begriff »Unterbrechung« enthalten sind.)

Einige Sprecher betrachten es als Beweis ihrer enthusiastischen Teilnahme an einem Gespräch, daß sie der anderen Person ins Wort fallen und so eine Bindung herstellen; andere meinen, daß immer nur einer zur Zeit sprechen sollte. Für diese Personen bedeutet demnach jede Überlappung eine Unterbrechung, der Versuch, das Wort an sich zu reißen, einen Machtkampf. Aus dieser unterschiedlichen Einschätzung ergibt sich, daß begeisterte Zuhörer, die unbekümmert daherreden, um Gemeinsamkeit herzustellen, den anderen Gesprächsteilnehmern als Unterbrecher erscheinen. Darüber hinaus werden sie auch noch beschuldigt, böse Absichten zu haben, d. h., zu versuchen, das Gespräch zu »dominieren«.

Der Schlüssel zum Verständnis der Frage, ob eine Überlappung (etwas Neutrales) zu einer Unterbrechung (etwas Negativem) wird, ist, ob zwischen den Gesprächsteilnehmern ein symmetrisches Verhältnis bzw. ein Machtgleichgewicht besteht. Wenn ein Sprecher wiederholt »überlappt« und ein anderer wiederholt nachgibt, ist die daraus folgende Kommunikation ungleichgewichtig, und der Effekt (allerdings nicht unbedingt die Absicht) ist Dominanz. Wenn aber beide Sprecher Überlappungen vermeiden, oder wenn beide sich gegenseitig überlappen und zu gleichen Teilen gewinnen, besteht – ungeachtet der Intentionen der Sprecher – eine symmetrische Beziehung, keine, in der einer dominiert. Schon allein die Tatsache, daß man sich in einen symmetrischen Kampf um das Rederecht begibt, läßt sich als Versuch deuten, eine Beziehung herzustellen, etwa analog zu der rituellen Gegnerschaft in bestimmten Sportarten. Außerdem kann ein Ungleichgewicht aus den Unterschieden bezüglich des Ziels bestehen, zu dem die Überlappung verwandt wird. Wenn sich ein Sprecher zu Wort meldet, um damit seine Unterstützung zum Ausdruck zu bringen, und der andere sich einschaltet, um das Wort an sich zu reißen, kann derjenige, der das Wort an sich reißt, leicht dadurch dominieren, daß er die Gesprächsthemen bestimmt und mehr Ideen und Meinungen äußert.

Um erkennen zu können, ob eine Überlappung eine Unterbrechung darstellt, muß man den Kontext in Betracht ziehen (zum Beispiel kommt kooperatives Überlappen eher in zwanglosen Gesprächen unter Freunden als in einem Einstellungsgespräch vor), die verschiedenen Gesprächsstile der Sprecher (Überlappungen bedeuten bei Sprechern, deren Stile ich als »innerlich stark beteiligt« bezeichne, keine Unterbrechungen) und das Zusammenspiel der Gesprächsstile der Sprecher (eine Unterbrechung entsteht eher zwischen Sprechern, deren Gesprächsstile sich hinsichtlich Pausen und Überlappungen unterscheiden). Das soll nicht heißen, daß man nie eine Unterbrechung nutzt, um ein Gespräch oder eine Person zu beherrschen, sondern nur, daß man mit Überlappungen nicht immer die Absicht verfolgt, jemanden zu unterbrechen oder zu dominieren.

»Kannst du nicht mal den Mund aufmachen?«

Schweigt jemand, so deutet man dies oft als Anzeichen von Machtlosigkeit, und wenn jemand den Großteil eines Gesprächs bestreitet, gilt das häufig als gleichbedeutend mit dem Wunsch nach Dominanz. So haben Forscher die Anzahl der gesprochenen Wörter gezählt oder auch die Zeit gemessen, wie lange eine Person gesprochen hat, um nachzuweisen, daß Männer mehr sprechen als Frauen und dadurch die Interaktion dominieren. In manchen Situationen oder Umgebungen ist an dieser Beobachtung zweifellos etwas Wahres. Doch trifft die Verbindung von Redegewandtheit mit Dominanzstreben nicht auf alle Menschen, alle Umgebungen und alle Kulturen zu. Schweigen kann auch das Privileg einer höherrangigen Person, ja ein Machtinstrument darstellen. Stellen Sie sich zum Beispiel ein Verhör vor, bei dem der Polizist ja nur wenig spricht, jedoch über einen Großteil der Macht verfügt.

Den potentiellen Doppelsinn, der darin liegt, wenn man viel oder wenig spricht oder sogar kein Wort sagt, erhellt Margaret Meads Analyse der »End-Verknüpfung«, ein Konzept, das Mead, Gregory Bateson und Geoffrey Gorer gemeinsam entwickelt haben. Danach werden universelle und biologisch konstruierte Beziehungen, etwa die Eltern-Kind-Beziehung, in verschiedenen Kulturen mit verschiedenen Verhaltensweisen verknüpft. Zu den paradigmatischen Beispielen gehört die Zuordnung von Zuschauerschaft und Zurschaustellung – das heißt, die Frage, wer handelt und wer schweigend zuschaut. In der amerikanischen Mittelschicht wird von den Kindern, die in dieser Konstellation offenkundig die schwächere Partei sind, erwartet, daß sie sich zur Schau stellen, während die mächtigeren Eltern die Zuschauerschaft bilden. Denken Sie zum Beispiel an die amerikanischen Kinder, die man ermutigt (oder zwingt), sich den Gästen vorzustellen oder zu beweisen, wie gut sie das Alphabet aufsagen oder Klavier spielen können. Im Gegensatz dazu wird das Zurschaustellen in der britischen mittleren und oberen Mittelschicht mit der elterlichen Rolle und die Zuschauerschaft mit den Kindern in Zusammenhang gebracht, von denen man erwartet, daß man sie weder sieht noch hört.

Amüsanterweise trifft Cheney und Seyfarth zufolge die Annahme, wonach höherrangige Individuen laut und viel sprechen, für zumindest einige Affen in einigen Settings zu.

Im südlichen Afrika sind weibliche Vervet-Meerkatzen mit hohem Status normalerweise (aber keineswegs immer) die aktiveren und aggressiveren Teilnehmer in Begegnungen zwischen einzelnen Gruppen als die Weibchen mit niedrigem Rang; außerdem stoßen sie mehr *wrrr*-Rufe aus.

Am Arbeitsplatz kommt es oft zu dem Fall, daß Personen mit einem höheren Status mehr sprechen, aber nicht immer. So beherrscht während einer Besprechung die höherrangige Person unter Umständen das Gespräch, sie kann aber auch still dasitzen, alles aufnehmen und die anderen darüber im unklaren lassen, welchen Eindruck sie auf sie machen. So habe ich einmal in einem Unternehmen einen Mann beobachtet, der die Richtung einer Sitzung stark beeinflußte, obwohl er sich kaum einmal zu Wort meldete. Daß er aus England kam, mag dabei durchaus eine Rolle gespielt haben. Mitunter fiel es ihm schwer, sich in die Gespräche zwischen den amerikanischen Teilnehmern einzuschalten, weil sie schneller abliefen, als er es gewohnt war. Eines Tages, als ich ihm bei seiner Arbeit zusah, telefonierte er mit einem Landsmann in England, wobei er den Telefonlautsprecher anstellte, so daß ich dem Gespräch zuhören konnte. Das langsame Tempo und die langen Pausen überraschten mich. Häufig meinte ich, die Pausen deuteten auf den Schluß hin, aber das Gespräch ging weiter. Als es zu Ende war, fragte ich, welchen Eindruck er von dem Gespräch gehabt habe, worauf er antwortete, er habe sich sehr wohl gefühlt, das Gespräch habe genau das richtige Tempo gehabt, um sich angenehm unterhalten zu können. Da ich die langen Pausen gehört hatte, begriff ich, warum es ihm so schwerfiel, sich in Gesprächen zwischen Amerikanern Gehör zu verschaffen, in denen keine Gesprächslücken entstehen, in denen er sich zu Wort melden konnte.

Das Beispiel zeigt, daß die Menge, die Personen sprechen, womöglich aus Unterschieden im Gesprächsstil statt aus den Absichten des einzelnen resultiert. Das Tempo und die Pausen sind Gesprächsbestandteile, die sich je nach regionalem, kulturellem und subkulturellem Hintergrund stark unterscheiden. Unterhält man sich mit Menschen, die längere Pausen als erwartet einlegen, so wird einem unbehaglich zumute und man fängt an zu reden, um die Pausen zu füllen. Und das führt dann dazu, daß man selbst ununterbrochen redet – und den anderen die Schuld daran gibt, daß sie ihren Part nicht übernehmen. Wenn man mit anderen Personen spricht, die kürzere Pausen als erwartet einlegen, dann fangen sie an zu sprechen, um das zu füllen, was ihnen als unbehagliches Schweigen erscheint. Dabei kommt man dann selbst nicht zu Wort – und macht die anderen dafür verantwortlich, daß man selbst nicht zum Zug gekommen ist.

Ein weiteres sichtbares Zeichen dafür, wer über Macht verfügt, ist, wer die zu erörternden Themen bestimmt. Auch dieses Vermögen kann aus Unterschieden im Gesprächsstil resultieren; denn wer zuerst spricht, legt meist auch das Thema fest. Ein Sprecher, der glaubt, daß der andere sich zu einer bestimmten Frage nicht weiter äußern möchte, versucht dann vielleicht, das Gespräch durch einen Themenwechsel in Gang zu halten. Doch wird ein Sprecher, der eigentlich noch mehr sagen wollte und die Pause nur eingelegt hat, um Atem zu schöpfen, das Gefühl haben, daß man ihm das Wort entzogen und daß man auf aggressive Weise das Thema gewechselt hat. Das kann auch geschehen, wenn ein Sprecher die Äußerung eines anderen »überlappt«, weil er kooperativ sein möchte, wie ich im vorigen Abschnitt erläutert habe, doch den anderen Teilnehmern als jemand erscheint, der das Gespräch ständig unterbricht. Mit anderen Worten: Jeder Unterschied im Gesprächsstil, der zu einer Unterbrechung führt, kann auch zur Polarisierung von zwei Sprechern – in einen wortreichen und in einen schweigsamen – führen sowie den Eindruck hervorrufen, daß der scheinbare Unterbrecher die Wahl der Themen bestimmt hat. Und doch kann das Gefühl, der eine Teilnehmer habe dominiert, aus Unterschieden in den Gesprächsstilen herrühren.

Streiten um der Freundschaft willen

Man hat häufig beobachtet, daß männliche Sprecher einen eher konfrontativen Gesprächsstil bevorzugen. Sie streiten, geben Anweisungen und vertreten eine andere Meinung um des bloßen Streits willen, während Frauen Konfrontationen eher vermeiden. Sie arbeiten zusammen, stützen den anderen und machen Vorschläge, statt Anweisungen zu geben. Wie ich in Kapitel 2 erörtert habe, vertritt der Kulturlinguist Walter Ong die These, daß »Adversavität« (Gegnerschaft) – die Neigung zu streiten – universell ist, aber »eine auffällige oder ausdrückliche Adversavität eine größere Rolle im Leben von Männern als im Leben von Frauen spielt«. Mit anderen Worten: Es kann durchaus vorkommen, daß sich Frauen streiten, aber Männer streiten eher, weil sie Spaß daran haben.

Was aber bedeutet es, daß Männer mehr streiten als Frauen?

Eines gewiß nicht: daß Frauen deshalb untereinander stärker verbunden wären. Da sich Status und Bindung gegenseitig bewirken, können sowohl Streitereien als auch das Schließen von Bündnissen, um andere zu bekämpfen, unter Männern starke Bindungen hervorrufen: ein Beispiel wäre hier die Zugehörigkeit zu einer Sportmannschaft oder Gleichaltrigen-Gruppe. So erinnert sich ein Mann, daß er sich in der Jugend nach Schulschluß mit seinen Freunden amüsierte, indem sie untereinander Kämpfe organisierten. Nach der letzten Stunde legte man fest, wer mit wem in wessen Garten ringen würde. Diese Auseinandersetzungen waren ein fester Bestandteil der Freundschaft unter den Jungen und führten nicht zu gegenseitigen Feindschaften. (Man betrachte im Gegensatz dazu eine nur aus Mädchen bestehende Gruppe, die sich ein Mädchen mit niedrigem Status aussucht und auf ihm herumhackt, ohne es auch nur anzurühren.)

Ich denke hier auch an meinen fünfundachtzigjährigen Onkel, der sich immer noch jedes Jahr mit seinen Kameraden aus dem Zweiten Weltkrieg trifft, obwohl die Angehörigen seines Battaillons aus ganz verschiedenen gesellschaftlichen Kreisen und verschiedenen Regionen stammen. Man kann sich kaum vorstellen, daß etwas anderes als die Kriegserlebnisse die Männer von so unterschiedlicher Herkunft zusammengeschmiedet und diese Verbundenheit innerhalb der Gruppe herbeigeführt hat. Ein Mann, den man irrtümlich nach Vietnam geschickt hatte, gab dies sogar als Grund an, warum er nicht auf den Irrtum aufmerksam gemacht hatte und wieder in die USA zurückgekehrt war: »In Vietnam habe ich gemerkt, ich gehöre dazu«, sagte er. »Die Freundschaft zwischen uns Männern im Krieg war die intensivste Erfahrung, die ich je in meinem Leben gemacht habe.«

In den Sagen der Völker gibt es viele Geschichten, in denen Kämpfe die Voraussetzung für eine Männerfreundschaft bilden. Robert Bly erzählt eine solche Geschichte, die er als Jospeh Campbells Darstellung des sumerischen Gilgamesch-Epos deutet. In Blys Version will sich der junge König Gilgamesch mit einem wilden Mann namens Enkidu anfreunden. Als Enkidu von Gilgamesch hörte,

wurde sein Herz leicht. Er sehnte sich nach einem Freund. »Gut!« sagte er. «Und ich werde ihn herausfordern!«

Bly gibt die Fortsetzung der Geschichte in seinen Worten wieder: »Danach reist Enkidu in die Stadt und lernt Gilgamesch kennen; die beiden ringen miteinander, Enkidu gewinnt, und die beiden werden unzertrennliche Freunde.«

Eine zeitgenössische Entsprechung der Bindungen, die sich aus einer solchen rituellen Gegnerschaft ergeben, findet sich in der Geschäftswelt, wo Individuen durchaus auch konkurrieren, sich streiten, sogar zur Durchsetzung ihrer Ansicht miteinander kämpfen, ohne deshalb persönliche Feindseligkeit zu empfinden. Gegnerschaft als ritualisierte Form der Prüfung ist am stärksten institutionalisiert im Rechtswesen, wobei man erwartet, daß jede Seite ihr Bestes gibt, die anderen anzugreifen, nach Beendigung des Falls aber alle Beteiligten die freundlichen Beziehungen aufrechterhalten.

Diese Beispiele zeigen, daß Aggression eine Methode sein kann, mit anderen Personen eine Bindung einzugehen. Viele Kulturen sehen in Streitereien ein wohltuendes Zeichen für intime Nähe. Die Linguistin Deborah Schiffrin untersuchte Gespräche zwischen Männern der unteren Mittelschicht *und Frauen* mit einer osteuropäischen, jüdischen Herkunft in Philadelphia. Dabei stellte sie fest, daß ein freundliches Wortgeplänkel zu den wichtigsten Möglichkeiten zählte, mit denen sie ihre Freundschaft feierten und stärkten. Ein vergleichbarer Ethos besteht, laut der in Deutschland gebürtigen Linguistin Heidi Byrnes, bei Deutschen, die gern streitlustige intellektuelle Debatten über so kontroverse Themen wie Politik und Religion führen. Byrnes weist darauf hin, daß dies in interkulturellen Begegnungen allerdings recht negative Folgen hat. So versuchten deutsche Studenten ihre freundschaftliche Haltung gegenüber amerikanischen Studenten zum Ausdruck zu bringen, indem sie hitzige Wortgefechte über die US-amerikanische Außenpolitik anstrengten. Aber die Amerikaner, die es für unangemessen hielten, mit jemandem zu streiten, den man gerade erst kennengelernt hatte, lehnten es ab, sich an dem Streit zu beteiligen. Daraus schlossen die deutschen Studenten, daß Amerikaner uninformiert und leidenschaftslos sind, während die Amerikaner am Ende des Gesprächs überzeugt waren, Deutsche seien streitlustig und unhöflich.

Die Linguistin Christine Kakava zeigt, daß auch Gespräche im heutigen Griechenland durch freundliches Streiten gekennzeichnet sind. Anhand der Analyse von Gesprächen am Abendbrotstisch, die sie auf Tonband aufnahm, konnte sie feststellen, daß die Angehörigen einer griechischen Familie Spaß an Streitgesprächen haben. In einer von Kakava und mir gemeinsam durchgeführten Studie konnten wir zeigen, daß heutige griechische Sprecher ganz automatisch unterschiedliche Ansichten vertreten, wenngleich sie in Wahrheit gleicher Meinung sind – ein Verhalten, das ich ebenfalls beobachten konnte und das auch mein Unbehagen während meiner Zeit in Griechenland erklärt.

Ich befand mich in einem Vorort von Athen und unterhielt mich mit einer älteren Frau, die ich Ms. Stella nenne. Ms. Stella hatte mir gerade erzählt, sie habe sich bei der Polizei beschwert, weil Bauarbeiter illegalerweise im Nachbarhaus in der Mittagszeit weiter gebohrt und gehämmert hatten und sie dadurch um ihren Nachmittagsschlaf gebracht worden war. Ich wollte höflich sein und stimmte ihr zu, aber sie akzeptierte meine Zustimmung nicht. Es gelang ihr, ihre Unabhängigkeit zu wahren, indem sie ihre Position neu formulierte. Das Gespräch (das ich auf Tonband aufnahm,) verlief folgendermaßen:

DEBORAH: Da haben Sie recht.
STELLA: Ich *habe wirklich* recht. Mein liebes Mädchen, ob ich im
   Recht bin oder nicht, weiß ich gar nicht. Aber ich achte auf
   meine Interessen und meine Rechte.

Offensichtlich glaubte Ms. Stella, recht zu haben, aber sie wollte nicht, daß die angeregte Unterhaltung auf eine solch langweilige Art versickerte, nur weil sie meine Aussage: »Da haben Sie recht«, akzeptierte, und so schaffte sie es, eine andere Meinung zu haben: »...ob ich im Recht bin oder nicht, weiß ich gar nicht.« Aufgrund der Tatsache, daß sie mir widersprach, konnte sie zudem ihre Position stärken.

Das war typisch für viele Gespräche, in die ich während meines Lebens in Griechenland verwickelt wurde. Ich erinnere mich noch sehr gut, wie frustriert ich war, wenn ich etwas sagte, das ich selbst als recht mechanische Form von Zustimmung und Unterstützung ansah und plötzlich feststellen mußte, daß man sich feindselig weigerte, meine Zustimmung anzunehmen. Wenn meine Zustimmungsbekundungen mit streitlustigen Entgegnungen beantwortet wurden, hatte ich oft das Gefühl, daß man mich auf Distanz halten und verunglimpfen wollte. Um dieses Problem aus der Welt zu räumen, bemühte ich mich dann noch intensiver um ein freundliches Gebaren, so daß meine Gesprächsbeiträge regelrechte Litaneien der Zustimmung wurden: Genau! Absolut! Zweifellos! Aber meine griechischen Gesprächspartner waren vermutlich verwirrt, verärgert und gelangweilt von meiner unnachgiebigen Zustimmung und verstärkten ihre Streitlust, um die Unterhaltung zu beleben.

Als Indiz dafür, daß streitbare Auseinandersetzungen dazu beitragen, unter griechischen Freunden eine Verbindung herzustellen, will ich ein Beispiel aus Kakavas Untersuchung anführen. Kakava nahm an dem Gespräch selbst teil. Die anderen beiden Sprecher waren ihre Freunde, zwei Brüder, die sie George und Alkis nennt. George präsentiert stolz einen Gürtel, den man ihm geschenkt hatte. Angeregt stritten die drei Freunde über dessen Farbe:

GEORGE: Ich habe burgunderrote Schuhe, aber der Gürtel hat auch etwas Schwarz drin.
KAKAVA: Hat er wirklich Schwarz drin? Laß mal sehen.
GEORGE: Er hat einen Streifen drin, der irgendwie schwarz wirkt.
ALKIS: Dunkelbraun.
GEORGE: Das ist eine Art Schwarz.
ALKIS: Das ist tabakfarben, du Blödmann! Das paßt zu allem.
GEORGE: Tabakfarben? Was redest du denn da? Bist du farbenblind?

In diesem Geist geführte Unterhaltungen vermitteln Amerikanern oft den Eindruck, als ob sich die Griechen stritten, wenn es sich in Wahrheit um eine lebhaft geführte Unterhaltung handelte.

Mit dieser Erörterung über das Kämpfen und Streiten, das Schweigen und Unterbrechen wollte ich zeigen, daß man nicht bestimmen kann, was eine Sprechweise »wirklich bedeutet«, da dieselbe Sprechweise entweder eine Statusdifferenz oder eine stärkere Bindung erzeugt, oder beides gleichzeitig.

»Liegt es an dir oder an mir?«

Nachdem ich zwei unerschiedliche Sprech- und Verhaltensweisen erklärt habe, werde ich immer wieder gefragt: »Welche ist die bessere?« oder »Welche ist richtig?« Wir alle suchen nach der richtigen Art zu sprechen wie nach dem heiligen Gral. Doch es gibt keine richtige Methode, ebensowenig wie es den heiligen Gral gibt – jedenfalls keinen, von dem wir hoffen können, daß wir ihn finden. Am wichtigsten – und am frustrierendsten – ist aber, daß sich die »wahre« Absicht bzw. das wahre Motiv einer Äußerung nicht allein anhand der angewandten Redestrategie bestimmen läßt.

Absichten und Folgen eines Gesprächs sind nicht identisch. Wenn Menschen einen unterschiedlichen Gesprächsstil haben, kann sich der Effekt des Gesagten sehr von der Intention unterscheiden. Und alles, was zwischen zwei Menschen geschieht, folgt aus den Handlungen beider Personen. Soziolinguisten sagen deshalb, daß alle Interaktionen eine »gemeinsame Produktion« darstellen. Der Doppelsinn von Status und Bindung macht jede Äußerung potentiell doppeldeutig, ja polysem (soll heißen, das Gesagte bedeutet vieles auf einmal).

Wenn wir meinen, wir hätten uns klar ausgedrückt, oder glauben, wir hätten verstanden, was der andere gesagt hat, fühlen wir uns sicher, denn wir sind davon überzeugt, daß wir die Bedeutung der einzelnen Wörter kennen. Wenn aber jemand darauf besteht, die Wörter bedeuteten etwas anderes, haben wir womöglich dasselbe Gefühl wie Alice, die sich von Humpty-Dumpty sagen lassen muß: »Wenn ich ein Wort benutze, dann bedeutet es das, was ich will, nicht mehr und nicht weniger.« Wenn andere anfangen, ihre eigenen Regeln für die Bedeutung von Wörtern aufzustellen, so verlieren wir den Boden unter den Füßen. Dieses Gefühl entspringt auch der Doppeldeutigkeit und Polysemie von Status und Bindung – der Tatsache, daß dasselbe Sprachmittel das eine oder das andere oder beides widerspiegeln und erzeugen kann. Haben wir dies verstanden, können wir leichter die Logik hinter den anscheinend mutwilligen Fehldeutungen der anderen verstehen und dadurch dazu beitragen, daß der Boden unter unseren Füßen ein wenig sicherer wird.

8. Welche Rolle spielen Sex und Geschlecht?

Jedesmal, wenn wir den Mund öffnen, um etwas zu sagen, bringen wir damit eine Hoffnung zum Ausdruck. Es ist die Hoffnung, daß unsere Zuhörer mehr oder weniger verstehen, was wir meinen. Oft haben wir Glück, und unsere Äußerung wird verstanden – jedenfalls soweit wir das erkennen. Aber der Linguist A. L. Bekker zeigt mit Hilfe der Terminologie des spanischen Philosophen José Ortega y Gasset, daß alles, was wir sagen, jede Äußerung, die wir zu einer Unterhaltung beisteuern, sowohl von überschwenglichen Hoffnungen begleitet wird als auch defizitär ist. Unsere sprachlichen Äußerungen sind überschwenglich in dem Sinne, daß die anderen immer Bedeutungen daraus entnehmen, die wir weder beabsichtigten noch darin vermutet haben, weil die anderen mit den Wörtern und Sätzen, die uns fremd sind, bestimmte Assoziationen verbinden. Und defizitär ist alles, was wir sagen, insofern, als den anderen notgedrungen ein Teil der Bedeutung entgeht, die wir unserer Meinung nach ausgedrückt haben; denn wir benutzen Wörter und Sätze, die sie nicht kennen, so daß wir von Bedeutungen ausgehen, die die anderen weder verstehen noch vermuten.

Nirgends sind diese Doppeldeutigkeiten deutlicher spürbar als in den Beziehungen zwischen den Geschlechtern. Dazu gehört auch das Phänomen, das wir heute sexuelle Belästigung nennen. Schon allein die Erwähnung dieses Begriffs löst vorhersehbare und hartnäckige Reaktionen der Wut oder Empörung aus, obwohl sich diese Gefühle womöglich auf ganz verschiedene Seiten der Erscheinung beziehen – Wut gegen die sexuelle Ausbeutung oder auf das, was als Ausbeutung der neuerlichen Beschäftigung damit erscheint. Die Ungenauigkeit der Sprache, die Unerforschlichkeit unserer »wahren« Absichten, die Gefahren von Gesprächen, die sich unseres Erachtens um eine Sache drehen, dann aber ganz anders zu uns zurückkommen, gebrochen in den Vorstellungen eines anderen, als wäre es um etwas ganz anderes gegangen – dies alles und die tiefsten und stärksten Ströme der sexuellen Beziehungen und Mythen trüben die Gewässer, in denen Frauen und Männer am Arbeitsplatz sich bewegen.

Das eine sagen und so verstanden werden, als hätte man das andere gesagt

Nach der zweiten Runde der Voruntersuchungen zum Fall des Richters Clarence Thomas, als das Thema »sexuelle Belästigung« in aller Munde war, machte der Dekan meines Fachbereichs die flapsige Bemerkung: »Soeben habe ich Ihnen zum letztenmal einen Begrüßungskuß gegeben.« Damit brachte er (spielerisch) eine Sorge zum Ausdruck, die viele Männer damals umtrieb und immer noch umtreibt: daß die Beachtung, die man der Frage der sexuellen Belästigung schenkt, den Beziehungen am Arbeitsplatz einen solchen Dämpfer verpassen könnte, daß die Arbeit allen Beteiligten keine Freude mehr macht. Warum, so fragen sich die Männer, wollen uns so viele Frauen den Spaß verderben? Aber jene, die sich um die Gefahren der sexuellen Belästigung Sorgen machen, wollen damit keineswegs ein freundliches Küßchen am Arbeitsplatz verbieten (obwohl mir gute Argumente bekannt sind, die gegen den Austausch von Küssen und Umarmungen zwischen Fakultätsmitgliedern und der Studentenschaft sprechen). Sie möchten nur erreichen, daß Leute feinfühlig wahrnehmen, wie andere auf ihr Verhalten reagieren. Dieselben Annäherungen, die in den meisten Situationen harmlos sind, führen in besonderen Situationen, oder wenn sie sich in besonderer Weise vollziehen, zu einem Gefühl des Unbehagens. Natürlich sind hier die Vorlieben und der individuelle Gesprächsstil der anderen von entscheidender Bedeutung.

Eine amerikanische Studentin hatte einen Sommerjob als Praktikantin im lateinamerikanischen Büro einer US-amerikanischen Firma angenommen. Zwar verhielt sich ihr Vorgesetzter freundlich, und er gab ihr den gewünschten Job, aber sie fühlte sich trotzdem unwohl bei der Arbeit: Wenn er nämlich morgens ins

Büro kam, ging er herum und gab allen Sekretärinnen einen Begrüßungskuß, einschließlich der neuen Praktikantin, die er erst vor kurzem kennengelernt hatte. Nun ist es in diesem lateinamerikanischen Land ganz normal, sich zur Begrüßung auf die Wange zu küssen, doch der Chef der jungen Frau war US-Amerikaner. Außerdem praktizierten die aus diesem Land stammenden Mitarbeiterinnen dieses Begrüßungsritual in geselligen Situationen mit Freunden und Bekannten, aber nicht am Arbeitsplatz. Die Studentin hatte den Eindruck, daß der Amerikaner entweder aufrichtig glaubte, er benehme sich entsprechend den lokalen Sitten und Gepflogenheiten (wobei er einen Brauch, den er in einer anderen sozialen Umgebung beobachtet hatte, falsch anwandte), oder aber seine Stellung als Chef ausnutzte, um sich das Vergnügen zu verschaffen, allmorgendlich einen Schwarm von Frauen zu küssen – Frauen, die ihm dies nicht ohne weiteres verbieten konnten, da er ja ihr Vorgesetzter war. Und wenn sie ihn durch ihre Ablehnung beleidigten, so gab es ja unzählige andere Frauen, die Jobs brauchten, denen es nichts ausmachte, sich mit einem täglichen Kuß auf die Wange abzufinden und so den Job zu behalten.

Die amerikanische College-Studentin war von ihrem Chef nicht auf diese Weise abhängig, denn sie absolvierte ja nur ein Sommerpraktikum und mußte damit nicht ihren Lebensunterhalt finanzieren. Da ihr kein Vorgehen einfiel, wie sie den Chef taktvoll davon überzeugen konnte, daß sie von ihm keinen Kuß haben wollte, mied sie ihn jeden Morgen. Eines Tages aber kam er auf sie zu und wollte sie an sich ziehen und küssen. Da platzte sie heraus: »Ich mag das nicht!« Damit war das Problem – mehr oder weniger – gelöst. Fortan versuchte er nie mehr, ihr einen Kuß zu geben. Doch das Verhältnis zwischen ihnen blieb den ganzen Sommer über gespannt, und an den folgenden Tagen begrüßte er sie morgens gar nicht mehr. Unter den gegebenen Umständen ist das ein vergleichsweise glücklicher Ausgang. Es kam weder zu Wiederholungsversuchen noch zu weiteren Annäherungsversuchen, noch fand sie einen Hinweis darauf, daß der Chef irgend etwas anderes im Sinn gehabt hatte, als ihr einen Kuß auf die Wange zu geben. Aber für Menschen, die das Bedürfnis nach freundlichen zwischenmenschlichen Beziehungen haben, um Freude am Beruf zu empfinden, würde der Vorfall bedeuten, daß sie sich am Arbeitsplatz nicht mehr glücklich und zufrieden fühlen.

Wieder einmal haben wir es mit der Unbestimmtheit (oder, um den Begriff aus dem vorigen Kapitel zu verwenden, der Polysemie) der Sprache und anderer Symbolsysteme zu tun. Das Problem der sexuellen Belästigung ist teilweise auch deshalb so komplex, weil dieselben Symbole in einem Kontext oder für eine Person die eine Bedeutung und eine ganz andere Bedeutung in einem anderen Kontext oder für eine andere Person haben können. Derselbe Satz, dieselbe Geste lassen sich als Ausdruck von Freundlichkeit, Dankbarkeit oder Liebe interpretieren; als Schritt in einem Verführungsversuch; als Forderung, in Sex einzuwilligen; oder als Zeichen mangelnden Respekts. Die junge Frau, die sich von ihrem Chef keinen Kuß geben lassen wollte, verglich diese schlechte Erfahrung mit einer guten mit einem anderen Chef. Den anderen Chef mochte sie sehr; er behandelte sie mit größerer Distanz und hatte formellere Umgangsformen, die sie als Respekt deutete. Als der Sommer zu Ende ging, schickte er ihr Rosen und wünschte ihr viel Glück für das neue Semester. Einer jungen Frau Rosen zu schicken kann eine Geste romantischen Interesses oder (weil jedes Symbol, das man aufrichtig aussendet, auch gefälscht sein kann) ein Schachzug im Rahmen einer Verführung sein. Doch im Kontext der beruflichen Beziehung betrachtete diese Frau es als willkommene Geste der Freundschaft.

Blumen zu schicken ist – wie jede andere symbolische Geste –, ein kulturelles Ritual, das sich im Laufe der Zeit herausgebildet hat. Der Soziologe Erving Goffman hat darauf hingewiesen, daß die westlichen Systeme der Liebeswerbung und der Höflichkeit eng miteinander verknüpft sind, da beide auf demselben, von unserer Gesellschaft entwickelten »Arrangement der Geschlechter« beruhen. Daher kann man das, was als Höflichkeit gemeint war, leicht mit einer Liebeswerbung verwechseln, und ebenso leicht ist es, die von höflichen Umgangsformen gewährten Freiheiten so zu manipulieren, daß sie in eine Form der Liebeswerbung übergehen. Überdies haben die Rituale im Rahmen der Geschlechterbeziehungen unterschiedliche Entwicklungen genommen. Viele sind aus Situationen erwachsen, in denen sich die Geschlechter in der Vergangenheit am häufigsten getroffen haben: in Kontexten der Liebe.

Da sich die Geschlechter am Arbeitsplatz noch gar nicht so

lange als gleichberechtigte Partner begegnen, können sich Probleme einstellen, wenn man die alten Rituale in den neuen Zusammenhang einfügen will. Wenn sich dann noch regionale, ethnische und Altersunterschiede zu der von Natur aus doppeldeutigen Kommunikation hinzugesellen, entsteht eine wahrhaft explosive Mischung.

Auch Männer werden sexuell belästigt – aber das ist etwas anderes

In der Zeit der Voruntersuchungen zum Fall des Richters Clarence Thomas bat man mich, im Radio und im Fernsehen über die Rolle der Sprache bei Fällen sexueller Belästigung zu sprechen. Ich hatte den überwiegenden Teil der vorhergehenden zwölf Monate mit Auftritten in Talk-Shows zu diesem Thema und mit dem Schreiben von Artikeln zum Thema »Geschlechtsspezifische Gesprächsstile« verbracht. Kaum einmal hatte ich negative Reaktionen darauf erhalten. Fast allen gefiel mein unparteiischer Ansatz: Die Gesprächsstile beider Geschlechter haben ihre Berechtigung; jeder Stil hat seine eigene Logik; Probleme entstehen aufgrund des Unterschieds der beiden Stile. Aber als ich mich öffentlich zum Thema sexuelle Belästigung äußerte, mußte ich darauf hinweisen, daß sich die Dinge für Männer und Frauen verschieden darstellen. Daraufhin erhielt ich Beschwerdebriefe von Männern, die das Gefühl hatten, ich hätte sie beleidigt. »Auch Männer werden manchmal sexuell belästigt«, schrieben sie protestierend, und zwar zu Recht. Michael Crichtons neuester Roman *Enthüllung* behandelt dieses Thema. Allerdings zeigt der Roman auch, daß sich – selbst wenn es zu einer solchen Situation kommt – ihre Hauptbestandteile von denjenigen unterscheiden, die der sexuellen Belästigung von Frauen durch Männer zugrundeliegen.

Maureen Dowd faßt die Grundkonstellation des Romans in einer Besprechung folgendermaßen zusammen:

Meredith Johnson, die kühle, hübsche Blondine, ist die neue Chefin von Digital Communications in Seattle. Sie ruft einen der Abteilungsleiter, Tom Sanders, zu sich ins Büro. Es ist die erste gemeinsame geschäftliche Besprechung.

Meredith hat eine gekühlte Flasche Chardonnay bereitgestellt. Ihr Rock ist weit hinaufgerutscht. Sie kickt die Schuhe weg und wackelt mit den Zehen. Mehrmals schlägt sie die Beine übereinander und öffnet sie wieder; sie erklärt, sie trage keine Strumpfhose, weil ihr das »nackte Gefühl« gefalle. Sie öffnet die Lippen und sieht ihn träumerisch durch ihre unnatürlich langen Wimpern an. Sie sagt ihm, er habe einen »hübschen, knackigen Hintern«. Sie bittet ihn um eine Nackenmassage.

Weiter schreibt Dowd über das Buch: »Hier ist der Roman, auf den Hollywood gewartet hat: Sharon Stone als Bob Packwood.« Man vergleiche aber Dowds Schilderung der Handlung mit der Beschreibung des Verhaltens von Bob Packwood, wie sie das *New York Times Magazine* gibt:

Während der Kandidatur zur Wiederwahl im Jahre 1980 war Bob Packwood bestrebt, die Leiterin der Wahlkampagne für Lane County, Ore, zu treffen. Der Senator lud Gena Hutton zum Abendessen in ein Motel in Eugene ein, damit man sich kennenlerne. Hutton, 35 Jahre alte Mutter von zwei Kindern, hatte Photos von ihren Kindern und sogar von ihren Katzen mitgebracht. Als es Zeit zum Gehen war, bot Packwood ihr an, sie zum Wagen zu begleiten. »Als ich den Schlüssel ins Autoschloß steckte«, erinnert sich Hutton, »wirbelte er mich herum, packte mich und zog mich an sich.« Einen Augenblick dachte sie, der Senator wolle sie zum Abschied noch einmal umarmen. Doch dann gab er ihr einen Kuß auf den Mund und zwängte ihr seine Zunge zwischen die Lippen.

Packwoods Verhalten gegenüber Hutton war aggressiv. Er packte sie, zog sie an sich und drängte ihr die Zunge in den Mund. Demgegenüber verhält sich die Frau in Crichtons Roman, obschon sie eindeutig ihre Macht mißbraucht, verführerisch. Sie beginnt nicht, indem sie über Tom herfällt, sondern, indem sie ihn zu sich lockt. Statt ihn mit Gewalt an sich zu ziehen und handgreiflich zu werden, fordert sie ihn auf, zu ihr herüberzukommen und etwas mit ihr zu tun (»Sie bittet ihn um eine Nackenmassage«).

Später schildert Dowd in ihrer Rezension, wie Meredith Tom tätlich angreift: »Sie drängt ihn auf das Sofa und hält ihn darauf fest.« Aber diese körperliche Attacke kommt nach dem oben beschriebenen verführerischen Verhalten, nicht aus heiterem Himmel, wie in dem erwähnten Packwood-Beispiel. Und wenn Tom Sanders Meredith Johnson nicht wegstößt, so nicht deshalb, weil er nicht groß und stark ist und sich nicht wehren kann, sondern weil er seine berufliche Karriere nicht ruinieren will, indem er seine Chefin schlägt. Demgegenüber war Gena Hutton kleiner und weniger kräftig als Bob Packwood, und das ist der Normalfall bei Begegnungen zwischen Mann und Frau. Hutton lehnte Packwoods Einladung, mit ihm ins Motelzimmer zu gehen, zwar ab, aber wenn sie mitgekommen wäre, und wenn er es gewollt hätte, wäre er wohl in der Lage gewesen, sie niederzuwerfen und »am Boden zu halten«, und sie hätte ihn vermutlich aufgrund ihrer körperlichen Unterlegenheit nicht abwehren können.

Verhaltensweisen, die in unserer Kultur mit den Geschlechtern in Zusammenhang gebracht werden, werden unterschiedlich zugeordnet: Vom Mann wird erwartet, daß er sich sexuell aggressiv verhält, von der Frau, daß sie sich sexuell verführerisch gibt. Man stelle sich die Szenen in dem Crichton-Roman vor, wobei die Geschlechterrollen vertauscht wären:

Tom Sanders, der kühle, hübsche Blonde, ist der neue Chef bei Digital Communications in Seattle. Er ruft eine seiner Abteilungsleiterinnen, Meredith Johnson, zu sich ins Büro. Es ist ihre erste gemeinsame geschäftliche Besprechung.

Er hat eine gekühlte Flasche Chardonnay bereitgestellt. Die Hosen sind ihm über die Waden gerutscht. Er kickt die Schuhe weg und wackelt mit den Zehen. Mehrmals schlägt er die Beine übereinander und öffnet sie wieder. Er erklärt, er trage keine Socken, da ihm das »nackte Gefühl« gefalle. Er öffnet die Lippen und sieht Meredith träumerisch durch seine unnatürlich langen Wimpern an. Er sagt, sie habe »einen schönen, knackigen Hintern«. Er bittet sie um eine Nackenmassage.

Es wäre keine Überraschung, wenn Meredith Johnson bei einem derartigen Benehmen von Tom Sanders laut loslachen oder sich denken würde, daß er nicht mehr ganz normal ist. Schon die Beschreibung »kühler, hübscher Blonder« wirkt komisch, weil nur bei Frauen die körperliche Attraktivität ein Schlüsselmerkmal darstellt. Wenn man einen Chef beschreiben wollte, würde man wohl eher seine Körpergröße und die von ihm verkörperte Macht herauskehren.

Die Frau als Hexe

Es mag auf den ersten Blick verwirrend erscheinen, daß die Figur in Crichtons Roman, Meredith, eine Chefin, die einen Untergebenen sexuell belästigt, als jung und hübsch porträtiert wird. Dowd meint, es handele sich dabei um Crichtons Art, das Paradox auf die Spitze zu treiben, wonach »Frauen Macht bei Männern erotisch finden, Männer diese Macht bei Frauen aber als Bedrohung sehen.« Mit anderen Worten, hätte es sich bei der »männermordenden Vorgesetzten« um eine große, physisch überwältigende ältere Frau gehandelt, hätte die Szene, in der sich Meredith Tom in sexueller Absicht nähert, die Leser viel weniger erregt: ein Problem, das nicht aufgetaucht wäre, wenn die Geschlechterrollen vertauscht wären.

Es gibt aber, glaube ich, noch einen anderen Grund, warum der Autor Meredith auf diese Weise beschrieben hat. Auch hier sind letztlich kulturelle Stereotype und kollektive Erinnerungen ausschlaggebend. Ein kulturelles Sinnbild, das aufs engste mit weiblichen Gestalten im Märchen und in der Volkskultur verknüpft ist, ist die Hexe. In ihrem Buch *Reflections on Gender and Science* zitiert Evelyn Fox Keller eine Figur aus einem Stück aus dem Jahre 1659, Walter Charlestons *Ephesian Matron*, die gegen Frauen in Hexengestalt wettert: »Ihr seid die wahren *Hyänen*, die uns durch eure schöne Haut verführen; und wenn die Torheit uns in eure Nähe geführt hat, springt ihr auf uns und verschlingt uns.«

Es ist diese Angst, von einer Frau, die ihn anzieht, verschlungen zu werden, die Angst, die durch diese Anziehung angeregt wird, die atavistische Ängste im Mann auslösen kann. Die Angst entspringt dem Gefühl, die Beherrschung zu verlieren, das stets mit sexueller Anziehung einhergeht. Mit anderen Worten: Es ist ge-

rade die schöne, verführerisch-lockende Frau, die Männern Angst
einjagt (insbesondere, wenn sie »cool« bleibt und die Kontrolle
über ihre sexuellen Verführungskünste behält), und zwar so, wie
es einer großen, physisch bedrohlichen Frau nicht zu Gebote
stünde. Zwar könnte eine solche Frau einen Mann in einer realen
Begegnung ängstigen, aber die Vorstellung von einer großen,
unattraktiven Frau, die einen Mann zu verführen versucht, würde
im Herzen der meisten Männer keinen Schrecken hervorrufen,
sondern sie eher zum Lachen reizen; statt ihre tiefsitzenden Ängste anzusprechen, würde ihnen die Frau lediglich ungereimt und
deshalb komisch erscheinen.

Die Vorstellung von der Frau als Hexe liegt meines Erachtens
auch einem anderen populären, von einem Mann verfaßten literarischen Werk zum Thema sexuelle Belästigung zugrunde: David
Mamets Theaterstück *Oleanna*. Darin richtet eine Studentin namens Carol einen Professor, John, zugrunde, indem sie ihn fälsch-
lich der sexuellen Belästigung und anschließend der Vergewaltigung beschuldigt. Der Handlungsort ist das Büro des Professors.
Im ersten Akt ist Carol unsicher und zurückhaltend, sie gesteht,
sie könne die Seminaranforderungen nicht erfüllen und habe
große Angst, deshalb den Seminarschein nicht zu bekommen.
»Ich verstehe das nicht«, klagt sie. »Ich sitze im Seminar, ganz
hinten, und ich lächle, aber ich verstehe nicht, worüber die anderen reden. Ich bin einfach dumm.« Der Professor ist gerührt. Da
er fürchtet, es sei seine Schuld, nicht ihre, daß sie im Seminar nicht
mitkommt, will er sein Versäumnis wiedergutmachen. Er versi-
chert ihr, er werde ihr Privatunterricht geben; sie werde eine sehr
gute Note bekommen. Am Ende des ersten Aktes legt er ihr den
Arm um die Schulter, um sie zu trösten. Im zweiten Akt erfahren
wir, daß Carol gegen John eine Klage wegen sexueller Belästigung
eingereicht hat, und zwar in dem Augenblick, als seine Berufungs-
verhandlungen (die wichtigste berufliche Phase, wenn man eine
Professur erhalten will) in der Schwebe sind.

Man kann sich leicht eine authentische Situation vorstellen, in
der ein Professor einer Studentin den Arm um die Schulter legt,
um sie zu trösten, und sie daran Anstoß nimmt. Schwerer fällt es
schon zu glauben, daß sie weiter geht und eine förmliche Beschwerde einreicht. Später in dem Stück erhöht Carol allerdings
den Einsatz und droht, sie werde John wegen Vergewaltigung an-

zeigen. Die dann folgende Handlung verläßt das Reich der Realität und führt in die Welt des Alptraums. Im zweiten Akt ist Carol in ein anderes Wesen verwandelt. Sie ist jetzt artikuliert, selbstsicher und greift an. Nun ist sie es, die steht, den Mann belehrt und unterbricht, während er dasitzt, hilflos und sprachlos.

Als ich das Stück sah, war ich von Carols Wandlung vom ersten zum zweiten Akt völlig verblüfft. Ich konnte diese Transformation nur als Zeichen mangelhafter dramaturgischer Fähigkeiten betrachten. Doch durch die Beschreibung von Hexen im Mittelalter wird sie verständlich. Das Stück fängt ein, warum das Phänomen der sexuellen Belästigung Männern soviel Angst macht. Vergleichbar einer Hexe kann eine Frau einen Mann durch ihre schöne Haut und ihre vorgetäuschte Schwäche verführen, danach über ihn herfallen und sein Leben zerstören. (Die gleiche tiefsitzende Angst kommt auch in der biblischen Geschichte von Samson und Delila zum Ausdruck.) Der Professor in Mamets Stück erklärt, er habe immer das Gefühl gehabt, die Autoritäten wären hinter ihm hergewesen: seine Eltern, die ihm sagten, er begreife nichts, und in ihm das Gefühl weckten, er sei dumm, die Vorgesetzten und nun der Berufungsausschuß. Das Stück zeigt, daß die Fähigkeit, laut »sexuelle Belästigung« zu rufen, den Studentinnen eine ähnliche Macht über ihn einräumt, da ja – theoretisch – jede Studentin einen Fall konstruieren, Klage erheben und ihn vernichten kann.

Deshalb auch scheinen Männer und Frauen so häufig zwei ganz unterschiedliche Seiten ein und desselben Phänomens wahrzunehmen. Der Aspekt der sexuellen Belästigung, der die Ängste der Frauen mobilisiert, ist das Schreckgespenst des verbalen oder körperlichen Angriffs durch einen Mann, dessen Griff sie sich nur schwer entwinden können. Diesen Gesichtspunkt tun viele Männer leichthin ab. Manche empfinden es sogar als Beleidigung, weil sie aus der Aussage »die *Möglichkeit* von Gewalt gegen Frauen ist allgegenwärtig« die (offenkundig unbegründete) Anschuldigung herauslesen, alle Männer wären Vergewaltiger. Der Aspekt, der bei den meisten Männern im Vordergrund steht, ist die Angst vor einer falschen Anklage – die viele Frauen als unbegründet erachten, da die Anklage der Klägerin ungemein schaden kann. Viele Frauen sind ihrerseits beleidigt wegen der Befürchtungen vieler Männer, die sie als Beschuldigung begreifen, alle Frauen wären manipulative Lügnerinnen. Tatsächlich kommt es weitaus häufiger vor, daß Frauen mißhandelt oder sexuell belästigt werden, als daß sie falsche Anklage erheben; diese Tatsache verringert aber nicht die Macht, die jede dieser Ängste über diejenigen ausübt, die sich mit der einen oder anderen Seite identifizieren.

Meines Erachtens wollen die meisten Männer ihren Status und ihre Stellung nicht mißbrauchen, um Frauen zu verletzen, zu kränken und auszubeuten. Doch viele anständige Männer stellen sich besorgt die Frage: Was würde ich tun, wenn jemand gegen mich falsche Anklage erhebt? Da diese Männer nicht erkennen, daß jene, die sich einer schweren sexuellen Belästigung schuldig gemacht haben, Dinge tun, die sie im Leben nicht tun würden, stellen sie sich die Frage: »Was habe ich – in aller Unschuld – gesagt, das man womöglich mißversteht?« Auch hier spielt es keine Rolle, daß die Frauen relativ selten falsche Anklagen vorbringen; es reicht schon, daß die theoretische Möglichkeit besteht, und es hat genügend Fälle gegeben, um diese Möglichkeit wahrscheinlich wirken zu lassen. Mit anderen Worten: Jede Gruppe neigt dazu, die tiefen Ängste der anderen als unbegründet abzutun. Die eigenen Ängste jeodch erhalten ihre Nahrung durch das Bewußtsein, daß ein solches Ereignis eintreten könnte.

Sein und ihr Blickwinkel

Die Aufführung von *Oleanna*, die ich besucht habe, endete damit, daß der Professor die Studentin unter den aufmunternden Rufen des Publikums schlug. Häufig ist die körperliche Mißhandlung – bzw. die Möglichkeit – ein unterschwelliges, wenn nicht offenes Element in Fällen sexueller Belästigung, und eine unterschiedliche Einstellung zur Gewalt drückt sich häufig darin aus, daß Männer und Frauen in der gleichen Situation ganz unterschiedlich reagieren.

Bob Levey, Kolumnist der *Washington Post*, beschrieb einmal einen Vorfall, bei dem eine Frau eines Tages gegen Mitternacht in Washington D. C. ein Taxi bestieg. Als sich die Tür hinter ihr geschlossen und sich der Wagen in Gang gesetzt hatte, sah die

Frau, daß die Fahrerlizenz nicht für den Fahrgast sichtbar angebracht war, wie es gesetzlich vorgeschrieben ist. Als sie den Fahrer
bat, er möge ihr seine Lizenz zeigen, lehnte er dies nicht nur ab,
sondern wurde sauer; er schrie sie an und hörte bis zum Ende der
Fahrt nicht auf, sie verbal zu verunglimpfen. Sicher am Ziel ange-
kommen, sprang sie aus dem Wagen und erstattete Anzeige. In der
Verhandlung erklärte sie, sie fühle sich immer bedroht, wenn sie
abends allein ausgehe, und daß sie Angst habe, in einem Taxi mit
einem fremdem Mann zu sitzen, der sie anschrie. Außerdem habe
sie sich nicht frei gefühlt, aus dem Taxi zu flüchten, ehe sie ihr Ziel
erreicht hatte, da sie das in noch größere Gefahr gebracht hätte.
Levey war der Auffassung, daß es sich, solange der Fahrer sie
nicht schlug, sondern bloß anschrie, um ein geringfügiges Vergehen handele. Da er aber neugierig geworden war, ob andere mit
seiner Deutung übereinstimmten, führte er eine informelle Befragung durch. Er fragte alle Frauen und Männer, die er zufällig traf,
nach ihrer Meinung. Dabei stellte er eine völlige Übereinstimmung fest – allerdings gesondert nach Geschlecht: Alle Frauen
waren der Meinung, daß es beängstigend sei, wenn ein fremder
Mann einen weiblichen Fahrgast spätabends mit Verbalinjurien
überschüttete, und daß der Taxifahrer ein gravierendes Vergehen
begangen habe. Alle Männer meinten, es sei nicht schlimm, solange man die Frau lediglich anschrie.

Zwar gehört zu diesem Vorfall keine sexuelle Belästigung im
engeren Sinne, doch stimmen Leveys Erkenntnisse ziemlich genau
mit den Ergebnissen von Untersuchungen überein, wonach Männer glauben, daß man von einem Fall von sexueller Belästigung
erst dann sprechen darf, wenn es zu Tätlichkeiten kommt, während Frauen häufig sprachliche Übergriffe in dieselbe Kategorie
miteinbeziehen. Warum entstehen die unterschiedlichen Perspek-
tiven? Meiner Ansicht nach hängt das mit dem Gefühl der Bedrohung zusammen, das die meisten Frauen verspüren, vage oder
ganz deutlich (je nach dem Kontext und ihren Erlebnissen mit
Männern). Dies ist eine Situation, mit der die meisten Männer
nicht ständig leben und die sie deshalb nicht nachvollziehen können. Die extremste Form ist die Angst, vergewaltigt zu werden;
aber die Furcht vor männlicher Gewalt ist der Kernpunkt.

In jüngster Zeit ist viel darüber diskutiert worden, daß im Kino
und im Fernsehen Sexualität und Gewalt immer stärker verknüpft

werden. Diese Verbindung kommt aber auch in zahllosen beiläufigen Bemerkungen seitens der Männer zum Ausdruck. Ein Mann, der die Einkaufsabteilung eines großen Versandunternehmens leitete, fand Gefallen an einer der Frauen im Vertrieb. Wenn sie sich an ihn wandte – was sie tun mußte, damit sie die Bestellungen ausführen konnte –, zog er sie häufig scherzhaft auf, er werde sie zu Boden werfen und sie wild und leidenschaftlich lieben. Daß er in ihr das Schreckgespenst einer sexuellen Begegnung mit ihm geweckt hatte, empfand sie an sich schon als beunruhigend, doch die Anspielung, er werde sie zu Boden werfen, »haute« sie endgültig »um«, auch wenn sie keine Angst hatte, daß er wirklich über sie herfallen würde. Wahrscheinlich hatte der Einkaufsleiter zwar über Sex, nicht aber über Gewalt scherzen wollen und war nicht der Meinung, daß er der Frau mit einem sexuellen Übergriff drohte. Doch ob er nun der Meinung war oder nicht – der Akt, jemanden zu Boden zu werfen, vermischt sexuelle Leidenschaft mit körperlicher Gewalt.

Ein Mann erzählte mir einmal, er sei mit einem Freund Auto gefahren, als vor ihnen eine attraktive junge Frau die Straße überquerte. »Die würde ich gern einmal richtig bumsen«, sagte sein Freund. Ich war irritiert. Sie bumsen? dachte ich. Ist das der Impuls, den eine hübsche Frau auslöst? Sie zu bumsen? Ein anderer Mann erzählte mir, daß ein Kollege eine Frau, mit der sie beide zusammenarbeiteten, mit den Worten beschrieb: »Sie trägt ihre Wirf-mich-auf-den-Boden-und-fick-mich-Schuhe.« Ich bin mir ziemlich sicher, daß die Frau glaubte, sie trage ihre »Sieh-mich-an-und-beachte-mich«-Schuhe. Vielleicht sogar ihre »Bewundere-mich-und-liebe-mich«-Schuhe. Aber »wirf mich auf den Boden«?

Das Motiv, warum aufreizende Kleidung bei einer Frau bei manchen Männern Gewaltphantasien auslöst, erhellte sich mir durch die Äußerungen eines sprachgewandten Studenten namens William King.

King saß mit einem Freund in seinem Wagen, als vor ihnen eine Frau die Straße überquerte. Im folgenden gebe ich die Unterhaltung wieder, wie King sie erinnerte:

FREUND: Mann, sieh dir die an, wie die herumstolziert. Die hält sich für was Besonderes.

KING: Ja.

FREUND: Mit der würde ich gern mal ausgehen und ihr 'n paar Sachen zeigen.

KING: Hm. Genau.

Kings Analyse zufolge nahm sein Freund der Frau die sexuelle Macht, die sie über ihn hatte, übel: der Freund fühlte sich – Kings Worte – der Frau »unterlegen«. Deshalb reagierte er auf sie, indem er sie sich als Sexsklavin vorstellte, wobei *er* den Ton angab.

Dies trägt zwar zur Erklärung der assoziativen Verbindung von Gewalttätigkeit und Sex bei (und des Umstands, daß mehr Männer als Frauen provozierende Kleidung als »Herausforderung« betrachten), doch wird der Sachverhalt deshalb nicht weniger beunruhigend.

Die Bedrohung durch Gewalt

Ob das Schreckgespenst der Gewalt nun mit Sexualität in Zusammenhang gebracht wird oder nicht, für Frauen stellt diese Verknüpfung eine unterschwellige Bedrohung dar, sobald sie mit Männern zusammen sind, so vage und verschwommen die Frauen sie auch wahrnehmen. Erving Goffman hat gezeigt, daß jede Form angedrohter Gewalt die Kehrseite männlicher Höflichkeit ist: Beide Verhaltensformen gehen von der physischen Schwäche der Frau aus – im Gegensatz zur angenommenen Stärke der Männer. Viele Männer verstehen diese These nicht und reagieren beleidigt. Manche Männer reagieren bereits gekränkt oder werden zornig, wenn sie sie nur hören. Viele Männer würden nie jemandem absichtlich wehtun und reagieren angewidert auf körperliche Gewalt. (Wer meint, Frauen hätten ein Monopol auf gewaltfreies Denken, sollte sich die großen Pazifisten Mahatma Gandhi, Bertrand Russell und Martin Luther King ins Gedächtnis rufen.) Manche Männer antworten empört: »Wie können Sie es wagen, alle Männer stereotyp als gewalttätig zu kennzeichnen?« Der springende Punkt ist nicht, daß alle Männer gewalttätig sind. Es ist das Bewußtsein, daß es zu Gewalttätigkeiten kommen *kann*, das

Wissen darum, daß *einige Männer* (gleichgültig, wie wenige, obgleich die Statistiken über häusliche Gewalt zeigen, daß es sich um keine geringe Zahl handelt) gewalttätig sind, das diese Aura erzeugt – sogar bei Frauen, die niemals geschlagen worden sind. Weil Männer im Regelfall größer und stärker sind und weil wir Mädchen in unserer Jugend eher von Jungen als von Mädchen körperlich angegriffen wurden, ist dieses Bewußtsein stets präsent.

Ich weiß noch, wie mich ein mir unbekannter älterer Junge in Brooklyn, wo ich aufwuchs, gegen die Backsteinmauer eines Eck-Gemüseladens drängte. Es war einer der furchterregendsten Augenblicke meiner Kindheit. Ich erinnere mich zwar nicht mehr, was der Junge wollte, doch habe ich immer noch lebhaft die überwältigende Kraft seiner Hände im Gedächtnis, mit denen er meine Handgelenke an die Mauer drückte, wie er sich meinem Gesicht näherte und wie ich eine List anwandte, um mich aus der Sache herauszureden. (Ich sagte, daß das Schild an meinem Elternhaus, auf dem stand, meine Mutter sei »Elektrologin«, bedeute, sie sei Richterin.) Von den Jungen, die ich während meiner Jugend, in der ich viele Spielkameraden hatte, kennenlernte, war er der einzige, der mich körperlich angriff. (Schneeballwerfen und Jagen war etwas anderes.) Trotzdem ging ich nie wieder ohne Begleitung zu dieser Straßenecke. Wenn meine Mutter mich bat, etwas einzukaufen, willigte ich nur ein, wenn ich in einem anderen Geschäft einkaufen durfte. Auch empfand ich danach die Gegenwart von Jungen, die ich nicht kannte, als einschüchternd.

Die junge Frau, die in dem lateinamerikanischen Land ihr Praktikum machte, benutzte das Wort »eingeschüchtert«, um den Eindruck zu beschreiben, den der Chef, der sie auf die Wange geküßt hatte, in ihr auslöste. Dieser Ausdruck taucht in Gesprächen von Frauen über ihre Beziehungen zu Männern so oft auf, daß ich mich fragte, was er eigentlich bedeutet. Schließlich kam ich zu dem Schluß, daß er sich – wenn auch nur indirekt – auf das vage Gefühl der physischen Bedrohung bezieht, das viele Frauen in der Nähe von Männern verspüren, auch wenn nur eine geringe oder gar keine Gefahr besteht, tatsächlich attackiert zu werden.

»Einschüchtern« ist auch der Ausdruck, den Captain Carol Barkalow verwandte. Sie zählte zur ersten Gruppe von Frauen, die eine Ausbildung an der Militärakademie West Point absolvierten. Der Ausdruck beschrieb den Gesprächsstil eines Ausbil-

dungsoffiziers unter ihrem Befehl, als sie in einem Luftwaffen-
stützpunkt in Deutschland stationiert war.

Eines Tages kam Sergeant Wood in mein Büro gestürmt und
sagte: »Wissen Sie, Lieutenant Barkalow, wenn es hier zu
einem Feuergefecht kommt, werde ich alle Frauen erschießen.«
Als wäre dies kein Versuch, mir Angst zu machen, fragte ich
ruhig: »Sergeant Wood, warum möchten Sie so etwas tun?«
»Damit sie mir nicht im Wege sind.«
»Sergeant«, sagte ich, »Sie produzieren hier nichts weiter als
heiße Luft. Wenn Sie unter Beschuß geraten, werden Sie nur an
eins denken – wie Sie ihren Arsch retten können.«

Daß Lieutenant Barkalow bewußt war, daß dieser Sergeant weder
sie noch die anderen Frauen in dem Stützpunkt erschießen würde,
steht wohl fest. Doch durch den Versuch, sie zu »prüfen« und »ihr
seine Macht zu zeigen«, deutete er die Möglichkeit an, Gewalt
gegen Frauen anzuwenden.
Eine Frau, die in ihrer Investmentfirma eine Spitzenposition
bekleidete, berichtete mir einmal von einer hitzigen Meinungsverschiedenheit mit einem männlichen Kollegen hinsichtlich der
Frage, ob man ein weiteres Büro in Chicago eröffnen solle. Der
Mann wurde immer wütender, sein Gesicht wurde rot, er näherte
sich immer weiter ihrem Gesicht und lehnte sich über ihren
Schreibtisch. Sie wurde so zitterig, daß sie sich immer wieder beruhigend sagen mußte: »Bleib ganz ruhig – er wird es nicht wagen,
dich zu schlagen.« Später verblüffte sie weniger die Tatsache, daß
der Mann so wütend geworden war und daß er ihr einen derart
großen Schrecken eingejagt hatte, als vielmehr der Umstand, daß
ihr sofort in den Sinn kam, er werde über sie herfallen, da sie in
ihrem Leben noch nie mit körperlicher Gewalt konfrontiert worden war.
Das unterschwellige Bewußtsein, daß Frauen Opfer von Ge-
waltanwendung werden können, bekommt eine besondere Bedeutung, wenn eine Frau eine unerwartet steile Karriere macht; denn
dies verstärkt das Argument, daß ein körperlicher Angriff – bzw.
dessen Androhung – ein Zeichen der Wut (bzw. Angst) gegenüber
einer Frau darstellt, von der man glaubt, sie wolle Macht über die
Männer erlangen. Diese Haltung kam auf erschreckende Weise in

einem Cartoon zum Ausdruck, der 1992 während des Präsident-
schaftswahlkampfes im *New York Newsday* erschien. Der Cartoon, der die Versuche der Republikaner verulkte, Hillary Clinton in ein negatives Licht zu rücken, zeigte sie als Opfer eines
Straßenüberfalls: Der Körper einer Frau liegt flach auf dem Boden, neben ihr liegt ein Aktenkoffer, darauf der Name »Hillary«.
Der Aktenkoffer war besonders beunruhigend. Vielleicht wollte
der Cartoonist damit nur Mrs. Clinton kenntlich machen, doch
als vertrautes Symbol für einen angesehenen Beruf symbolisierte
der Koffer neben dem ausgestreckten Körper, man habe Mrs.
Clinton als Vergeltung dafür angegriffen, daß sie sich über den ihr
zukommenden gesellschaftlichen Platz hinausgewagt hat.

Als mein Buch *Das hab' ich nicht gesagt!* herauskam, erschienen lediglich zwei Besprechungen: die eine in der Zeitschrift *MS.*,
die andere in der ultrakonservativen Zeitung, die Reverend Sun
Yun Moon gehört, der *Washington Times*. Die Überschrift, unter
der die Rezension in der *Washington Times* erschien, lautete
»Debbie treibt Gespräche«, in bewußter Anspielung auf einen bekannten pornographischen Film. In der Besprechung wurde ich
durchgehend »Debbie« genannt, und sie endete mit Formulierungen, die klarmachten, mein Mann hätte mich häufiger übers Knie
legen sollen:

> Wenn sie mit dem aufgeblasenen Vokabular, das sie in ihrem
> Buch ausbreitet, über ihn hergefallen wäre... hätte sich sein
> Groll durchaus über das rein Verbale hinaus äußern können.
> Auch hätte der geduldige Leser durchaus Sympathie für eine
> solche Reaktion.

Das Vergehen, das nach Auffassung des Rezensenten eine körperliche Mißhandlung rechtfertigte, war interessanterweise mein
»aufgeblasenes Vokabular« – soll heißen, eine Frau, die so redet,
ist großspurig, anmaßend. Daß ich promoviert hatte, Professorin
war und Status und Anerkennung auf meinem Forschungsgebiet
erlangt hatte, das alles zählte nicht – oder genauer gesagt: Eben
diese Eigenschaften hatten den Impuls ausgelöst, mich herabzusetzen und mich an mein Geschlecht und somit an meine Verletzlichkeit zu erinnern. In den Augen des Rezensenten und der Redakteure der Zeitung reichte die Tatsache, daß ich eine Frau war,

um mich mit einem pornographischen Filmstar zu vergleichen und mich als Frau darzustellen, auf die man unbekümmert einprügeln durfte.

Es geht um die Macht – auf allen Ebenen

Es ist eine landläufige Meinung, daß es bei sexueller Belästigung nicht um Sex, sondern um Macht gehe. Ich halte das für richtig, doch die Tatsache, daß es auch um Sex geht, ist nicht ohne Belang. Vielmehr ist in unserer Kultur Sexualität mit Macht eng verknüpft. Am wichtigsten aber ist, daß die damit verbundene Aussage nicht immer zutrifft, nämlich daß sexuelle Belästigung notwendigerweise die Androhung von Vergeltung gegenüber einer Person in einer unterlegenen Position beinhaltet. Zwar ist dies zweifellos eine häufige Konstellation, und vielleicht die beängstigendste, doch das ist nur die halbe Wahrheit. Sexuelle Belästigung läßt sich auf jeder Machtebene erfahren: Sie kann zwischen Gleichaltrigen erlebt werden, und sie ist auch eine häufige Form der Unterwerfung derjenigen, die einen höheren Rang einnehmen, durch Personen, die in der Hierarchie tiefer rangieren.

Daß man in einer Hierarchie eine hohe Position einnimmt, ist kein Schutz vor sexuellen Annäherungsversuchen, bei denen wir uns unbehaglich fühlen. Es gibt den inzwischen bekannten Fall der Senatorin für den Staat New York, die öffentlich schilderte, wie oft ihre männlichen Kollegen ihr das Leben schwer machten, indem sie sie daran erinnerten, daß sie eine Frau war. Ein Erlebnis trug sich zu, als sie sich an einem Mann vorbeidrängen mußte, der bereits auf seinem Sitz saß, um zu ihrem Sitz im Sitzungssaal des Senates zu gelangen. Der Mann weigerte sich, Platz zu machen, so daß sie über ihn hinwegklettern mußte. Angenommen, sie trug einen knielangen Rock, kann man sich leicht vorstellen, in welch kompromittierende Lage er sie damit brachte. Wie vielen Frauen – glaube ich – kam es der Senatorin offenbar nicht in den Sinn, daß sie den Mann herausfordern konnte, indem sie sich weigerte, über ihn hinwegzusteigen – vielleicht, indem sie sich auf den Sitz einer anderen Person setzte und – wenn diese Person am Schauplatz des

Geschehens eintraf – erklärte, daß dieser Kollege sie nicht an ihren Platz heranlassen wollte. (Wahrscheinlich wäre es gar nicht soweit gekommen: Vermutlich wäre er aufgestanden, wenn er gesehen hätte, daß sie nicht über ihn hinwegsteigen wollte.)

Sogar Mitglieder des Repräsentantenhauses der Vereinigten Staaten sind vor solchen Verhaltensweisen nicht gefeit: In einem Artikel über Frauen im Repräsentantenhaus wird die Kongreßabgeordnete Jill Long mit den Worten zitiert, ein männlicher Kollege habe »mir wegen meines Aussehens Komplimente gemacht und dann gesagt, er werde mich durch den Saal jagen. Da er nicht mein Chef war, machte mir das keine Angst. Aber ich war gekränkt und peinlich berührt.«

Diese Politikerinnen hatten ein ungutes Gefühl, als ihre Kollegen ihnen gegenüber sexuelle Anzüglichkeiten äußerten. Ähnliches ergab eine Untersuchung aus dem Jahr 1993: Obwohl 73 % der Assistenzärztinnen sagten, sie seien von männlichen Kollegen sexuell belästigt worden, äußerten viele der von mir interviewten Ärztinnen, sie seien von Kommilitonen, Praktikanten und Ärzten ebenso oft oder öfter als von Professoren belästigt worden. So erinnerte sich eine Ärztin, die einzige in ihrem Lehrkrankenhaus, daß die schlimmsten Übeltäter zwei Psychiater gewesen wären. Insbesondere an einen erinnert sie sich:

Eines Tages machte ich mit ihm Visite, und er sagte doch tatsächlich, es riecht / hier / nach Frau. Dabei drehte er sich zu mir um und sagte: »Das kommt von Ihnen.« Er sagte, Frauen seien östrisch, und fügte an: »Ich rieche es, wenn eine Frau in der Nähe ist.«

Es war – es war wirklich übel. Es war ein sehr – es war ein mieses Spiel. Es war ein Trick. Ich wußte nicht, was ich sagen sollte. Also habe ich das getan, was alle Frauen tun, wenn ihnen nichts mehr einfällt. Ich habe geschwiegen. Aber ich fühlte mich gedemütigt. Ich war irrsinnig verlegen, und ich erinnere mich, daß ich große Angst hatte. Ich spürte, wie mein Herz pochte. Es war fast, als hätte man mich bei einer Missetat ertappt.

Diese Ärztin berichtete mir von dieser Erfahrung und weiteren Erlebnissen und verwies darauf, daß gleichrangige Männer sie einfach dadurch demütigen konnten, daß sie auf ihre weibliche Sexualität aufmerksam machten.

Dies scheint auch zu erklären, warum es so beunruhigend, ja, einschüchternd auf Frauen wirken kann, wenn man pornographische Materialien deutlich sichtbar in ihrer Nähe plaziert. Eine Frau, die an ihrer Dissertation im Fach Linguistik arbeitete, war gebeten worden, ein Lehrbuch mit einem anderen Studenten zu teilen. Da sie ein Auto besaß und er nicht, bot sie an, ihm das Buch zu bringen, sobald sie es durchgearbeitet hatte. Als sie bei ihm zu Hause eintraf, um ihm das Buch zu geben, stellte sie entsetzt fest, daß überall im Zimmer pornographische Zeitschriften herumlagen. Vergnügt bat er sie, Platz zu nehmen, aber sie konnte sich erst setzen, nachdem sie eines der Hefte weggeräumt hatte, das aufgeschlagen dalag und eine Frau in einer pornographischen Pose zeigte.

Eine andere Frau wurde als Leiterin einer Abteilung eingestellt, die ausschließlich aus Männern bestand. Einige von ihnen ließen pornographische Fotos von Frauen an Orten liegen, von denen sie wußten, daß die Frau darauf stoßen würde. Nach welcher Logik stellt es eine Form sexueller Belästigung dar, wenn man pornographische Fotos herumliegen läßt? Die Fotos sollten schockieren und verlegen machen und dafür sorgen, daß sich die Frau unbehaglich fühlt. Aber wie unterscheidet sich dies von anderen Arten von Passageriten, die Männer in untergeordneten Positionen mitunter durchführen, um einen neuen Chef auf die Probe zu stellen oder ihm »das Leben schwer zu machen«? Ist der Grund darin zu suchen, daß Pornographie oder jede Anspielung auf Sex die neue Leiterin daran erinnert, daß sie eine Frau ist, daß die Männer sie als Objekt ihres sexuellen Verlangens sehen und – was den Frauen am meisten Angst macht – daß Sex als Vorwand für körperliche Übergriffe verwandt werden kann? Die Doktorandin, die sich in der Studentenbude eines Kommilitonen von Pornographie umgeben fühlte, berichtete, daß sie neben dem Gefühl, erniedrigt zu werden, auch Angst verspürt hatte.

Schwieriger ist es für manche zu verstehen, warum Materialien gar nicht pornographischen Inhalts sein müssen, sondern einfach freizügig, um bei Frauen ein unbehagliches Gefühl hervorzurufen. Dies gilt besonders dann, wenn sie gewalttätige Elemente enthalten. Die Kongreßabgeordnete Marjorie Margolies-Mezvinsky schildert ein Erlebnis, das ihr während der ersten Amtsperiode widerfuhr:

> Im vorigen Sommer wurden alle Neulinge von der Motion Picture Association of America zu einer Filmvorführung eingeladen. Weil wir so viele waren, lud man uns in zwei Gruppen ein. Die erste Gruppe sah *In the Line of Fire*. Diejenigen von uns, die am nächsten Abend gingen, sahen Michael Crichtons *Rising Sun*, in dem ein Video, in dem eine Frau vergewaltigt wird, immer wieder abgespielt wird.
>
> »Der Film war einfach furchtbar schlecht ausgewählt, und wir alle empfanden das gleiche. Wir saßen mit unseren Kollegen da und wurden immer verlegener«, sagt Karen Shepherd [Kongreßabgeordnete für Utah], die den Film besonders ekelhaft fand... »Tags darauf mußten wir alle in den Plenarsaal und neben den Männern arbeiten und so tun, als lebten wir nicht in einer Gesellschaft, die Frauen auf diese Weise zeigt. Eine sehr, sehr schwierige Lage.«

Besonders unangenehm war das Erlebnis deswegen, weil es beleuchtet, daß sich die gerade in den Kongreß gewählten Frauen von ihren männlichen Kollegen deutlich unterscheiden, – d. h. verletzlicher sind.

Frauen sind schuldhaft

Aufgrund dieser Konstellation –, nämlich daß man, indem man eine Frau an ihr Frausein erinnert und dadurch als sexuell unterlegen und (was am wichtigsten ist) körperlich verletzlich betrachtet – wird das Frausein an sich »schuldhaft«. Diesen Begriff prägte Erving Goffman, um das Gefühl einzufangen, durch das man eine Person verlegen machen kann bzw. den Eindruck erwecken, sie sei im Irrtum, weil sie eine besondere Eigenschaft besitzt. Zwar gibt es auch Situationen, in denen ein Mann »schuldhaft« werden kann, nur weil er ein Mann ist – beispielsweise, wenn das Gespräch auf sexuelle Belästigung oder Vergewaltigung kommt und er das Gefühl hat, man wolle das Verhalten aller Geschlechtsgenossen in Zweifel ziehen –, doch eine Frau kann in jeder Situation und zu jeder Zeit schuldhaft werden. (Ähnlich ist das Jüdisch- oder Afroamerikanischsein zu jeder Zeit in unserer Gesellschaft schuldhaft, und zwar auf eine Weise, wie es für das Christ- oder Weißsein nicht gilt, auch wenn es Situationen gibt, in denen das zutreffen kann.)

Eine Methode, mit der häufig auf die Sexualität einer Frau aufmerksam gemacht wird, besteht darin, ihr flüchtige Blicke zuzuwerfen. So berichtete mir eine Frau, daß sie einmal einen jungen Mann als Assistenten einstellen mußte; der arme Kerl war ziemlich nervös, was sich unter anderem darin zeigte, daß er ihr immer wieder auf die Brust sah. Es ist unwahrscheinlich, daß er in ihr absichtlich ein unbehagliches Gefühl hervorrufen wollte. Schließlich bewarb er sich um einen Job, und wenn er sie beleidigte, würde sie ihn nicht einstellen. Die wahrscheinlichste Erklärung war, daß es sich um einen unwillkürlichen Tick handelte, ein Zeichen seines Unbehagens. Die meisten Frauen kennen die Erfahrung, daß der Blick eines Mannes immer wieder auf ihre Brust zielt. Das kann zwar ein Anzeichen von Interesse, Bewunderung oder eine Aufforderung sein, doch die meisten Frauen nehmen es als flüchtigen, aber irritierenden Hinweis wahr: »Du bist eine Frau, und ich denke an dein Geschlecht, weniger an deinen Verstand, deine Autorität oder das, was du mir sagst.«

Zwar können Männer wie Frauen durch unerwünschte sexuelle Annäherungen aus der Fassung gebracht werden und unsicher sein, wie sie damit umgehen sollen, doch gibt es eine Methode, die Sexualität in den Vordergrund zu spielen, die besonders kompromittierend für Frauen ist. Warum sind es fast ausschließlich Frauen, die obszöne Anrufe erhalten? Als ich in einer nationalen Fernsehsendung auftrat, bei der die Zuschauer anrufen sollten, erhielt ich einen obszönen Anruf, bei dem der Anrufer einfach auf sein Geschlechtsteil anspielte. Warum würde dies einem Mann in öffentlicher Position viel seltener passieren? Warum gab ein Besucher im Büro der Kongreßabgeordneten Rosa DeLauro seine Adresse im Gästebuch mit »Dick Hurtz, 131 Penis Drive« an? (Liegt in dem Nachnamen, der so buchstabiert war, daß er an »hurts« (verletzen) denken ließ, die verschleierte Drohung, er werde sie sexuell angreifen?) Hat der Mann die gleiche Adresse in den Gästebüchern von männlichen Kongreßabgeordneten angegeben? Einen Mann daran zu erinnern, daß er ein sexuelles Wesen ist, scheint für ihn nicht kompromittierend zu sein. Ganz im Gegenteil – viele Männer betrachten ihre Sexualität als Form ihrer Tüchtigkeit, nicht in ihrer Verletzlichkeit. Wenn man einen Mann also daran erinnert, daß er ein geschlechtliches Wesen ist (ausgenommen der Fall, daß sein sexuelles Verhalten als unangemessen erachtet wird), würde dies – wenn es sich überhaupt auswirkt – sein Image stärken, statt kompromittierend zu wirken. Und deshalb macht sich auch niemand die Mühe, diese Frage aufzubringen.

Es gibt zahlreiche Indizien dafür, daß die weibliche Sexualität in unserer Gesellschaft als »befleckend« erachtet wird. Ein Beispiel aus einem ganz anderen Bereich bildet die Meldung einer Zeitung darüber, daß Graham Leonhard, der Bischof von London, beunruhigt war über den Beschluß seiner Kirche, Frauen zum Priesteramt zuzulassen: »Weil die Hand jedes Bischofs ›befleckt‹ wäre, nachdem er sie der Frau, die er ordinierte, auf den Kopf gelegt hat, könnte der Erzbischof von Canterbury ›fliegende Bischöfe‹ ernennen, die in die Diözesen der abweichlerischen Bischöfe reisen [d. h. zu denen, die keine Frauen zum Priesteramt zulassen wollen] und statt ihrer die schmutzige Arbeit übernehmen.«

Das Gefühl, daß Frauen befleckend sein können, machte auch der von mir zitierten Ärztin das Leben schwer, die von einem Psychiater gedemütigt worden war. Zu einem früheren Zeitpunkt während ihrer Ausbildung, als sie die einzige Ärztin in einem katholischen Lehrkrankenhaus war, durfte sie nicht in dem Ärzteheim wohnen, wo das schwierige Leben eines Assistentenarztes durch die Arbeit einer Hausmeisterin erleichtert wurde. Jahre später erinnerte sich die Ärztin:

Dort gab es eine Hausmeisterin, die – die die Zimmer machte… und praktisch die Mutterrolle übernahm. Sie sorgte dafür, daß die Ärzte, die Dienst hatten, Kleinigkeiten zum Essen vorfanden, und sie war sehr fürsorglich und absolut wunderbar. Sie machte den Ärzten die Wäsche und erledigte Besorgungen – sie war phantastisch, die Mutter der Kompanie. Und raten Sie mal? Das alles galt für mich nicht, ich durfte dort nicht wohnen. Man ließ mich nicht in dem Ärzteheim wohnen.

Schlimmer noch: sie durfte keinen Fuß in das Gebäude setzen, in dem die Ärzte wohnten:

> Die Hausmeisterin sagte, sie werde mich dort nicht dulden, womit sie zum Ausdruck brachte, sehr klar zum Ausdruck brachte, daß ich diese Männer beschmutzen würde.

Interessanterweise glaubte die Hausmeisterin nicht, daß *ihre* Anwesenheit beschmutzend wirkte. Vermutlich deshalb, weil sie meinte, sie bewege sich innerhalb desselben Gebäudes in einem anderen Reich, ebenso wie Frauen und Männer in einigen Kulturen dasselbe Haus bewohnen, sich aber in verschiedenen Teilen davon aufhalten. Die Ärztin hingegen hätte das »Männerhaus« im selben Bereich benutzt, den auch die Männer bewohnten.

Daß eine Frau als beschmutzend angesehen werden kann, ist die letzte Position, auf die man sich zurückzieht, um einer Frau das Leben schwerzumachen, und zwar ungeachtet, wo man innerhalb einer Hierarchie zu dieser Frau steht.

Wer hat hier das Sagen?

In den obigen Beispielen ist der relative Rang und damit die Macht unter den Teilnehmern zwar verschieden verteilt, aber recht klar voneinander abgegrenzt. Viele Fälle sind jedoch doppeldeutig, und die Einführung von sexuellen Anspielungen oder Anträgen kann sich als Schachzug im Aushandeln von Macht erweisen.

Wie ist die Macht zwischen einem Autor und einem Lektor verteilt? In mancher Hinsicht haben Lektoren Macht über die Autoren. Ein Lektor entscheidet, ob ein Buch veröffentlicht wird oder nicht; er gibt den Autoren Aufgaben und setzt Abgabetermine fest; er sagt dem Autor, was am Manuskript zu ändern ist, damit es angenommen wird.

In dieser Hinsicht hatte ich einmal ein unerhörtes Erlebnis mit einem Lektor. Ich schrieb mein erstes Buch, und der Lektor bestand darauf, ich solle ihn in seinem Hotelzimmer treffen, um den Manuskriptentwurf, den ich ihm zugeschickt hatte, mit ihm zu besprechen. Ich willigte widerstrebend ein und verabredete mit ihm, daß wir uns in der Cafeteria treffen. Doch als wir Platz genommen hatten und das Manuskript besprachen, meinte er plötzlich, man könne in dieser lauten Umgebung nicht arbeiten und wir sollten doch auf sein Zimmer gehen. Da ich durch seine berufliche Stellung eingeschüchtert war und keine Übung darin hatte, Einwände gegen vermeintlich nicht verhandelbare Forderungen zu erheben, ging ich mit ihm auf sein Zimmer. Zunächst besprachen wir weiter das Manuskript, doch als wir damit fertig waren, meinte er plötzlich, er müsse sich jetzt umziehen, stand auf und begann, sich auszuziehen. Ich sprang zur Tür, verließ aber nicht das Zimmer, da ich fürchtete, ihn zu kränken. Statt dessen blieb ich stehen, den Rücken zu ihm, und senkte den Kopf in mein Manuskript, wobei ich ihn aus dem Augenwinkel im Blick behielt, so daß ich losstürmen konnte, falls er sich mir nähern würde. Er kam nicht herüber. Aber ich arbeitete erst an dem Buch weiter, als der Lektor nicht mehr für mich zuständig war, da ich sonst ja beruflich mit ihm zu tun gehabt hätte. Ich setzte mich erst wieder an das Buch, als seine Stelle freigeworden war – aus Gründen, die man mir nicht mitteilte.

In diesem Szenario aus meinem Leben hatte der Lektor die Macht. Ich war jung und hatte noch kein Buch veröffentlicht, und deshalb wollte ich den Mann, der an der Pforte Wache stand, durch die ich hindurchwollte, auf keinen Fall kränken. Mein Buch würde ja erst herauskommen, wenn er seinen Segen dazu gegeben hatte. Im folgenden Beispiel scheinen die Machtbeziehungen zwischen Autor und Lektor umgekehrt zu sein. Eine Lektorin berichtete mir von einem Erlebnis, bei dem ein Autor darauf bestand, daß er das Manuskript bei ihr vorbeibringen durfte. Als er eintraf, erzählte er ihr von den sexuellen Phantasien, die ihn nicht mehr losließen, seit er sie kennengelernt hatte. Ich war überrascht und fragte die Lektorin, ob das schon einmal passiert sei und ob ihre Kolleginnen ähnliche Erlebnisse gehabt hätten. Sie antwortete, daß diese unangenehmen sexuellen Annäherungsversuche seitens der Autoren nichts Ungewöhnliches seien. In ihren Worten: »Sicherlich handelt es sich um sexuelle Belästigung, wenn sich ein wichtiger Autor einer Lektorin unaufgefordert sexuell nähert. Zwar hat ein Autor im engeren Sinne keine Macht über einen, aber er weiß, daß er für den Verlag wichtig ist und daß man selbst die

Schuld bekommt, wenn er mit seinem Buch zu einem anderen Verlag geht.«

Entscheidend ist hier die relative »Wichtigkeit« des Autors: Unbekannte Autoren sind stärker darauf angewiesen, daß ihr Buch erscheint, als daß der Verlag ihr Buch herausbringen muß. Doch jeder Verlag braucht etablierte Autoren mit bekannten Namen, und wenn diese Autoren unzufrieden sind, können sie leicht einen anderen Verleger finden, der das Buch herausbringt. Die »Wichtigkeit« der Autoren war in den Beispielen unterschiedlich.

Das Arzt-Patient-Verhältnis wird oft als klassisches Beispiel für eine Situation angeführt, in der die Macht asymmetrisch verteilt ist: Der Arzt ist in der überlegenen, der Patient in der unterlegenen Position (allerdings ist die Machtbalance in Privatpraxen komplizierter, da der Patient den Arzt bezahlt und wechseln kann). Dies kommt in einer Reihe von Verhaltensmustern zum Ausdruck: Ärzte lassen die Patienten typischerweise warten und tragen weiße Kittel als Symbol ihrer höheren Position, während die Patienten normale Straßenkleidung tragen oder sogar ausgekleidet sind. Die Forscher, die Gespräche zwischen Ärzten und Patienten untersucht haben, haben ferner festgestellt, daß die Ärzte eher das Gespräch unterbrechen, direkte Informationsfragen stellen, mehr reden, das Thema unvermittelt wechseln und ganz allgemein die Interaktion beherrschen. Aber bei allen diesen Gesprächsabläufen befinden sich die Ärztinnen auf der Skala etwas weiter in dem Bereich, den wir von »machtlosem« Verhalten gegenüber »mächtigem« Verhalten gekennzeichnet sehen. Meinen eigenen Interviews zufolge werden Ärztinnen eher als Ärzte von Patienten mit Vornamen angesprochen. Sie werden auch eher unterbrochen (wie die Soziologin Candice West gezeigt hat) und holen die Zustimmung des Patienten ein, ehe sie das Thema wechseln (gemäß einer Untersuchung der Linguistin Nancy Ainsworth-Vaughn, die ich an früherer Stelle erörtert habe).

In Übereinstimmung mit dem Bild der Ärzte als denjenigen, die über Macht verfügen, und dem Bild der sexuellen Belästigung, die einseitig von den Mächtigen gegenüber den Machtlosen geübt wird, haben viele wissenschaftliche Untersuchungen ergeben, daß sich ein geringer Prozentsatz (aber eine vergleichsweise große Anzahl) von Ärzten, aber auch Geistlichen, Richtern, Psychotherapeuten, Professoren und Trainern den ihnen untergebenen Frauen unaufgefordert sexuell nähert. Zwei besonders ungeheuerliche Beispiele sind in zwei Monographien dargestellt worden: Das Buch *Doc* erzählt die wahre Geschichte eines sehr geachteten Arztes in Utah, der systematisch viele der Frauen, die zu ihm in die gynäkologische Praxis kamen, vergewaltigte. Dafür suchte er sich naive und sexuell unerfahrene Mormoninnen aus; er versteckte sich hinter einem Tuch und führte einfach sein Geschlechtsteil statt das gynäkologischen Instruments in die Vagina ein. (Als ich in einer Radio-Talk-Show auftrat, riefen viele Zuhörerinnen an und berichteten von ihren Erlebnissen, als Ärzte sie sexuell mißbrauchten.)

Barbara Noël berichtet in dem gemeinsam mit Kathryn Watterson geschriebenen Buch *You Must Be Dreaming* von ihren Erfahrungen mit Dr. Jules Masserman, dem ehemaligen Präsidenten der American Psychiatric Association und Vizepräsidenten der Abteilung für Psychiatrie und Neurologie an der Northwestern University in Evanston, Illinois. Dr. Masserman betäubte seine Patientinnen mit Amytal. Dabei sagte er, das Medikament helfe, den Widerstand gegen die Probleme zu lösen, die sie in Wahrheit hatten. Eines Tages erwachte Noël während der Behandlung – der Arzt lag auf ihr und hatte Verkehr mit ihr. Schließlich traten achtundzwanzig andere ehemalige Patienten (darunter drei Männer) mit ähnlichen Geschichten an die Öffentlichkeit; auch sie waren von Dr. Masserman betäubt und anschließend sexuell mißbraucht worden.

Die Konstellation in diesen Beispielen scheint eindeutig: Die Ärzte befinden sich in einer Machtposition, also mißbraucht ein geringer Prozentsatz von ihnen diese Macht und nutzt die Patienten sexuell aus. Eine kürzlich im *New England Journal of Medicine* veröffentlichte Studie ergab, daß 77% der befragten Ärztinnen das Gefühl hatten, von Patienten sexuell belästigt worden zu sein. Mit anderen Worten – Frauen erleben sexuelle Belästigung durch Männer, über die sie theoretisch Macht haben, ebenso wie von Männern, die Macht über sie haben.

Diese Art von sexueller Belästigung ist zwar weit weniger kraß als in den oben genannten Beispielen, doch zeigen neuere Forschungen, daß Ärztinnen häufig zum Gegenstand unerwünschter sexueller Aufmerksamkeiten seitens ihrer Patienten werden. So ergab eine Befragung unter Hausärztinnen in Ontario, Kanada, die Susan Phillips (eine Ärztin) und Margaret Schneider (eine Psychologin) durchführten, eine sehr ähnliche Prozentzahl: Mehr als 75 % sagten, sie seien von Patienten belästigt worden, die sie unsittlich berührten, um unnötige genitale Untersuchungen baten, ihnen Gegenstände und Briefe, die mit Sex zu tun hatten, schickten und sie körperlich angriffen. Die Ärztinnen berichteten, daß es zu geringfügigen Vorfällen einmal im Monat kam und sich extreme Fälle ein paarmal im Jahr zutrugen. Die Untersuchung von Philips und Schneider enthält authentische Gespräche; die Soziolinguistin Nancy Ainsworth-Vaughn gibt ein eher unauffälliges Beispiel für ein solches Gespräch.

Als Teil ihrer noch nicht abgeschlossenen Forschungen über Arzt-Patient-Gespräche hielt Ainsworth-Vaughn – mit Einwilligung aller Beteiligten – die Interaktionen zwischen 23 Patienten und 8 Ärzten in Privatpraxen fest. Zu den dreiundzwanzig Patienten zählte ein Mann, der im Beisein einer Ärztin regelmäßig sexuelle Themen und Witze aufbrachte. Schon die übliche Begrüßung hatte einen sexuellen Unterton: »Na, was haben Sie so getrieben, und mit wem?« Bei einer Gelegenheit erinnerte ihn etwas bei der ärztlichen Untersuchung an den Film *Frankenstein Junior*, und er ergriff die Gelegenheit, eine Textzeile zu zitieren: »›Wie wär's mit ein bißchen Liebe im Heu?‹ (lacht) ›Oh, das wippt so schön.‹ Erinnern Sie sich?« Diese Ärztin äußerte gegenüber Ainsworth-Vaughn, die Witze des Patienten hätten sie nicht gestört; sie betrachte sie einfach als Ausdruck seines persönlichen Gesprächsstils. Aber die Schwestern in ihrer Praxis empfanden seine Anspielungen als beleidigend. Eine Arzthelferin sagte zu der Forscherin: »Wir losen, wer ihn hineinbringen muß [in das Behandlungszimmer].« Tatsächlich meinten die meisten Frauen, denen ich diese Beispiele vorlegte, daß ihnen Anspielungen auf »Liebe im Heu« und »wippt so schön« in einer geschäftsmäßigen Situation unangenehm sein würden. Die Frauen hatten das Gefühl, daß der Patient die Ärztin herabsetzen wollte, um dem Machtungleichgewicht im Arzt-Patient-Verhältnis entgegenzuwirken; diese Deutung wurde dadurch gestützt, daß der Patient in den Gesprächen mit Ainsworth-Vaughn großen Wert darauf legte, von Ärzten nicht eingeschüchtert zu werden. Eine Psychiaterin an der University of Southern California sagte ausdrücklich, daß sie Annäherungen, die Patienten während körperlicher Untersuchungen versuchen, in dieser Richtung interpretiert: »Die Patienten müssen einen herabsetzen, damit man selbst niedriger und ›kleiner‹ als sie erscheint.«

Was trifft nun zu? Ist eine Anzüglichkeit ein Zeichen der Zuneigung, des Verlangens, dem anderen näher zu kommen, oder aber eine Herabsetzung? Handelt es sich um eine Herabsetzung, wenn sich eine Patientin einem Arzt während einer körperlichen Untersuchung nähert oder ihn wissen läßt, daß sie an einer intimen Beziehung mit ihm interessiert ist? (Man kann das für eine sexuelle Belästigung halten, ob man es nun für eine Herabsetzung hält oder nicht.) Da dieselben sprachlichen Mittel benutzt werden, um beide Botschaften auszusenden, sind beide Interpretationen möglich. Es kann sich sogar um beides gleichzeitig handeln: Weil der Patient die Ärztin mag, möchte er sie auf seine Ebene herunterziehen, damit er ihr näherkommen kann. Weniger wahrscheinlich ist es, daß die Annäherung durch eine Patientin gegenüber einem Arzt als Herabsetzung verstanden wird, und zwar aufgrund der stereotypen Konstellation der Geschlechterbeziehungen in unserer Kultur: Ein Mann »erobert« eine Frau, indem er sie überwältigt. Dies gehört zum kulturellen Erbe, das im Bewußtsein der Bevölkerung weiterlebt, wenngleich es nicht mehr von allen Leuten offen gebilligt wird. Jedenfalls ist stets ein aktuelles oder potentielles Element der Angst vorhanden, wenn sich Frauen der sexuellen Aggression eines Mannes gegenübersehen. Und diese Angst entsteht sehr viel seltener beim Mann auf die sexuelle Aggression einer Frau. In einer Untersuchung über kanadische Ärztinnen berichteten 26 %, daß das sexuelle Verhalten der Patienten in ihnen Angstgefühle auslöse.

Daß Ärzte sich im Regelfall allein im Untersuchungsraum mit entkleideten Patienten befinden, stellt eine zweideutige Situation dar, die durch die stillschweigende Übereinkunft zwischen beiden Parteien gelöst werden muß, das Potential für sexuelle Beziehungen zu ignorieren, ebenso wie die Zuschauer in einem Theater zustimmen müssen, während der Aufführung nicht zu sprechen, da jeder Zuschauer das Stück stören könnte, indem er sich laut unterhält oder etwas dazwischenruft. Dies erklärt, warum es anstößig sein kann, wenn man sexuelle Themen anschneidet (etwa den »Liebe im Heu«-Witz): Ein solcher Witz durchbricht diese stillschweigende Übereinkunft.

Kulturelle Drehbücher

Sterotype kulturelle Szenarios sind höchst einflußreich und üben eine beträchtliche Macht auf uns aus. Das mußte auch eine weibliche Führungskraft feststellen, die einen Kunden in ein teures New Yorker Restaurant zum Mittagessen eingeladen hatte. Als sie mit dem Hauptgang fertig waren, wurde der Kunde etwas nervös wegen seines engen Terminplans. Das Wetter war schlecht. Die Managerin, die Gastgeberin, ermutigte ihn, sofort loszufahren, und ließ die Rechnung kommen, nachdem der Kunde das Restaurant verlassen hatte. Als sie dem Kellner ihre Kreditkarte reichte, sagte er: »Mit einer Frau wie Ihnen möchte ich auch mal ausgehen.« Sie war schockiert, daß dieser Kellner – obwohl fast alle Essen in dem Restaurant auf Spesen abgerechnet wurden –, gemäß des sterotypen Drehbuchs reagiert hatte: Wenn eine Frau und ein Mann gemeinsam essen gehen, sind sie intim befreundet. Es ist aber nur praktisch, solche Drehbücher zu kennen. So erklärte eine Frau, daß sie sich gleich zu Beginn ihrer beruflichen Karriere vorgenommen habe, mit männlichen Kunden nur Mittagessen, keine Abendessen zu vereinbaren, es sei denn, sie kannte die Männer (und wenn es ging, auch deren Frauen) extrem gut. Sie hatte die Erfahrung gemacht, daß man ein Abendessen unter Umständen eher als romantische Situation mißversteht.

Das Drehbuch, das Frauen und Männer in bestimmten Situationen auf die Rolle der Liebespartner festlegt, ist im Hintergrund immer vorhanden, obwohl es die meisten Leute beiseite legen können, wenn sich die Geschlechter am Arbeitsplatz begegnen. Es läßt sich aber nicht bestreiten, daß diese Drehbücher die Beziehungen zwischen den Geschlechtern am Arbeitsplatz komplizieren, und das auf eine Weise, wie es zwischen gleichgeschlechtlichen Kollegen nicht geschieht, es sei denn, die teilnehmenden Personen sind lesbische Frauen oder homosexuelle Männer. Vielleicht reagieren viele Menschen deshalb so irrational ablehnend auf Homosexualität: weil dadurch Situationen heikler werden, in denen sie sich frei von derlei Verwicklungen fühlen. Ein Mann und eine Frau, die die Tür hinter sich schließen, um ein privates Treffen abzuhalten, befinden sich in einer Lage, in der Sex möglich ist – was auch auf zwei Frauen oder Männer, die homosexuell sind, zutrifft. In den meisten Situationen am Arbeitsplatz kommen alle Seiten überein, diese Möglichkeit nicht auszunutzen und auch nicht darauf anzuspielen – es sei denn, die Betreffenden unterhalten eine Liebesbeziehung. Wenn die eine Person auf diese Idee verfällt und die andere nicht und sie sich ihr dennoch, entweder körperlich oder verbal, sexuell nähert, resultiert daraus eine sexuelle Belästigung.

Affären im Büro und andere Spannungen

Wenn Status und Bindung die beiden Seiten ein und derselben Medaille sind (wie ich im vorigen Kapitel gezeigt habe), kann man sich kaum eine Situation vorstellen, in der sie enger miteinander verknüpft sind als bei einer Affäre im Büro – zumal, wenn diese zwischen Vorgesetzten und Untergebenen stattfindet. Vielleicht ist jedes Verhältnis – wie jede zwischenmenschliche Beziehung – zum Teil ein Machtkampf, da beide Partner immer abhängiger voneinander werden und aushandeln müssen, wessen Vorlieben ihre gemeinsamen Handlungen bestimmen werden.

Da wir heute soviel Zeit am Arbeitsplatz verbringen, ist es nicht überraschend, daß sich viele Liebesbeziehungen im Kollegenkreis ergeben. Personen, die in der Vergangenheit vielleicht damit gerechnet haben, dem zukünftigen Partner im weiteren Familienkreis und in religiösen Organisationen zu begegnen, lernen diese Partner heute viel eher im Beruf kennen. So ergab eine Untersuchung des japanischen Sozialministeriums aus dem Jahr 1993, daß 42,3 Prozent der japanischen Ehen zwischen Partnern geschlossen werden, die sich am Arbeitsplatz kennenlernen. Ich kenne keine diesbezüglichen Statistiken oder Untersuchungen für die USA, aber jeder kennt langfristige Beziehungen und Ehen, die aus Freundschaft am Arbeitsplatz entstanden sind, einschließlich meine eigene. (Ich zum Beispiel lernte meinen Mann, der Professor für Englisch ist, an einem akademischen Institut kennen.) Die gemeinsamen Interessen und Zeitpläne, die oft mit dem gleichen Beruf einhergehen, können eine hervorragende Voraussetzung für eine glückliche Beziehung bilden. Es kann aber zu Situationen am Arbeitsplatz kommen, die im Verhältnis von Status und Bindung große Unruhe stiften.

Die Affäre zwischen einem Chef und einer ihm direkt Untergebenen kann in einem Unternehmen großen Schaden anrichten. (Diese Erkenntnis muß wohl dem militärischen Verbot zugrundeliegen, wonach es innerhalb einer Befehlskette zu keinerlei Fraternisierungen kommen darf.) Eine Gefahr ist auch die Vetternwirtschaft (ein Phänomen, das in Unternehmen zu Uneinigkeit führen kann, egal, worin die Ursache bestehen mag): Angestellte werden bevorzugt behandelt, entweder, weil der Chef seinen Lieblingen einen Gefallen tun will, oder weil er diese aufgrund seiner Zuneigung als fähiger ansieht, als sie sind, oder aus Angst vor ihrem Zorn, wenn sie nicht ihren Willen bekommen (vor allem, wenn die Affäre zu Ende geht und der Chef verheiratet ist). Aber auch das Gegenteil kann vorkommen: Man wertet ein wirklich herausragendes Können als Zeichen von Vetternwirtschaft ab, um so zu verhindern, daß der Partner in der untergeordneten Position die verdiente Beförderung bekommt. Das verbreitetste Klischee ist der Chef, der ein Verhältnis mit der Sekretärin hat, also mit jemandem, über den er Macht hat. Ist der Chef allerdings verheiratet, kann die Untergebene Macht über *ihn* erlangen. (Diese Art Macht – die Macht, einen anderen Menschen bloßzustellen – erlangt auch ein Mitarbeiter, wenn die Affäre zwischen einem homosexuellen Paar stattfindet und der Chef sein »Coming out« noch nicht hatte und seine Homosexualität zu verbergen sucht.)

Zwar kommen richtiggehende Verhältnisse sehr häufig vor, wenn Menschen zusammenarbeiten, doch führt die Gegenwart von Frauen und Männern für heterosexuelle Mitarbeiter bzw. die Gegenwart von gleichgeschlechtlichen Mitarbeitern für lesbische Frauen und schwule Männer ein Element der sexuellen Anziehung ein, das die Interaktionen im Büro entweder verwirrt oder fördert. Alice Mattison schildert in ihrer Geschichte »Das Kreuzworträtsel« ein solches Gefühl einer (glücklich verheirateten) Frau, die als Schreibkraft in einer Rechtsanwaltskanzlei arbeitet, gegenüber einem der jungen Anwälte:

Nachdem Jasper einmal einen Schriftsatz eilig verfaßt hatte, bat er mich, ob ich noch etwas länger dableiben könne, um ihn abzutippen. Ich freute mich riesig. Ich war ihm gegenüber nie ganz locker – ich konnte immer genau sagen, wann wir uns das letze Mal unterhalten hatten, und mir ging dann durch den Kopf, was er gesagt hatte. Es war nichts Sexuelles. Oft hatte ich Lust, ihn zu berühren, aber nur, um ihn aufzumuntern. Ich bin nicht auf der Suche nach jemandem. Aber es gibt diese gute mittlere Kategorie; Männer, an die man nicht ganze Nächte hindurch denkt, die einem aber deutlicher vor Augen stehen als die meisten anderen Männer, so, als ob ihre Namen fettgedruckt wären.

Diese Art der Anziehung führte bei der Frau zu keinerlei Verletzungen oder Kränkungen: »Wir arbeiten gut zusammen«, bemerkt die Heldin.

Ein ganz anderes, lästigeres Spannungsverhältnis schilderte mir eine Frau, die beobachtet hatte, daß manche Männer gern »dekorative Frauen«, wie sie es nannte, um sich versammeln. Solche Männer neigen dazu, Frauen einzustellen, die sie attraktiv finden, ungeachtet ihrer Fähigkeiten. Nach Ansicht dieser Frau können solche äußerst attraktiven Frauen, deren Kompetenz weitaus geringer ist als die Fähigkeiten anderer Mitarbeiterinnen, ein Büro in heillose Unordnung stürzen. Dies traf auch für eine Gruppenpraxis zu, in die eine Chirurgin eintrat, nachdem sie ihr Fachärztin-Examen in Handchirurgie absolviert hatte. Sie war die einzige Frau in der Praxis, und ihre Anwesenheit führte für alle Beteiligten zu einer nie gekannten Desorientierung.

Das Personal der Praxis bildete ein Gefüge mit zwei Schichten: Die Chirurgen waren ältere Männer (das Aussehen spielte keine Rolle); die Sekretärinnen und Sprechstundenhilfen waren ausgesprochen hübsche junge Frauen. Die Chirurgen erzählten dem neuen Praxismitglied, daß es ihres Erachtens nicht möglich sei, weibliches Personal zu finden, das zugleich attraktiv und kompetent war, also hätten sie sich gesagt, daß es wichtiger wäre, attraktive, anders gesagt: dekorative Frauen einzustellen. Das Problem war, daß die neue Chirurgin selber jung und attraktiv war – und eine sehr fähige Chirurgin dazu. Weder die Sekretärinnen noch die anderen Chirurgen schienen zu wissen, wie man sie behandeln sollte.

Eine andere Ärztin erzählte mir: Als sie eine Anzeige aufgab, in der es hieß: »Arzt sucht Sprechstundenhilfe«, erschienen alle jungen Frauen zum Vorstellungsgespräch mit tief ausgeschnittenen Blusen und superkurzen Miniröcken. Als die Frauen sahen, daß es sich um eine Ärztin handelte, wurde ihnen unbehaglich zumute; während des Gesprächs nestelten sie an ihren Blusen und zogen ihre Röcke nach unten, weil sie ihre Beine bedecken wollten. Die Ärztin lernte daraus, diese peinliche Situation zu vermeiden, indem sie annoncierte: »Ärztin sucht Sprechstundenhilfe.«

Zu den Klagen, die Frauen über ihre Jobs vorbrachten, gehörte auch das Gefühl, ungerecht behandelt zu werden, wenn der Chef einer hübscheren Kollegin mehr Aufmerksamkeit schenkte. Ich selbst habe erlebt, wie sich einige meiner Professorenkollegen höchst merkwürdig verhielten, als eine Frau an einer Arbeitssitzung teilnahm, die sich offensichtlich aufreizend benahm und auch so gekleidet war. Von den acht Männern in der Gruppe schienen drei auf mehr oder weniger groteske Weise um ihre Aufmerksamkeit zu buhlen; das ging so weit, daß sie die anderen anwesenden Frauen überhaupt nicht beachteten. Sowohl den anderen Frauen als auch den nicht beteiligten Männern fiel es schwer, sich im daraus ergebenden Wettstreit mit ihren Ideen Gehör zu verschaffen.

In manchen Ländern hat man den Wert »dekorativer Frauen« institutionalisiert. So stellen japanische Geschäftsleute oft hübsche junge Frauen ein, die untätig herumstehen, während die Männer ihre Geschäfte abwickeln. Die Soziolinguistin Itoko Kawakami schreibt, daß die meisten japanischen Frauen in der Arbeitswelt jung sind, teilweise deshalb, weil der größte Teil der Frauen bei einer Heirat aus dem Berufsleben ausscheidet, aber auch, weil sie in erster Linie die Firma schmücken sollen. Weibliche Büroangestellte bezeichnet man in Japan auch als »Blumen des Arbeitsplatzes«. Nicht nur werden die Frauen dazu ermutigt, aus dem Berufsleben auszuscheiden, wenn sie heiraten, sondern auch dazu ermuntert, zu heiraten, ehe sie zu alt sind, um weiter im Beruf zu bleiben.

Die Unbestimmtheit der Sprache

Wenn Menschen versuchen, zusammenzuarbeiten, sind die vielschichtigen Bedeutungen von Gesten und Handlungen stets eine potentielle Quelle von Irritationen und Mißverständnissen. Das kann besonders frustrierend sein, wenn es um Sprache geht, weil wir von ihr Eindeutigkeit erwarten. Schließlich haben wir Wörterbücher, die uns die Bedeutung der Wörter erklären. Wir möchten, daß die Sprache festgefügt ist, so daß wir unsere Botschaften unter Kontrolle haben: Dies bedeutet das, basta! Daß Unterschiede im Gesprächsstil so große Verwirrung stiften, scheint mitunter mehr zu sein, als wir verkraften können.

Diejenigen, die nach festen Regeln in der Frage suchen, was akzeptabel ist und was nicht, werden nie zufrieden sein. Sprechweisen, die auf manche ungehörig, ja traumatisierend wirken, empfinden andere überhaupt nicht als beleidigend. Keine dieser Ansichten ist »richtig«. Eine Frau, die als Schichtführerin in der Verladeabteilung einer Fabrik arbeitete und die einzige Frau in dieser Schicht war, äußerte mir gegenüber, daß die Arbeiter immer viel über Sex redeten, ihr dies jedoch nichts ausmache. Sie habe allerdings den Eindruck, daß sie den Männern, die ihr untergeben waren, einschärfen müsse, den Frauen aus dem Büro, die gelegentlich durch die Verladeabteilung kamen, nicht den Arm um die Schulter zu legen, da sie spüre, daß sich manche der Frauen dabei unwohl fühlten.

Eine Frau erzählte mir, sie habe nie Probleme mit sexueller Belästigung gehabt. Dennoch bedeute dies natürlich nicht, daß man sie nicht belästigt hätte. Im folgenden berichtete sie von mehreren Erlebnissen und wie sie damit fertig geworden war. Weil sie in der Lage gewesen war, dies Dinge zu ihrer eigenen Zufriedenheit zu lösen, hatte sie das Gefühl, kein Problem damit zu haben.

Daß manche Frauen Anspielungen auf Sex – oder auch andere Sprechweisen – nicht als Beleidigung empfinden, heißt nicht, Frauen hätten kein Recht, auf diese Dinge empfindlich zu reagieren. Ebensowenig bedeutet es, daß sich da nicht noch andere Probleme ergeben können. Einige Frauen berichten, daß sie einfach mitmachen, wenn Männer schlüpfrige Bemerkungen von sich geben, aber das kann unvorhergesehene Schwierigkeiten erzeugen.

So erzählte mir ein Pilot: Wenn eine Pilotin zur Crew stößt, ändern sich die Gespräche abrupt; Piloten, die sich normalerweise über viele Dinge unterhalten, die er als »schmutzig« bezeichnen würde, reißen sich nun zusammen. Wenn aber eine Pilotin von sich aus derlei Bemerkungen macht, so meinte dieser Pilot, dann bekommt sie »einen schlechten Ruf«.

»Du kannst mich einfach nicht verstehen.«

Da ich weiß, wie sehr sich Gesprächsstile voneinander unterscheiden, widerstrebt es mir, Ratschläge zu erteilen. In aller Regel sind mir die vielen Elemente einer Situation nicht bewußt, und eine Sprechweise, die bei einer Person gut ankommt, kann bei einer anderen katastrophale Folgen haben. Doch wenn man mich drängt, Anregungen zu geben, die die hartnäckigen, hier erörterten Probleme lösen helfen könnten, würde ich Frauen wie Männern dringend raten, die tiefen, aber unterschiedlichen Ängste, die jede »sexuelle Belästigung« beim anderen Geschlecht auslöst, wahrzunehmen. Männer müssen versuchen, nicht nur die ständige Angst der Frauen vor männlicher Gewalt zu verstehen, sondern auch ihre Abneigung, einen Mann vor den Kopf zu stoßen, indem sie ihm sagen, daß sie etwas an seiner Art höchst unangenehm finden. Das liegt meiner Ansicht nach hinter der altbekannten Klage, daß »es« manche Männer »einfach nicht kapieren«. Aber Frauen sollten ihrerseits versuchen, die Ängste der Männer vor falschen Beschuldigungen zu verstehen, die Furcht, daß sich eine Frau, der sie Schutz bieten möchten, gegen sie wendet und sie vernichtet. Dies ist etwas, das manche Frauen einfach nicht sehen wollen.
Das Schwierige an diesen parallelen Bemühungen ist, daß sich beide Seiten gekränkt fühlen: Männer sind ebenso verletzt vom Bild des Mannes als Raubtier wie Frauen von der Vorstellung der Frau als Hexe – einer Verführerin und Betrügerin, die den Mann nur umgarnt, um ihn zugrunde zu richten. Wir alle haben das Gefühl, daß sich unsere Person in diesen stereotypen Bildern nicht wiederspiegelt. Doch diese Bilder sind in unserer kollektiven kul-

turellen Erfahrung eingeschrieben. Zwar zeigen Statistiken, daß Männer Frauen weitaus häufiger schlagen, als Frauen falsche Beschuldigungen vorbringen, doch beide Ängste haben eine Grundlage und werden von den allgegenwärtigen kulturellen Mythen und Bildern – angefangen bei unseren Märchen – verstärkt.

Wenn es am Arbeitsplatz zu sexuellen Belästigungen kommt (oder wenn Büroaffären enden), so ist es in der Regel die Frau, die sich entweder mit der unangenehmen Lage abfindet oder geht. Dabei läßt sich nur schwer feststellen, wie oft Frauen in einem Unternehmen nicht gefördert werden, weil sie Opfer sexueller Belästigung geworden sind. So schadete eine Doktorandin beispielsweise ihrer akademischen Karriere dadurch, daß sie öffentlichen Vorträgen fernblieb und in ihrer Fakultät keine Aufgaben übernahm. Niemand wußte, daß sie einem bestimmten Mitglied des Fachbereichs aus dem Wege gehen wollte, der ihr bei jeder Gelegenheit unerbeten Avancen machte. In der Tat ist die häufigste Reaktion auf Berichte über sexuelle Belästigung: Warum hat sie denn nicht einfach gekündigt? Zweifellos haben Frauen genau dies getan. Wir werden nie in Erfahrung bringen, wie viele ausgezeichnete weibliche Angestellte gekündigt haben, weil man sie sexuell belästigt hat – was nicht nur diesen Frauen gegenüber unfair ist, sondern auch einen Verlust an wertvollen Arbeitskräften für die Firmen darstellt, aus denen die Frauen dann ausscheiden.

Wenn man Frauen in zuvor von Männern dominierten Arbeitsbereichen willkommen heißen will, darf man sie nicht durch sexuelle Anspielungen und Übergriffe beschämen. Daß dies häufig geschieht, zeigen allerdings zahlreiche Untersuchungen. Zwar sind viele Vorfälle, vielleicht sogar die meisten, geringfügig und möglicherweise unbeabsichtigt, doch manche sind schwerwiegend und beabsichtigt. Und der kumulative Effekt von eher geringfügigen Übertretungen kann jeder Frau mit der Zeit die Kraft rauben und ihrer beruflichen Effektivität wie auch ihrem persönlichen Glück abträglich sein. An dieser Situation wird sich wohl leider erst dann etwas ändern, wenn wir – Männer wie Frauen – im tiefsten Inneren spüren, daß es ein Vergehen darstellt, sich einer Person in sexueller Absicht zu nähern, die dies nicht möchte. Außerdem sollte die Macht der Richtigstellung nicht bei den Angehörigen der Firma oder der Institution liegen, die sehr viel zu verlieren haben, wenn das Boot, in dem sie sitzen, strandet, sondern in unparteiischen Ausschüssen, deren Mitgliedern die Opfer ihre Erlebnisse schildern können.

Nur wenn die Missetäter rasch und dauerhaft entfernt werden (und man die fälschlicherweise Beschuldigten entlastet), werden jene, die sich gedankenlos oder heimtückisch verhalten, der Versuchung widerstehen, und nur dann werden Frauen nicht mehr auf dem Altar des Status quo geopfert werden.

Zeiten des Übergangs sind immer schwierig, und das Wissen darum, daß Menschen auf dieselben Sprechweisen unterschiedlich reagieren, macht die Situation für alle nur noch verwirrender. Daß vielen Frauen bei sexuellen Anspielungen unbehaglich zumute ist – und sie sich zur Wehr setzen –, macht das Ganze für manche schwerer, aber leichter für andere, die dann vielleicht eher in der Lage sind, ihr Unbehagen zum Ausdruck zu bringen. (Am besten, man fällt dabei nicht in einen anklägerischen Tonfall.) Parallel dazu sollten jene, denen man sagt, sie sollen mit etwas aufhören, was sie für harmlos (oder sogar gutgemeint) gehalten haben, nicht gekränkt reagieren, sondern die Unterschiede im Grad der Empfindlichkeit als unvermeidlich erkennen. Es gibt keinen Grund, daß die berufliche Arbeit keinen Spaß machen soll. Was ich in den Büros in den USA erlebt habe, zeigt, daß viele Menschen Freude an ihrer Arbeit haben. Und wenn ich meinen Dekan lange nicht gesehen habe, gebe ich ihm zur Begrüßung immer noch einen Kuß, und zwar auf die Wange.

9. Wer verschafft sich Gehör? Gespräche in Besprechungen

Ich wundere mich schon seit langem darüber, wie häufig man mir, wenn ich jemanden im Büro anrufe, mitteilt, der Betreffende »sei gerade in einer Besprechung«. Verbringen Berufstätige eigentlich ihre ganze Zeit mit Besprechungen? Manchmal hat es den Anschein – und zwar den Mitarbeitern selbst wie auch jenen, die sie telefonisch zu erreichen versuchen. Eine Antwort auf dieses Rätsel besteht darin, daß das Wort »Besprechung« für viele Situationen benutzt wird; es bezeichnet ein konzentriertes Gespräch, das eine besondere Tagesordnung hat, und hier besonders, aber nicht ausschließlich, eines, das im voraus geplant wurde: »Er ist in einer Besprechung« kann einfach heißen, daß er sich mit jemandem in seinem Büro unterhält. Dennoch verbringen viele Menschen einen Großteil mit etwas, das sie als typische Besprechung betrachten: Drei oder vier Leute versammeln sich zu einer verabredeten Zeit um einen Tisch, um geschäftliche Fragen zu besprechen, die man vorher in einer Tagesordnung festgelegt hat. So lautet eine der am häufigsten angeführten Ursachen für Unzufriedenheit im Beruf: »Wir vertun zuviel Zeit mit Besprechungen.« Zwar habe ich mit Menschen gesprochen, die nach eigener Aussage Besprechungen mögen, zumal, wenn sie sie leiten, doch ansonsten herrscht eine allgemeine Unzufriedenheit über deren Ablauf.

Warum aber sind Besprechungen eigentlich so frustrierend? Ein wichtiger Grund ist die Überzeugung, daß man seine Zeit ohne sichtbare Ergebnisse verschwendet hat; eine andere Ursache besteht in dem Gefühl, daß man sich kein Gehör verschafft hat. Insofern ist jede Besprechung ein emotional stark aufgeladener Mikrokosmos der Verhältnisse am Arbeitsplatz: Eine Gruppe von Menschen aus unterschiedlichen Abteilungen kommt zusammen, um etwas zu erledigen. Dabei können nicht alle Ideen aufgegriffen werden, aber die Stile der einzelnen und die Art und Weise, wie ihr Gesprächsstil mit dem Stil der anderen interagiert, haben auf den Verlauf einen ebenso großen Einfluß wie die eigentliche Qualität der Ideen. Außerdem wollen die Teilnehmer ja nicht nur etwas erledigen, sondern für ihren Beitrag zum Endergebnis anerkannt werden (was aber nicht immer geschieht).

»Hab ich das nicht gerade gesagt?«

Cynthia gehörte einem Komitee an, das Geld für einen Bewerber um ein politisches Amt sammeln sollte. Die meisten Komiteemitglieder konzentrierten sich darauf, die örtlichen Geschäftsleute um finanzielle Hilfe anzuschreiben. Als Cynthia vorschlug, man könne doch eine Liste erstellen und ehemalige Kollegen, Freunde und Förderer des Kandidaten einladen, sich ehrenamtlich zur Verfügung zu stellen (und aufzufordern, sich finanziell zu beteiligen), wurde ihre Anregung ignoriert. Später machte ein anderes Komiteemitglied, Larry, denselben Vorschlag. Plötzlich kam Leben in die Gruppe, und alle nahmen begeistert »Larrys Idee« auf und machten sich daran, sie in die Tat umzusetzen.

Einige der Männer, mit denen ich mich unterhalten habe – und beinahe jede Frau – berichten, daß sie etwas auf einer Besprechung gesagt hätten, das zunächst keine Beachtung fand, das aber interessiert aufgenommen wurde, nachdem ein anderer es wiederholt hatte. Dabei handelte es sich fast immer um einen Mann. In einem Unternehmen, das ich besuchte, konnte ich einen solchen Vorgang selbst beobachten.

Man hatte eine Arbeitsgruppe gebildet, um eine kurz zuvor eingeführte Regelung zur flexiblen Arbeitszeit zu evaluieren. Mitarbeiter, die ganz unterschiedliche Positionen in verschiedenen Hauptabteilungen innehatten, setzten sich im Kreis zusammen und besprachen die Vor- und Nachteile des neuen Systems. Ich setzte mich als neutrale Beobachterin dazu und stenographierte mit, was wer sagte. Die Gruppe kam zu dem Schluß, daß es sich insgesamt um ein hervorragendes System handle, aber alle kamen überein, daß es noch einiges zu verbessern gäbe, und stellten deshalb eine Liste mit Verbesserungsvorschlägen zusammen. Die Besprechung war gut verlaufen, und alle hielten sie für einen Erfolg, und zwar sowohl meinen eigenen Beobachtungen zufolge als auch nach dem zu urteilen, was die Teilnehmer mir gegenüber äußerten. Am nächsten Tag, als ich meine Notizen tippte, war ich verblüfft. Ich war aus der Besprechung gegangen mit dem Eindruck, daß ein besonderes Gruppenmitglied, ein Mann, den ich Phil nenne, die meisten Vorschläge gemacht hatte, die die Gruppe übernahm. Doch als ich die rasanten Wortwechsel las und abtippen wollte, fiel mir auf, daß fast alle wichtigen Vorschläge von einer Frau gekommen waren, die ich Cheryl nenne. Wieso hatte ich den Eindruck, daß die Vorschläge alle von Phil stammten? Er hatte Cheryls Anregungen aufgegriffen und erweitert, wobei er sich ausführlicher und länger für Cheryls Ideen aussprach, als sie gebraucht hatte, sie den anderen vorzustellen.

Man könnte nun leicht auf den Gedanken verfallen, Phil habe Cheryls Ideen »gestohlen« und ihr den Wind aus den Segeln genommen. Doch dies wäre meines Erachtens keine zutreffende Einschätzung. Soweit ich erkennen konnte, hatte Phil keine Absicht, den Lohn für Cheryls Ideen zu ernten; als er ihre Ideen ausschmückte, gab er sie nicht als seine eigenen aus. Er hatte einfach nur Vorschläge unterstützt, die er für wertvoll erachtet hatte. Cheryl selbst verließ, wie sie mir später erzählte, die Besprechung mit dem Gefühl, daß alles gut gelaufen sei; sie war zuversichtlich, gute Beiträge geliefert zu haben, und erkannte an, daß Phil ihre Beiträge wahrgenommen und unterstützt hatte. Als ich sie fragte, wie sie auf das Verhalten von Phil reagiert habe, lachte sie. »Es war keiner der Anlässe, da eine Frau etwas sagt und keiner nimmt Notiz davon, und dann ein Mann dasselbe sagt und es aufgenommen wird.« Außerdem hätten sie als Team im Sinne des Gruppenauftrags – Empfehlungen zur Verbesserung des System zur flexiblen Arbeitszeitregelung zu geben – gut zusammengearbeitet und mitgeholfen, daß die Gruppe ihren Auftrag erfüllt. Die Firma bekam, was sie brauchte. Aus diesem Blickwinkel betrachtet hatte es nicht den Anschein, daß Phil oder Cheryl irgend etwas anders hätten machen sollen, d. h., daß sie darauf hätte drängen sollen, länger über ihre Ideen zu diskutieren, oder daß er davon hätte absehen sollen, die Ideen, die er für bedenkenswert hielt, zu unterstützen.

Wenn sich ein derartiges Gesprächsmuster wiederholt, entstehen allerdings Probleme. Und ich bezweifle nicht, daß dies häufig geschieht – und zwar in einem Kontext, in dem die Beteiligten des längeren zusammengearbeitet haben und sich der Beobachter der inneren Abläufe der Interaktion nicht bewußt ist, so wie auch ich die innere Dramatik nicht auf Anhieb erkannt habe. In so einem Fall kann es passieren, daß die Person, die die Ideen beigesteuert hat, die dann von der Gruppe zwar aufgenommen, aber meistens einer anderen Person zugeordnet wurden, ungerechtfertigt tief eingestuft wird. Nicht nur fühlt sich die Betreffende ungerecht behandelt, sondern das Unternehmen im ganzen nimmt Schaden, wenn die Beiträge seiner Angestellten nicht präzise wahrgenommen werden. Wenn eine Entscheidung über Arbeitsaufträge gefällt werden muß, für die innovatives Denken erforderlich ist, bedeutet es einen Verlust für die Firma, wenn jemand, der neue Ideen eher unauffällig entwickelt, übergangen wird. In Zeiten, da die Firmen ihre Belegschaft reduzieren, kann es sogar geschehen, daß man eine solche Person gehen läßt, wobei das Unternehmen nie erfährt, daß sie die meisten erfolgreichen Vorhaben beigesteuert hat.

Nicht, was man sagt, sondern wie man es sagt

Viele Menschen (besonders Frauen) versuchen zu vermeiden, überheblich zu wirken, indem sie ihre Äußerungen mit einem kleinen verbalen »Rückzieher« beginnen. Beispiel hierfür wären: »Ich weiß nicht, ob das funktioniert, aber…«: oder: »Sie haben wahrscheinlich schon daran gedacht, aber…« Die Linguistin Charlotte Baker nennt solche selbstschützenden Gesprächseröffnungen »Schussel-abers« und zieht damit einen Vergleich dazu, daß Mädchen das Wort »Schussel« beim Himmel-und-Hölle-Spiel verwenden: Man entgeht der Strafe, wenn man sein Pfand fallen läßt, indem man ganz schnell »Schussel« ruft. Wenn man in einer Besprechung seinen Gesprächsbeitrag auf diese Weise einleitet, werden die anderen aus den Gründen, die man anführt, daran gehindert, sich dagegen auszusprechen. Solche »Rückzieher« findet man sogar in der *e-mail* – dem elektronischen Gesprächsmedium, mit dem man sich per Computer Briefe schreibt. Die Linguistin Susan Herring gibt ein typisches Beispiel, um den Ton der

Botschaften der Frauen, die an solchen Briefwechseln teilnahmen, zu veranschaulichen: »Das mag eine alberne, naive Frage sein, aber...«

Manche Sprecher (auch hier wieder viele Frauen) sprechen vielleicht leiser und versuchen, sich kurz zu fassen, damit sie in der Besprechung nicht mehr Zeit als nötig in Anspruch nehmen. Barbara und Gene Eakins untersuchten Tonbandaufzeichnungen von sieben Fachbereichssitzungen an Universitäten. Dabei zeigte sich, daß die Männer – mit einer Ausnahme – häufiger und länger sprachen. Die Beiträge der Männer waren zwischen 10.66 und 17.07 Sekunden lang, die der Frauen rangierten zwischen drei und 10 Sekunden. Der längste Gesprächsbeitrag einer Frau war immer noch kürzer als der kürzeste Beitrag eines Mannes.

Dieselbe Situation hat Herring bei Schaltkonferenzen per Computer festgestellt. In dem von ihr analysierten Gespräch, das von Abonnenten eines sprachwissenschaftlichen »Verteilers« geführt wurde, stellte sie fest, daß 5 Frauen und 30 Männer teilnahmen, obwohl Frauen fast die Hälfte aller Mitglieder der Linguistic Society of America und 36 Prozent der Abonnenten der Liste stellen. Die Redebeiträge der Männer waren im Durchschnitt doppelt so lang wie die der Frauen. Bis auf eine Ausnahme sprachen alle Frauen in einem »zurückhaltend/persönlichen« Ton: »Ihr Kommentar fasziniert mich... Könnten Sie noch ein wenig mehr sagen?« Der Tonfall, den die Männer annahmen, die die Diskussion dominierten, war dagegen bestimmt (»Es ist offensichtlich, daß...«; »Beachten Sie, daß...«).

Alle diese Aspekte der auf dieser Konferenz verwandten Sprechweisen zeigen: Wenn zwei Menschen »dasselbe« meinen, dann sagen sie es vermutlich auf sehr unterschiedliche Weise. Sie können sich mit oder ohne »Rückzieher« äußern, laut oder leise, zurückhaltend oder auftrumpfend, knapp oder ausführlich, zögernd oder scheinbar sicher. Sie können selbst Ideen vorbringen oder Ideen von anderen unterstützen oder argumentieren. Im Fall eines Einwands können sie einen versöhnlichen Ton annehmen, die Meinungsverschiedenheit abmildern oder einen streitbaren Gesprächsstil pflegen und die Unterschiedlichkeit der Ansichten herauskehren.

Diejenigen, deren Sprechweise eher Beachtung findet, können entweder männlichen oder weiblichen Geschlechts sein; unsere

Herkunft, der Teil des Landes, in dem wir aufgewachsen sind, sowie unsere individuelle Persönlichkeit beeinflussen unseren Gesprächsstil. Sowohl Frauen als auch Männer, die bei Besprechungen leicht ignoriert werden, können trainieren, ihren Gesprächsstil zu ändern, wenn sie es möchten. Aber vielleicht wollen sie es gar nicht, da unsere Sprechweise mit unserem Selbstbild aufs engste verbunden ist. Nicht jeder möchte sich einer Art Persönlichkeitsoperation unterziehen. Wie ich in den vorhergehenden Kapiteln gezeigt habe, wird man deshalb einen Mann, der lernt, mit mehr Nachdruck zu sprechen, als männlicher wahrnehmen. Das gleiche gilt für eine Frau – was allerdings ganz andere Folgen haben wird.

Schweigsam, aber stark

Einfach zu schweigen, auf Besprechungen nicht viel zu sagen, nicht auftrumpfend zu sprechen und nicht das Wort zu ergreifen – alle diese Verhaltensweisen bewirken nicht schon von sich aus, daß man uns kein Gehör schenkt. In einer Firma, in der ich an mehreren Besprechungen teilnahm und die Beiträge aufzeichnete, fiel mir der Einfluß eines Mannes auf, den ich Gary nenne und der von Natur aus »still« war. Er ergriff nur selten das Wort. Trotzdem war es klar, daß man ihm zuhörte, wenn er eine Meinung äußerte, und wenn er nicht freiwillig etwas beisteuerte, wurde er häufig ausdrücklich um seine Meinung gebeten. So erörterte die Gruppe auf einer zweistündigen Besprechung, wie man im Rahmen eines gemeinsamen Vorhabens die Aufgaben verteilen sollte, und zeichnete ein Diagramm, das für jede Aufgabe ein eigenes Feld vorsah. In den ersten eineinhalb Stunden sprach Gary sehr wenig. In der ganzen Zeit gab er lediglich drei kürzere Kommentare ab; einer war die Antwort auf eine direkte Frage, die ihm eine Kollegin namens Connie stellte, und ein anderer die Antwort auf die an alle gerichtete Bitte, Fragen zu stellen und sich zu äußern. Kurz vor Ende der Besprechung brachte Peter, der Gruppenleiter, seine Zufriedenheit mit den erzielten Ergebnissen zum Ausdruck; ein anderer Kollege, Ben, pflichtete ihm bei. Erst jetzt meldete sich Gary zu Wort und äußerte, warum er unzufrieden war:

PETER: Ich – Ich meine, das ist eine vernünftige – Ich glaube, wir haben einige – haben einige vernünftige Anpassungen vorgenommen. Was meinen die anderen?

BEN: Ich glaube, es ist jetzt wohl allen klarer, /?/ jedes Feld hier. Jedenfalls mir ist es klarer geworden.

PETER: Ja.

GARY: Also ich – ich finde das eigentlich nicht sehr deutlich. [Gary lacht; auch andere lachen]

Peter zog Gary zwar auf, indem er ihn als »Geist, der stets verneint« titulierte, forderte ihn dann aber auf, zu erklären, was er mit seiner Äußerung meine. Gary erläuterte, daß man weitere spezifische Informationen benötige, um die Schautafel vervollständigen zu können.

GARY: Ich – ich – ich nehme an, ein Teil dessen, was Ted vorher gesagt hat, daß wir… nur Felder… benutzt haben, und nicht deutlich gemacht haben, was…

PETER: Oh, ich glaube, bei der Demonstration könnte man /?/

GARY: Und außerdem – schätze ich, die Begriffe, die wir in den Feldern verwendet haben, *mir* jedenfalls wird weder klar… was wir da vorhaben oder wer das machen soll, noch… was das Ergebnis ist und wohin der Output geht… und… ich – ich *selber* finde, daß wir für jedes Feld eine einfache Ergänzung bräuchten…

PETER: Ich halte das für eine sehr gute Idee.

GARY: Vielleicht die Felder numerieren und sagen… wer – wer –

PETER: Ergänzungs-Blatt

GARY: tatsächlich an dieser Aktivität beteiligt wird… worin die Leistung besteht und wer etwas davon hat.

Wie der oben abgedruckte Auszug zeigt, begann Peter, der Gruppenleiter, seine Zustimmung auszudrücken, noch ehe Gary zu Ende gesprochen hatte, und zwar sowohl explizit (»Ich halte das für eine sehr gute Idee«) als auch implizit, indem er Garys Worte (»Ergänzungs-Blatt«) aufnahm und seinen eigenen Redebeitrag darauf aufbaute.

Sobald Gary zu Ende gesprochen hatte, stimmten alle seiner Idee zu:

PETER: Ich stimme zu. Das ist sehr gut.

CONNIE: Ja.

BEN: Das wird allen helfen, glaube ich. Ich bin sicher… ja.

CONNIE: Vor allem für denjenigen, der das präsentiert… [Sie lacht.]

BEN: Insbesondere, ja… für denjenigen, der für das Feld zuständig ist. [Er lacht.]

Gary gab lediglich zwei weitere Kommentare ab, und während der restlichen Sitzung besprachen die anderen Gruppenmitglieder, die Umsetzung seiner Vorschläge. Zwar sprach Gary nicht mehr, doch hatten sie nicht vergessen, wessen Ideen sie umsetzten. Als man sich schließlich auf alle Veränderungen geeinigt hatte, wandte sich Connie an Gary mit der Frage: »Na, gefällt dir das, Gary?« Er gab seine Zustimmung: »Ja, das sieht jetzt viel besser aus.«

Nicht nur sprach Gary relativ wenig, sondern er sprach auch recht zögernd, vor allem, wenn er einen Satz begann. Er stotterte (»Ich – ich – ich«), er knüpfte seinen Gesprächsbeitrag mit einem anderen (»dessen, was Ted vorher gesagt hat«), und er sicherte sich ab (»ich nehme an«, »schätze ich«). Ferner machte er häufig Pausen (darauf verweisen die Pünktchen). Doch nichts davon bewirkte, daß sein Einfluß in der Gruppe nachließ. Im Gegenteil – seine knappen Äußerungen gaben dem Gespräch einen ganz anderen Verlauf und änderten das Ergebnis der Besprechung.

Gary stammt aus Großbritannien. Vermutlich hat das seinen zögerlich wirkenden Gesprächsstil und vielleicht auch sein eher schweigsames Verhalten beeinflußt. So erzählte er mir, daß es ihm häufig schwerfalle, sich im richtigen Augenblick in ein Gespräch unter Amerikanern einzuschalten. Außerdem beginnen viele Amerikaner mit relativ negativen Erwartungen hinsichtlich ausländischer Sprecher (wie ich anhand des Experiments in Kapitel 6 gezeigt habe, als die Studenten Schwierigkeiten hatten, einen Vortrag zu verstehen, als sie die Rednerin für eine Chinesin hielten). Doch hegen sie relativ positive Erwartungen, wenn sie wissen, daß der Gesprächsteilnehmer aus Großbritannien stammt. Alle diese Faktoren können durchaus eine Rolle gespielt haben, und zwar zusätzlich zu Garys Fähigkeiten und Leistungen, die seine Kollegen durch die vorhergehenden Erfahrungen in der Zusammenarbeit mit ihm schätzten und respektierten.

Wichtig ist nicht, was du sagst, sondern wer du bist

So gesehen wäre es irreführend, die Neigung, bestimmte Personen zu ignorieren und anderen Beachtung zu schenken, einzig und allein auf das Verhalten der betreffenden Person zurückzuführen. Viele Faktoren bewirken, wie ernst jemand genommen wird, wobei die Person auf einige dieser Umstände Einfluß hat und auf andere nicht. Zum einen spielt die Stellung innerhalb der Hierarchie eine bedeutende Rolle. Die Ranghöheren werden aller Wahrscheinlichkeit nach das Wort ergreifen und sich jedesmal Gehör verschaffen. Wenn die Fachbereichssitzung, die Barbara und Gene Eakins untersuchten, ein typisches Beispiel ist, dann rangierten hier die Männer in der Hierarchie höher als die Frauen, was sich möglicherweise auf die Ergebnisse der Studie ausgewirkt hat.

In der Sitzung der Arbeitsgruppe waren Phil und Cheryl die Teilnehmer, die in der Hierarchie am höchsten standen, d. h., sie waren die einzigen, zu deren Aufgaben es zählte, andere zu kontrollieren. Im direkten Vergleich hatte Phil einen höheren Status, da er in einer technischen Abteilung arbeitete, die innerhalb der Firma großes Ansehen genoß. Aus allen diesen Gründen gab es keine Ursache, ihn dafür zu kritisieren, daß er die Ideen stützte, die seiner Meinung nach bedenkenswert waren; es gehörte sogar zu seiner Verantwortung. Außerdem sprechen Menschen häufig freier in einer Gruppe, in der sie die Ranghöchsten sind, da andere im gleichen Raum nicht in der Lage sind, sie zu beurteilen, und es weniger negative Konsequenzen hat, wenn sie nicht gut »rüberkommen«. Eine rangniedrigere Person, die auf einer Besprechung, an der ihr Chef teilnimmt, wenig Intelligentes beisteuert, muß vielleicht dafür büßen, wenn hinterher über die einzelnen Beiträge gesprochen wird. Auch die Dauer der Zugehörigkeit zum Unternehmen und der Bekanntheitsgrad der betreffenden Person spielen eine Rolle. Ich weiß noch, daß ich während der ersten Jahre an meiner Universität auf Fachbereichssitzungen wenig sagte, mich jedoch häufiger zu Wort meldete, als ich einen höheren Status hatte und schon länger Professorin war. Unter anderem hatte ich nicht das Gefühl, daß ich schon genug Erfahrung besaß, die Beiträge der anderen zu beurteilen. Daß Berufsanfänger nicht so oft das Wort ergreifen, war auch Grund für die allgemeine Überraschung, als Ruth Bader Ginsburg in ihrem ersten Tag am Obersten Gerichtshof Fragen stellte.

Zwar kann die Sprechweise einer Frau dazu beitragen, daß man ihr nicht zuhört, doch zeigen die Forschungen: Wenn alle gleichberechtigt sind, verschaffen sich Frauen weniger leicht Gehör als Männer, wobei es keine Rolle spielt, *wie* die Frauen etwas sagen oder was sie sagen. Ein aufschlußreicher Hintergrund für diese Forschungen erschloß sich mir, als ich die Besprechung der Arbeitsgruppe analysierte, auf der Cheryl die meisten der dann später aufgenommenen Ideen entwickelt hatte.

Da meine Faszination wuchs, als ich meine Notizen abtippte, suchte ich alle sechs Gruppenmitglieder sowie die beiden Männer auf, die die Besprechung geleitet hatten. Es gelang mir, zu sieben der acht Teilnehmer in Kontakt zu treten: zu den beiden Leitern, den drei Frauen, die an der Besprechung teilgenommen hatten, sowie zu zweien der drei anderen Männer. Ich fragte jeden Teilnehmer, wer ihrer Meinung nach das einflußreichste Gruppenmitglied gewesen sei und auf wen die übernommenen Ideen am ehesten zurückgingen. Dabei zeigte sich ein aufschlußreiches Grundmuster. Die beiden anderen Frauen meinten, Cheryl hätte am meisten Einfluß in der Gruppe gehabt. Die beiden Leiter nannten Phil. Von den Männern nannte nur Phil selbst Cheryl.

Es ist lehrreich, die Äußerungen der einzelnen Teilnehmer näher zu betrachten. Zunächst meinten alle, daß niemand die Besprechung »dominiert« habe, und alle kamen überein, daß das auch gut sei. Einer der Gruppenleiter sagte, die sechs Teilnehmer zerfielen in zwei Gruppen: Drei hätten »ihre Meinungen ziemlich bestimmt« geäußert, und drei wären relativ schweigsam gewesen. Die drei, die er »ziemlich bestimmt« fand, waren Phil, Cheryl und ein weiterer Mann; die beiden anderen Frauen und ein Mann seien ziemlich still gewesen. Auf meine Nachfragen fügte er hinzu: Wenn er auf eine Person verweisen müßte, die »dominiert« hatte (ich hatte diesen Begriff in meinem Fragebogen nicht verwandt), dann würde er Phil nennen (»was die Meinungen betrifft, die er äußerte«). Auch der andere Leiter betonte, daß keiner dominiert hätte, fügte allerdings hinzu, daß Phil »dann aus sich herausging und das Tempo bestimmte… Vielleicht gab er auch den Ton an.« Ein anderer Mann in der Gruppe nannte keinen Teilnehmer, sondern meinte nur, niemand habe dominiert.

Die beiden anderen Frauen nannten Cheryl als diejenige, die die Gruppe am stärksten beeinflußt habe. Die eine fügte noch an, daß Cheryl »sehr selbstbewußt« sei und daß sie solche Frauen bewundere. (Vermutlich gewann sie diesen Eindruck gerade deswegen, weil Cheryl im Gegensatz zu den anderen beiden Frauen laut und deutlich sprach. Auch hier zeigt sich unsere Neigung, Durchsetzungsvermögen mit Selbstbewußtsein gleichzusetzen.) Die Reaktion der anderen Frau beschrieb genau den Gruppenprozeß, den ich erst wahrnahm, nachdem ich meine Notizen genauer analysiert hatte. Bereitwillig beantwortete die Frau meine Frage, wer besonders einflußreich gewesen sei; sie antwortete: »Cheryl«; und als ich fragte: »Wer sonst noch?«, nannte sie Phil. Sie sagte, daß er am Anfang nicht viel gesagt habe, aber dafür später, und daß Cheryl viele der Themen angeschnitten habe, über die sich die Gruppe unterhielt. Phil, ein sehr erfolgreicher und beliebter Manager, bemerkte, daß Cheryl »scharfsinnig« gewesen sei. Und er fügte an: »Sie machte kluge Bemerkungen, auf die man aufbauen konnte.«

Die Männer führten die Ideen nicht auf Phil zurück; was sie ihm zusprachen, war Einfluß: Er »hat den Ton bestimmt«. Damit hatten sie recht. Mir geht es hier allerdings um etwas anderes – nämlich daß die Männer Phils Einfluß höher einschätzten, während die Frauen, mit denen ich sprach, Cheryl größeren Einfluß zumaßen.

Kein Junge läßt sich gern von Mädchen etwas sagen

Warum haben die Frauen, die an der Besprechung teilnahmen, Cheryl als die Einflußreichste genannt, während die Männer (die anderen, außer Phil) Phil anführten? Die Forschungen der an der Stanford University lehrenden Psychologin Eleanor Maccoby können uns vielleicht einen Hinweis darauf geben. In einem Artikel, den sie ursprünglich vorlegte, als sie einen Preis für »Herausragende Beiträge zur Wissenschaft« erhielt, faßte Maccoby nicht nur ihre eigenen lebenslangen Forschungsarbeiten zusammen, von denen sie viele mit ihrer Kollegin Carol Jacklin geschrieben hat, sondern auch die Forschungsergebnisse anderer Wissenschaftler. Sie beginnt den Aufsatz mit Hinweisen auf ihr inzwischen klassisches Buch, *The Psychology of Sex Differences*, das sie gemeinsam mit Jacklin geschrieben hat und das 1974 erschien. Darin haben die Autorinnen die These vertreten, daß sich aufgrund psychologischer Forschungen sehr wenig Anhaltspunkte dafür finden lassen, daß es bedeutende Unterschiede zwischen den Geschlechtern gibt und daß, wo Unterschiede bestehen, »die Menge der Varianten, die sich auf das Geschlecht zurückführen lassen, klein war im Vergleich zu der Menge der Variationen innerhalb jeden Geschlechts.« Als Maccoby 1990 auf ihr Buch zurückblickte, meinte sie: »Unsere Schlußfolgerungen paßten sehr gut zu dem vom Feminismus geprägten Zeitgeist. Damals vertraten die meisten Feministinnen eine minimalistische Haltung: Sie drängten die beiden Geschlechter zu der Haltung, daß sie im wesentlichen gleich waren und daß die Unterschiede entweder eine Illusion im Auge des Betrachters oder umkehrbare Folgen gesellschaftlicher Prägungen waren.«

In ihrer Zusammenfassung aus dem Jahr 1990 erläutert Maccoby, daß ihre damalige Schlußfolgerung, wonach es wenige oder gar keine signifikanten Unterschiede zwischen den Geschlechtern gebe, auf Tests der individuellen Leistungen in Bereichen wie etwa der mathematischen oder der sprachlichen Fähigkeit beruhte. Doch die nachfolgenden Untersuchungen (ihre eigenen und die anderer) hätten gezeigt, daß sich signifikante Unterschiede einstellten, wenn man beobachtete, wie Kinder mit anderen Kindern interagieren, statt diese einzeln zu testen. Mit anderen Worten: Jungen und Mädchen – und Frauen und Männer – besitzen zwar sehr ähnliche Fähigkeiten, haben jedoch von der Tendenz her unterschiedliche Interaktionsstile. Und diese Unterschiede im Stil führen dann oft dazu, daß Frauen im Umgang mit Männern benachteiligt sind.

Maccoby zitiert zahlreiche Untersuchungen, darunter ihre eigenen, um zu zeigen, daß Kinder bereits im Alter von drei Jahren lieber mit anderen Kindern des gleichen Geschlechts spielen; diese Neigung gewinnt an Stärke im Alter zwischen 10 und 12 Jahren. Maccoby führt dafür zwei mögliche Gründe an. Erstens:

Mädchen reagieren »argwöhnisch« auf das »heftige und wilde« Spiel der Jungen und deren »Ausrichtung auf Fragen der Konkurrenz und der Dominanz«. (Vielleicht ist dieses Widerstreben der Mädchen der Grund, weshalb Jungen meinen, es mache keinen Spaß, mit Mädchen zu spielen.) Und zweitens – und dies ist entscheidend, wenn man die Redebeiträge von Frauen bei Besprechungen analysiert: »Mädchen finden es schwierig, Einfluß auf Jungen zu nehmen.«

Maccoby und Jacklin fanden sehr deutliche Anhaltspunkte für diese Verhaltensmuster, als sie Kinder beobachteten, die im Durchschnitt dreiunddreißig Monate alt waren; das jüngste war zweieinhalb und das älteste drei Jahre alt. Wenn Kinder zu zweit spielten, widersprach ein Kind häufig dem, was das andere Kind sagte. Die Forscherinnen stellten fest: Wenn Mädchen die Jungen aufforderten, mit etwas aufzuhören, setzten diese ihr Spiel einfach fort, während die Jungen auf die sprachlichen Proteste anderer Jungen eingingen. Im Gegensatz dazu reagierten die Mädchen auf die sprachlichen Einwände sowohl der Mädchen als auch der Jungen.

Daß Jungen dazu neigen, Mädchen keine Beachtung zu schenken, könnte auch ein weiteres Phänomen erhellen, das Maccoby schildert. In einer Untersuchung über Kinder, die einander noch nicht kannten, zu zweit spielten und zwischen zweieinhalb und drei Jahre alt waren, konnten sie und Jacklin nicht feststellen, daß Mädchen im allgemeinen passiver waren als Jungen. Selten beobachteten sie, daß Mädchen passiv waren, wenn sie allein mit einem anderen Mädchen spielten. Vielmehr beobachteten sie häufiger passives Verhalten in Jungen-Jungen-Paaren. Aber wenn ein Mädchen und ein Junge gemeinsam spielten, standen die Mädchen häufig abseits, während die Jungen mit ihrem Spielzeug hantierten. Diese unterschiedliche Verteilung der Teilnahme stellten auch Myra und David Sadker immer wieder während ihrer lebenslangen Forschungen über die Verhältnisse an Schulen fest, die sie in ihrem Buch *Failing at Fairness* beschreiben: In Klassen mit Mädchen und Jungen waren die Mädchen Abseitsstehende und Beobachter, während die Jungen aktive Teilnehmer waren.

Schenken die Jungen den Mädchen doch Beachtung, so handelt es sich dabei oft um eine negative Aufmerksamkeit. Die Erfahrungen eines einzelnen Mädchens unter Jungen sind etwas ganz anderes als die Erlebnisse eines einzelnen Jungen unter Mädchen. Jacqueline Madhok verglich dreiundzwanzig Kleingruppen von Schülern, denen man eine naturwissenschaftliche Aufgabe gestellt hatte. In einer Gruppe, die aus drei Mädchen und einem Jungen bestand, nahmen sich die Mädchen dem Jungen gegenüber zurück, der schließlich doppelt solange sprach wie alle Mädchen zusammengenommen. Aber wenn sich eine Gruppe aus drei Jungen und einem Mädchen zusammensetzte, ignorierten und beleidigten die Jungen das Mädchen. In einer solchen Gruppe wehrte sich ein Mädchen mit den Worten: »Ihr fragt ja nicht mal, was ich davon halte – aber das ist mir egal.« Als es aber ungefragt ihre Meinung vorbrachte, griffen die Jungen es geschlossen an:

JUNGE 1: Das ist mittel. Man kann unmöglich [er lacht].
JUNGE 2: Nein, hoch. Nein, ein bißchen nach unten. Noch weiter, noch weiter, noch weiter.
MÄDCHEN: Nach oben.
JUNGE 1: Sie sagt, ein bißchen nach oben. Alle drei, drei gegen eine.

Einfacher gesagt: Männliche Kinder schenken gleichaltrigen weiblichen Kindern weniger Beachtung als anderen männlichen Kindern. Die Erfahrungen, die Frauen auf Besprechungen machen, zeigen ferner, daß dies häufig auch für erwachsene Männer und Frauen gilt. Susan Herrings Untersuchung der Gespräche, die Linguisten über ein Computer-Netzwerk führten, hatte ähnliche Ergebnisse. Frauen, die an dem Informationsaustausch teilnahmen, wurden entweder ignoriert oder angegriffen, ihre Meinungen wurden lächerlich gemacht, und ihre Intelligenz wurde in Zweifel gezogen. In einigen Fällen wurde sie sogar beschimpft. Diese Situation wurde mit Sicherheit dadurch verschlimmert, daß die Beteiligung an dem elektronischen Netzwerk ohne Namensnennung erfolgte. Aber es erklärt auch, warum Frauen gern ausschließlich von Frauen frequentierte »Verteiler« benutzen, ebenso wie sie lieber nicht-koedukative Schulen besuchen oder eine Firma gründen, in der nur Frauen arbeiten.

Aber die meisten von uns schalten sich in Netzwerke ein, die beiden Geschlechtern zugänglich sind, besuchen koedukative Schulen und arbeiten in einer Umgebung, die – vielleicht überwiegend – von Männern bevölkert wird. Es ist ja auch nicht so, daß sich Frauen überhaupt kein Gehör verschaffen können, sondern nur, daß sie mit einem Handikap an den Start gehen, das sich vielleicht leichter überwinden läßt, wenn man es verstanden hat. Frauen – oder jeder, der sich ignoriert fühlt – könnten sich dazu zwingen, keine sprachlichen »Rückzieher« zu äußern: Man wagt den Sprung ins kalte Wasser und vertritt eine Idee, ohne sich darüber Sorgen zu machen, wie wichtig sie ist oder ob irgendein anderer schon auf diese Idee gekommen ist. Vielleicht üben die Frauen, lauter zu und länger zu sprechen und dem Impuls zu widerstehen, am Satzende die Stimme zu heben. Es ist dies ein Intonationsmuster, mit dem Frauen häufig zeigen wollen, daß sie auf den anderen Rücksicht nehmen und zu Antworten einladen, das aber oft als Zeichen von Unsicherheit gedeutet wird. (Dabei ist zu beachten, daß Forschungen gezeigt haben, daß ein Heben der Stimme bei Frauen, nicht aber bei Männern als Zeichen von Unsicherheit und Unfähigkeit gedeutet wird.)

Ehe Frauen sich entschließen, ihren Gesprächsstil zu ändern, müssen sie allerdings die Kommunikationsfalle erkennen, die ich in den voraufgegangenen Kapiteln erörtert habe. Ich will etwas weiter ausführen, was ich an früherer Stelle erörtert habe: Barbara Bush hat Geraldine Ferraro einmal als »das Wort, das sich auf Hexe reimt«, bezeichnet. Ferraros Gesprächsstil resultiert aber aus ihrer italienischen Herkunft, ihrer Jugend in New York und ihren Wurzeln in der Arbeiterschicht. Jede Frau, die versucht, »bestimmter« aufzutreten, und jede Frau, der aufgrund ihrer Herkunft ein besonderer Gesprächsstil zu eigen ist, läuft Gefahr, als »zu aggressiv« gebrandmarkt zu werden und Sanktionen herauszufordern, ebenso wie manche Männer aus dem Süden der USA als nicht männlich genug angesehen werden. Oder wie soll man es verstehen, daß der bekannte Journalist William Safire Clintons Kandidaten für das Amt des Verteidigungsministers, Bobby Ray Inman, mit der Frage verspottete: »Wie kommt ein erwachsener Mann bloß dazu, sich ›Bobby‹ zu nennen?«

Viele Frauen versuchen sich der Erwartung anzupassen, wonach Frauen nicht allzu bestimmt auftreten dürfen (was als aggressiv empfunden wird), indem sie bewußt steuern, wie oft sie das Wort ergreifen. So stellte Elisabeth Aries in ihren Untersuchungen über Debattierclubs von Collegestudentinnen und -studenten fest, daß Frauen, die sich in einer Sitzung des Debattierclubs häufig zu Wort meldeten, in der nächsten absichtlich weniger sprachen, um nicht dominierend zu erscheinen. Studentinnen in meinen Seminaren sagen mir, daß auch sie diese Anpassung absichtlich vornehmen: Wenn sie sich in der einen Woche häufig zu Wort gemeldet haben, schweigen sie in der nächsten. Selbst Margaret Mead suchte sich – ihrer Tochter Mary Catherine Bateson zufolge – penibel die Themen aus, zu denen sie etwas sagte, damit sie nicht dominant wirkte. Eine solche Strategie mag für alle – für Frauen wie für Männer – klug sein. Andererseits kann es auch klug sein, als aggressiv zu gelten, wenn man sich auf diese Weise wenigstens Gehör verschafft. Schließlich können wir alle aber nur eines hoffen: Wenn genug Frauen ihren Gesprächsstil ändern, werden sich dadurch die Erwartungen, die man hinsichtlich der Sprechweise an eine feminine Frau stellt, vielleicht ändern.

Ungleiche Chancen

Immer wenn Entscheidungen von einer Gruppe statt von einer Einzelperson getroffen werden, werden die Verhandlungsstrategien der Gruppenmitglieder wesentlich. Dies wurde auf der Sitzung eines Ausschusses an einer bedeutenden amerikanischen Universität deutlich, der Gerichtsurteile und Gesetze kommentiert. In dem Ausschuß waren Frauen gut repräsentiert, aber die Artikel, die veröffentlicht wurden, repräsentierten sie nicht in proportionalem Maß. Besonders eine Entscheidung war stark umstritten. Ein eingereichter Artikel befaßte sich mit Frauen an der juristischen Fakultät. Die weiblichen Mitglieder des Ausschusses waren der festen Überzeugung, daß es sich um einen hochkarätigen Artikel handelte, der für die Leser des Kommentars von großer Bedeutung war, aber die Männer meinten, der Artikel sei zwar ausgezeichnet, aber nicht die Art Rechtskommentar, die man veröffentlichen sollte. Auf der Ausschußsitzung, auf der die Entscheidung getroffen werden mußte, brachten die Frauen immer wieder leidenschaftlich Gründe dafür vor, warum der Artikel unbedingt veröffentlicht werden sollte, doch die Männer blieben strikt bei ihrer Meinung. Schließlich rief eine Frau nicht nur frustriert, sondern auch ungläubig aus: »Bedeutet es Ihnen denn gar nichts, daß uns der Artikel sehr am Herzen liegt? Wenn *Ihnen* eine Frage so sehr am Herzen läge, würde ich Sie gewähren lassen, selbst wenn ich mit Ihnen nicht gleicher Meinung wäre.« Die Männer sagten einfach nein. Sie hielten es für ihre Pflicht, bei ihrer Meinung zu bleiben, ganz gleich, was die anderen dachten. Schließlich gaben die Frauen nach, und der Artikel erschien nicht.

Wenn Entscheidungen innerhalb einer Gruppe getroffen werden, hat nicht jeder den gleichen Zugang zur Entscheidungsfindung. Diejenigen, die eine bestimmte Position vertreten und sich weigern, davon abzugehen, gleichgültig, wie überzeugend die Meinung der anderen ist oder wie sehr ihnen das Thema am Herzen liegt, werden aller Wahrscheinlichkeit nach sehr viel eher ihren Willen durchsetzen. Eine solch starre Haltung entsteht möglicherweise daraus, daß man die Situation aus der Perspektive von Sieg oder Niederlage betrachtet: Wenn deine Position den Sieg davonträgt, gewinnst du; wenn du nachgibst, verlierst du – nicht nur die Auseinandersetzung, sondern auch das Gesicht, du verlierst an Punkten, du verlierst an Macht. Jene, denen eine Sachposition sehr wichtig ist, die aber angesichts starrer Unnachgiebigkeit oder einer festen Meinung eher zurückweichen, setzen sehr viel seltener ihren Willen durch. Dieser Umstand entsteht vielleicht schon dadurch, daß man mit einer ganz anderen Einstellung in eine Sitzung geht – zum Beispiel dem Gefühl, »daß wir hier sind, um uns gegenseitig unsere Positionen vorzustellen und dann die beste Entscheidung zu treffen« –, oder einer anderen Haltung gegenüber Konflikten: »Wir müssen am Ende der Sitzung Frieden schließen und zu einer Übereinkunft kommen; es wäre höchst unangenehm, zusammenarbeiten zu wollen, wenn wir am Ende der Sitzung im Streit auseinandergehen.«

Insoweit diese Gesprächsstile geschlechtsspezifisch sind, führt der Umstand, daß man Frauen in Gremien mit Entscheidungsgewalt wählt, nicht immer dazu, daß die Ansichten der Frauen gleich stark repräsentiert werden. Vorgänge, die jenen in der Rechts-Kommission zur Kommentierung neuer Gesetze und Urteile ähneln, finden alltäglich in den Redaktionskonferenzen von Tageszeitungen statt. Viele Zeitungen haben Redakteurinnen eingestellt, weil sie hofften, damit eine größere weibliche Leserschaft zu gewinnen. Doch am Ende schrieben die Redakteurinnen Artikel, die sich häufig kaum von denen der Männer, die bereits vorher bei der Zeitung waren, unterschieden, obwohl die Redaktionsleiter, die die Frauen eingestellt hatten, gehofft hatten, die Frauen würden Artikel schreiben die das besondere Interesse der weiblichen Leserschaft wecken würden.

Nancy Woodhull, eine Unternehmensberaterin, die mit Zeitungen zusammenarbeitet, die eine größere weibliche Leserschaft gewinnen wollen, weist darauf hin, daß Entscheidungen darüber, welche Geschichten man recherchieren soll, auf Redaktionskonferenzen »demokratisch« getroffen werden, nachdem die Redakteure das Für und Wider bestimmter Ideen für Geschichten diskutiert haben. Woodhull hat beobachtet, daß es die Redakteurinnen schwerer haben, ihre Ideen durchzusetzen. Journalisten sind darauf angewiesen, sich auf ihre Intuition zu verlassen: Habe ich das »Gefühl«, daß mich eine Sache »packt« oder nicht? Wenn es stimmt, daß Frauen und Männer (wie auch andere kulturell verschiedene Leser) in mancher Hinsicht unterschiedliche Interessen haben, dann sind die Entscheidungen, die (weiße) Männer aus dem »Bauch« treffen, womöglich kein guter Indikator dafür, was Frauen (oder afroamerikanischen oder asiatischen Lesern) gefällt. Wenn also Entscheidungen darüber, über welche Geschichten man berichten will, in Gruppensitzungen getroffen werden und einige Männer in der Gruppe (es müssen nicht alle sein) kompromißlos ihre eigene Haltung vertreten, schöpft die Zeitung möglicherweise nicht alle Möglichkeiten aus, die sich durch die Einstellung von Journalistinnen (oder anderen »Abweichlern«) bieten könnten. Nach Ansicht von Woodhull kommt es vielmehr zu folgender Situation: Wenn Redakteurinnen erkennen, daß sie nicht dafür belohnt werden, andere Sichtweisen vorzubringen, fangen sie an, Ideen für Geschichten vorzuschlagen, von denen sie wissen, daß sie den Redakteuren gefallen.

Vor der Schwierigkeit, sich Gehör zu verschaffen, kann jede Einzelperson stehen, die nicht so hartnäckig ist wie andere und eher einmal nachgibt, die auf Besprechungen nicht so beredt ist oder nicht mit einer hohen Glaubwürdigkeit ausgestattet, weil ihr Status niedrig ist, sie aufgrund ihrer regionalen oder ethnischen Herkunft anders ist oder einfach nur eine andere Persönlichkeit hat. Dabei ist es unerheblich, ob sie weiblichen oder männlichen Geschlechts ist. Wer eher zu Kompromissen neigt oder einen Konsens erzielen möchte, fühlt sich bei Meinungsverschiedenheiten weniger wohl und wird daher eher nachgeben. Eine Frau, die mir gegenüber voll des Lobes für ihren Chef war, meinte, er habe nur einen Fehler – er scheue Konfrontationen, so daß er sich von unkooperativen Managern an die Wand spielen ließ und nie jemanden entließ, selbst wenn er das eigentlich müßte.

Das ist genau das Problem, das Kunihiko Harada als inhärente Schwäche im Kommunikationssystem der Japaner ausmachte, das seiner Meinung nach auf dem Vermeiden offener Konflikte beruht. In einer Gesellschaft, in der das Einfühlungsvermögen in andere Menschen einen hohen Stellenwert einnimmt, wird die Person mit dem größten Einfühlungsvermögen wahrscheinlich ihre Meinung bei der ersten sich bietenden Gelegenheit zurückziehen, selbst wenn es die beste ist. Darin liegt eine große Ironie, denn die »demokratischen« Prinzipien, die uns als offensichtlich wünschenswert erscheinen, enden nicht immer für alle glücklich. Und was noch wichtiger ist: Sie führen nicht immer dazu, daß man die beste Entscheidung trifft. Wenn Menschen unterschiedliche Verhandlungsstile haben, kann eine scheinbar demokratische Struktur schließlich dazu führen, daß sie nach dem Grundsatz aus George Orwells Satire *Farm der Tiere* funktioniert: »Alle Tiere sind gleich, aber einige sind gleicher als andere.«

Die Ungerechtigkeit in unstrukturierten Gruppen

Elisabeth Sommers und Sandra Lawrence untersuchten einmal aus Interesse die Vorzüge des so wohlklingenden »kooperativen Lernens«, bei dem sich die Studenten in Schreibseminaren in Kleingruppen treffen und über ihre Aufsätze diskutieren. Sommers und Lawrence analysierten die Gespräche der von ihnen selbst unterrichteten Studenten, aber da die Autorinnen unterschiedliche Unterrichtsstile hatten, erzielten die Studenten am Ende des Gruppenprozesses ganz unterschiedliche Ergebnisse. Die eine Dozentin gab ihren Schülern explizite Anweisungen, wie sie ihre Diskussion strukturieren sollten, während die andere Dozentin den Studenten erlaubte, die Struktur selber zu bestimmen. Ich glaube, daß viele Amerikaner der Meinung sind, daß es vorzuziehen sei, die Struktur der eigenen Gruppe selber zu bestimmen; es erscheint ihnen demokratischer, weniger autoritär. Paradoxerweise schnitten Frauen in den »lehrerbestimmten« Gruppen besser ab: Frauen und Männer beteiligten sich hier fast zu gleichen Teilen. In den Gruppen ohne Vorgabe der Dozentin machten die Frauen 17 % weniger Bemerkungen und meldenten sich 25 % weniger oft.

Sommers und Lawrence zeigen, wie es dazu kam. Hatten sie den Studenten eine Struktur vorgegeben, so sprach jeder Student, wenn er an die Reihe kam, während die anderen schwiegen. Eine freie Diskussion folgte nur, wenn dazu noch Zeit blieb und wenn sich jeder Student hatte äußern können. In dieser Struktur kamen die jungen Frauen ebensooft an die Reihe wie die jungen Männer, wobei sie zeigten, daß sie Wichtiges zu sagen hatten und auch bereit waren, sich zu äußern. Demgegenüber mußten sich in der freien Diskussion der anderen Gruppe die Sprecher selbst das Rederecht erkämpfen, damit sie zu Wort kamen. In dieser Lage neigten die Frauen dazu, »sich eher zu fügen, sich häufiger unterbrechen zu lassen und weniger oft das Wort zu ergreifen«. Zwar unterbrachen sich auch die jungen Männer in diesen Gruppen, doch ließen sie sich von den Unterbrechungen nicht stören, sondern beendeten ihren Redebeitrag, während sich die jungen Frauen in der Regel zurücknahmen und aufgaben, sobald ihre Sprechversuche durch Unterbrechungen gestört wurden.

Diese Untersuchung bietet eine Erklärung dafür, was sich in Gesprächen in Büros, Sitzungssälen und auf den Korridoren der Macht abspielt. Leitet man eine Sitzung in unstrukturierter Weise, so haben alle Gesprächsteilnehmer scheinbar die gleichen Chancen. Diejenigen, die den Eindruck haben, sie müßten die Zustimmung der anderen einholen, ehe sie das Wort ergreifen – oder diejenigen, deren kulturell erlernte Gesprächsrhythmen einfach anders sind –, weichen zurück, wenn sie unterbrochen werden, verringern den Gesprächsanteil, den sie monopolisieren, und sprechen am Ende weniger. In der von Sommers und Lawrence durchgeführten Studie fielen die Frauen häufiger als die Männer in diese Kategorie. Aber die Männer mit ähnlichen Gesprächsstilen hatten ebenso große Schwierigkeiten, sich Gehör zu verschaffen. Dies geschieht gar nicht selten, wenn britische Männer oder Frauen mit Amerikanern, Kalifornier mit New Yorkern oder wenn Neuengländer mit Kaliforniern sprechen.

Einfach die Zeit zu stoppen, wie lange eine Person spricht, verrät kaum etwas über die innere Dynamik in einer Gruppe während einer Besprechung. Ebenso wichtig – wenn nicht noch wichtiger – ist, *was* eine Person äußert. Sommers und Lawrence analysierten die Gesprächsbeiträge einer Frau, Meredith, der einzigen Frau in einer Gruppe von vier Studenten in dem Schreibseminar. Die Frau machte nicht nur weniger Äußerungen, sondern verbrachte die meiste Zeit – wenn sie denn einmal sprach – damit, die drei Männer in der Gruppe zu bestätigen. Meredith stimmte den Äußerungen der Männer zu, bestätigte den Autor und äußerte sich zum Interaktionsprozeß innerhalb der Gruppe sowie zum Geschriebenen. Die Hälfte ihrer Wortmeldungen waren Zustimmungen. Wenn Bob beispielsweise sagte: »Das mußt du noch ein wenig ausführlicher darstellen«, sagte Meredith: »Ja, ich meine, das sollte man wohl.« Manchmal geschah es auch, daß Bob Merediths Worte wiederholte, um dem Autor beizupflichten:

MEREDITH: Das war gar nicht *schlecht*.
BOB: Nein... war es nicht...
MEREDITH: Es war nicht schlecht.
BOB: Mir hat der Schluß sehr gut gefallen.

Merediths Kommentare wurden häufig unterbrochen oder gingen in den Wortbeiträgen der anderen unter. So versuchte sie sechsmal, einen Gesprächsbeitrag beizusteuern, brach aber ab, sobald man sie unterbrach:

Ich glaube...
...Die Änderung... sollte...
Weil... weil...
...Weil eben genau aus diesem Grund
...Sonst wird man
Ja, ich...

Auch hier wäre es ein Leichtes, den jungen Männern die Schuld daran zu geben, daß sie Meredith unterbrachen, ja zum »Schweigen brachten«. Das haben sie ja zweifellos getan. Aber der Prozeß, durch den sich eine Unterbrechung vollzieht, ist sehr komplex. Wie bei allem, was sich in Interaktionen abspielt, sind hierfür beide Beteiligte – nicht nur einer – verantwortlich. Damit es zu einer Gesprächsunterbrechung kommt, muß eine Person zu sprechen anfangen und eine andere aufhören. Wie Sommers und Lawrence in ihrer Studie festgestellt haben, unterbrechen auch die jungen Männer einander. Hatte der eine den anderen unterbrochen, versuchte der weiterzusprechen, bis er seine Ideen vorgebracht hatte. Meredith aber gab von den sechs Malen, in denen man sie unterbrach, fünfmal auf.

Ich weiß nicht, ob die Mitstudenten Meredith in der gleichen Weise unterbrachen, wie sie sich gegenseitig unterbrachen. (Studien haben ergeben, daß man häufiger Frauen als Männer zu unterbrechen *versucht*.) Und Sommers und Lawrence zeigen, daß auch in den Fällen, als Meredith sich nicht unterkriegen ließ, ihre Stimme von den Stimmen der anderen übertönt wurde, da ihre Stimme von allen die höchste Tonlage und den niedrigsten Tonumfang hatte. Ob Merediths Sprechweise eine Rolle dabei spielte, daß sie nicht die gleichen Gesprächsanteile errang oder nicht – sie hatte eindeutig nicht die gleichen Chancen, sich zu äußern.

Ein weiteres, ähnlich gelagertes Beispiel stammt von einem Kollegen, der mit der Frage an mich herantrat, wie er ein solches Muster in seinen Seminaren vermeiden könne, das anscheinend aus seinem nichtautoritativen Gesprächsstil resultierte. Der Brief erreichte mich nach Abschluß des Semesters, aber der Kollege wollte unbedingt vermeiden, daß sich diese Dinge zukünftig wiederholten. Er schrieb, daß sich die Studenten in seinem Oberseminar in zwei Gruppen unterteilt hatten, um ein Sprachphänomen in zwei verschiedenen Sprachen zu analysieren.

Ungefähr die Hälfte der Seminarteilnehmer analysierte das Französische und die andere Hälfte das Spanische. Richard, der einzige männliche Teilnehmer, ging in die Französisch-Gruppe. Sogleich übernahm er die Führung und bat mich zum Beispiel zu sagen, daß sich die Gruppe nach dem Seminar oder sogar zu einer kurzen Besprechung während des Seminars zusammenfinden solle. Einmal gingen die Teilnehmer auf den Flur, und als sie zurückkehrten, frotzelten die Frauen in der Gruppe über gewisse »Vorstandsbeschlüsse«.

Zu Semesterende übten die Studenten Seminarkritik, also verließ ich für zehn Minuten den Seminarraum. Als ich wieder hineingehen wollte, hielt man mich im Flur auf. Zwei Studentinnen aus der Spanisch-Gruppe wollten mich etwas fragen. Während ich mich mit der einen unterhielt, eilte eine der Teilnehmerinnen der Französisch-Gruppe mit grimmiger Miene aus dem Seminarraum.

Die Studentin, mit der ich mich gerade unterhielt, sagte: »Sie scheint die Nase endgültig voll zu haben.« Als ich den Seminarraum betrat, saß Richard vorne an der Tafel und entwickelte seine Theorien, während die Frauen einen kleinen Kreis um ihn gebildet hatten.

Mein Kollege schrieb dazu: »Meine natürliche Neigung, die Seminarteilnehmer einfach in Ruhe zu lassen, war in diesem Fall vermutlich nicht das richtige.«

Eine ähnlich ironische Situation tauchte in den Betrieben auf, die ich untersuchte. So leitete eine Managerin Besprechungen in der Regel so, daß sie wichtige Entscheidungen an die Gruppe zurückgab. In demokratischer Weise fragte sie ihre Mitarbeiter: »Was wollen wir als nächstes machen?« Aber auf eine eher undemokratische Weise ergriffen zwei der acht Teammitglieder, beides Männer, häufiger die Gelegenheit, um sich zu Wort zu melden und so einen unverhältnismäßig großen Einfluß auf die Richtung der Diskussion innerhalb der Gruppe zu nehmen.

»Was mache ich hier eigentlich?«

Ein wichtiges Argument müssen wir im immer Gedächtnis behalten: Die Männer, die am Ende ein Gespräch bestimmen, sehnen sich weder unbedingt nach dieser Rolle, noch sonnen sie sich darin (auch wenn dies durchaus vorkommen kann). Ich hatte das Vorrecht, einen Einblick in die Gedankenwelt eines jungen Mannes zu bekommen, dem die Rolle, die er innehatte, offenbar keine Freude machte. Ich hatte meine Studenten gebeten, Tagebuch zu führen und sich Notizen über ihre Erfahrungen und Beobachtungen in der Kommunikation mit anderen zu machen und ihre Analysen am Ende des Semesters abzugeben. Dieser junge Mann schrieb, daß er sich in einer Situation wiederfand, wie ich sie oben beschrieben habe. Er nahm an einem großen Seminar teil, das ich über das Thema interkultureller Kommunikation abhielt. Da das Seminar fast achtzig Teilnehmer umfaßte, teilte ich es häufig in kleinere Gruppen mit vier oder fünf Teilnehmern und bat sie, ein Thema zu diskutieren und dann ein Mitglied zu ernennen, um die Diskussion in der Gruppe für das gesamte Seminar zusammenzufassen. Da im Seminar sehr viel mehr Frauen als Männer waren, gab es in den Kleingruppen – wenn überhaupt – jeweils nur einen Mann. Doch wenn es dann soweit war, die Ergebnisse der Kleingruppe im Plenum vorzustellen, wählte jede Gruppe, zu der ein Mann gehörte, fast ausnahmslos den Mann aus, der dann aufstehen und die Rolle des Gruppensprechers übernehmen mußte. Der junge Mann notierte in sein Tagebuch:

Heute haben wir in Kleingruppen gearbeitet, und zum zweitenmal wurde ich zum Gruppensprecher gewählt. Ich finde das grotesk. Ich »mag« nicht der Sprecher sein – wenigstens sage ich das. Wenn ich also den Eindruck vermittele: »Ich will die Ergebnisse nicht zusammenfassen«, wie kommt es dann, daß ich als der ideale Mann für diese Aufgabe erscheine? Vielleicht aus Versehen, weil niemand sonst sie übernehmen will. Im Grunde glaube ich das selbst nicht. Na ja, das ist alles ziemlich belanglos.

Es ist alles andere als belanglos, jedenfalls für diejenigen von uns, die verstehen wollen, was sich abspielt, wenn Frauen und Männer in Gruppen zusammenkommen. Warum haben die Gruppenmitglieder den jungen Mann wiederholt gegen seinen erklärten Willen ausgewählt? Am interessantesten erschien mir, daß er selber keine Antwort darauf fand und daß er nicht einmal besonders erfreut über die Wahl war. Und so schildert er seine Erfahrungen:

Außerdem frage ich mich, warum ich mich in einer kleinen Gruppe relativ wohl fühle. Dort habe ich den Eindruck, ich selbst zu sein – als würde meine Persönlichkeit anerkannt. Aber wenn ich das Plenum über die Diskussionen in der Arbeitsgruppe informiere, komme ich mir vor eine Abstraktion.

Mir gefällt diese Beschreibung der Entfremdung, die entsteht, wenn man vor einer großen, gesichtslosen Masse spricht und nicht weiß, wie sie reagieren wird, ganz außerordentlich. Die Schilderung zeigt auch, wie stark sich dieses Gefühl vom Sprechen in kleinen Gruppen unterscheidet, in denen sich der junge Mann nach eigener Aussage sehr wohl fühlte. Schließlich finde ich es interessant, daß er zwar zum Gruppensprecher gewählt wurde, sich in dieser Rolle jedoch unwohl fühlte.

Die Erfahrung dieses jungen Mannes sollte man im Gedächtnis behalten: Wenn man mit der Rolle unzufrieden ist, die eine andere Person in einer Interaktion übernommen hat, so ist die andere Person nicht notwendigerweise glücklich mit dieser Rolle, und sie hat sich auch nicht unbedingt darum »gerissen«.

Der Spaß am freien Gespräch

Die Wissenschaftlerin Carole Edelsky hat die Frage gestellt: »*Unter welchen Bedingungen* interagieren Männer und Frauen... mehr oder weniger als Gleichberechtigte, und unter welchen Bedingungen sind sie nicht gleichberechtigt?« Die Untersuchungen von Sommers und Lawrence liefern eine Teilantwort: Wenn das Rederecht den Teilnehmern nacheinander zugebilligt wird, dann ist es wahrscheinlicher, daß Frauen und Männer als Gleichberechtigte interagieren. Eine weitere Teilantwort liefert Edelsky in ihrer Studie über Gespräche in Besprechungen.

Edelsky nahm fünf vollständige Sitzungen eines ständigen Fachbereichsausschusses einer Universität auf Tonband auf und analysierte sie. Der Ausschuß bestand aus sieben Frauen (zu denen sie zählte) und vier Männern. Als sich Edelsky daran machte, auszuzählen, wieviel die Frauen und die Männer auf diesen Sitzungen sprachen, erkannte sie, daß die Sitzungen in zwei verschiedene Interaktionsformen zerfielen. Mitunter folgte die Interaktion dem, was man für eine typische Sitzungsstruktur hält: Eine Person sprach, während die anderen zuhörten oder antworteten. Manchmal aber verlief die Interaktion nach einem ganz anderen Muster. Bei diesen Gelegenheiten entwickelten sich Gespräche, bei denen mehrere Personen gleichzeitig redeten oder »auf derselben Wellenlänge« sprachen. Damit Edelsky die Frage beantworten konnte, wer mehr redete, mußte sie sich zunächst fragen, welche Art von Interaktion gerade vorlag. Dabei stellte sie fest, daß sich die Männer in den strukturierten Abschnitten der Sitzungen häufiger zu Wort meldeten und länger redeten; sie witzelten und stritten mehr, steuerten stärker das Gespräch und erhielten häufiger Antworten. Während der Abschnitte des »freien Gesprächs« sprachen Frauen und Männer zu gleichen Teilen, und die Frauen scherzten mehr, stritten mehr, steuerten stärker das Gespräch und erhielten häufiger Antworten als die Männer. In diesen Abschnitten hatte niemand das alleinige Rederecht, während die anderen schweigend zuhörten. Statt dessen hörte man mehrere Stimmen gleichzeitig, da sich die Teilnehmer miteinander unterhielten, während parallel andere Gespräche geführt wurden.

Hier handelt es sich um einen ganz anderen Mangel an Struktur als in dem Fall des Schreibseminars, in dem zwar jeweils eine Person reden durfte, die Gruppe jedoch selbst entschied, wem sie das Rederecht zugestehen wollte. Zwar liegt die Frage, warum Frauen in den »freien« Abschnitten einer Sitzung mehr redeten, nicht im Mittelpunkt von Edelskys Studie, aber meines Erachtens entsprechen diese Abschnitte eher dem Interaktionsstil, an den sich viele Frauen in den Gesprächen mit ihren Geschlechtsgenossinnen gewöhnt haben.

In zahlreichen Unternehmen, in denen ich Gespräche beobachtet oder aufgezeichnet habe, gab es Besprechungen, an denen ausschließlich Frauen teilnahmen. Auf allen diesen Besprechungen gab es »multiple Gesprächsebenen«, mehr Lachen, Witzeleien und überlappende Gesprächsbeiträge, als ich in Besprechungen erkennen konnte, bei den die meisten oder alle Teilnehmer Männer waren. So schrieb mir eine Professorin über ihre Erfahrungen auf Sitzungen in ihrer Universität, sie fände die universitätsweiten Sitzungen schwierig, Fakultätssitzungen hingegen angenehm. Sie meinte sogar: »...am meisten Spaß machen mir offenbar die Gespräche, die von vielen Unterbrechungen und Überlappungen gekennzeichnet sind: Durfte man ausreden, so schien mir das Gespräche zu charakterisieren, die ich gestelzt und unangenehm nennen würde.« Die beiden zentralen Unterscheidungen lägen darin, wie groß die Teilnehmerzahl ist und ob die Teilnehmer »sich im Umgang miteinander einigermaßen wohlfühlen« – was in ihrem Fall auf die Kollegen aus demselben Fachbereich zuträfe.

Eine Besprechung in einer regionalen Wohlfahrtsorganisation, an der ich als Beobachterin teilnahm, war hierfür typisch. Bei der Sitzung waren vier Frauen anwesend, Sozialarbeiterinnen, die behinderte Patienten einzeln betreuten, und die Leiterin. Auf den Tischen standen Orangensaft und Doughnuts – etwas, das auf den Besprechungen in einer ganzen Reihe von Betrieben recht verbreitet war; anders war in diesem Fall, daß sich die Teilnehmer von Zeit zu Zeit unterbrachen und sich gegenseitig etwas zu essen oder zu trinken anboten. Die Themen wechselten zwischen persönlichen Belangen und beruflichen Fragen. Den Großteil der Arbeit erledigten die Frauen durch ein System von indirekten Bitten und Anerbieten.

So sagte eine Sozialarbeiterin: »Oh, ich habe ganz vergessen, daß ich Dean abholen muß, aber ich habe zu Hause gesagt, daß ich um zwei zurück sein werde.« Ich verstand dies so, als wolle sie auf Schwierigkeiten hinweisen, und glaubte, sie werde bei sich zu Hause anrufen, um zu sagen, daß sie sich verspäten und dann Dean abholen werde. Deshalb wunderte ich mich, als eine andere Sozialarbeiterin sofort meinte: »Das kann ich übernehmen.« Mehrere Lösungen wurden auf diese Weise gefunden. Nur einmal wurde ein Wunsch vorgebracht, und es meldete sich keiner, um ihn zu erfüllen, und zwar als die Leiterin fragte: »Kann irgend jemand dabei helfen?«

Neben diesen Beispielen, die die Effektivität indirekter Kommunikationsformen bezeugen, beobachtete ich – so glaube ich – ein Beispiel, wo der Gesprächsstil der Gruppe nicht funktionierte. Eine Sozialarbeiterin berichtete von einem Problem, bei dem es um einen Patienten ging, der immer einige Schritte in dem Rehabilitationsprogramm vergaß, das er absolvieren sollte. Wenn die Sozialarbeiterin den Mann fragte, was denn zu seiner Aufgabe gehöre, pflegte er zu antworten: »Ich muß der Leiterin sagen, daß ich hier bin, dann muß ich mir die Hände waschen und alles bereitlegen.« Wenn er die Aufgabe dann tatsächlich ausführte, legte er alles Benötigte bereit, vergaß aber immer, die beiden anderen Schritte durchzuführen. Die Kolleginnen rieten der Sozialarbeiterin, sie solle den Patienten auffordern, die Einzelschritte in einem Notizbuch zu notieren und abzuhaken, wogegen sie sich aber immer wieder wehrte. Statt dessen sagte sie: »Soweit bin ich mit ihm noch nicht.« Dies erschien mir als Beispiel, wo man mit einem indirekten Gesprächsstil keinen Erfolg hat. Vielleicht hätten ihr die Kolleginnen – oder die Leiterin – ganz offen sagen sollen: »Es ist jetzt Zeit – anders kannst du mit dem Mann nicht umgehen.«

Wechselnde Aufstellungen

Die Art und Weise, wie Personen an Gruppenaktivitäten teilnehmen, kann sich gemäß des Kontextes und im Laufe der Zeit ändern. Eine Frau berichtete, daß ihr Status in einer Organisation sich binnen eines Jahres sehr gewandelt habe. Anfangs äußerte sie sich in Sitzungen sehr oft, aber diese Redebeiträge wurden übergangen. Hin und wieder nahm man sie zwar auf, ordnete sie aber anderen Personen zu. Doch am Ende des ersten Jahres hatte sich das Blatt gewendet. Sie nahm an einer Besprechung teil, auf der ein Mann etwas sagte, was sie für sehr wichtig hielt, das jedoch keine Beachtung fand. Also wiederholte sie diese Anregung, wobei sie hinwies, daß sie nur seinen Gedanken wieder aufnahm. Die Gruppe hörte sich den Vorschlag an und nahm ihn auf, bezeichnete ihn aber hinterher immer als ihre Idee. Demnach bewirkt nicht nur der Umstand, daß eine Idee von einem Mann aufgenommen wird, daß man ihr Aufmerksamkeit zollt, sondern einfach die Tatsache, daß eine Idee überhaupt von anderen aufgegriffen und wiederholt wird. Wenn mehrere Personen übereinkommen, eine Idee aufzugreifen und auf einer Sitzung die Ideen der anderen zu wiederholen, dann können die Teilnehmer möglicherweise den Wirkungsgrad ihrer Beiträge steigern.

Diejenigen, die sich zu Wort melden, sind nicht notwendigerweise gesprächiger als die anderen. Die Geschlechtszugehörigkeit ist zwar nur einer von vielen Einflüssen, die den Gesprächsstil bestimmen, doch die abweichenden Sozialisationsmuster von Jungen und Mädchen bewirken, daß Besprechungen für Männer und Frauen ganz unterschiedliche soziale Umwelten darstellen. Wie bereits erwähnt, haben Psychologen, Anthropologen und Soziologen intensiv darüber geforscht, wie Kinder in ihren Gleichaltrigengruppen sprechen und handeln. Ich habe diese divergierenden Stile unter den Begriffen »Berichtssprache« versus »Beziehungssprache« zusammengefaßt. Sitzungen sind häufig ein Paradigma für »Berichtssprache« und deshalb Situationen, in denen es vielen Männern leichter fällt, sich zu Wort zu melden als vielen Frauen. Mit anderen Worten: Die Methoden, durch die viele Männer das Sprechen in einer Gruppe erlernt haben – sie versuchen, sich in den Mittelpunkt zu stellen und dort zu bleiben –, stellen eine bessere Vorbereitung für das Reden in einer Besprechung dar.

Dabei muß man unbedingt bedenken, daß nicht alle Jungen diese Fähigkeiten besonders gut beherrschen. Da Jungengruppen aus Jungen mit niedrigem und hohem Status bestehen, aus denjenigen, die im Mittelpunkt stehen, und denjenigen, denen das nicht gelingt, setzen sich nicht alle Jungen als Kinder durch, und nicht alle Männer haben Erfolg, wenn sie sich auf einer Besprechung Gehör verschaffen sollen. In ihrer Studie über Studenten, die in Kleingruppen ein naturwissenschaftliches Problem lösen sollten, stellte Jaqueline Madhok fest, daß sich die Teilnehmer in den Männergruppen ganz unterschiedlich stark beteiligten: Manche Jungen redeten viel, andere sehr wenig. Dabei muß man sich daran erinnern, daß Maccoby mehr passives Verhalten beobachtete, wenn Jungen paarweise zusammenarbeiteten, als in dem Fall, wenn ein Mädchen dabei war. Doch die Sozialisationsmuster, denen sie als Kinder folgten, verleihen Männern bessere Chancen hinsichtlich der Fähigkeiten, die in dieser sozialen Umgebung belohnt werden. Manche Männer haben ihre Lektion ausgesprochen gut gelernt.

Die Fähigkeiten, die eher von Mädchen erlernt werden, etwa die eigene Äußerung mit den Äußerungen der anderen zu verknüpfen, zu warten, bis man wahrgenommen wird, statt das Wort zu ergreifen, Vorschläge zu machen, statt Forderungen zu stellen, die Bemerkungen von anderen zu unterstützen, statt dafür zu sorgen, daß die eigenen Bemerkungen originell klingen – diese Gesprächsrituale wirken sehr konstruktiv, wenn sich alle Teilnehmer einer Sitzung danach richten. Doch möglicherweise helfen sie einer Sprecherin nicht, einen herausragenden Eindruck zu machen – oder gar bei einer größeren Besprechung das Wort zu ergreifen. Außerdem gibt es gute Gründe, weshalb es für Frauen schwierig und kompliziert ist, in einer Gruppe das Wort zu ergreifen und im Mittelpunkt der Aufmerksamkeit zu stehen, zumal einer Gruppe, der Männer angehören; denn vieles in ihrer Sozialisation hat Frauen gelehrt, *keine* Beachtung auf sich zu ziehen.

Eine Frau, auf die dies zutraf, zählte zu der Arbeitsgruppe, die ich zu Beginn dieses Kapitels erörtert habe. Als ich die Leiter anschließend bat, sie möchten mir ihre Eindrücke schildern, meinte einer der Männer, es habe ihn überrascht, daß eine bestimmte Frau sich nicht häufiger zu Wort gemeldet hätte. »Spricht man mit ihr allein«, sagte er, »ist sie voller Ideen und sehr bestimmt.« Was konnte zu ihrer Gehemmtheit in der Gruppe geführt haben? Zum einen bekleidete sie einen niedrigeren beruflichen Rang als einige der anderen – aber das traf auch zu, wenn sie sich allein mit dem Leiter unterhielt. Es liegt auf der Hand, daß dieselbe Person, die sich in der einen Situation still verhält, in einer anderen gesprächig sein kann. Vor allem die Kindheitserfahrung von Frauen, sich in Paaren oder Dreiergruppen zu unterhalten, bereitet sie besser darauf vor, mit einem oder mit wenigen Menschen zu reden, statt sich in einer größeren Gruppe zu Wort zu melden.

Eine Pilotstudie

Viele dieser Mechanismen habe ich auch in meinen eigenen Seminaren beobachten können. In einem Semester hatte mein Seminar mit dem Thema »Analyse von Alltagsgesprächen« zwanzig Teilnehmer, elf Frauen und neun Männer. Von den neun Männern kamen vier aus dem Ausland: zwei Japaner, ein Chinese und ein Syrer. Mit Ausnahme dieser vier Asiaten beteiligten sich alle Männer wenigstens gelegentlich am Seminargespräch. Am meisten redete eine Frau, es gab allerdings auch fünf Frauen, die kein Wort sagten und von denen nur eine Japanerin war. Ich beschloß, etwas zu tun, weil ich die Muster, nach denen sich die Studenten am Seminargespräch beteiligten, untersuchen und umgestalten wollte.

Ich unterteilte das Seminar in Kleingruppen, in denen die Fragen, die sich aus der Lektüre ergaben, besprochen und die Umschriften der aufgezeichneten Gespräche analysiert werden sollten. Im Rahmen meiner Lehrtätigkeit hatte ich schon oft Kleingruppenarbeit verwandt, doch damals hatte ich die Seminarteilnehmer aufgefordert, einfach eine bestimmte Zahl von Gruppenteilnehmern abzuzählen oder Gruppen mit den unmittelbar neben ihnen sitzenden Teilnehmern zu bilden. Diesmal dachte ich mir im voraus aus, wie ich die Studenten auf die Gruppen verteilen wollte; eine Möglichkeit war, sie nach ihrem Studienabschluß einzuteilen, eine andere, sie nach dem Geschlecht auszuwählen, und die dritte gemäß ihres Gesprächsstils. Bei den Gruppen, die sich dem Gesprächsstil zufolge bildeten, brachte ich die asiatischen Studenten zusammen, solche, die viel sprachen, und solche, die im Plenum wenig sagten. Sechsmal während des Semesters unterteilte ich das Seminar in Gruppen, also trafen sich die Teilnehmer zweimal in jeder Gruppe. Ich bat sie, die Gruppen als Beispiele für reglementierte Diskussionen zu betrachten und sich die unterschiedliche Art und Weise zu notieren, wie sie in den verschiedenen Gruppen interagierten. Zum Semesterende händigte ich den Teilnehmern Fragebögen aus, in denen ich sie nach ihrer Arbeit in den Gruppen und im Plenum befragte.

Aus meinen eigenen Beobachtungen ergab sich eindeutig, daß die Frauen, die im Seminar nie den »Mund aufmachten«, in den kleinen Gruppen munter drauflosredeten. Insbesondere die Japanerin meinte in dem Fragebogen, daß es ihr schwergefallen sei, etwas in der Gruppe, die nur aus Frauen bestand, zu sagen, weil sie »überwältigt war, wie gesprächig die Studentinnen in der ›Frauen‹-Gruppe waren. Deshalb konnte ich gar nicht viel sagen.« Es handelte sich um dieselben Studentinnen, die sich im Plenum kein einziges Mal zu Wort gemeldet hatten. Diese Ironie wurde noch durch etwas anderes verstärkt: Einer der asiatischen Männer meinte, die Japanerin habe in der Gruppe, die nur aus Asiaten bestand, zuviel geredet. Das Beispiel ist deshalb besonders wichtig, weil es zeigt, daß dieselbe Person, die in einem Kontext so sehr unterdrückt wurde, daß sie gar nichts mehr sagte, in einem anderen Zusammenhang zum sprachlichen »Unterdrücker« werden kann. Niemand hat einen »absoluten« Gesprächsstil; der Stil eines jeden Menschen ändert sich in Reaktion auf den Kontext und die Konversationsstile der anderen in der Gruppe.

Als die Studenten meine Fragen beantworteten, schrieben einige, daß sie die Gruppen, die sich aus Angehörigen desselben Geschlechts zusammensetzten, lieber mochten; andere zogen die Gruppe vor, die sich aufgrund des gleichen Gesprächsstils zusammensetzte. (Niemand hatte die Gruppe am liebsten, deren Teilnehmer denselben Studienabschluß anstrebten.) Und nicht nur die Stillen konnten den Eindruck haben, man hätte sie »zum Schweigen gebracht«. Eine Frau sagte: Wenn sie in einer Gruppe mit schweigsamen Studenten arbeite, habe sie das Gefühl, als müsse sie sich zurückhalten, damit sie nicht dominant wirke.

Ein weiteres auffälliges Ergebnis dieser Untersuchung bestand darin, daß die Frauen im Plenum im großen und ganzen mit ihrer Teilnahme unzufriedener waren als die Männer. Auf meine Frage: »Hätten Sie gern mehr im Seminar gesprochen?« waren sechs von den sieben, die sie mit Ja beantworteten, Frauen; der einzige Mann war einer der Japaner. Am meisten überraschte mich aber: Diese Antwort kam nicht nur von den schweigsamen Frauen, sondern von Frauen, die sich ganz unterschiedlich intensiv am Gespräch im Plenum beteiligt hatten, und schloß Studentinnen ein, die angegeben hatten, daß sie im Seminar nie, selten, manchmal oder oft gesprochen hatten. Sogar die Frau, die im Plenum von allen am meisten geredet hatte, sagte, sie hätte sich gern häufiger geäußert. Von den elf Studenten, die sagten, sie seien mit der Zahl ihrer Beiträge ganz zufrieden, waren sieben Männer. Von den vier Frauen, die antworteten »ganz zufrieden«, fügten zwei Einschränkungen hinzu und ließen anklingen, daß sie nicht ganz so zufrieden waren: Eine schrieb »vielleicht mehr« und eine andere: »Ich möchte mich eigentlich stärker beteiligen, habe aber häufig das Gefühl, ich müßte Interessanteres, Relevanteres / Wunderbareres / Intelligenteres sagen!« Mit anderen Worten: Von den elf Frauen im Seminar meinten neun, sie hätten gern mehr gesprochen.

Dadurch, daß wir das Seminar in Gruppen einteilten und uns über die verschiedenen Muster der Gesprächsbeiträge unterhielten, wurde das Bewußtsein aller Teilnehmer dafür geschärft, wie man sich in Seminaren eigentlich beteiligt. Nachdem wir darüber gesprochen hatten, beteiligten sich einige der schweigsamsten Frauen von sich aus an den Diskussionen. Allerdings mußte ich dafür sorgen, daß sie teilnahmen – ich mußte die Studenten unterbrechen, die sich überschwenglich äußerten, damit ich denen das Wort erteilen konnte, die schweigend mit erhobener Hand dasaßen. Ich glaube, daß beide Vorgehensweisen am Arbeitsplatz sinnvoll sein können. Wenn man darüber spricht, wie die Teilnehmer an einer Besprechung ihre Beiträge einschätzen, kann das allen die Augen öffnen und manchen helfen, sich zu Wort zu melden, bei anderen bewirkt es, daß sie weniger sprechen, und die Person, die die Besprechung leitet, kann eher die Teilnahme derjenigen hervorlocken, die sonst vielleicht nicht sagen würden, was ihnen durch den Kopf geht. Da die anderen diese unterschiedlichen Ethiken der Teilnahme nicht durchschauen können, glauben diejenigen, die sich ungehindert äußern, daß die »Schweiger« nichts zu sagen hätten, und diejenigen, die sich im Zaum halten, glauben, daß sich die Wortführer egoistisch und ungehobelt verhielten. Manche mag es überraschen, daß die stillen Mitglieder einer Gruppe etwas zu sagen haben, und andere wundern sich vielleicht, daß die großen Redner hören wollen, was diese Stillen zu sagen haben.

Sich Gehör verschaffen

Was kann man nun tun, damit sich Personen mit divergierenden Gesprächsstilen – und zwar Frauen wie Männer – auf einer Besprechung Gehör verschaffen und damit Unternehmen die Beiträge aller Angestellten nutzen und erkennen können? Eine Strategie bestünde darin, daß die Stillen ihren Stil ändern, aggressiver werden und so ihre Ideen durchsetzen. Für einige mag das in Frage kommen. Andere finden so etwas vielleicht unangenehm – und es kann auch ihrer Vorstellung darüber widersprechen, wie man sich als gutes Teammitglied – oder als guter Mensch – zu verhalten habe. Überdies werden die Ergebnisse nicht immer positiv ausfallen. Das wichtigste ist, daß Manager Übung darin bekommen, die Prozesse in der Gruppe zu beobachten und die Rolle zu erkennen, die jedes Mitglied einnimmt. Das ist ihre Aufgabe. Und so ging auch der Leiter der Arbeitsgruppe vor, die ich weiter oben vorgestellt habe: Er bemerkt, daß die Ideen, die Eingang in den Bericht fanden, von einer Angestellten stammten und von einem anderen Mitarbeiter übernommen wurden.

Für diejenigen, die eine Besprechung leiten, besteht noch eine weitere Möglichkeit: Sie können einen Teil der Sitzung darauf verwenden, nacheinander alle Anwesenden zu bitten, ihre Gedanken vorzutragen.

Dieses Vorgehen hat allerdings Nachteile. Zum einen gilt: Diejenigen, die zuerst sprechen, dürften diejenigen, die folgen, stark beeinflussen. Wer zunächst die Absicht hegte, sich auf eine Weise zu äußern, die den Äußerungen des vorhergehenden Sprechers widerspricht, kann sich dann durchaus vornehmen, mit seinem Beitrag einen anderen Kurs einzuschlagen. Auch hier gilt: Sobald eine Person mit hohem Status eine Meinung vorgebracht hat, kann die Wahrscheinlichkeit sinken, daß die anderen abweichende Meinungen äußern.

Das läßt sich dadurch korrigieren, daß man die einzelnen Teilnehmer auffordert, ihre Meinung entweder vor oder während der Sitzung schriftlich niederzulegen, damit sie nicht allzusehr von dem beeinflußt werden, was die anderen sagen, bevor sie an der Reihe sind.

Es könnte sich auch lohnen, den japanischen Brauch des *nemawashi*, den der Soziolinguist Haru Yamada beschrieben hat, auszuprobieren. Nach Ansicht von Yamada bedient man sich des *nemawashi*, um sicherzustellen, daß man auf einer Besprechung einen Konsens erzielt. Ehe eine interne Sitzung stattfindet, gehen die Manager in neutralen oder mittleren Positionen umher, sprechen persönlich mit jeder Person, die an der Sitzung teilnehmen wird, holen die Meinungen aller Teilnehmer ein und koordinieren die gemeinsamen Interessen. Die Japaner glauben, daß wir unsere wahre Meinung (*honne*) viel eher in persönlichen, informellen Gesprächen zum Ausdruck bringen als während einer Sitzung, die ja öffentlich und reglementiert ist und in der man viel eher eine »Fassade bietet« (*tatemea*) bzw. sozial akzeptable Meinungen äußert.

Denkt man ein wenig darüber nach, ist es nur allzu realistisch, seine Worte in der Öffentlichkeit abzuwägen, in der es schwierig ist, die Reaktionen der anderen vorherzusehen: Diese können anderer Meinung sein, man kann sie kränken, manche können sogar das Gefühl haben, sie verlören das Gesicht, wenn sie von ihrer Position abrückten. Deshalb kämpfen sie um ihre Position, auch wenn sie den Wert einer anderen Meinung anerkennen.

Möglicherweise widerstrebt es ihnen auch, eine neue Idee vorzubringen, wenn sie sehen, daß sich die Diskussion in eine andere Richtung bewegt – wobei sie nie in Erfahrung bringen, welche Art Aufnahme ihre Ideen fänden, wenn sie sie äußern würden. Deshalb hat *nemawashi* für alle Vorzüge: Es stellt sicher, daß die Meinungen aller Berücksichtigung finden, und es ermöglicht, daß diejenigen ihr Gesicht wahren, deren Meinungen unter den Tisch fallen. Wenn die Gesprächsteilnehmer ihre Meinungen nicht öffentlich äußern, können sie auch nicht ihr Gesicht verlieren.

Der Golfkrieg hätte möglicherweise einen anderen Ausgang genommen, wenn die Führer der Vereinigten Staaten den Brauch des *nemawashi* befolgt hätten. So schrieb Sidney Blumenthal in der Zeitschrift *The New Yorker*, General Colin Powell habe vorhergesehen, daß es zu einem problematischen bewaffneten Konflikt gegen Saddam Hussein kommen könnte. Deshalb hätte er die Sanktionen der Operation »Wüstenschild« favorisiert, statt die Iraker anzugreifen und die Operation »Wüstensturm« zu starten. »Nachdem Präsident Bush jedoch öffentlich seine Angriffsstrategie auf die Iraker erklärt hatte, präsentierte Powell dem Präsidenten und seinen wichtigsten Beratern die Alternative, ohne deutlich zu machen, daß er selbst diese Option bevorzuge.« Dann zitiert Blumenthal aus Bob Woodwards Buch *The Commanders*:

Niemand, auch nicht der Präsident, befürwortete die Politik der Eindämmung. Wenn es nur einer getan hätte, dann wäre Powell bereit gewesen, ihr den Vorzug zu geben. Aber niemand wollte Powell festlegen. Niemand fragte ihn nach seiner Gesamteinschätzung der Lage. Da sich Powell nicht vor diese Frage gestellt sah, war er nicht sicher, wie seine Antwort ausgefallen wäre, wenn er sie ohne Unterstützung durch die anderen hätte vorbringen müssen.

Ob die anderen auf der Besprechung Anwesenden – oder auf anderen ähnlichen Sitzungen – wohl auch so skeptisch waren, aber ebenfalls darauf warteten, gefragt zu werden, bzw. darauf warteten, daß ein anderer eine ähnliche Meinung vortrug?

Möglicherweise liegt es auch im Interesse von Unternehmen, daß sie einzelne Personen, deren Urteilskraft sie vertrauen, mehr selbständige Entscheidungen treffen lassen, damit deren Einschätzungen nicht von anderen in Zweifel gezogen werden, deren Gesprächsstil ihnen vielleicht einen Vorteil verschafft, und zwar ungeachtet, wessen Ideen die überlegenen sind.

Alle diese Maßnahmen und andere, die sich der Leser selbst ausdenken kann, beginnen mit folgender Erkenntnis: Wenn Menschen zusammenkommen und in Gruppen miteinander reden, werden die Ergebnisse ebensosehr vom Gesprächsstil der Gesprächsteilnehmer wie von der Durchsetzungskraft der vorgebrachten Ideen beeinflußt. Wenn man die Unterschiede im Gesprächsstil versteht und berücksichtigt, dann sollte dies bewirken, daß mehr wirklich gute Einfälle herauskommen, und zwar in Sitzungen wie in allen anderen Gesprächen am Arbeitsplatz.

Auswirkungen des Gesprächsstils am Arbeitsplatz

Wenn Besprechungen mit Vertretern beiderlei Geschlechts, in denen jeweils nur eine Person zur Zeit das Wort führt, ein Umfeld schaffen, das Sprechern des männlichen Gesprächsstils entspricht, dann werden in solchen Besprechungen – wie auch in anderen beruflichen Situationen – Frauen markiert. Dies ist ein entscheidender Gesichtspunkt, wenn man verstehen will, warum ich in diesem Kapitel und in diesem Buch den Frauen mehr Beachtung geschenkt habe.

Keine Sprechweise hat in sich einen positiven oder negativen Wert. Wenn eine Gesprächssituation durch den Versuch bestimmt ist, den anderen eine Nasenlänge voraus zu sein, funktioniert das gut, wenn alle Gesprächsteilnehmer dasselbe anstreben. Desgleichen kann die konventionalisierte Annahme, daß alle gleich sind, gut funktionieren, wenn sich alle danach richten. Probleme entstehen dann, wenn sich die Gesprächsstile der Gesprächsteilnehmer voneinander unterscheiden. Und der Stil, der viele Frauen charakterisiert, bringt den Sprecher oder die Sprecherin in die unterlegene Position gegenüber jenen, die ein Gesprächsstil kennzeichnet, wie er für Männer typisch ist – insbesondere am Arbeitsplatz, wo alle ständig unter Beobachtung stehen und ihre Leistungen und ihre Kompetenz beurteilt werden. Wenn man nicht auf seine Erfolge hinweist, keine Anstrengungen unternimmt, seine Fehler oder Unkenntnis zu verbergen, sich an Ritualen beteiligt, durch die man die Schuld auf sich nimmt, auch wenn dies gar nicht zutrifft, so wirkt sich all das gegen den Sprecher aus, sobald die anderen im gleichen Kontext nicht dieselben Rituale befolgen.

Wir haben die Neigung, unser Verhalten als Erwiderung auf das Verhalten anderer zu verstehen. »Ich mag John nicht, deshalb bin ich zu ihm kurz angebunden; ich mag Jim, also reiße ich mir ein Bein für ihn aus.« Aber wir neigen auch dazu, andere als absolut zu sehen: »John ist ein schwieriger Mensch; Jim ist ein Schatz.« Wenn wir nach Erklärungen suchen, so haben wir die Neigung, in der psychologischen Verfassung oder der Herkunft des anderen danach zu suchen: »Er fühlt sich ständig angegriffen«, oder: »Sie ist schwierig.« Oder: »Er macht keinen glücklichen Eindruck: Vielleicht liegt das daran, daß sein Vater schon so früh gestorben ist.« Selten kommen wir auf den Gedanken, daß das Verhalten, das uns an anderen mißfällt, vielleicht eine Reaktion darauf darstellt, was wir selber getan oder gesagt haben. Das kann aber der Fall sein. Es ist immer vernünftig, es mit einer anderen Sprechweise zu versuchen, auch wenn das keineswegs einfach ist. Es wird aber mit Sicherheit etwas ändern. Und, wer weiß, möglicherweise wird man anders auf uns reagieren – und zwar so, daß es uns besser gefällt.

Vor allem aber müssen wir uns alle darüber im klaren sein, daß sich die Gesprächsstile unterscheiden können und deshalb der Eindruck, den wir von den Fähigkeiten und Absichten der anderen bekommen, irreführend sein kann. Und auch die anderen können einen ganz anderen Eindruck von unseren Fähigkeiten und Absichten erhalten, als wir denken. Wir müssen mit psychologischen Deutungen behutsam umgehen, vor allem jenen, die Frauen als unsicher und Männer als arrogant bezeichnen. Es handelt sich hierbei um Stereotype, die aus den charakteristischen, von Frauen und Männern erwarteten Sprechweisen herrühren, und es kann zu diesen Eindrücken kommen, wenn man nur ein wenig übertreibt oder wenn man sich mit anderen, die einen anderen Gesprächsstil haben, unterhält.

Vor allem aber ist es wichtig, Sprechweisen nicht allzu wörtlich zu verstehen. Es handelt sich um Rituale. Haben wir diese Rituale erst einmal erlernt, können wir leichter die Ergebnisse begreifen, die entstehen, wenn wir die Rituale, die die anderen befolgen, nicht instinktiv verstehen.

Eine Frau, die die Soziolinguistin Shari Kendall bei der Arbeit beobachtete, hatte den Eindruck, sie müsse wie »einer der Jungs« sprechen, damit die Kollegen mit ihr zusammenarbeiteten. Doch ein Aspekt kränkte ihren Sinn dafür, was es bedeutete, ein guter Mensch zu sein. Sie hatte das Gefühl, daß die Männer, mit denen sie arbeitete, häufig über andere sprachen, als wären sie völlig inkompetent, und daß sie sich an diesen Gesprächen beteiligten müßte, wenn sie mit den Männern redete. Aber sie sagte auch, daß sie dadurch den Eindruck bekomme, »niederträchtig zu sein«, da sie es als weder angemessen noch legitim empfand, über andere in dieser Weise zu sprechen. Ein paralleler Fall lag vor, als sich ein Mann, der mit einer Frau eng zusammenarbeitete, von deren Wunsch abgestoßen fühlte, ihm von den Problemen zu erzählen, die sie mit anderen Mitarbeitern in dem Betrieb hatte, sowie den Schwierigkeiten, die die anderen miteinander hatten. Er hielt das für »Klatsch« und hatte keine Lust, sich daran zu beteiligen. Für beide Sprecher – und für uns alle – sind Sprechweisen die Art, wie wir uns als guter Mensch – oder als schlechter – zu erkennen geben.

Ehe wir anderen gute Ratschläge erteilen oder ihnen eine Ausbildung in unterschiedlichen Sprechweisen angedeihen lassen, müssen wir erkennen, daß die Menschen ihre Art zu sprechen mit ihrem Selbstgefühl verknüpfen. Gespräche zählen zu den bedeutendsten Möglichkeiten, wie Menschen der unmittelbaren sozialen Umgebung ihren Charakter und ihr Selbstwertgefühl demonstrieren. Vielleicht wollen Sie sich ändern, wenngleich das riskant ist, da Ihre Antennen noch nicht auf den neuen Stil, den sie ausprobieren wollen, eingestellt sind. Manch einer wird versuchen (vermutlich mit größerer Hingabe), andere zu ändern. Doch das wichtigste ist, die Parameter des Gesprächsstils zu verstehen; denn diese liefern das Handwerkszeug, mit dem man flexibel reagieren kann, und zwar nicht nur im Rahmen der eigenen Sprechweise, sondern auch – und dies ist ebenso wichtig –, wenn man deuten will, was andere mit dem Gesagten meinen und wie sie andere Personen einschätzen. Zu verstehen, was sich in einem Gespräch zwischen Menschen abspielt, bildet die beste Möglichkeit, um die Kommunikation zu verbessern. Auf diese Weise läßt sich im Beruf wie auch in allen anderen Lebensbereichen mehr leisten und erreichen.

Nachwort

Wenn man über Verhaltensmuster schreibt, läuft man stets Gefahr zu verallgemeinern – etwas, das viele scheuen wie der Teufel das Weihwasser. »Da verallgemeinern Sie aber«, gilt als ernstzunehmende Kritik. Doch dieser Standpunkt steht in einem paradoxen und aufschlußreichen Gegensatz zum wissenschaftlichen Denken. Die Ergebnisse einer wissenschaftlichen Untersuchung müssen »generalisierbar« sein, sonst gelten sie als nutzlos. Wenn man die Forschungsergebnisse nicht »generalisieren« kann, kann man gar nicht über sie sprechen. Mit anderen Worten: Die Verallgemeinerung, das große Schreckgespenst des Alltagsbewußtseins, ist tatsächlich das Ziel der wissenschaftlichen Forschung – d. h., der Wissenschaftler will eine Struktur in einer scheinbar beziehungslosen Masse von Indizien aufspüren, da er nur so über die Beschreibung eines Einzelbeispiels hinausgehen und sein Verhältnis zu anderen Fällen erkennen kann. Darum müssen wissenschaftliche Untersuchungen zu einer verallgemeinerbaren Schlußfolgerung kommen, d. h., der Schluß darf nicht nur auf das untersuchte Einzelbeispiel zutreffen. Wieso aber verstößt das wissenschaftliche Vorgehen eigentlich gegen den gesunden Menschenverstand?

Dieser Widerspruch läßt sich dadurch lösen, daß man zwei Bedeutungen von »generalisieren« unterscheidet. Die »schlechte« Bedeutung ist diejenige, die man im Sinn hat, wenn man sieht, wie jemand einen Einzelfall untersucht und dann unbekümmert davon ausgeht, daß sich diese Beobachtung auf alle anderen Fälle anwenden läßt, ohne klare Indizien zu haben. Die positive Bedeutung, diejenige, die Wissenschaftler im Sinn haben, bezieht sich darauf, im Einzelfall (einer Fallstudie) oder zwischen mehreren Beispielen ein Muster aufzuspüren und zu zeigen, daß das Muster auf die meisten oder alle beobachteten Fälle zutrifft, genauso wie auf andere, die in der ursprünglichen Auswahl nicht vertreten waren.

Es stellen sich positive oder negative Auswirkungen ein, wenn man zum Gegenstand einer Verallgemeinerung wird. Zwar empfinden wir es unter Umständen als einschränkend, wenn erwartet wird, daß wir einer Verallgemeinerung entsprechen, von der wir meinen, daß sie uns falsch beschreibt, doch können wir auch erleichtert feststellen, daß etwas, was wir für eine persönliche, gar für eine krankhafte Eigenheit hielten, auf viele andere Menschen in vergleichbaren Lebensumständen zutrifft. Es kann befreiend sein, daß sich hinter Sprechweisen, für die man kritisiert worden ist, keine psychischen Probleme verbergen, sondern sie Bestandteile eines Grundmusters sind, und daß sie mit einem erkennbaren Gesprächsstil zusammenhängen, der innerhalb dieses Stils einen Sinn ergibt.

Wenn ich über unterschiedliche Gesprächsstile spreche und schreibe, freue ich mich jedesmal, wenn mir jemand sagt: »Ich habe mich auf jeder Seite wiedererkannt.« Oder: »Mir ist ein Stein vom Herzen gefallen, Gott sei Dank bin ich nicht so.« Oder: »Genauso wie mein Chef.« Oder: »Genauso wie der, mit dem ich zusammenarbeite.« Es gibt aber auch diejenigen, die sagen: »Ich passe fast in jeder Hinsicht zu der Beschreibung, die Sie von Männern geben, aber in Wahrheit zögere ich gar nicht, andere um Hilfe zu bitten.« Oder: »Ich bin eine Frau, aber *ich* versuche, Ratschläge zu geben, wenn mich jemand in seine Probleme einweiht.« Das ist weder überraschend noch beunruhigend. Keine wissenschaftliche Studie, die ihre Ergebnisse als »überzeugend« oder »statistisch signifikant« beschreibt, ergibt jemals, daß 100 % derjenigen in Gruppe A etwas getan haben, verglichen mit 0 % in Gruppe B. Etwas derart Absolutes wäre kein Gegenstand wissenschaftlicher Untersuchung – es wäre offensichtlich. Ein aussagekräftiges Ergebnis könnte in einem Verhältnis von 60 % zu 40 % stehen. Darum wird es natürlich Ausnahmen von den beobachteten Mustern geben. Das heißt aber nicht, daß die Beschreibung sinnlos ist – nicht einmal für diejenigen, die dem Grundmuster nicht entsprechen.

Zum einen ist es interessant, die Parameter des Verhaltens zu kennen – zum Beispiel, daß der Gesprächsstil aus Gewohnheiten besteht, die das Tempo und die Pausen festlegen, ob wir einen indirekten Stil bevorzugen, wie wir fragen, ob wir uns entschuldigen und so weiter. Kennt man diese Muster, so kann man andere und auch sich selbst besser verstehen und innerhalb des eigenen Stils flexibel reagieren. Aber es ist auch nützlich zu wissen, wann das eigene Verhalten vom Erwarteten abweicht. Die Frau, die sagte, sie biete gewohnheitsmäßig Lösungen an, wenn andere Frauen sie in ihre Probleme einweihten, fand es enorm hilfreich zu verstehen, warum ihre gewohnheitsmäßigen Antworten manche Menschen erbosten. Sobald sie erkannt hatte, daß die meisten Frauen nicht mit diesem Muster rechnen, konnte sie ihr Verhalten ändern und so das Verhältnis zu den Frauen am Arbeitsplatz verbessern.

Eine Klage, die mit dem »Generalisieren« aufs engste verknüpft ist, ist die, man nehme andere als bloße »Stereotypen« wahr. Auch dies ist für uns ein vertrautes Schreckgespenst. Aber wie im Fall der Generalisierungen gilt auch hier: Manchmal ergeben Forschungen »stereotype« Ergebnisse, die in die Nähe von Klischees kommen. Mit anderen Worten: Wenn man eine Untersuchung durchführt, die ergibt, daß mehr Frauen als Männer Vorschläge machen statt Anweisungen erteilen, dann läuft man Gefahr, die stereotypen Vorstellungen, wonach Frauen manipulativ und Männer besserwisserisch seien, zu verstärken.

Auch hier liegt ein Paradox verborgen. Es ist, als könnte man nur eine Form der Forschung akzeptieren – nämlich eine, die den Gegensatz von dem beweist, was alle sowieso schon glauben. Zwar machen solche Untersuchungen großen Spaß, doch halte ich es für unwahrscheinlich, daß die meisten sich in diese Kategorie einordnen lassen. Vielmehr enthüllen Forschungen Verhaltensmuster, die zu einem Sterotyp beigetragen haben, und ermöglichen uns, daß wir dieses Sprachverhalten (zum Beispiel Indirektheit) verstehen – und so schließlich das Stereotyp auflösen (zum Beispiel, daß Frauen manipulativ sind). Darum glaube ich, daß es nicht nur nützlich, sondern auch notwendig ist, die kulturellen Muster, die unsere Sprechweisen beeinflussen, zu verstehen. Wenn man über diese Muster schweigt, verschwinden die Stereotypen nicht. Vielmehr lassen wir ihnen dann die Zügel schießen, so daß sie unser Leben immer stärker beeinflussen und uns die Möglichkeit rauben, diese Verhaltensmuster zu ändern.

Ich möchte noch einmal betonen, daß Unterschiede im Gesprächsstil keine Sache von »richtig« und »falsch« sind, auch wenn jede Person ihren Gesprächsstil zu guten oder schlechten Zwecken einsetzen kann. Ich habe Briefe und Anfragen von Männern erhalten, in denen es hieß: »Ich habe gemerkt, daß Sie sich in Ihrem Buch um Fairneß bemüht haben, aber glauben Sie nicht auch, daß der Gesprächsstil der Männer besser ist?« Und Frauen haben mir Briefe geschrieben, in denen es hieß: »Ich verstehe, daß Sie in Ihrem Buch neutral und fair sein wollten, doch im Grunde Ihres Herzens wissen Sie doch, daß der weibliche Gesprächsstil vorzuziehen ist.« Allen diesen Lesern und Leserinnen muß ich antworten, daß ich zwar den einen Stil dem anderen vorziehe – wie jeder Mensch bevorzuge ich meinen eigenen Gesprächsstil, da er mir am sinnvollsten erscheint. Aber ich bin wirklich davon überzeugt, daß alle Stile *als Stile* ihre Berechtigung haben und daß sie alle in einigen Situationen gut funktionieren, *mit anderen, die diesen Gesprächsstil teilen*. Das heißt aber nicht, daß alle Gesprächsstile in jeder Lage gleich gut funktionieren. Deshalb ist letzten Endes der Stil am besten, den wir flexibel handhaben.

Daß jedes Gespräch im Grunde ein Ritual ist, darin besteht die Kernaussage dieses Buchs. Ich habe kein zweisprachiges Wörterbuch vorgelegt, in dem man einen Satz nachschlagen und herausfinden kann, was er in dem Ausland bedeutet, das vom anderen Geschlecht bevölkert wird. So gern ich auch so ein Buch schreiben würde – und so gern ich selbst eines besitzen würde –, so funktioniert unsere Sprache nicht. Vielmehr habe ich eine Methode aufgezeigt, wie man die Funktionsweise von Gesprächen verstehen kann. Dazu gehören auch die charakteristischen Rituale, die viele (nicht alle) Frauen und Männer als selbstverständlich erachten – Rituale die zu Mißverständnissen führen können, wenn sie sich von denjenigen unterscheiden, die den Menschen vertraut sind, mit denen wir uns unterhalten. Ich habe gezeigt, daß zwar beide Gesprächsstile berechtigt und in sich logisch sind, daß aber der weibliche Gesprächsstil die Frauen im Beruf, wie er heute organisiert ist, nämlich gemäß des unter Männern verbreiteteren Gesprächsstils, benachteiligt. Ich kann keine wohlfeilen Tips geben, um die daraus entstehenden Mißverständnisse aufzuheben; dazu sind die Interaktionen viel zu kompliziert und voller Feinheiten, die sich aus dem Kontext, der Persönlichkeit und dem Gesprächsstil ergeben, die alle notwendigerweise im Spiel sind, wo Menschen zusammenarbeiten. Doch die Erfahrung lehrt, daß man mit dem Werkzeug des Verstehens imstande ist, neue Möglichkeiten zu ersinnen, Probleme anzugehen und oftmals auch zu lösen.

Um dieses Ziel zu erreichen, habe ich mich über Männer und

Frauen geäußert, wobei ich immer sehr darauf geachtet habe, meine Äußerungen mit »typischerweise«, »viele«, »die meisten«, »häufig« und so weiter zu modifizieren. Gleichzeitig darf man nie vergessen, daß der Einfluß des Geschlechts nur ein Faktor von vielen ist und daß ein Verhaltensmuster lediglich etwas ist, an das sich die betreffende Person mehr oder weniger oder gar nicht hält; wir können nicht uns alle in ein und dasselbe Schema pressen. Auch würden wir dies nicht wollen – selbst wenn wir es könnten. Eine Beschreibung der Art und Weise, wie die »meisten« oder »viele Frauen oder Männer« sprechen, darf man nicht als Aussage darüber verstehen, wie man sprechen *sollte*. Man darf Tendenzen nicht mit Normen verwechseln. Wenn eine Untersuchung ergibt, daß 70 % der Frauen auf eine Weise sprechen und 30 % auf eine andere, darf man die 30 % nicht als anormal erachten. Es gibt viele Männer und Frauen, die nicht »typisch« und dennoch äußerst effizient sind in dem, was sie tun. Ich hoffe, daß die genauere Kenntnis unseres Gesprächsstils die Welt zu einem sicheren Ort für Personen mit ganz unterschiedlichen Stilen macht – und zwar auch für diejenigen, die Elemente mischen, die man im allgemeinen mit dem einen oder anderen Geschlecht in Zusammenhang bringt.

Wenn ich über Sprechweisen, deren Grundmuster sich nach dem Geschlecht differenzieren, Vorträge halte, dann wird mir am häufigsten die Frage gestellt: »Sind diese Unterschiede biologisch oder gesellschaftlich bedingt?« Darauf gebe ich folgende Antwort: Die von mir beschriebenen Muster sind charakteristisch für die Stile der Frau und des Mannes in einer bestimmten Zeit unter bestimmten gesellschaftlichen und kulturellen Bedingungen. Es gibt keine angeborenen, biologischen Ursachen, wie die große Bandbreite der kulturellen Variationen beweist, von den ich einige in diesem Buch beschrieben habe. Mit anderen Worten: Viele der von mir beschriebenen, für Frauen oder Männer in unserer Kultur typischen Sprechweisen sind charakteristisch sowohl für Männer als auch für Frauen, bzw. viele dieser Sprechweisen wären bei Mitgliedern anderer Kulturen ganz ungewöhnlich.

Manche Menschen verstehen jeden Hinweis auf geschlechtsspezifische Unterschiede so, als wolle man damit sagen, daß diese Unterschiede aus biologischen Voraussetzungen rührten, und andere betrachten jeden Hinweis auf eine biologische Grundlage für diese Unterschiede als Teufelswerk. Das ist verständlich, denn in der Vergangenheit sind über die Grundlage der Geschlechterunterschiede, von »Experten« wie von Laien, sehr viele törichte Meinungen vertreten worden. Und oft wurden sie vorgebracht, um zu erklären, warum man Frauen in die Schranken verweisen müsse. Rosalind Rosenberg erinnert uns daran, daß im Jahr 1872 ein bekannter Arzt und Treuhänder der Harvard Universität anhand der unterschiedlichen Voraussetzungen erklärte, warum man Frauen nicht zur Universität zulassen dürfe. Seiner Meinung nach würden die Anforderungen der höheren Bildung die Fähigkeit der Frauen gefährden, Kinder zur Welt zu bringen. Da vielen Frauen dieses unrühmliche Beispiel noch im Kopf ist, verstehen sie jeden Hinweis auf geschlechtsspezifische Verhaltensweisen als gleichbedeutend mit der Auffassung, derzufolge Frauen weniger fähig als Männer seien und sich deshalb mit Recht in untergeordneten Positionen befänden.

Wir alle wissen, daß Frauen und Männer, Jungen und Mädchen nicht gleich sind; wenn sie es wären, könnten wir sie nicht voneinander unterscheiden. Aber wir können Verhaltensmuster beschreiben, ohne die Frage zu stellen, woher sie stammen – das ist eine heikle Frage, zu dessen Beantwortung noch viele Untersuchungen durchgeführt werden müssen. Unsere Lage wird sich jedoch nicht bessern, wenn man die Diskussion über Unterschiede, die man wahrnimmt, verbietet. Wenn man sagt, daß Frauen und Männer in dieser Gesellschaft und in dieser Zeit tendenziell unterschiedlich sprechen, heißt das weder, daß wir weiter auf diese Art und Weise sprechen müssen, noch, daß Biologie Schicksal ist.

Die Anthropologin Marjorie Harness Goodwin hat gezeigt, daß Mädchen den Gesprächsstil von Jungen verwenden *können*. So stritten zum Beispiel die Mädchen in ihrer Studie wütend mit Jungen und erteilten Anweisungen, wenn sie die Rolle der Mutter übernahmen. Die Soziologin Donna Eder hat nachgewiesen, daß sich manche Mädchen an der Junior-High-School gegenseitig beschimpften und in laute Wortgefechte verwickelten, in denen sie sich gegenseitig beleidigten, während andere das nicht taten; die Mädchen, die sich gegenseitig beschimpften, konnten sich mit sarkastischen Bemerkungen wehren, wenn sie von einem Jungen beleidigt worden waren, während jene, die das nicht taten, dazu nicht imstande waren. Daraus wird deutlich, daß Frauen und

Männer wie das andere Geschlecht sprechen *können*, wenn sie es wollen. Träfe dies nicht zu, gäbe es keine Filme wie *Tootsie* und *Mrs. Doubtfire*.

Keith Basso, ein anderer Anthropologe, hat fast sein ganzes Berufsleben bei den Apachen verbracht. Er berichtet, wie schockiert er war, als er eines Tages etwas hörte, das ihm wie ein Gespräch unter »weißen Männern« vorkam, doch als er sich umblickte, er tatsächlich eine Gruppe junger Apachen sah. Nach einem Augenblick der Verwirrung stellte er fest, daß diese jungen Männer den Tonfall des weißen Mannes *nachahmten* – und zwar so gut, daß sie Basso damit zum Narren hielten. Diese Apachen waren mühelos in der Lage, wie Weiße zu sprechen. Das taten sie aber nur ganz selten, da sie glaubten, daß es sich um eine seichte, unaufrichtige Sprechweise handelte, die nicht ihrer Lebensweise entsprach. Wenn Frauen und Männer verschieden sprechen, dann nicht deshalb, weil sie auf keine andere Art sprechen können, sondern weil sie es nicht wollen. Unsere Gesprächsstile spiegeln die Art und Weise wider, wie unseres Erachtens ein guter Mensch spricht. Und das Gefühl dafür, wie man ein guter Mensch wird, erlangen wir dadurch, daß wir andere, mit denen wir sprechen und *mit denen wir uns identifizieren*, beobachten.

Heutzutage, da allerorten Haushaltskürzungen vorgenommen werden, da Unternehmen »umstrukturiert« und »die Belegschaft rationalisiert« werden, hat kaum ein Betrieb Zeit oder Geld für nebensächliche Vorhaben. In manchen Firmen fallen alle unter dem Oberbegriff »Kommunikation« rubrizierten Projekte in diese Kategorie. Ich habe Klagen darüber gehört wie: »Ich habe keine Zeit, über Kommunikationsprobleme nachzudenken. Ich habe wichtigere Dinge zu tun – zum Beispiel meine Arbeit.« Aber auch: »Ich muß mir Gedanken über den Jahresabschluß machen – für meine Firma Geld verdienen.« Und: »Wie man redet, spielt keine Rolle – was zählt, ist *Macht*.«

Aber was ist Macht? Die Fähigkeit, andere zu beeinflussen, sich Gehör zu verschaffen, den eigenen Willen durchzusetzen, statt das tun zu müssen, was andere wollen. Die Art und Weise unseres Sprechens erzeugt Macht, und zwar sowohl dadurch, daß man im Rahmen der Rolle, die man innehat, seinen Einfluß stärkt und damit sicherstellt, daß man Entscheidungsbefugnis erhält, als auch dadurch, daß man innerhalb einer Institution zu einer höheren

Position aufsteigt. Aber ganz gleich, wie weit man nach oben gelangt – man muß seine Stellung verteidigen und für die anderen glaubwürdig erscheinen. Und dies bedeutet, so zu sprechen, daß man den eigenen Einfluß stärkt, statt ihn zu untergraben.

Schon oft hat man mir gesagt: »Wir machen uns hier keine Sorgen wegen der Kommunikation – wenn du deinen Job gut machst, bekommst du deine Belohnung.« Aber damit man für die Arbeit, die man leistet, Anerkennung bekommt, müssen die anderen davon wissen. In der extremsten Form ist es sogar möglich, daß jemand seinen Job gar nicht macht und dennoch dafür anerkannt wird. (Wenn man sieht, wie jemand geschäftig am Computer sitzt, kann man nicht wissen, ob er einen monatlichen Bericht verfaßt oder sich über ein Computer-Netzwerk unterhält – in dem es ein Hilfsprogramm »Boss« gibt, das sich im Nu aktivieren läßt und das Gespräch per *e-mail* durch eine beeindruckende Graphik ersetzt).

Ein Physiker hat mich darauf hingewiesen, daß ihn die Methode, Formen der Kommunikation vom Standpunkt divergierender Gesprächsstile zu betrachten, an das physikalische Phänomen der Komplementarität erinnere – ein Begriff, der in den Arbeiten von Nils Bohr eine grundlegende Rolle spiele. Man muß etwas von zwei Seiten betrachten, so der Physiker, wenn man es wirklich verstehen will. Aus diesem Geist heraus habe ich meine Bücher über Geschlecht und Sprache geschrieben: Ich will nicht sagen, daß die eine Sprechweise richtig und die andere falsch ist. Ich will den Keil nicht weiter zwischen die Geschlechter treiben, sondern uns allen helfen, die Unterhaltungen zu verstehen, in denen wir uns alle wiederfinden – und die letzten Endes ein Gespräch zwischen Menschen erst ermöglichen.

Dank

Das vorliegende Buch habe ich nur schreiben können, weil mich viele Firmen, die mir ihre Türen öffneten, und zahllose Freunde, die mir aus ihren Leben erzählten, großzügig unterstützten. Ich habe in so vielen Firmen mit vielen Menschen gesprochen, daß ich gar nicht alle mit Namen aufzählen kann, doch möchte ich mich bei ihnen allen zutiefst bedanken. Zu den Firmen , die ich nennen darf, weil sie nicht ihre Anonymität wahren wollen, gehören Ben & Jerry's, Chevron Overseas Petroleum Inc., Corning Inc., Essex County A. R. C. sowie Rohm and Haas. In diesen Firmen – und allen anderen –, in denen ich mich mit den Mitarbeitern unterhielt und die Formen ihrer Zusammenarbeit beobachtete, war ich tief beeindruckt und bewegt von der Intelligenz, dem Engagement und der Begeisterungsfähigkeit all jener, die mir anvertrauten, was sie erlebt und was für Gespräche sie geführt hatten. Ihnen allen bin ich zutiefst verpflichtet.

Viele hilfsbereite Kollegen und Freunde haben Rohfassungen des Manuskripts gelesen und mit kritischen Anmerkungen versehen. Ich danke Carolyn Adger, A. L. Bekker, Susan Faludi, Rom Harré, Shari Kendall, Keller Magenau, Sally McConnell-Ginet, Susan Philips, Dave Quady, Lucy Ray, Cynthia Read, Ron Scollon, Suzanne Scollon, Naomi Tannen, David Wise, Haru Yamada und Keli Yerian. Auch wenn ich nicht alle ihre Vorschläge übernommen habe, so hat doch jeder übernommene Ratschlag das Buch mit Sicherheit verbessert.

Drei Forschungsassistentinnen haben mir geholfen, die umfangreichen Gesprächstranskripte, die sich bei mir türmten, zu analysieren: Shari Kendall, Keller Magenau und Keli Yerian. Ihre Erkenntnisse haben mein Denken außerordentlich bereichert.

Wenn ich beginne, meine Gedanken schriftlich zu formulieren, sind meine Studenten eine fortdauernde Quelle der Inspiration. Insbesondere haben mir die Studenten in den Seminaren, die ich im Jahr der endgültigen Niederschrift abhielt, geholfen: Lena Gavruseva, Kunihiko Harada, Itoko Kawakami, Shari Kendall, Keller Magenau, Melanie Metzger, Gabriella Modan und Keli Yerian. Im Laufe der Jahre haben mich meine japanischen Studenten sehr viel über die Kommunikationsweisen in Japan gelehrt, und das wiederum hat mir geholfen, das amerikanische System besser zu verstehen. Dazu haben vor allem die von mir betreuten Dissertationen beigetragen, die Yoshiko Nakano, Shoko Okazaki, Suwako Watanabe und Haru Yamada geschrieben haben.

Viele Personen erzählten mir von ihren Erlebnissen oder halfen mir, förmliche Befragungen, beiläufige Unterhaltungen oder unaufgefordert eintreffende Briefe aus einem neuen Blickwinkel zu betrachten. Es ist schlicht unmöglich, all jene zu nennen, die mir auf diese oder andere Weise geholfen haben, dennoch sollen einige von ihnen hier genannt werden: Ich stelle sie *en bloc* vor, auch wenn jeder einzelne einen ganz besonderen Beitrag geleistet hat, wofür ich mich herzlich bedanke: Es sind Madeleine Adkins, Susan Baer, Lisa Beattie, James Clovis, Frances Conley, Linda Convissor, Elton Couch, Florian Coulmas, Bertrand de Coquereaumont, Elizabeth Devereaux, David Downs, Craig Dunham, Beecher Eurich, Ralph Fasold, Ed Finegan, Geoff Freter, Richard Giannone, Karl Goldstein, Tracey Groomes, Sally Helgesen, Mark Curtis Jones, Beth Kobliner, Linda Lagace, Iris Litt, Mary Maggini, Anne Mancini, Judy Mann, Joanne Martin, Barbara Mathias, Richard Matzke, Maire McAuliffe, Adrienne McClenny, Steve McFarland, Patricia McGuire, Marie McKee, David McMullen, Barbara Meade, Kathleen Much, Manjari Ohala, Livia Polanyi, Juliet Porch, Dave Quady,

Linda Raedeke, Erle J. Rappaport, Cynthia Read, Adele Reinhartz, Julie Richardson, Kathleen Curry Santora, Carole Schaefer, Nahum Schneidermann, Robert Scott, Catherine Shaw, Elaine Showalter, Elizabeth Solernou, Charles Tatum, Gordon Ting, Bill Watson, Mona Wexler, Lenny Winter, Clare Wolfowitz, Sharon Young und Stan Yunick.

Meine Forschungen über die Arzt-Patient-Kommunikation, auf die ich mich in Kapitel 5 beziehe, habe ich am Child Development Center der Georgetown University durchgeführt. Ich danke dem Klinikpersonal und vor allem der Mutter und der Ärztin, die mir gestatteten, Auszüge aus ihren Gesprächen zu analysieren und zu zitieren.

Einige Forschungsarbeiten zu diesem Buch habe ich durchgeführt, als ich als Fellow am Center for Advanced Studies in the Behavioral Studies an der Stanford University in Kalifornien tätig war. Neben dem Luxus, ein ruhiges Arbeitszimmer mit einem schönen Blick und ohne Telefon (jedoch Zugang zur E-Mail) zu haben und von den vielen, stets hilfsbereiten Mitarbeitern unterstützt zu werden, bot mir das Center die Möglichkeit zu erhellenden Diskussionen mit anderen Forschern. Besonders haben mir die Gespräche mit George Cowgill, Dorothy Ross, Susan Watkins und Richard Yarborough geholfen. Ich werde nicht nur diesem Anflug eines einjährigen akademischen Himmels ewig danken, sondern auch der finanziellen Unterstützung, die die National Science Foundation SES-9022192 dem Zentrum zukommen ließ.

Die Zusammenarbeit mit meiner Lektorin Sally Arteseros war eine Offenbarung und eine große Freude. Am Ende bewunderte und vertraute ich ihren stets klugen und prompten Urteilen. Meine Agentin Suzanne Gluck war, wie immer, in jeder Phase der Arbeit eine unermüdliche Fürsprecherin meiner Arbeit.

Meine Familie ist und bleibt für mich eine Quelle der Kraft. Meine Schwestern Miriam und Naomi haben ihre sehr persönlichen Erfahrungen mit mir erörtert und mich ganz allgemein beim Schreiben ermutigt. Naomi hat außerdem eine frühe Rohfassung gelesen und unschätzbare Kommentare beigesteuert. Meine Eltern, Dorothy und Eli Tannen, haben sich zu Teilen des Manuskripts geäußert, während meine Mutter mit der ihr eigenen Direktheit meinte: »Ich habe es zum Spaß gelesen; Daddy setzt sich mit Bleistift und Papier hin, um herauszufinden, was man korrigieren kann.« Seine Korrekturen und ihre Freude waren mir sehr wertvoll; meine fortdauernde Wertschätzung unterschiedlicher Gesprächsstile hat ihren Ursprung in der Verschiedenheit meiner Eltern.

Mein Mann Michael Macovski hat mich beim Schreiben in jeder erdenklichen Weise begleitet und unterstützt. Es wäre überflüssig, ein Buch nach dem anderen ihm zu widmen, und dennoch ist er es, der mich während der neun Jahre unseres Zusammenlebens auf jeder dieser Reisen begleitet hat. Ich widme dieses Buch seinen Eltern – wegen der mir entgegengebrachten Liebe, der fraglosen Unterstützung und weil sie ihren Sohn zu dem gemacht haben, der er ist.

Anmerkungen

Vollständige bibliographische Angaben zu allen Quellen finden sich im Literaturverzeichnis, das auf diese Anmerkungen folgt.

Vorwort

S. 10 *»...weil es immer eine gleichermaßen natürliche und entgegengesetzte Reaktion auf dieselbe Umgebung gibt.«* Manche Leute sagen mir zum Beispiel: »Ich habe gelernt, andere zu unterbrechen und gleichzeitig mit ihnen zu reden, weil ich in einer großen Familie aufgewachsen bin. Wenn man sich da nicht gegenseitig ins Wort fiel, ist man überhaupt nicht zu Wort gekommen.« Andere sagen mir dagegen: »Ich habe gelernt, niemals zu unterbrechen und zu warten, bis der andere ausgeredet hat, weil ich in einer großen Familie aufgewachsen bin. Wenn da nicht jeder gewartet hätte, bis er an der Reihe war, wäre alles in einem Höllenlärm untergegangen.« Dieselbe Umgebung – eine große Familie – hatte offensichtlich zu zwei entgegengesetzten Haltungen im Hinblick auf das Unterbrechen geführt. In einem ähnlichen Sinn habe ich Leute sagen hören, daß New Yorker – denen ein Schweigen in freundlichen Gesprächen offenbar zutiefst unbehaglich ist –, so häufig durcheinanderredeten, weil New York so überbevölkert sei. Ich weise dann immer darauf hin, daß es nicht überbevölkerter ist als Tokio, wo lange Pausen in Gesprächen erwartet und geschätzt werden.

Kapitel 1: Männer und Frauen beim Job-Talk

S. 18 *»...der rituelle Charakter von Gesprächen...«* Meine Kollegin Rom Harré hat mich darauf aufmerksam gemacht, daß ich für Leser, die an feineren Unterscheidungen interessiert sind, darauf hinweisen sollte, daß ich den Begriff »Ritual« in einem allgemeinen Sinn benutze, um den automatischen, nicht wörtlichen und konventionalisierten Charakter der Konversationssprache zu beschreiben. Dieses Prinzip hat natürlich unterschiedliche Wirkungsebenen. Ein »Ritual« per se ist eigentlich eine Methode, um eine soziale Handlung auszuführen. Eine weitere Form nicht wörtlich gemeinter Sprache ist das, was Wissenschaftler als »phatische Rede« bezeichnen, was sich auf eine relativ »leere« Wortwahl bezieht, deren Hauptzweck darin besteht, soziale Beziehungen aufrechtzuerhalten oder den Gesprächspartner als Person anzuerkennen.

S. 24 »Incorrect Prices Turn Fidelity's Face Red.« *The New York Times*, 22. Juni 1994, S. D1, D8.

S. 27 »Marjorie und Lawrence Nadler vermuteten...« Nadler & Nadler, S. 189.

348

S. 33 »*ein Mädchen... das sich von der Gruppe abhebt*«: Marjorie Harness Goodwin beobachtete ein Jahr lang die Mädchen und Jungen in einem überwiegend von Schwarzen bewohnten Stadtkern in Philadelphia und stellte fest, daß die Gruppe ein Mädchen bestrafte, das sich von den anderen abhob, und im Dialekt ihrer Gemeinschaft über sie sagte: »Sie hält sich für schlau.« So übten die Mädchen zum Beispiel Kritik, wenn ein Mädchen sich zu gut kleidete oder zu gut in der Schule war.

S. 33 Der Artikel über die zehnjährige Heather DeLoach erschien in der Zeitschrift *People* (29. November 1993, S. 102). Der Brief, in dem sie für ihren Mangel an Bescheidenheit kritisiert wurde, erschien in derselben Zeitschrift (20. Dezember 1993, S. 8).

S. 34 Auf die Krise des Selbstvertrauens, die Mädchen während der Adoleszenz durchlaufen, machte erstmals die Psychologin Carol Gilligan öffentlich aufmerksam (siehe die Aufsätze in *Making Connections* von Gilligan, Lyons & Hanmer). Die Journalistin Judy Mann faßt die Forschungsarbeiten zu diesem traurigen Phänomen in ihrem Buch *The Difference* zusammen und bietet eine interessante persönliche Erweiterung des Themas am Beispiel ihrer eigenen Tochter. Die Psychotherapeutin Mary Pipher berichtet von den Erfahrungen ihrer adoleszenten Patientinnen in *Reviving Ophelia*.

S. 35 »*...für schwarze Teenagermädchen nicht unbedingt oder nicht im selben Ausmaß zutrifft...*« Siehe, zum Beispiel, The AAUW Report, *How Schools Shortchange Girls*, S. 13.

S. 36 »*Nancy fürchtete, es würde angeberisch aussehen.*« *Newsweek*, 14. März 1994, S. 79.

Kapitel 2: »Tut mir leid, ich entschuldige mich nicht«

S. 42 »*Und Amerikaner in Burmah reagieren verwirrt, wenn ein Burmese fragt: ›Haben Sie schon gegessen?‹ – und keine Anstalten macht, sie zum Mittag einzuladen.*« Meine Quelle für das burmesische Begrüßungsritual ist ein persönliches Gespräch mit A. L. Becker.

S. 42 »*...weil sie nicht wissen, daß die einzig erwartete Antwort ›Nach da drüben‹ lautet.*« Mary Catherine Bateson beschreibt dieses phillipinische Begrüßungsritual in *Peripheral Visions*.

S. 44 »*›Tut mir leid‹ kann ein Mittel sein... um Verständnis – und Anteilnahme – für die Gefühle einer anderen Person zu zeigen.*« Die Linguistin Amy Sheldon gebraucht den Begriff »double-voice discourse« (»zweistimmiger Diskurs«), um zu beschreiben, daß die kleinen Mädchen in einem Tageshort eine Sprechweise wählten, bei der sie sowohl ihre eigenen Interessen und Ziele als auch die der anderen berücksichtigten. Sie stellt dieser Sprechweise den »single-voice discourse« (»einstimmiger Diskurs«) gegenüber, der charakteristisch für die Gespräche der Jungen war: Jeder verfolgte sein eigenes Ziel und überließ es den anderen, selbst für ihre Ziele zu sorgen« (Sheldon, »Preschool Girls' Discourse Competence«).

S. 45 Meine Kenntnisse und das Zitat von der Poolmeisterin Ewa Mataya stützen sich auf »Pool's Reigning Hot Shot« von Marcia Froelke Coburn, in: *Know-How*, Herbst 1993, S. 58–60. Das Zitat stammt von S. 60.

S. 55 »*...es konnte nur eine rituelle Methode sein, um sich zu verabschieden.*« Eine Kollegin machte mich darauf aufmerksam, daß Evelyns »Danke« ein sarkastischer

Ausdruck ihrer Verärgerung sein könnte, weil sie zu einer Besprechung beordert wurde, auf der sie überflüssig war, aber die Art und Weise, wie sie es sagte, machte nicht den Eindruck von Sarkasmus.

S. 56 *»...als Empfängerin eines Gunstbeweises positioniert.«* Ich benutze den Begriff »positioniert« in einem ähnlichen Sinn wie an früherer Stelle den Begriff »gerahmt«. Mit anderen Worten, ich hätte auch sagen können: »Sie wurde als unterlegene Empfängerin eines Gunstbeweises gerahmt.« Ich entlehne den Begriff »positionieren« von Bronwyn Davies und Rom Harré, die ihren Gebrauch des Begriffs in einem Artikel mit dem Titel »Positioning: Conversation and the Production of Selves« erläutern. Ich ziehe den Ausdruck an dieser Stelle vor, weil seine Bedeutung offensichtlicher ist als die des »Rahmens«, der einer etwas ausführlicheren Erklärung bedarf – wie ich sie in *Das hab ich nicht gesagt!* (Kapitel 5: »Rahmung und Neurahmung«, S. 97–119) und *Du kannst mich einfach nicht verstehen* (S. 30–33) gegeben habe und deshalb hier nicht wiederholen möchte. Eine ausführliche Erörterung dieses Phänomens findet sich in meiner theoretischen Arbeit: *Framing the Discourse*.

S. 57 Gregory Matoesians Buch über Vergewaltigungsprozesse trägt den Titel: *Reproducing Rape*. Das Zitat stammt von S. vii.

S. 58 *»...und warte, ob jemand protestiert. Das war nie der Fall.«* »Souped-Up Scholar«, *New York Times Magazine*, 3. Mai 1992, S. 38, 50–52. Das Zitat stammt von S. 51.

S. 68 *»Ich habe nie gehört, daß jemand ein Lob übelnahm.«* Tatsächlich gab es eine Ausnahme: Eine Frau sagte, sie hätte geweint, als sie bei ihrer ersten Anstellung von ihrem Chef ausschließlich Lob erhielt. Weil sie nicht glauben konnte, daß sie alles richtig machte, empfand sie sein uneingeschränktes Lob als mangelndes Interesse.

S. 73 *»Wissen Sie, wenn man mit Männern zusammenarbeitet, macht jeder mal 'nen Scherz und flachst herum.«* Es handelte sich um die Diane Rehm Show, WAMU, Washington, D. C., 1. Dezember 1993.

S. 74 *»Aber wenn ich mit meinen Freundinnen zusammen bin, reißen wir einen Witz nach dem anderen, und alle finden mich hinreißend komisch.«* Die Aussage stammt aus einem Brief, den mir Barbara Mathias, die Autorin von *Between Sisters*, schickte. Ich zitiere ihn mit ihrer freundlichen Genehmigung.

S. 74 *»Männer und Frauen bevorzugen häufig eine unterschiedliche Art von Humor.«* Der Anthropologe Mahadev Apte gibt einen Überblick über die Studien zum Thema Geschlecht und Humor.

Kapitel 3: »Warum sagst du nicht, was du meinst?«

S. 87 Kunihiko Harada nahm an einem Seminar teil, das ich im Herbst 1993 an der Georgetown Universität abhielt. Das Beispiel stammt aus seiner Seminararbeit. Ich habe seine Übersetzung des Japanischen leicht umformuliert, um sie idiomatischer zu machen.

S. 92 Der Auszug stammt aus einem Artikel von Ainsworth-Vaughn: »Tropic Transitions in Physician-Patient Interviews«, der in ihrem in Kürze erscheinenden Buch *Power in Practice* enthalten ist.

S. 93 *»...eine Frau mehr an Informationen interessiert war als der Mann, nicht weniger.«* In einem ähnlichen Sinn äußerte sich ein Kongreßabgeordneter, der meinte, daß die Frauen im Kongreß stärker auf den Inhalt ihrer Arbeit konzentriert seien als die Männer: »Männer betrachten die Politik zu sehr als Spiel, und sie sind ganz in dieses Spiel vertieft. Frauen betrachten ihre politische Tätigkeit als Dienst an ihrem Land oder an der Gemeinschaft und sind stärker darauf konzentriert, die Probleme zu lösen.« Diese Beobachtung scheint in direktem Widerspruch zu meinen Äußerungen über »Problemgespräche« zu stehen, nämlich daß Frauen oft über Probleme sprechen möchten und sich über Männer ärgern, die die Probleme lösen wollen. Die Erklärung ist, daß weder Frauen noch Männer grundsätzlich ein stärkeres Interesse am Problemlösen haben. Da Männer mit dem Ritual des »Problemgesprächs« weniger vertraut sind, fühlen sie sich vielleicht eher zu Lösungsvorschlägen aufgefordert, wenn sie Klagen hören. Und weil die weiblichen Kongreßabgeordneten mit Konkurrenzspielen weniger vertraut sind, konzentrieren sie sich vielleicht stärker darauf, die Probleme des Landes zu lösen. (Die Äußerung des Abgeordneten wird in dem Buch von Margolies-Mezvinsky über weibliche Kongreßabgeordnete zitiert.)

S. 94   Charlotte Linde machte mich auf die Bedeutung der Indirektheit bei Flugzeugabstürzen aufmerksam. (Siehe ihren Artikel »The Quantitative Study of Communicative Success: Politeness and Accidents in Aviation Discourse«.) Ihre Analyse der »Black box«-Aufzeichnungen war das Ergebnis einer Untersuchung, die sie gemeinsam mit Joseph Goguen für das Ames Research Center der NASA durchführte. In ihrem Untersuchungsbericht, der von der Scientific and Technical Information Branch der NASA veröffentlicht wurde, beschreiben Goguen und Linde die Ursache des Air-Florida-Absturzes folgendermaßen:

Das National Transportation Safety Board stellt fest, daß dieser Unfall mit hoher Wahrscheinlichkeit verursacht wurde, weil die Flugbesatzung während der Bodenoperation und während des Startmanövers nicht für den Enteisungsschutz der Maschine sorgte, weil sie die Entscheidung traf, mit Schnee / Eis auf den Tragflächen des Flugzeugs zu starten und weil der Pilot sich weigerte, den Start in einer frühen Phase abzubrechen, als er auf ungewöhnliche Instrumentenanzeigen aufmerksam gemacht wurde. Zum Unfall beigetragen haben die verlängerte Wartezeit am Boden, die zwischen der Enteisung und der ATC-Starterlaubnis lag und in deren Verlauf die Maschine fortgesetzten Niederschlägen ausgesetzt war, ferner die bekannten Eigenmerkmale des 737-Modells, das schon bei geringster Schnee- und Eiskontamination an den Vorderkanten der Tragflächen zum Aufkippen neigt, und die begrenzte Erfahrung der Flugbesatzung mit Flugtransportoperationen unter winterlichen Bedingungen (S. 106).

Ich möchte betonen, daß es Charlotte Linde war , die die Rolle der Indirektheit beim Air-Florida-Absturz entdeckte und mich darauf aufmerksam machte, aber der Untersuchungsbericht, aus dem dieses Zitat stammt, enthält keine Auszüge aus den »Black box«-Gesprächen. Die indirekten Äußerungen erkannte ich selbst, als ich das Transkript des Pilotengesprächs im Aircraft Accident Report NTSB-AAR-82-8 las, das vom United States Government National Transportation Safety Board, Washington, DC 20594, herausgegeben wurde.

S. 96   Das Symbol »#«, das dreimal im Transkript des Gesprächs zwischen Pilot und Co-Pilot auftaucht, wird von Linde in einer Anmerkung zu ihrem Artikel »The Quantitative Study of Communicative Success« erklärt: »# ist eine Transkriptionskonvention des NTSB und steht für ein ›nicht relevantes Wort‹. Die Stellen, an denen es auftaucht, deuten darauf hin, daß es einen obszönen Ausdruck oder Fluch anzeigt.«

Ich nehme an, daß das Fragezeichen anstelle der Sprecherbezeichnung bedeutet, daß sich nicht mit Sicherheit sagen ließ, wer den Satz gesprochen hatte.

S. 97 *»Eine mögliche Erklärung wurde von Kunihiko Harada geboten.«* Harada machte diese Beobachtung in meinem Seminar an der Georgetown Universität. Viele Autoren haben sich mit der Rolle der unausgesprochenen Bedeutungen in japanischen Gesprächen beschäftigt, darunter unter anderem Sachiko Ide, Satoshi Ishii, Takie Sugiyama Lebra, Yoshiko Matsumoto, Shoko Okazaki, Patricia Wetzel und Haru Yamada.

S. 101 *»Einerseits sind Amerikaner der Ansicht...«* Auf diese kontrastierenden Haltungen wurde ich erstmals durch eine Äußerung des Kommunikationsforschers Gary Weaver aufmerksam.

S. 99 *»Japaner sind überzeugt, daß nur ein unsensibler, ungehobelter Mensch eine direkte, verbale, vollständige Botschaft braucht.«* Lebra, *Japanese Patterns of Behavior*, S. 47.

S. 99 *»Sasshi, das Vorausahnen der beabsichtigten Botschaft durch kluges Raten, wird als Zeichen der Reife gedeutet.«* Siehe, unter anderem, Isshi und Yamada.

S. 100 *»...sagt Herr Apfel ›Autsch!‹«* Clancy, S. 234.

S. 100 Der lange Auszug stammt von Clancy, S. 243.

S. 101 Die Zitate sind von Wetzel, S. 561.

S. 107 Der Artikel, in dem ich den Gebrauch der Indirektheit bei Griechen und Amerikanern griechischer Abstammung vergleiche, trägt den Titel: »Ethnic Style in Male-Female Conversation.«

S. 108 *»Meine Kollegin empfand die Äußerung... als – indirekten – Angriff.«* Ich erörterte die Frage der indirekten Kritik ausführlich in einem Kapitel mit der Überschrift »Der intime Kritiker« in *Das hab ich nicht gesagt!* ebenso wie in meiner theoretischen Arbeit *Talking Voices: Repetition, Dialogue, and Imagery in Conversational Discourse* (S. 105–110).

S. 108 *»Robin Lakoff... beschrieb zwei Vorteile, die damit verbunden sind, wenn man trotz vieler Worte nicht genau sagt, was man meint.«* Lakoff, *Language and Woman's Place*.

Kapitel 4: Markiert

S. 110 Die Einleitung dieses Kapitels über Geschlechtsmarkierungen wurde unter dem redaktionellen Titel: »Wears Jump Suit. Sensible Shoes. Uses Husband's Last Name« im *New York Times Magazine* veröffentlicht (29. Juni 1993, S. 18–19). Der Artikel war einem etwas längeren Essay entnommen, den ich unter dem Titel »There is No Unmarked Woman« geschrieben hatte. Der längere Essay ist bisher unveröffentlicht.

S. 112 Das Zitat von Alfre Woodard erschien unter der Überschrift »As the Academy Hails Women, Women Talk Back« von Caryn James. *The New York Times*, 28. März 1993, S. 15H.

S. 113 Die Anekdote aus *Women Lawyers* findet sich auf S. 103.

S. 114 Co-Autorin von Robin Lakoffs *Face Value* ist Raquel Scherr.

S. 115 *»...sticht der Doppelname der Frau heraus. Er ist markiert.«* Ein Mann, der einen Doppelnamen wählt, ist ebenfalls markiert. Man hält ihn wahlweise für einen

Feministen, einen unterdrückten Ehemann oder einen Briten. Aber der entscheidende Punkt ist, daß ein Mann, solange er nicht mit einem Doppelnamen geboren wird, die Option hat, seinen unmarkierten Geburtsnamen zu behalten. Der Nachname einer verheirateten Frau ist immer auf irgendeine Weise markiert, gleichgültig welche Möglichkeit sie wählt.

S. 115 Mühlhäusler und Harré, S. 231.

S. 121 *»Wir nähern uns neuen Wahrnehmungen, indem wir sie an unseren früheren Erfahrungen messen.«* Ich habe mehrere theoretische Beiträge über diese Thematik geschrieben, die von Wissenschaftlern als »Rahmentheorie« bezeichnet wird. Die hier erörterte Form der »Rahmen« unterscheidet sich etwas von dem »Rahmen«-Typ, den ich in meinen früheren, nicht-wissenschaftlichen Veröffentlichungen erläutert habe. Für eine vertiefende Darstellung siehe die Aufsätze »What's in a Frame?« und das Kapitel »Interactive Frames and Knowledge Schemas in Interaction: Examples from a Medical Examination / Interview« in einem von mir herausgegebenen Buch mit dem Titel *Framing Discourse.*

S. 123 Das Zitat stammt von Maccoby, »Gender and Relationship: A Developmental Account«, S. 518.

S. 125 *»Der Autor Mark Richards...«* Michael Norman, »Reader by Reader and Town by Town, a New Novelist Builds a Following«, *The New York Times Book Review,* 6. Februar 1994, S. 3, 28–30. Das Zitat ist von S. 29.

S. 126 *»Rita Dove... verglich ein Gedicht mit einem Suppenwürfel.«* Dove zog diesen Vergleich während eines Radiointerviews mit Susan Stamberg, »Morning Edition«, National Public Radio, 21. Februar 1994.

S. 126 Das Zitat des Brigadekommandeurs über das Foto von Captain Barkalow stammt aus *In The Men's House,* S. 230.

S. 132 Das Zitat aus *Wenn du mich liebst, bleibst du mir fern* ist von S. 130–131.

S. 135 *»...daß die Situation sich verschlechtert, weil man nie alle Elemente des Systems und ihr Zusammenwirken erkennt.«* Dieses Phänomen war das Thema einer Tagung, die Bateson veranstaltete und deren Verlauf von Mary Catherine Bateson in einem Buch mit dem Titel *Our Own Metaphor: A Personal Account of a Conference on Conscious Purpose and Human Adaptation* beschrieben wurde.

S. 135 Die Befragung der Stanford-Absolventen mit MBA-Abschluß wurde im März 1993 im *Stanford Graduate School of Business Alumni Magazine* veröffentlicht. Ich danke Joanne Martin, die mich auf diese Statistik aufmerksam machte.

S. 136 *»...wenn wir einen Stil übernehmen, der uns im Grunde widerstrebt, verlieren wir unsere Intuition.«* Den Hinweis verdanke ich Shari Kendall.

Kapitel 5: Die Glaswand

S. 138 Diese Zahlen sind einem Bericht des US-Arbeitsministeriums entnommen, »A Report on the Glass Ceiling Initiative«, der als Quelle auf eine »Umfrage aus dem Jahr 1990« verweist, »die von der Anderson Graduate School of Management der Universität Kalifornien in Zusammenarbeit mit Korn / Frey International, einer Unternehmensberatung, durchgeführt wurde.«

S. 146 Sharon E. Barnes, »The White Knight Methode«, *Executive Female,* Januar / Februar 1991, S. 40–42.

S. 147　Das Gespräch zwischen der Kinderärztin und der Mutter wird in dem Artikel »Interactive Frames and Knowledge Schemas in Interaction: Examples from a Medical Examination / Interview« von Deborah Tannen und Cynthia Wallat beschrieben.

S. 154　Für eine Zusammenfassung der Forschungen zu Sozialisationsmustern bei Jungen und Mädchen siehe wiederum Maltz & Borker, Maccoby und die Arbeiten der Soziologin Barrie Thorne.

S. 156　Die Ausführungen zur Abolitionistin Abbey Kelley stützen sich auf Dorothy Sterling, *Ahead of Her Time: Abby Kelley and the Politics of Antislavery*. Sterling bietet eine aufschlußreiche Schilderung der Widerstände, auf die Frauen zu jener Zeit stießen, wenn sie öffentliche Vorträge hielten, vor allem wenn Männer im Publikum waren.

S. 161　»...*Frauen tratschen über Belanglosigkeiten und behalten ihre wirklichen Geheimnisse für sich.*« »That's Bond, Jane Bond« von William Tuohy, *Los Angeles Times*, 28. Dezember 1991, S. A3.

S. 161　Wie Jungen und Mädchen Geheimnisse bewahren, beschreibt Eckert in *Jocks and Burnouts*.

S. 163　»*Eve erklärt Sara, es sei ›absolut unterträglich...‹*«, Binchy, S. 176.

S. 164　Das Zitat ist von Binchy, S. 179.

Kapitel 6: »Sie ist der Boß«

S. 170　Ochs' Beobachtungen über die Sprechweise der Mütter stammen aus ihrem Aufsatz: »Indexing Gender«. Als Quelle der Art und Weise, wie amerikanische Mütter mit ihren Kindern sprechen, zitiert sie die Aufsätze: »Language Socialization« von Schieffelin und Ochs sowie »Language Acquisation and Socialization: Three Developmental Stories« von Ochs und Schieffelin.

S. 172　»*Du kommst jetzt da sofort heraus!*« Adgers Darstellung dessen, was afroamerikanische Lehrer und Sprachheilpädagogen ihr berichteten, ist in einem Buch enthalten, das sie gemeinsam mit Walt Wolfram verfaßt hat (Wolfram und Adger, *Handbook on Language Differences and Speech and Language Pathology*).

S. 172　Das Beispiel der Lehrerin, die sich selbst als »Bärin« bezeichnete, gibt Adger in ihrem Aufsatz: »Empowering Talk: African-American Teachers and Classroom Discourse.« Die Wendung »fürsorglich und resolut« stammt von der Lehrerin.

S. 174　Der Artikel über Dawn Clark Netsch erschien unter der Überschrift: »Illinois Candidate Transforms Herself«, in: *The New York Times*, 21. März 1994, S. A12.

S. 175　Die Rezension von Russell Watson zu Margaret Thatchers Memoiren erschien unter der Überschrift: »Has the ›Iron Lady‹ Gone Soft?« *Newsweek*, 1. November 1993, S. 41.

S. 176　Harada gibt dieses Beispiel und nennt als Quelle: »M. Chikamatsu, *Nihongo ni okeru danseigo ni kansuru ikkosatsu: Wakai danjo ni mirareru shu-joshi no shiyo no sai ni tsuite*. (Eine Untersuchung über männliche und weibliche Sprache im Japanischen: Unterschiede im Gebrauch der finalen Satzpartikel zwischen jungen Männern und Frauen.) Unveröffentlichte A. B. Magisterarbeit, Internationale Christliche Universität, Tokio.

S. 179　»...*tatsächliche Autorität von Tag zu Tag und von einem Augenblick zum anderen, ausgehandelt werden.*« Zu den Forschern, die dieses Phänomen erörtern, zählen Charlotte Linde (vgl. ihre Aufsätze über die Gespräche im Polizeihubschrauber) und Carol Meyers Scotton. (In ihrem Aufsatz: »Self-Enhancing Code-Switching as Interactional Power« trifft Linde eine Unterscheidung zwischen »institutioneller Macht«, die man durch seine Stellung innerhalb einer Hierarchie erlangt, und »interaktioneller Macht«, die aus einer besonderen Sprechweise herrührt).

S. 182 Die Auszüge stammen aus Ainsworth-Vaughns Aufsatz: »Topic Transitions in Physician-Patient Interviews.« Das Material in diesem Aufsatz ist in ihrem Buch *Power in Practice* enthalten.

S. 182 »*...Patienten wie Patientinnen mit der Kommunikation mit Ärztinnen zufriedener waren als mit der Kommunikation gegenüber Ärzten.*« Ainsworth-Vaughn führt diese Ergebnisse auf Linn, Cope und Leake: »The Effect of Gender and Training in Residents on Satisfaction Ratings by Patients« zurück.

S. 182 Goffman erörtert das Konzept des »Benehmens« im Zusammenhang mit dem damit verknüpften Begriff »Ehrerbietung« in seinem Aufsatz: »Benehmen und Ehrerbietung«.

S. 183 Smith zitiert als Quelle der Lehrsätze, die sie ihrem Aufsatz voranstellt: *Steps to the Sermon: A Plan for Sermon Preparation* von H. C. Brown, Jr., Gordon Clinard und Jesse J. Northcutt. Nashville, TN: Broadman Press 1963.

S. 185 Kuhn, S. 318 und S. 323.

S. 195 Die Zitate aus Ainsworth-Vaughn, die in diesem Abschnitt erscheinen, stammen aus einer schriftlichen Unterredung, die wir per *e-mail* führten. Der Aufsatz, in dem sie Auszüge aus den Gesprächen dieser Patienten mit ihrem Arzt zitiert, trägt den Titel: »›Is That a Rhetorical Question?‹: Power and Ambiguity in Medical Discourse«.

S. 197 »›*Machen Sie mir bloß keine Vorschriften.*‹« Diese Äußerung von Lynn Wilson erschien als Zitat in *Newsweek*, 24. August 1992: »Now: The Brick Wall«, S. 54 ff. das Zitat steht auf S. 56.

S. 198 »*Ich finde diese Haltung gar nicht erstrebenswert.*« Statham, S. 417.

S. 198 »*Wenn die Mitarbeiter zufrieden sind...*« Statham, S. 418.

S. 199 Die Zitate der Männer in Stathams Untersuchung sind abgedruckt auf S. 417.

S. 199 Im einzelnen diskutiere ich die Forschungsergebnisse, wonach Männer Unabhängigkeit einen größeren Wert beimessen und viele Frauen mehr Wert auf Bindung legen, in: *Du kannst mich einfach nicht verstehen.*

S. 200 »›*Sie stellt nicht in Frage, was ich tue...*‹« Statham, S. 418.

S. 201 Meg Greenfield: »The Epidermis Issue«. *Newsweek*, 21. Januar 1994, S. 66.

S. 202 »*...in der Little League spielte, empörte, wie es im Nachrichtenmagazin Newsweek hieß.*« »Learning by Intimidation« von Rosemary Parker, *Newsweek*, 8. Dezember 1993, S. 14.

S. 202 Philip Levine, »Why I'm the Poet I've Become: Berryman and the Lucky 13«, *The New York Times Book Review*, 26. Dezember, S. 3, 16f. Das Zitat steht auf S. 17.

S. 202 Das Zitat von Oprah Winfrey erschien in der Zeitschrift *People*, 29. November 1993, S. 111.

S. 209 Statham, S. 424.

S. 210 Das Zitat habe ich entnommen aus Case: »Gender, Language and the Professions: Recognition of Wide-verbal Repertoire Speech«, S. 22. Case hielt zu diesem Thema einen Vortrag auf einem Kongreß. Das Material für den Vortrag beruht auf ihrer Dissertation: *A Sociolinguistic Analysis of the Language of Gender Relations, Deviance and Influence in Managerial Groups.*

S. 210 Die Bemerkungen, die die Männer über diese Frau in der Gruppe machten, stehen in dem Vortrag, den Case auf der Konferenz hielt, auf S. 25.

S. 211 *»›...Ich kann nicht der sein, der ich bin... Ich fühle mich total unwohl.‹«* Zwar sagt Case es nicht ausdrücklich, doch ich nehme an, daß die Gruppenmitglieder aufgefordert wurden, ihre Meinung übereinander zu äußern, und daß dabei etwas schiefging. In den Meinungen über die Frau, über die man sich unterhielt, kommt eine extreme Feindseligkeit zum Ausdruck, aber Case zitiert eine weitere Frau, die sagte: »Bitte, hört damit auf, wir fallen über sie her«, sowie einen Mann, der erklärte: »Das ist sehr entwürdigend. Als ob man mit jemandem schliefe und dann auf einer Skala von 1 bis 10 eine Note bekommt, kurz nachdem man das Schlafzimmer verlassen hat.«

S. 214 Das Zitat aus Carol Churchills *Top Girls*, London und New York, Methuen 1982, steht auf S. 76.

S. 215 *»...bis ein männlicher Kollege herüberkommt und fragt, worüber sie sich so angeregt unterhalten...«* David Finkel, »Women on the Verge of a Power Breakthrough«, *Washington Post Magazine*, 10. Mai 1992, S. 15 ff., S. 30 ff. Das Zitat steht auf S. 17.

Kapitel 7: Sich nach oben reden: Status und Bindung

S. 219 *»...Dies behaupten Soziologen und Anthropologen, die diese Gruppen untersucht haben.«* Zu den Autoren, die hierüber geforscht haben, gehören Donna Eder, Penelope Eckert (»Cooperative Competition in Adolescent ›Girl Talk‹«), Daniel Maltz und Ruth Borker sowie Eleanor Maccoby. So zeigt die Soziologin Donna Eder in ihrem Aufsatz »Serious and Playful Disputes: Variation in Conflict Talk among Female Adolescents«, daß sich einige aus der Arbeiterschicht stammende Mädchen der Junior High School in ihrer Untersuchung an ritualisierten Beleidigungen beteiligten, die insofern wettbewerbsorientiert waren, als die Mädchen versuchten, ihre Beleidigungen gegenseitig zu übertreffen. Die Beleidigungen waren jedoch kein Mittel, Statushierarchien aufrechtzuerhalten oder zu untergraben. Auf diese Weise hatten in der Regel die Jungen die rituellen Beleidigungen benutzt.

S. 220 *»Der sprachwissenschaftliche Begriff lautet ›Polysemie‹...«* Zwar verwendet die Linguistin Sally McConnell diesen Begriff nicht, doch hat sie ähnliche Beobachtungen hinsichtlich der Intonation gemacht.

S. 221 *»...und es liegt an Ihnen, daß er jede Sekunde genießt.«* Judith Unger Scott, *The Art of Being A Girl*. New York: Grosset & Dunlap, S. 177. Ich danke Shari Kendall für diesen Hinweis.

S. 223 Die von mir zitierte Kolumne »Miss Manners« erschien unter der Überschrift: »Physician Excuse Thyself«, *The Washington Post*, 9. März 1980. Die Kolumne wird in Michelina Bonannos Aufsatz zitiert: »Women's Language in the Medical Interview«. In den Jahren seit Erscheinen der Kolumne ist mir weder ein Wandel in diesem Brauch noch dessen Einschätzung seitens der Patienten aufgefallen. Die Radio-Talk-Show, in der ich Judith Martin über dieses Phänomen sprechen hörte, war die *Diane Rehm Show* auf WAMU, Washington, D. C., die mehrere Jahre später gesendet wurde.

S. 223 »*Judith Martin überraschte das überhaupt nicht, da ihres Erachtens dieses Thema bei den Frauen immer starke Gefühle hervorrufe.*« Nicht nur Frauen stört es, wenn man sie mit Vornamen anredet, und es sind nicht nur Ärzte, die ihre Patienten unwissentlich beleidigen. Eine amüsante und erhellende Reihe von Kolumnen und Leserbriefen zu diesem Thema erschien in *The Washington Post*; Auslöser war eine Kolumne von William Raspberry (29. November 1993) gewesen. Sie trug den Titel: »My Not So Lightly Given Name«. Darin beklagt sich Raspberry über »wildfremde Menschen, die sich meines Vornamens bedienen«, was ihn vor allem deshalb ärgerte, da er den Eindruck hatte, sie wollten damit einen Vorteil für sich erringen (beispielsweise Versicherungsvertreter, Börsenmakler und Gebrauchtwagenhändler). Diese Leute (so vermutet er) glaubten, sie könnten sich ihm gegenüber als Freund positionieren, so daß es ihm schwerfiele, ihnen etwas abzuschlagen. Eine Leserbriefschreiberin (Gwendolyn Hackley Austin, 14. Dezember 1993) äußerte die Meinung, daß der Gebrauch des Vornamens durch Personen, die nicht zur unmittelbaren Familie gehören, in der Kultur der Schwarzen, in der sie aufwuchs, undenkbar sei. »Ich bezweifle, daß sich viele Weiße darüber im klaren sind«, schrieb sie, »daß einen erwachsenen Afroamerikaner mit dem Vornamen anzureden zu den beleidigendsten Dingen zählt, die es überhaupt gibt – es sei denn, der Sprecher kennt den Betreffenden gut.« (Raspberrys folgende Kolumne zu diesem Thema erschien am 20. Dezember; eine zweite Reihe von Briefen erschien am 27. Dezember.)

S. 224 »*Wir pflegen keine direkten Kontakte zu Hillarys Komitee.*‹« »Old-Fashion Liberalism – With No Apologies« von Robert Pear, *The New York Times*, 9. Februar 1993, S. A9.

S. 225 »*... sie doch tatsächlich einige Senatoren mit Vornamen angeredet.*« »Hillary Clinton's Debut Dashes Doubt on Clout« von Maureen Dowd, *The New York Times*, 8. Februar 1993, S. C9.

S. 226 Der Auszug, in dem sich die Mädchen streiten, stammt aus Donna Eder: »Serious and Playful Disputes«, S. 70 f. Vgl. auch Penelope Eckert: »Cooperative Competition in Adolescent ›Girl Talk‹«.

S. 227 Die Rezension zu Bill Carters Buch *The Late Shift: Letterman, Leno and the Network Battle for the Night* hat Jay Rosen geschrieben; sie erschien unter der Überschrift »How Letterman (and CBS) Won«, *The New York Times*, 22. Februar 1994, S. C20.

S. 234 Das Beispiel einer Studentin, deren Professorin sie an ihren Vater, den Football-Trainer, erinnerte, stammt aus einem Artikel mit dem Titel: »A Most Dangerous Method« von Margaret Talbot, *Lingua Franca*, Januar/Februar 1994, S. 33.

S. 236 Das Zitat von Thurgood Marshall stammt aus »Oh, Yipe! Said Thurgood Marshall«, *The New York Times*, 8. Februar 1993.

S. 238 Die Beobachtung der Schichtführerin, daß Frauen eher als Männer das, woran sie gerade arbeiten, liegenlassen, findet ihre genaue Entsprechung in einer Beobachtung, die Mary Catherine Bateson in ihrem Buch *Mit den Augen einer Tochter* machte: Jahrelang ließ Bateson, wenn ihr Mann sie um einen Gefallen bat, alles stehen und liegen und erfüllte seine Bitte auf der Stelle. Wenn dagegen sie ihn um einen Gefallen bat, sagte er zwar immer, er werde sofort aufhören, beendete aber erst einmal die vorliegende Arbeit. Bateson schreibt, sie beide hätten daran gearbeitet, ihr Verhalten zu ändern, damit *sie* sich mehr seinem Verhalten annäherte – nicht er ihrem.

S. 239 Herbert (S. 220) zitiert einen Artikel von Herbert und Straight, um das Ergebnis zu untermauern, wonach Komplimente in der amerikanischen Kultur in aller Regel »von oben kommen«. Der »Knigge«, aus dem er das hier wiedergegebene Zitat entnommen hat, ist: J. H. Young: *Our Deportment: The Manner, Conduct, and Dress of the Most Refined Society.* Springfield, MA, W. C. King 1882.

S. 240 Lindes Beispiele des Piloten, der ein freies Gespräch begann, sowie ihre Anmerkungen dazu finden sich in ihren Aufsätzen: »Who's in Charge Here?« und »Linguistic Consequences of Complex Social Structures: Rank and Task in Police Helicopter Discourse«.

S. 241 Ich habe Janice Hornyaks Beobachtungen ihrem Dissertationsentwurf entnommen.

S. 244 *»Dann geschah etwas Interessantes.«* Gavrusevas Analyse erstreckte sich nicht auf diesen Teil des Wortwechsels. Das Folgende ist meine Interpretation des Gesprächs, das sie auf Tonband aufgenommen und transkribiert hatte.

S. 245 *».. . doch beide waren Männer und konnten sich auf dieser Basis verbünden.«* Mir berichtete Gavruseva allerdings, daß sich John immer noch als jemand darstellte, der keine Hilfe braucht, wodurch er sich in die übergeordnete Position bringt.

S. 252 *».. . daß Männer mehr sprechen als Frauen und dadurch die Interaktion dominieren.«* Vgl. Deborah James und Janice Drakich. Die Autorinnen geben eine Zusammenfassung der Studien, die Frauen und Männer hinsichtlich der Frage untersuchen, wer mehr redet.

S. 253 Das Zitat stammt aus Cheney und Seyfarth, S. 66. Die Autoren definieren einen *wrr*-Ruf als »einen lauten, relativ langen, trillernden Ruf, den Weibchen und Jungtiere ausstoßen, wenn sie eine andere Gruppe entdecken«. S. 65.

S. 254 *».. . weil sie schneller abliefen, als er gewohnt war.«* Allerdings sollte ich hier anmerken, daß zumindest ein britischer Kollege mir gegenüber äußerte, daß er die Sprechweise der Amerikaner langsam, aber auch abweisend finde. Wie sich herausstellt, standen ihm dabei einige Bekannte aus dem Mittleren Westen vor Augen. Da es sowohl in den Vereinigten Staaten als auch im Vereinigten Königreich ganz unterschiedliche Gesprächsstile gibt, möchte ich hier betonen, daß nicht alle Briten langsamer sprechen als alle Amerikaner, sondern nur, daß dieser betreffende Brite ein Gefühl für den Rhythmus von Gesprächen hatte, das sich von dem seiner amerikanischen Kollegen und Kolleginnen unterschied. Dadurch fiel es ihm schwer, sich im richtigen Augenblick in ein Gespräch einzuschalten.

S. 255 *».. . das Gefühl, der eine Teilnehmer habe dominiert, aus Unterschieden in den Gesprächsstilen herrühren.«* In ihrem Buch *Narrative, Literacy, and Face in Interethnic Communication* zeigen Ron und Suzanne Scollon, wie diese Dynamiken zwischen athabaskanischen Indianern und Angloamerikanern in Alaska funktionieren. Die Scollons und ich haben uns so oft über diese Volksgruppen unterhalten, daß ich mit Sicherheit einen Teil meiner Erkenntnisse über diese Phänomene diesem Forscherpaar verdanke.

S. 255 Die Forschungen über die Konfliktstile von Männern und Frauen fassen Maltz und Borker sowie Maccoby zusammen. Viele Forscher, die Kinder beim Spielen zusahen, haben dokumentiert, daß sich Jungen in allen Altersstufen in Konflikte verwickeln, die in körperlicher Hinsicht rauher sind und mehr von ihrer Zeit aufbrauchen als die Konflikte zwischen Mädchen. In ihrem Artikel »Pickle Fights: Gendered Talk in Preschool Disputes« legt Amy Sheldon Anhaltspunkte aus ihren eigenen Studien vor und stützt diese Forschungsergebnisse. Außerdem faßt sie die Ergebnisse von Untersuchungen anderer Forscher zusammen.

S. 255 *»».. . Adversavität eine größere Rolle im Leben von Männern als im Leben von Frauen spielt.'«* Ong, S. 51.

S. 256 *»›Die Freundschaft zwischen uns Männern im Krieg war die intensivste Er-*

fahrung, die ich je in meinem Leben gemacht habe.‹« *People* Zeitschrift, 21. März 1994, S. 110. Der Mann heißt Paul Mahar. Er meldete sich zur Einschiffung nach Vietnam anstelle seines besten Freundes, weil er überzeugt war, man würde ihn nach Hause schicken, wenn man die Metallplatte in seinem Arm entdeckte. Man schickte ihn dann nicht nach Hause, sondern nach Vietnam.

S. 257 *»›...und die beiden werden unzertrennliche Freunde.‹«* Bly erzählt diese Geschichte in *Eisenhans. Ein Buch über Männer* nach. München: Kindler 1992, S. 335. Als Quelle zitiert er: Joseph Campbell: *Occidental Mythology*, New York 1964.

S. 258 Mein Aufsatz, den ich in Zusammenarbeit mit Christina Kakava geschrieben habe, trägt den Titel: »Power and Solidarity in Modern Greek Conversation«.

Kapitel 8 : Welche Rolle spielen Sex und Geschlecht?

S. 265 *»›Auch Männer werden manchmal sexuell belästigt...‹«* In diesem Kapitel konzentriere ich mich auf Fälle sexueller Belästigung, bei denen der Täter ein Mann ist und das Opfer eine Frau. Alle Anhaltspunkte weisen darauf hin, daß die große Mehrheit aller Fälle in diese Konstellation passen. Damit will ich allerdings nicht behaupten, daß Frauen nie einen Mann sexuell belästigen. Zweifellos passiert dies gelegentlich. Wie ich aber zeige, ist die innere Dynamik in diesem Fall von ganz anderer Natur. Ich möchte ferner erwähnen, daß diejenigen, die mir von ihren Erfahrungen berichtet haben, als sie den Eindruck hatten, von einer Frau sexuell belästigt zu werden, ausschließlich Frauen waren. Ich erörtere diese Situation hier deshalb nicht, weil sie sich von der verbreitetsten Konstellation stark unterscheidet.

S. 266 Maureen Dowds Rezension des Romans *Disclosure* (dt. Enthüllung) erschien unter der Überschrift »Women Who Harass Too Much«, in: *New York Times Book Review*, 23. Januar 1994, S. 7.

S. 266 Das Zitat über Bob Packwood stammt aus »The Trials of Bob Packwood« von Trip Gabriel, *The New York Times Magazine*, 29. August 1993, S. 30–33, S. 38–43. Dieses Zitat findet sich auf S. 30.

S. 268 Keller, S. 60.

S. 271 *»Tatsächlich kommt es weitaus häufiger vor, daß Frauen mißhandelt oder sexuell belästigt wurden, als daß sie falsche Anklage erheben.«* Das häufige Auftreten von Gewalt gegen Frauen und die vielfältigen Formen sexueller Belästigung am Arbeitsplatz sind in den Medien ausführlich diskutiert worden. Zum ersten Thema vgl. Ann Jones, *Next Time She'll Be Dead: Battering and How to Stop It*. Zu dem zweiten Thema, sexuelle Belästigung am Arbeitsplatz, ist eine wahre Flut von Büchern und Artikeln erschienen, angefangen von Catherin MacKinnons wegweisendem juristischen Werk *Sexual Harassment of Working Women*, erschienen bei Yale University Press, bis hin zu dem praktischen Ratgeber: *Sexual Harassment on the Job* von William Petrocelli und Barbara Kate Repa, erschienen bei Nolo Press. Offenbar stimmen alle Autoren darin überein, daß falsche Anschuldigungen relativ selten sind, weil, wie Petrocelli schreibt, eine Frau, die eine Anzeige erstattet oder sich formell beschwert, damit rechnen kann, »Höllen«qualen zu leiden. (Petrocelli wird mit diesem Satz zitiert in »Publishing's Best Kept Secret« von Maureen O'Brien, *Publishers Weekly*, 25. April 1994, S. 32–34.) Andererseits muß man anerkennen: Je ernsthafter man die Beschuldigungen und Klagen hinsichtlich sexueller Belästigung nimmt, desto verführerischer kann es für jemanden sein, einen Rivalen oder Kontrahenten zugrundezurichten, indem man eine Frau dazu ermutigt, gegen die Person Klage wegen sexueller Belästigung einzureichen; viele meinen, daß dies auf den Fall von Paula Jones' verspäteten Prozeß gegen Präsident Clinton zutrifft. In diesen Drehbüchern wird die Frau zum Bauernopfer im Spiel um die Macht.

S. 272 *»...aber die Furcht vor männlicher Gewalt ist der Kernpunkt.«* Natürlich gibt es Viertel in amerikanischen Städten, in denen Männer, mehr noch als Frauen, in ständiger Angst vor gewalttätigen Übergriffen – wenn nicht sogar vor Vergewaltigungen leben. Ein Ort, an dem auch manche Männer diese Angst erleben – und reale Vergewaltigungen erfahren –, ist das Gefängnis. Wilbert Rideau, ein Gefangener im Staatsgefängnis von Louisiana in Angola, schildert diese grausige soziale Struktur. (Nach Ansicht von Rideau sind sie »ein Merkmal jedweden Lebens im Gefängnis«; die kräftigen, erfahrenen Gefangenen zwingen die körperlich unterlegenen Neuankömmlinge, ihre Sklaven zu werden, indem sie sie vergewaltigen. Der Akt der Vergewaltigung begründet den Besitz des Täters an seinem Opfer. Auch wenn dies ein ausschließlich männliches Verhalten darstellt, liegt ihm doch das Konzept des Geschlechts zugrunde. Denn die versklavten Gefangenen werden als »Ehefrauen«, als »alte Damen« ihrer »alten Herren« bezeichnet. Rideau erklärt, daß die Vergewaltigung einen Gefangenen zur Frau »umdefiniert«. Er schreibt, daß in diesem zweischichtigen System von männlichen Meistern und »weiblichen« Sklaven, die durch Vergewaltigung unterworfen werden, der Versuch der Männer zum Ausdruck kommt, so »normal« wie möglich in der abnormen Welt eines Gefängnisses zu leben.

S. 273 *»...der Akt, jemanden zu Boden zu werfen, vermischt sexuelle Leidenschaft mit körperlicher Gewalt.«* Ein Freund, ein homosexueller Mann, lachte, als er von diesem Vorfall hörte, und sagte: »Ich fände es toll, wenn ein Mann das zu mir sagen würde!«

S. 273 William King war Student am Skagit Valley College in Oak Harbor, Washington. Ich danke ihm für die Erlaubnis, aus seinem Aufsatz zitieren zu dürfen sowie seinem Professor, Les Stanwood, der mir Kings Aufsatz sowie eine Auswahl von Klausuren seiner Studenten zuschickte, in denen sie ihre Lektüre von *Du kannst mich einfach nicht verstehen* und die Seminardiskussion über das Thema Vergewaltigung zusammenfassen sollten.

S. 274 *»Erving Goffman hat gezeigt, daß jede Form angedrohter Gewalt die Kehrseite männlicher Höflichkeit ist.«* In seinem Aufsatz »Das Arrangement der Geschlechter« schreibt Goffman: Weil Männer größer und stärker als Frauen sind (was bei bestimmten Paaren durch die »gängige selektive Paarung« noch verstärkt wird) sowie eine größere Schulung in »außerhäuslichen Tätigkeiten« und »Kampfsportarten« besitzen, können sie »in vielen Situationen [...] demonstrieren [...], daß sie Frauen körperliche Hilfe leisten oder sie körperlich bedrohen« (S. 142). Mit anderen Worten: Männer können »anwesende Frauen körperlich bedrohen oder ihnen, sollten andere sie bedrohen, zu Hilfe eilen« (S. 140).

S. 274 *»Es ist das Bewußtsein, daß es zu Gewalttätigkeiten kommen kann...«* Es gibt Viertel, in denen Mädchen ringen und andere Mädchen zusammenschlagen. Von Mädchen ausgehende körperliche Gewalt wird auch in den Städten zu einem zunehmenden Problem.

S. 275 *»Auch danach empfand ich die Gegenwart von Jungen, die ich nicht kannte, als einschüchternd.«* Auch Jungen prügeln andere Jungen. Es hat aber den Anschein, als seien Gewalttätigkeiten eher Bestandteil der üblichen Sozialisation der Jungen, zumindest in einigen Kulturen. Mädchen werden seltener attackiert, aber wenn es einmal dazu kommt, dann wie aus heiterem Himmel; außerdem sind Mädchen in den meisten Gesellschaften weniger darauf vorbereitet, sich zu wehren.

S. 276 Das Zitat stammt aus Barkalow, S. 196.

S. 276 *»...daß sie in ihrem Leben noch nie mit körperlicher Gewalt konfrontiert worden war.«* Ein britischer Kollege erzählt mir, daß es ihn und seine Landsleute sehr verblüffte, in welchem Ausmaß Amerikaner am Arbeitsplatz ihre Gefühle zum Ausdruck bringen.

S. 277 Die Rezension des Buchs *Das hab' ich nicht gesagt!* erschien in *The Washington Times*, 10. März 1986. Der Autor, Philip Nicolades, wurde als jemand identifiziert, der »Reden und Ansprachen für das Weiße Haus [in der Regierungszeit Reagans] schrieb und an der Fordham University Psychologie unterrichtete«.

S. 279 Das Zitat der Kongreßabgeordneten Jill Long erscheint in David Finkel: »Women on the Verge of a Power Breakthrough«, *The Washington Post Magazine*, 10. Mai 1992, S. 15–19, 30–34. Dieses Zitat steht auf S. 15.

S. 279 *»...73 % der weiblichen Assistenzärztinnen sagten, sie seien von männlichen Kollegen sexuell belästigt worden.«* Diese Zahl geben Phillips und Schneider M. Komaromy, A. B. Bindman, R. J. Haber und M. A. Sande an in: »Sexual Harassment in Medical Training«, *New England Journal of Medicine* 328 (1993): 322–326.

S. 281 Das Zitat der Kongreßabgeordneten Margolies-Mezvinsky findet sich in ihrem Buch *A Woman's Place*, S. 47.

S. 281 Goffman führt den Begriff »schuldhaft« (engl. »faultable«) in seinem Aufsatz »Radio Talk« ein, S. 225.

S. 282 Von dem Mann, der die Kongreßabgeordnete Rosa DeLaura in ihrem Büro aufsuchte und diesen Satz in ihr Gästebuch schrieb, berichtet David Finkel in »Women on the Verge of a Power Breakthrough«, *The Washington Post Magazine*, 10. Mai 1992, S. 15–19, S. 30–34. Das Zitat findet sich auf S. 15.

S. 283 *»...und statt ihrer die schmutzige Arbeit übernehmen.«* »Consecration of Woman Bishop Will be Anticlimax« von Jack Kapica, *The Toronto Globe and Mail*, 29. Dezember 1993, S. A6.

S. 287 *»...den ihnen untergebenen Frauen sich unaufgefordert sexuell nähert.«* Vorkommnisse mit Angehörigen dieser Berufe, sind in der Presse häufig dargestellt worden. Auf das problematische Verhältnis von Trainern und Sportlerinnen hat mich Mariah Buron Nelsons Buch *The Stronger Women Get, the More Men Love Football* aufmerksam gemacht.

S. 287 *»...von Dr. Masserman betäubt und anschließend sexuell mißbraucht wurden.«* Zur Zeit der Veröffentlichung ihres Buchs waren dreizehn Personen an die Öffentlichkeit getreten; die übrigen meldeten sich später zu Wort, laut Kathryn Watterson. Aus den Prozessen, die ehemalige Patientinnen vor der Veröffentlichung angestrengt hatten, ergaben sich fünf außergerichtliche Vergleiche.

S. 287 *»...77 % der befragten Ärztinnen das Gefühl hatten, von Patienten sexuell belästigt worden zu sein.«* Susan Phillips und Margaret Schneider: »Sexual Harassment of Female Doctors by Patients.«

S. 288 *»daß der Patient in den Gesprächen mit Ainsworth-Vaughn großen Wert darauf legte, von Ärzten nicht eingeschüchtert zu werden.«* Dies führte der Patient beispielsweise als Grund an, weshalb er die Ärztin mit Vornamen (Hi, Sue!) anredete, obgleich man in dieser Praxis ausdrücklich vereinbart hatte, daß die Angestellten die Patienten mit Titel und Nachnamen anreden sollten. »Als ich jünger war«, erzählte er Ainsworth-Vaughn, »hatte ich immer Angst vor den Leuten im weißen Kittel. Aber im Laufe der Jahre habe ich dazugelernt... und plötzlich stellt man fest, daß... ja, diese

Leute nichts Besonderes sind. Sie sind Menschen wie du und ich, und deshalb bestehe ich darauf, sie, äh, mit Vornamen anzureden, anzusprechen. Mit ›Herr oder Frau Doktor‹ darf man sie nie ansprechen. Das schmeichelt zu sehr ihrem Ego.«

S. 289 *»›Die Patienten müssen einen herabsetzen, damit man selbst niedriger und kleiner als sie erscheint.‹«* »Hey Doc, You Got Great Legs!« *Newsweek*, 31. Januar 1994, S. 54.

S. 291 *»...42,3 % der japanischen Ehen zwischen Partnern geschlossen werden, die sich am Arbeitsplatz kennenlernen.«* Diese Statistik zitiert die Linguistin Shoko Okazaki in ihrer Untersuchung der Kommunikationsformen zwischen japanischen Eheleuten. Als Quelle zitiert sie: Ministerium für Öffentliche Wohlfahrt (*Koseisho*). Nohonjon-ne Kekkon-to-shussan (Ehe und Geburt bei den Japanern). Tokio: *Kosei tokei kyokai*, 1993.

S. 292 *»...dem militärischen Verbot zugrundeliegen, wonach es innerhalb einer Befehlskette zu keinerlei Fraternisierungen kommen darf.«* Diese Vorschrift wird von Captain Barkalow erwähnt (S. 182). Wie der Anthropologe Edward T. Hall zeigt, wird dieses Verbot jedoch häufig übertreten. (Vgl. Kapitel 11, »Army Life«, in seinem Buch *An Anthropology of Everyday Life*, S. 150–152.)

S. 292 Alice Mattisons Geschichte »The Crossword Puzzle« ist erschienen in ihrer Short-Story-Sammlung *The Flight of Andy Burns*, New York: William Morrow, 1993. Das Zitat findet sich auf S. 148.

Kapitel 9: Wer verschafft sich Gehör?

S. 300 *»...etwas auf einer Besprechung gesagt hätten, das zunächst keine Beachtung...«* Unter Akademikern gibt es eine schriftliche Entsprechung zu diesem Phänomen: »zitiert« zu werden – das heißt, daß sich ein Wissenschaftler in schriftlicher Form auf die Arbeit eines anderen bezieht. Die Anthropologin Catherine Lutz zählte den Anteil von Aufsätzen, die in ihrem Forschungsgebiet in vier wichtigen Fachzeitschriften von Frauen und Männern verfaßt worden waren, und errechnete danach, wie oft die Frauen und wie oft die Männer zitiert worden waren. Dabei fand sie heraus, daß Frauen zwar 30 % der Artikel geschrieben hatten, doch die Erwähnungen ihrer Aufsätze nur 18 % der Arbeiten ausmachten, die in den Zeitschriften zitiert worden waren.

S. 303 *»›Das mag eine alberne, naive Frage sein, aber...‹«* Herring, S. 7.

S. 308 *»...als Ruth Bader Ginsburg an ihrem ersten Tag am Obersten Gerichtshof Fragen stellte.«* Die Antworten, die ich las, waren nicht kritisch, sondern zeugten von Verwunderung. Allerdings wurde Richterin Ginsburg als »unhöflich« bezeichnet, weil sie andere Richter »unterbrochen« habe – so, als ob sie einen Anwalt, der seinen Fall vorstellt, befragte (*Newsweek*, 11. April 1994, S. 6). Ich bin überzeugt, daß die Ursache für diese beiden Verhaltensweisen in einem divergierenden Gesprächsstil lag, der wiederum auf Unterschieden hinsichtlich der geographischen und ethnischen Herkunft beruhte. In meinen Forschungen über regionale Unterschiede im Gesprächsstil beschreibe ich einen Stil, den ich als »innerlich stark beteiligt« bezeichne, bei der die Sprecher ihren Enthusiasmus und ihr Interesse nicht verbergen, so daß sie das Wort ergreifen, ohne unbedingt darauf zu warten, daß der andere schon zu Ende gesprochen hat. Ich beschreibe dies ausführlich in einem Buch mit dem Titel: *Conversational*

Style: Analyzing Talk Among Friends. Außerdem diskutiere ich dieses Phänomen in *Das hab' ich nicht gesagt!*

S. 310 Die Zitate stammen aus Maccoby 1990, S. 513.

S. 310 *»Und diese Unterschiede im Stil führen dann oft dazu, daß Frauen im Umgang mit Männern benachteiligt sind.«* Maccoby kam zu ähnlichen Schlußfolgerungen wie ich zu der Zeit, als ich *Du kannst mich einfach nicht verstehen. Warum Männer und Frauen aneinander vorbeireden* schrieb, nämlich daß Jungen und Mädchen in der Jugend unterschiedliche Interaktionsstile herausbilden, wenn sie mit anderen Kindern des gleichen Geschlechts spielen; daß die Umgebung, in der sie aufwachsen, daher als »unterschiedliche Kulturen« gedeutet werden können; daß jeder Gesprächsstil in der Interaktion mit anderen, die den gleichen Stil aufweisen, gut funktioniert; doch daß die unterschiedlichen Gesprächsstile die Frauen in Interaktionen mit Männern benachteiligen. Als ich *Du kannst mich einfach nicht verstehen* schrieb, kannte ich (zu meinem großen Kummer) Maccobys Buch noch nicht. Dieses Versehen führe ich darauf zurück, daß sich meine Untersuchungen vornehmlich auf Sprechweisen konzentrieren, während sich Maccobys Arbeit und die Arbeiten der von ihr zitierten Forscher mit nonverbalem Verhalten beschäftigen. Dennoch zeigt die thematische Gleichheit, daß der von uns gewählte Forschungsrahmen Gültigkeit besitzt. Es gibt natürlich Überschneidungen hinsichtlich der von uns zitierten Untersuchungen, etwa Maltz und Borker, was wohl auf die Ähnlichkeit des gewählten wissenschaftlichen Rahmens zurückzuführen ist.

S. 311 *»›Mädchen finden es schwierig, Einfluß auf Jungen zu nehmen.‹«* Maccoby, S. 515.

S. 314 *»…ihrer Tochter Mary Catherine Bateson zufolge…«* Darauf verweist Bateson in ihrem Buch *Mit den Augen einer Tochter.*

S. 319 Diese Auszüge stammen aus Sommers und Lawrence, S. 23.

S. 320 Sommers und Lawrence, S. 22.

S. 323 *»›…und unter welchen Bedingungen sind sie nicht gleichberechtigt?‹«* Edelsky, S. 221.

S. 327 Die Begriffe »Berichtssprache« und »Beziehungssprache« erörtere ich ausführlich in *Du kannst mich einfach nicht verstehen.*

S. 328 *»…vieles in ihrer Sozialisation hat Frauen gelehrt,* keine *Beachtung auf sich zu ziehen.«* In seinem Aufsatz »Das Arrangement der Geschlechter« weist Goffman nach, daß sich die Bedeutung der visuellen Aufmerksamkeit, die man Frauen schenkt, überhaupt nicht vom Hofmachen trennen läßt, das für den Eindruck, den die Geschlechter voneinander gewinnen, von zentraler Bedeutung ist. In der Zeit des Hofierens gilt, so Goffman:

> Die Frauen schmücken sich selbst mit den übernommenen Zeichen sexueller Attraktivität und stellen sich dann einer Öffentlichkeit, einer Halb-Öffentlichkeit oder privaten Kreisen zur Schau. Die anwesenden Männer schenken den für begehrenswert erachteten Frauen verstärkte Aufmerksamkeit in der Hoffnung auf irgendeinen flüchtigen Wink, den sie als Ermutigung ihrer Interessen deuten können… So bildet die Begutachtung durch den Mann – das Liebäugeln – den ersten Zug im Spiel des Hofmachens (S. 120).

Und weiter heißt es:

> Falls die Männer auf Ermutigungen aus sind, dann halten sie nach einer Abweichung von der gewohnten Verschlossenheit der Frau Ausschau, die sie als Ermutigung

deuten können. In diesem Falle wird jede Keckheit von ihrer Seite, jede Spur von Initiative, Unmäßigkeit, Angriffslust oder Impulsivität als sexuelle Einladung, kurz: als ein Zeichen ihrer Zugänglichkeit betrachtet (S. 126 f.).

Nach Ansicht von Myra und David Sadker zählt zu den vielen Gründen, weshalb Mädchen zu »Zuschauern« statt zu vollwertigen Teilnehmern in gemischten Klassenzimmern werden, das Widerstreben, auf sich aufmerksam zu machen und im Brennpunkt des Interesses zu stehen. Die Sadkers zitieren eine Mutter mit den Worten: »Als unsere Tochter zur High School ging, scheute sie sich, sich in der Klasse zu melden. Sie weigerte sich sogar, mit roter Kleidung (eine Farbe, die ihr dunkles Haar und ihren Teint hervorhob) in den Unterricht zu gehen, weil sie meinte, dadurch zu sehr aufzufallen« (S. 275).

S. 333   Sidney Blumenthal, »Why are We in Somalia?« *The New Yorker*, 25. Oktober 1993, S. 48–60. Das Zitat steht auf S. 57.

Nachwort

S. 343   »...*die Fähigkeit der Frauen gefährden, Kinder zur Welt zu bringen.*« Rosenberg, S. 5.

S. 345   Bei dem Physiker handelt es sich um Freeman Dyson, dem ich hiermit danke.

Bibliographie

AAUW Report, The. *How Schools Shortchange Girls: A Study of Major Findings on Girls and Education.* Washington, D.C.: The American Association of University Women Educational Foundation 1992

Adger, Carolyn. »Empowering Talk: African-American Teachers and Classroom Discourse.« Paper presented at the 1993 Annual Meeting of the American Education Research Association in Atlanta, Georgia, 1993

Ainsworth-Vaughn, Nancy. »Topic Transitions in Physician-Patient Interviews: Power, Gender, and Discourse Change. *Language in Society* 21:409–26 (1992)

Ainsworth-Vaughn, Nancy. »›Is That a Rhetorical Question?‹: Power and Ambiguity in Medical Discourse.« *Journal of Linguistic Anthropology* 4:2 (1994)

Ainsworth-Vaughn, Nancy. *Power in Practice: Control and Identity in Physician-Patient Discourse.* New York und Oxford, in Vorbereitung

Apte, Mahadev L. *Humor and Laughter: An Anthropological Approach.* Ithaca, NY, 1985

Aries, Elizabeth. »Interaction Pattern and Themes of Male, Female, and Mixed Groups.« *Small Group Behavior* 7:1.7–18 (1976)

Baker, Charlotte. »Butterfinger *Buts*«. *San Jose State Occasional Papers in Linguistics,* Bd. 1, 18–24. Linguistics Program, San Jose State University. San Jose, CAL 1975

Barkalow, Carol mit Andrea Rabb. *In the Men's House: An Inside Account of Life in the Army by One of West Point's First Female Graduates.* New York 1990

Basso, Keith. *Portraits of ›The Whiteman‹.* Cambridge 1979

Bateson, Gregory. »Eine Theorie des Spiels und der Phantasie.« In: *Ökologie des Geistes.* Frankfurt a. M. 1985

Bateson, Mary Catherine. *Our Own Metaphor: A Personal Account of a Conference on Conscious Purpose and Human Adaptation.* New York 1991

Bateson, Mary Catherine. *Mit den Augen einer Tochter: Meine Erinnerung an Margaret Mead und Gregory Bateson.* Reinbek b. Hamburg 1986

Bateson, Mary Catherine. *Composing a Life.* New York 1990

Bateson, Mary Catherine. *Peripheral Visions: Learning Along the Way.* New York 1994

Becker, A. L. *Beyond Translation: Essays Toward a Modern Philology.* Ann Arbor 1994

Beeman, William O. *Language, Status, and Power in Iran.* Bloomington 1986

Befu, Harami. »An Ethnography of Dinner Entertainment in Japan.« In: Takie Sugiyama Lebra u. William P. Lebra (Hrsg.), *Japanese Culture and Behavior: Selected Readings.* 108–120. Honolulu [1974] (1986)

Bellinger, David und Jean Berko Gleason. »Sex Differences in Parental Directives to Young Children.« *Sex Roles* 8:1123–1139 (1982)

Binchy, Maeve. »King's Cross«. *The London Underground.* 172–192. New York 1978

Bonanno, Michelina. »Women's Language in the Medical Interview.« *Linguistics and the Professions,* hrsg. v. Robert J. Di Pietro, 27–38. Norwood, N.J. 1982

Bookchin, Murray. *Die Neugestaltung der Gesellschaft*. Grafenau 1992

Bowman, Garda W., Beatrice B. Worthy u. Stephen A. Grayser. »Problems in Review: Are Women Executives People?« *Harvard Business Review* 43:4.14–28, 164–178 (1965)

Byrnes, Heidi. »Interactional Style in German and American Conversations.« *Text* 6:2. 189–206 (1986)

Carli, Linda L. »Gender Differences in Interaction Style and Influence.« *Journal of Personality and Social Psychology* 56:565–576 (1989)

Case, Susan Schick. »Gender, Language and the Professions: Recognition of Wide-Verbal Repertoire Speech.« Fifth Annual International Conference on Pragmatics and Language Learning. Parasession on Gender and Language. University of Illinois, Urbana-Champaign 1991

Case, Susan Schick. »A Sociolinguistic Analysis of the Language of Gender Relations, Deviance and Influence in Managerial Groups.« Ph. D. dissertation, State University of New York at Buffalo 1985

Cheney, Dorothy L. und Robert M. Seyfarth. *Wie Affen die Welt sehen*. München/Wien 1994

Churchill, Caryl. *Top Girls und andere Stücke*. Köln 1986

Clancy, Patricia. »The Acquisition of Communicative Style in Japanese.« In: Bambi B. Schieffelin u. Elinor Ochs, *Language Acquisition and Socialization Across Cultures*. 213–50. Cambridge 1986

Cox, Ellis. *The Rage of a Privileged Class*. New York 1994

Davies, Bronwyn u. Rom Harré. »Positioning: Conversation and the Production of Selves.« *Journal for the Theory of Social Behaviour*. 20:1.43–63 (1990)

Doi, Takeo. *The Anatomy of Dependence*. Tokio und New York 1973. (Jap. Ausgabe: *Amae no Kozo*. Tokio 1971)

Duncan, Starkey S., Jr., u. Donald W. Fiske. *Face-to-Face Interaction: Research, Methods and Theory*. Hillsdale, N. J. 1977

Eakins, Barbara Westbrook u. R. Gene Eakins. »Verbal Turn-Taking and Exchanges in Faculty Dialogue.« In: Betty Lou Dubois und Isabel Crouch (Hrsg.), *The Sociology of the Languages of American Women*. 53–62. San Antonio, TX 1976

Eckert, Penelope. *Jocks and Burnouts*. New York 1989

Eckert, Penelope. »Cooperative Competition in Adolescent ›Girl Talk.‹« *Discourse Processes* 13:1 (1990)

Edelsky, Carole. »Who's Got the Floor?« *Language in Society* 10.383–421 (1981). Nachdruck in: Deborah Tannen (Hrsg.), *Gender and Conversational Interaction*. 189–227. Oxford und New York 1993

Eder, Donna. »Serious and Playful Disputes: Variation in Conflict Talk Among Female Adolescents.« In: Allen Grimshaw (Hrsg.) *Conflict Talk*. 67–84. Cambridge 1990

Eder, Donna. »›Go Get Ya a French!‹: Romantic and Sexual Teasing Among Adolescent Girls.« In: Deborah Tannen (Hrsg.), *Gender and Conversational Interaction*. 17–31. New York 1993

Ekman, Paul. »Who Can Catch a Liar?« *American Psychologist* 46:9.913–20 (1991)

Ekman, Paul. *Weshalb Lügen kurze Beine haben*. Über Täuschungen und deren Aufdeckung im privaten und öffentlichen Leben. Berlin/New York 1989

Eskilson, Arlene und Mary Glenn Wiley. »Sex Composition and Leadership in Small Groups.« *Sociometry* 39:183–94 (1976)

Fink, Cynthia. »Perceptions of Women's Communication Skills Related to Managerial Effectiveness.« Fifth Annual Communication, Language, and Gender Conference, Athens, OH 1982

Gavruseva, Lena. »Constructing Interactional Power in Employer-Employee Discourse.« Paper written for seminar »Language in Hierachical Settings«, Georgetown University Linguistics Department 1993

Gilligan, Carol, Nona P. Lyons und Trudy J. Hanmer (Hrsg.). *Making Connections: The Relational Worlds of Adolescent Girls at Emma Willard School.* Cambridge, MA 1990

Gleason, Jean Berko. 1987. »Sex Differences in Parent-Child Interaction.« In: Susan U. Philips, Susan Steele u. Christine Tanz (Hrsg.), *Language, Gender, and Sex in Comparative Perspective.* 189–199. Cambridge 1987

Goffman, Erving. »Benehmen und Ehrerbietung.« In: *Interaktionsrituale.* Frankfurt a. M. 1971

Goffman, Erving. »Das Arrangement der Geschlechter.« *Interaktion und Geschlecht.* 105–158. Frankfurt a. M. 1994

Goffman, Erving. »Radio Talk.« *Forms of Talk.* 197–327. Philadelphia 1981

Goodwin, Marjorie Harness. *He-Said-She-Said: Talk As Social Organization Among Black Children.* Bloomington 1990

Goguen, J. A. und C. Linde. *Linguistic Methodology for the Analysis of Aviation Accidents.* Report prepared for the Ames Research Center and published by the National Aeronautics and Space Administration Scientific and Technical Information Branch 1983

Hall, Edward T. *An Anthropology of Everyday Life.* New York 1992

Hall, Judith und Karen G. Braunwald. »Gender Cues in Conversation.« *Journal of Personality and Social Psychology* 40:99–110 (1981)

Harada, Kunihiko. »Gender in Japanese Hierarchical Settings.« Paper written for seminar, »Language in Hierarchical Settings«. Georgetown University Linguistics Department 1993

Harrington, Mona. *Women Lawyers: Rewriting the Rules.* New York 1994

Heatherington, Laurie, Kimberley A. Daubman, Cynthia Bates, Alicia Ahn, Heather Brown u. Camille Preston. »Two Investigations of ›Female Modesty‹ in Achievement Situations.« *Sex Roles* 29:11/12.739–54 (1993)

Herbert, Robert K. »Sex-Based Differences in Compliment Behavior.« *Language in Society* 19:2.201–24 (1990)

Herbert, Robert K. u. H. Stephen Straight. »Compliment-Rejection Vs. Compliment-Avoidance.« Language and Communication 9:35–47 (1989)

Herring, Susan. »Gender and Participation in Computer-Mediated Linguistic Discourse.« ERIC Clearinghouse on Languages and Linguistics (Oktober 1992)

Holmes, Janet. »Compliments and Compliment Responses in New Zealand English.« *Anthropological Linguistitics* 28:4.485–508 (1986)

Holmes, Janet. »Sex Differences and Apologies: One Aspect of Communicative Competence.« *Applied Linguistics* 10:2.194–213 (1989)

Hornyak, Janice. *Shifting Between Personal and Professional Frames in Office Discourse.* Ph. D. dissertation, Georgetown University Linguistics Department. In Vorbereitung

Ide, Sachiko. »How and Why Do Women Speak More Politely in Japanese?« in: Sachiko Ide u. Naomi Hanaoka (Hrsg.), *Aspects of Japanese Women's Language.* 63–79. Tokio 1990

Irvine, Judith. »Strategies of Status Manipulation in the Wolof Greeting.« In: Richard

Bauman und Joel Sherzer (Hrsg.), *Explorations in the Ethnography of Speaking.* 167–191. Cambridge 1974

Ishii, Satoshi. »Enryo-Sasshi Comunication: A Key to Understanding Japanese Interpersonal Relations.« *Cross Currents* XL:1 (Frühjahr 1984). 49–58

James, Deborah und Sandra Clarke. »Women, Men, and Interruptions: A Critical Review.« In: Deborah Tannen (Hrsg.), *Gender and Conversational Interaction.* 231–80. Oxford u. New York 1993

James, Deborah und Janice Drakich. »Understanding Gender Differences in Amount of Talk.« In: Deborah Tannen (Hrsg.), *»Gender and Conversational Interaction*, 281–312. Oxford u. New York 1993

Johnson, Donna M. u. Duane H. Roen. »Complimenting and Involvement in Peer Reviews: Gender Variation.« *Language in Society* 21:1.27–57 (1992)

Johnstone, Barbara. »Identity, Ideology and Women's Public Speaking in Contemporary Texas.« Paper delivered at the annual meeting of the American Anthropological Association, November 1993, Washington, DC

Jones, Ann. *Next Time, She'll Be Dead: Battering and How to Stop It.* Boston 1994

Kakava, Christina. »Aggravated Corrections as Disagreement in Casual Greek Conversations.« Proceedings of the First Annual Symposium about Language and Society – Austin (SALSA). *Texas Linguistic Forum* 33:187–95 (1993)

Kawakami, Itoko. »Address Forms as Indexing Markers of Gender, Age, and Hierarchy: Analyses of Address Forms in Conversations Among Japanese Teachers.« Paper written for seminar, »Language in Hierarchical Settings«. Georgetown University Linguistics Department 1993

Keller, Evelyn Fox. *Liebe, Macht und Erkenntnis. Männliche oder weibliche Wissenschaft.* München 1986

Kendall, Shari E. »Talking Competence: Gendered Discourse styles in the Construction of Competence in a Work Setting.« Paper written for seminar, »Language in Hierarchical Settings«. Georgetown University Linguistics Department 1993. Ebenfalls als »Constructing Competence: Gender and Mitigation at a Radio Network.« American Association for Applied Linguistics Annual Conference, 7. März 1994, Baltimore, Maryland

Kochman, Thomas. *Black and White Styles in Conflict.* Chicago 1981

Kuhn, Elisabeth D. »Playing Down Authority While Getting Things Done: Women Professors Get Help from the Institution.« In: Kira Hall, Mary Bucholtz u. Birch Moonwomon (Hrsg.), *Locating Power: Proceedings of the Second Berkeley Women and Language Conference.* Bd. 2, 318–25. Berkeley, CA 1992

Lakoff, Robin. *Language and Woman's Place.* New York 1975

Lakoff, Robin Tolmach u. Raquel L. Scherr. *Face Value: The Politics of Beauty.* Boston u. London 1984

Lakoff, Robin Tolmach. *Talking Power: The Politics of Language in Our Lives.* New York 1990

Leaper, Campbell. »Influence and Involvement: Age, Gender, and Partner Effects.« *Child Development* 62:797–811 (1991)

Lebra, Takie Sugiyama. *Japanese Patterns of Behavior.* Honolulu 1986

Lebra, Takie Sugiyama. »The Cultural Significance of Silence in Japanese Communication.« *Multilingua* 6:4.343–57 (1987)

Linde, Charlotte. »The Quantitative Study of Communicative Sucess: Politeness and Accidents in Aviation Discourse.« *Language in Society* 17:375–99 (1988)

Linde, Charlotte. »Who's in Charge Here?: Cooperative Work and Authority Negotiation in Police Helicopter Missions.« Second Annual ACM Conference on Computer Supported Collaborative Work 1988

Linde, Charlotte. »Linguistic Consequences of Complex Social Structures: Rank and Task in Police Helicopter Discourse.« *Proceedings of the Fourteenth Annual Meeting of the Berkeley Linguistic Society*, hrsg. v. Shelley Axmaker, Annie Jaisser und Helm Singmaster, 142–152. Berkeley, CA 1988

Linn, Lawrence S., Dennis W. Cope und Barbara Leake. »The Effect of Gender and Training of Residents on Satisfaction Ratings by Patients.« *Journal of Medical Education* 59:964–66 (1984)

Lutz, Catherine. »The Erasure of Women's Writing in Sociocultural Anthropology.« *American Ethnologist* 17:611–27 (1990)

Maccoby, Eleanor E. »Gender and Relationships: A Developmental Account.« *American Psychologist* 45:4.513–20 (1990)

Maccoby, Eleanor E. und Carol Jacklin. *The Psychology of Sex Differences*. Stanford, CA 1974

MacKinnon, Catherine. *Sexual Harassment of Working Women*. New Haven 1979

Madhok, Jacqueline J. »The Effect of Gender Composition on Group Interaction.« In: Kira Hall, Mary Bucholtz u. Birch Moonwomon (Hrsg.), *Locating Power: Proceedings of the Second Berkeley Women and Language Conference*. Bd. 2. 371–85. Berkeley 1992

Magenau, Keller. »More Than Feminine: Attending to Power and Social Distance Dimensions in Spoken and Written Workplace Communication.« Referat für das Seminar, »Language in Hierachical Settings«. Georgetown University Linguistics Department 1993

Maltz, Daniel N. u. Ruth A. Borker. »A Cultural Approach to Male-Female Miscommunication.« In: John J. Gumperz (Hrsg.), *Language and Social Identity*. 196–216. Cambridge 1982

Mann, Judy. *The Difference: Growing Up Female in America*. New York 1994

Margolies-Mezvinsky, Marjorie, mit Barbara Feinman. *A Woman's Place: The Freshman Women Who Changed the Face of Congress*. New York 1994

Mattison, Alice. *The Flight of Andy Burns*. New York 1993

Matoesian, Gregory. *Reproducing Rape: Domination Through Talk in the Courtroom*. Chicago 1992

Matsumoto, Yoshiko. »Reexamination of the Universality of Face: Politeness Phenomena in Japanese.« *Journal of Pragmatics* 12:403–26 (1988)

McConnell-Ginet, Sally. »Intonation in a Man's World.« In: Barrie Thorne, Cheris Kramarae u. Nancy Henley (Hrsg.), *Language, Gender, and Society*. 69–88. Boston 1983

Mead, Margaret. »End-Linkage: A Tool for Cross-Cultural Analysis.« In: John Brockman (Hrsg.), *About Bateson*. 171–231. New York 1977

Mühlhäusler, Peter und Rom Harré, mit Anthony Holiday u. Michael Freyne. *Pronouns and People: The Linguistic Construction of Social and Personal Identity*. Oxford u. Cambridge, MA 1990

Nadler, Marjorie und Lawrence Nadler. »The Influence of Gender on Negotiation Success in Asymmetric Power Situations.« In: Lawrence B. Nadler, Marjorie Keeshan Nadler und Wiliam R. Todd-Mancillas (Hrsg.), *Advances in Gender and Communication Research*. 189–218. Lanham 1987

Nelson, Mariah Burton. *The Stronger Women Get, the More Men Love Football: Sexism and the American Culture of Sports*. New York 1994

Nieva, Veronica und Barbara Gutek. »Sex Effects on Evalution.« *Academy of Management Review* 5:2.267–76 (1980)

Noel, Barbara mit Kathryn Watterson. *You must be Dreaming.* New York 1992

Ochs, Elinor. *Indexing Gender. Rethinking Context: Language As an Interactive Phenomenon.* Hrsg. v. Alessandro Duranti und Charles Goodwin, 335–358. Cambridge 1992

Ochs, Elinor und Bambi B. Schieffelin. »Language Acquisition and Socialization: Three Developmental Stories.« In: Richard A. Schweder und Robert A. Le Vine (Hrsg.), *Culture Theory: Essays in Mind, Self and Emotion.* Cambridge 1984

Okazaki, Shoko. »Ellipses in Japanese Conversational Discourse.« Ph. D. dissertation, Georgetown University Linguistics Department 1994

Olsen, Jack. *Doc: The Rape of the Town of Lovell.* New York 1989.

Ong, Walter J. *Fighting for Life: Contest, Sexuality, and Consciousness.* Ithaca, NY 1981.

Pan, Yuling. »Politeness Strategies in Chinese Verbalo Interaction: A Sociolinguistic Analysis of Official, Business, and Family Settings.« Ph. D. dissertation, Georgetown University Linguistics Department 1994

Paules, Greta Foff. *Dishing It Out: Power and Resistance Among Waitresses in a New Jersey Restaurant.* Philadelphia 1991

Petrocelli, William u. Barbara Kate Repa. *Sexual Harassment on the Job.* Berkeley 1992

Phillips, Susan P. u. Margaret S. Schneider. »Sexual Harassment of Female Doctors by Patients.« *The New England Journal of Medicine* 329:26.1936–939 (1993)

Pinter, Harold. *Niemandsland.* Reinbek 1976

Pipher, Mary. *Reviving Ophelia: Saving the Selves of Adolescent Girls.* New York 1994

Remlinger, Kate. »The Socio-Linguistic Construction of Gender and Gender Relationships in a University Community.« Ph. D. dissertation, Michigan Technological University. In Vorbereitung

Rideau, Wilbert. »The Sexual Jungle«. *Life Sentences: Rage and Survival Behind Bars.* Von Wilbert Rideau u. Ron Wikberg. 73–107. New York 1992

Rosenberg, Rosalind. *Beyond Separate Spheres: Intellectual Roots of Modern Feminism.* New Haven 1982

Ryan, Ellen Bouchard, Linda H. Boich u. Laura Klemenchuk-Politeski. »Patronizing Behavior in Health Care: Is Ignoring the Older Accented Speaker Excusable?« International Conference on Communication, Aging and Health, Hamilton, Ontario, Mai 1994

Rubin, Donald. »Nonlanguage Factors Affecting Undergraduates' Judgements of Nonnative English-Speaking Teaching Assistants.« *Research in Higher Education* 33:4.511–31 (1992)

Sadker, Myra u. David Sadker. *Failing at Fairness: How America's Schools Cheat Girls.* New York 1994

Schieffelin, Bambi und Elinor Ochs. »Language Socialization.« *Annual Review of Anthropology* 15.163–246 (1986)

Schiffrin, Deborah. »Jewish Argument as Sociability.« *Language in Society* 13:3.311–335 (1984)

Scollon, Ron u. Suzanne B. K. Scollon. *Narrative, Literacy and Face in Interethnic Communication.* Norwood, N. J. 1981

Scotton, Carol Myers. »Self-Enhancing Code-Switching As Interactional Power.« *Language and Communication* 8:3/4.199–211 (1988)

Sheldon, Amy. »Pickle Fights: Gendered Talk in Preschool Disputes.« In: Deborah Tannen (Hrsg.), *Gender and Conversational Interaction*. 83–109. New York u. Oxford 1990

Sheldon, Amy. »Preschool Girls' Discourse Competence: Managing Conflict.« In: Kira Hall, Mary Bucholtz u. Birch Moonwomon (Hrsg.), *Locating Power: Proceedings of the Second Berkeley Women and Language Conference*. Bd. 2. S. 528–39. Berkeley, CA, Berkeley Women and Language Group, University of California 1992

Smith, Frances Lee. »The Pulpit and Women's Place: Gender and the Framing of the ›Exegetical Self‹ in Sermon Performances.« In: Deborah Tannen (Hrsdg.), *Framing in Discourse*. 147–75. New York 1993

Sommers, Elizabeth u. Sandra Lawrence. »Women's Ways of Talking in Teacher-Directed and Student-Directed Peer Response Groups.« *Linguistics and Education* 4:1–36 (1992)

Statham, Anne. »The Gender Model Revisited: Differences in the Management Styles of Men and Women.« *Sex Roles* 16:7.409–29 (1987)

Sterling, Dorothy. *Ahead of Her Time: Abby Kelley and the Politics of Antislavery*. New York und London 1991

Stewart, Lea P. »Women in Management: Implications for Communication Researchers.« Eastern Communication Association Convention, Hartford, CT 1991

Tannen, Deborah. »What's in a Frame? Surface Evidence for Underlying Expectations.« In: Roy O. Freedle (Hrsg.), *New Directions in Discourse Processing*. 137–81. Norwood, NJ 1979. Nachdruck in Deborah Tannen (Hrsg.), *Framing Discourse*. 14–56. New York u. Oxford 1993

Tannen, Deborah. »Ethnic Style in Male-Female Conversation.« In: John J. Gumperz (Hrsg.), *Language and Social Identity*. 217–231. Cambridge 1982

Tannen, Deborah. *Conversational Style: Analyzing Talk Among Friends*. Norwood, NJ 1984

Tannen, Deborah. *Das hab' ich nicht gesagt! Kommunikationsprobleme im Alltag*. Hamburg 1992

Tannen, Deborah. *Talking Voices: Repetition, Dialogue, and Imagery in Conversational Discourse*. Cambridge 1989

Tannen, Deborah. *Du kannst mich einfach nicht verstehen. Warum Männer und Frauen aneinander vorbeireden*. Hamburg 1991

Tannen, Deborah (Hrsg.). *Framing in Discourse*. Oxford u. New York 1993

Tannen, Deborah u. Christina Kakava. »Power and Solidarity in Modern Greek Conversation: Disagreeing to Agree.« *Journal of Modern Greek Studies* 10:1.11–34 (1992)

Tannen, Deborah u. Cynthia Wallat. »Interactive Frames and Knowledge Schemas in Interaction: Examples from a Medical Examination / Interview.« *Social Psychology Quarterly* 50:2.205–16 (1987). Nachdruck in: Deborah Tannen (Hrsg.), *Framing in Discourse*. 57–76. New York u. Oxford 1993

Thorne, Barrrie. *Gender Play: Girls and Boys in School*. New Brunswick 1994

Tracy, Karen u. Eric Eisenberg. »Giving Criticism: A Multiple Goals Case Study.« *Research on Language and Social Interaction* 24.37–70 (1990/1991)

Ueda, Keiko. »Sixteen Ways to Avoid Saying ›No‹ in Japan.« In: J. C. Condon u. M. Saito (Hrsg.), *Intercultural Encounters with Japan: Communication-Contact and Conflict*. 184–92. Tokio 1974

Watanabe, Suwako. »Cultural Differences in Framing: American and Japanese Group

Discussions.« In: Deborah Tannen (Hrsg.), *Framing in Discourse*. 176–208. New York 1993

West, Candace. *Routine Complications. Troubles with Talk Between Doctors and Patients*. Bloomington 1984

Wetzel, Patricia J. »Are ›Powerless‹ Communication Strategies the Japanese Norm?« *Language in Society* 17:555–64

Williams, Donna. *Ich könnte verschwinden, wenn du mich berührst. Erinnerungen an eine autistische Kindheit*. Hamburg 1992

Williams, Donna. *Wen du mich liebst, bleibst du mir fern*. Hamburg 1994

Winter, Joanne. »Gender and the Political Interview in an Australian Context.« *Journal of Pragmatics* 20.117–39 (1993)

Wolfowitz, Clare. *Language Style and Social Space: Stylistic Choice in Suriname Javanese*. Urbana u. Chicago 1991

Wolfram, Walt u. Carolyn Adger. *Handbook on Language Differences and Speech and Language Pathology: Baltimore City Public Schools*. Washington, D. C. 1993

Wolfson, Nessa. »Pretty Is As Pretty Does: A Speech Act View of Sex Roles.« *Applied Linguistics* 5:3.236–44 (1984)

Yamada, Haru. *American and Japanese Business Discourse: A Comparison of Interactional Styles*. Norwood, NJ 1992

Yerian, Keli. »Being Funny, Being Heard: Gender, Language and the Workplace: Gaining Interactional and Organizational Power Through Strategic Use of Humor.« Referat für das Seminar »Language in Hierarchical Settings«. Georgetown University Linguistics Department 1993

Register

Im Beruf und in privaten Beziehungen:

Konflikte bewältigen und vermeiden

Wie entstehen Konflikte? Wie lassen sie sich verhindern? Und wie können wir, diese Fragen klärend, unsere Beziehungen positiv gestalten?

Um das Wesen des Konflikts zu beleuchten, führt Joel Edelman Fallbeispiele aus einer 30jährigen Erfahrung als Vermittler, Anwalt, Richter und Ehe- und Familienberater an. In seinem Buch fließen östliche und westliche Gedanken zusammen. Der Leser kann die vorgeschlagenen Techniken unmittelbar dazu verwenden, seine Kommunikationsfähigkeit zu verbessern und drohenden Konflikten vorzubeugen.

Joel Edelman
Mary Beth Crain

Das Tao der Verhandlungskunst

Über den konstruktiven Umgang mit Konflikten
Aus dem Amerikanischen von Michael Windgassen
300 Seiten, Broschur
DM 34,–/öS 265,–/sFr 35,–
ISBN 3-8225-0317-7

ERNST **KABEL** VERLAG